À LA MÊME LIBRAIRIE

Jaakko Hintikka, *Les différentes identités de l'identité. Essai critique et historique*, Bulletin de la Société Française de Philosophie, 98e année, N°4, octobre-décembre 2004, 40 p.

Jaakko Hintikka, Questions de logique et de phénoménologie, Élisabeth Rigal (éd.), « Problèmes et Controverses », Paris, Vrin, 1998, 338 p.

les principes des mathématiques revisités

MATHESIS
Directeurs : Michel BLAY — Hourya SINACEUR

Jaakko HINTIKKA

les principes des mathématiques revisités

avec un *Appendice inédit* de Gabriel Sandu

Préfacé et traduit par

Manuel REBUSCHI

Ouvrage traduit et publié avec le concours du Centre national du livre et le soutien du Laboratoire de Philosophie et d'Histoire des Sciences Archives H. Poincaré (CNRS, UMR 7117)

PARIS
LIBRAIRIE PHILOSOPHIQUE J. VRIN
6, Place de la Sorbonne, V^{e}

2007

Titre original :
Jaakko Hintikka, *The Principles of Mathematics Revisited*

Imprimé en France
ISSN 1147-4920
ISBN10 : 2-7116-1739-4
ISBN13 : 978-2-7116-1739-5

www.vrin.fr

PRÉFACE

Le titre de ce livre est quelque peu provocateur. Comme l'auteur l'explique dès l'introduction, les *Principes des mathématiques revisités* sont directement inspirés des *Principles of Mathematics* de Russell 1903. Pour autant, il ne s'agit pas d'une lecture de l'illustre philosophe et logicien. Il s'agit plutôt de la réouverture d'un chantier généralement délaissé après le premier tiers du vingtième siècle : la construction de fondements logiques et en fait logicistes pour les mathématiques.

RAPIDE SURVOL DES FONDEMENTS

La question des fondements des mathématiques fut historiquement posée de façon cruciale par la crise dite des fondements au tournant du vingtième siècle. Tandis que la théorie des ensembles de Cantor proposait d'apporter une clarification conceptuelle aux bases de l'analyse mathématique, elle se révéla être minée par divers paradoxes, l'un des plus célèbres – le paradoxe de l'ensemble des ensembles qui ne se contiennent pas comme élément – étant construit par Russell, un autre étant attribué à Burali-Forti, d'autres enfin étant découverts par Cantor lui-même[1].

Le caractère dramatique des paradoxes réside presque tout entier dans cette loi de la logique classique qui veut que d'une contradiction l'on puisse dériver n'importe quel énoncé (*ex falsum quodlibet*) : dès qu'un paradoxe apparaît dans une théorie mathématique axiomatisée dont les inférences se conforment aux lois de la logique classique, on peut en dériver tout énoncé correctement construit avec le vocabulaire de cette théorie. Par exemple

1. Sur l'apparition des paradoxes, voir A. R. Garciadiego, *Bertrand Russell and the Origins of the Set-theoretic « Paradoxes »*, Basel-Boston-Berlin, Birkhäuser Verlag, 1992.

si un paradoxe était construit en arithmétique, on pourrait en déduire que $2+2=4$, mais aussi que $2+2=5$, et encore que $2+2\neq 5$. La correction de la théorie axiomatisée disparaît alors, puisque les énoncés inférés ne sont plus seulement des énoncés vrais, mais également des énoncés faux.

Les ensembles paradoxaux de Russell ou Cantor sont dirimants parce qu'ils sont constructibles au sein de la théorie de Cantor. Et la place spécifique occupée par la théorie cantorienne des ensembles à la base de l'édifice des mathématiques y rend la présence de paradoxes proprement intolérable, ledit édifice étant alors comparable à une maison rongée par des termites. La solution consiste alors à imposer des restrictions pour bloquer l'engendrement des paradoxes. Plusieurs stratégies ont été avancées pour sortir de l'impasse, proposant différentes localisations pour ces restrictions[1].

L'intuitionnisme de Brouwer considérait ainsi que les mathématiques s'étaient fourvoyées dans l'affirmation débridée de vérités dont la preuve n'était pas assurément fondée. En particulier, de la réfutation de la non-existence d'un objet vérifiant telle propriété ne devrait pas suivre l'affirmation de l'existence d'un objet vérifiant cette propriété, au contraire de ce que font les mathématiciens classiques, si l'on ne dispose pas d'un procédé de construction de cet objet. Dans le prolongement de l'intuitionnisme, différentes approches constructivistes ont été développées, proposant chacune les critères propres d'une bonne construction et permettant par là d'éviter les constructions paradoxales. La stratégie de Brouwer est toutefois restée sinon marginale du moins minoritaire, parce qu'elle conduisait à une attitude révisionniste à l'égard des mathématiques : la restriction était trop stricte[2].

Autre stratégie face à la crise des fondements, celle du formalisme attribué à Hilbert connue pour expulser l'intuition hors du champ des mathématiques, réduites à un pur jeu de symboles, pour la rétablir sur le plan des métamathématiques. Ce programme de fondation purement syntaxique des mathématiques a quant à lui échoué du fait de l'incomplétude de tout langage du premier ordre suffisamment riche – contenant au moins l'arithmétique élémentaire[3] – signifiant qu'un certain nombre d'énoncés vrais des mathématiques ne pouvaient pas être prouvés à l'aide d'un simple système formel[4].

1. Pour une présentation générale, voir J. Ladrière, *Les Limitations internes des formalismes*, Paris, Gauthier-Villars, 1957 (rééd. Paris, Jacques Gabay, 1992).

2. L'intuitionnisme a cependant connu un nouvel essor à partir de la fin des années 1950 en lien avec la théorie de la calculabilité puis avec l'informatique théorique.

3. Gödel, 1931.

4. Sur le formalisme et sa crise, voir F. Nef et D. Vernant (éds.), *Le formalisme en question, Le tournant des années 30*, Paris, Vrin, 1998.

La troisième stratégie qui nous intéresse plus particulièrement, celle du logicisme, fut développée par Frege et indépendamment par Russell, puis par Russell et Whitehead avec la publication des *Principia Mathematica* en 1910. L'idée du logicisme consistait à fonder l'ensemble des mathématiques sur la seule logique : tant au niveau conceptuel, les concepts mathématiques devant être réduits à des concepts logiques, qu'à celui des inférences, les modes de démonstration mathématique devant être réduits à des modes d'inférence purement logiques. Frege proposa ainsi une reconstruction du concept de nombre à partir de la notion d'extension de concept et de celle d'équipotence.

Le logicisme fut frappé de plein fouet par les paradoxes ensemblistes, la théorie cantorienne associant à chaque concept une classe (principe d'abstraction). Tandis que les théoriciens des ensembles réviseront ce principe, instaurant un décalage entre logique et théorie des ensembles, la stratégie logiciste consista à l'assumer tout en révisant la logique pour éviter les concepts engendrant des ensembles antinomiques. Après plusieurs essais Russell produisit la théorie des types, qui devint ensuite la théorie des types ramifiés, un formalisme logique empêchant la formation de concepts antinomiques.

C'est pourtant une autre stratégie encore qui a massivement dominé le champ des fondements. Les mathématiciens travaillant sur la théorie des ensembles avaient en effet besoin, indépendamment du rôle fondationnel de leur spécialité pourrait-on dire, de restaurer une théorie correcte et viable du domaine. Entre 1903 et 1908 une solution fut élaborée qui évitait les paradoxes connus en refusant à des entités comme la classe de Russell le statut d'ensemble. Une nouvelle théorie remplaça celle de Cantor, la théorie de Zermelo et Fraenkel (abrégée en ZF), où l'axiome d'abstraction était remplacé par un axiome de séparation. Les ensembles ont cessé d'être directement abstraits de concepts éventuellement fallacieux : un concept peut désormais tout au plus « séparer » un sous-ensemble – le sous-ensemble des individus qu'il subsume – au sein d'un ensemble préalablement (donc indépendamment) défini.

Le fondement standard qui s'est imposé au vingtième siècle a donc été apporté par la théorie des ensembles, une fois réformée et nettoyée des paradoxes. C'est une théorie des ensembles axiomatisée, dans l'esprit du formalisme hilbertien, et formalisée en logique du premier ordre qui a occupé ce rôle. Ce qui n'est pas sans coût dans une perspective fondationnelle, puisque le corset du premier ordre habituel impose une interprétation non-standard aux quantificateurs portant sur les ensembles.

Retour au logicisme

Hintikka propose une approche entièrement renouvelée du logicisme. Le renouvellement intervient à deux niveaux : celui, philosophique, de la conception du rôle devant être joué par la logique, et celui, technique, des instruments logiques employés.

La logique a deux fonctions liées entre elles mais distinctes : elle fournit des modes d'inférence (rôle déductif), mais aussi des moyens d'expression (rôle descriptif). Dans la logique contemporaine, la théorie de la démonstration traite du premier aspect et la théorie des modèles du second. Hintikka considère que si l'accent a été mis sur la première fonction, rendant par là centrales des exigences comme celle de la complétude sémantique, c'est la seconde qu'il importe désormais de développer dans un but fondationnel. À la quête d'introuvables axiomatisations sémantiquement complètes, on préfèrera celle de théories *catégoriques*, c'est-à-dire de systèmes formels les moins ambigus possible, dont les modèles sont déterminés à un isomorphisme prêt (des systèmes « descriptivement complets » suivant la terminologie de Hintikka)[1]. Cette réorientation de la philosophie de la logique préconisée par Hintikka est liée à la nouvelle tradition, modèle-théorétique, qui s'est substituée à l'universalisme de Frege ou Russell[2] : la conception du langage comme calcul a définitivement supplanté la conception du langage comme médium universel, et ce « tournant sémantique » doit être suivi d'effet en philosophie de la logique. C'est donc armé de cette conception nouvelle, orientée vers l'aspect descriptif des formalismes, que Hintikka met en œuvre une nouvelle logique.

Pourquoi une nouvelle logique? L'expressivité de la logique du premier ordre ordinaire est limitée : les quantifications ne portant que sur des objets individuels – et pas sur des entités d'ordre supérieur comme les classes, les fonctions ou les relations – l'existence de tel ou tel ensemble ou celle de telle ou telle fonction ne peuvent pas être assertées en tant que telles dans un langage du premier ordre ordinaire. Ainsi en va-t-il par exemple de la notion d'équipotence entre deux classes (le fait de posséder le même

1. Une formalisation non-catégorique de l'arithmétique admet des modèles non-isomorphes à $\mathbb{N}$ qui consistent (lorsqu'ils sont dénombrables) en la suite infinie dénombrable des entiers $\langle 0, 1, 2, \ldots \rangle$ suivie d'une infinité dénombrable de nombres dits non-standards. Plus précisément, la suite des entiers standards est suivie d'une suite infinie (ordonnée par $\mathbb{Q}$) d'ensembles infinis isomorphes à $\mathbb{Z}$. Par contraste, une formalisation catégorique n'admettra que des modèles isomorphes à $\mathbb{N}$.

2. J. Hintikka : « On the Development of the model-theoretic viewpoint in logical theory », *Synthese* 77, 1988, p. 1-36. trad. fr. N. Lavand, dans J. Hintikka, *Fondements d'une théorie du langage*, Paris, PUF, 1994, p. 209-251.

cardinal), définie classiquement par l'existence d'une correspondance biunivoque ou bijection entre ces deux classes : asserter cette existence, et donc l'équipotence, c'est se situer au-delà du premier ordre habituel[1].

L'instrument développé par Hintikka et Sandu à partir de 1989, la logique dite « faite pour l'indépendance » ou logique IF (*independence-friendly logic*), est équivalente à une extension de la logique classique[2]. Les énoncés de logique IF peuvent en effet être traduits en énoncés du fragment Σ^1_1 du second ordre – fragment composé des formules de la forme $\exists X_1 \ldots \exists X_n \psi$, où $\exists X_1, \ldots, \exists X_n$ sont n quantificateurs existentiels du second ordre et ψ une formule du premier ordre (ordinaire) – et réciproquement, tous les énoncés Σ^1_1 peuvent être traduits en énoncés IF. Comparée à la logique du premier ordre ordinaire, la logique IF bénéficie d'une expressivité accrue puisqu'elle permet par exemple d'exprimer l'équipotence que nous venons d'évoquer, tout en conservant une quantification restreinte aux variables individuelles.

Nous n'entrerons pas ici dans une présentation détaillée de cette logique et de sa contribution à la question des fondements des mathématiques puisque c'est précisément l'objet du présent livre. Disons simplement qu'elle a des propriétés intéressantes comme la compacité ou la propriété de l'interpolation. Une originalité qui est sa partialité, le principe du tiers exclu n'y étant pas valide[3].

Mais la logique IF possède surtout deux propriétés remarquables. Elle est d'une part sémantiquement incomplète, ce qui constitue une donnée importante dans la conception que nous nous faisons du rôle de la logique

1. Le logicisme de Frege recourait bien à la logique d'ordre supérieur. Pour autant, il semble que sa conception par trop intensionnelle des ensembles l'ait conduit à une interprétation non-standard des quantificateurs d'ordre supérieur – c'est-à-dire une interprétation ne prenant pas en compte tous les ensembles arbitraires possibles mais seulement une partie d'entre eux –, réduisant à néant le projet de fonder les mathématiques sur la logique. À ce sujet, voir J. Hintikka et G. Sandu, « The Skeleton in Frege's Cupboard : The Standard Versus Nonstandard Distinction », *The Journal of Philosophy* 89 (6), 1992, p. 290-315. Cette analyse de la conception frégéenne est toutefois contestée, *cf.* R. G. Heck et J. Stanley, « Reply to Hintikka and Sandu : Frege and Second-Order Logic », *The Journal of Philosophy* 90 (8), 1993, p. 416-424.

2. Pour une introduction générale à la logique IF, voir J. Hintikka et G. Sandu, « Game-Theoretical Semantics », dans J. van Benthem et A. ter Meulen (eds.), *Handbook of Logic and Language*, Cambridge, Mass., MIT Press, 1997, p. 361-410. On trouvera une présentation plus complète dans A.-V. Pietarinen et T. Tulenheimo, *An Introduction to IF Logic*, Nancy, Esslli, 2004 (http://esslli2004.loria.fr/), et une présentation plus rapide dans M. Rebuschi, « Quantification et indépendance informationnelle », dans P. Joray (éd.), *La quantification dans la logique moderne*, Paris, L'Harmattan, 2005, p. 155-178.

3. Il s'agit du tiers exclu ($\sim\varphi \vee \varphi$) avec la négation « duale » ou « forte » spécifique à la logique IF. *Cf.* note 5, p. 12.

pour les fondements, et dans le travail supposé du logicien : les formules valides (logiquement vraies) ne sont pas récursivement énumérables, si bien que l'ensemble des principes logiques n'est pas entièrement donné à l'avance ni figé ; de nouveaux principes d'inférence peuvent être ajoutés dans la pratique, guidés par des considérations modèle-théorétiques, comme par exemple l'axiome du choix[1].

D'autre part, contre l'impossibilité énoncée par Tarski on peut définir un prédicat de vérité pour un langage IF à l'intérieur même de ce langage. L'expression des conditions de vérité repose en effet sur l'assertion de l'existence des fonctions de Skolem dont les symboles viennent remplacer les quantificateurs existentiels dans la skolémisation d'un énoncé du premier ordre[2] ; cette expression relève donc du fragment Σ^1_1 de la logique du second ordre qui peut être traduit en logique IF[3].

L'expressivité de la logique IF reste cependant limitée puisqu'elle possède, par exemple, la propriété descendante de Löwenheim-Skolem[4] : on ne peut pas caractériser de structure non-dénombrable avec cette seule logique. Une logique IF étendue équivalente à un fragment élargi du second ordre (Π^1_1) est obtenue par l'ajout d'une (seconde) négation, qui permet d'exprimer l'essentiel des mathématiques[5]. Des notions comme la finitude,

1. J. Hintikka et G. Sandu, « A Revolution in Logic ? », *Nordic Journal of Philosophical Logic* 1 (2), 1996, p. 169-183. Voir également J. Hintikka, « Game-Theoretical Semantics as a Challenge to Proof Theory », *Nordic Journal of Philosophical Logic* 4 (2), 2000, p. 127-141.

2. À strictement parler, lesdits symboles de fonction interviennent aussi au niveau des disjonctions, d'où une skolémisation en un sens généralisé.

3. Pour une discussion générale sur la définissabilité de la vérité, voir J. Hintikka, « Is Truth Ineffable ? » (1985), trad. fr. F. Schmitz, dans J. Hintikka, *La Vérité est-elle ineffable ?*, Combas, L'Éclat, 1994, p. 9-47. L'apport spécifique de la logique IF sur la vérité est présenté dans J. Hintikka, « Post-Tarskian Truth », *Synthese* 126, 2001, p. 17-36. Pour une présentation technique détaillée, voir J. Hintikka, « Truth Definitions, Skolem Functions and Axiomatic Set Theory », *Bulletin of Symbolic Logic* 4, 1998, p. 303-337.

4. Toute théorie dans un langage IF (dénombrable) admettant un modèle infini admet un modèle dénombrable.

5. La logique IF comporte une négation « duale » ou « forte » (notée ~) dont la sémantique suit celle des autres constantes logiques. La nouvelle négation, « contradictoire » ou « faible » (notée $\neg$), ne peut apparaître que comme préfixe des énoncés IF (ou des énoncés atomiques). Sémantiquement, si φ est un énoncé IF, alors $\neg\varphi$ est vrai si et seulement si φ n'est pas vrai, c'est-à-dire si et seulement si φ est faux *ou indéterminé*. Un énoncé IF étant équivalent à un énoncé de la forme $\exists X_1 \ldots \exists X_n \psi$, sa négation contradictoire sera équivalente à un énoncé de la forme $\forall X_1 \ldots \forall X_n \neg\psi$, donc à un énoncé Π^1_1. Plus récemment Hintikka a envisagé une extension supplémentaire de la logique IF (*fully extended IF logic*), équivalente à la logique du second ordre, obtenue en autorisant la présence d'occurrences de la négation contradictoire dans la portée de quantificateurs (dont l'interprétation est alors de type substitutionnel). *Cf.* J. Hintikka, « Truth, Negation and Other Basic Notions of Logic », dans J. van Benthem *et alii* (eds.), *The Age of Alternative Logics, Assessing Philosophy of Logic and Mathematics Today*, Dordrecht, Kluwer-Springer, 2006, p. 197-221.

le bon ordre, le principe d'induction, qui ne peuvent pas s'exprimer en logique IF simple, sont exprimables dans la version étendue[1]. Cette version étendue perd cependant plusieurs des propriétés intéressantes de la logique IF, comme la définissabilité de la vérité à l'intérieur du langage[2].

Selon Hintikka, l'objectif de la logique IF n'est pas de remplacer les logiques d'ordre supérieur dans la pratique des mathématiciens. Son intérêt est théorétique et philosophique, la réduction des mathématiques à la logique IF (ou à sa version étendue) permettant d'échapper à toutes les difficultés ontologiques liées à l'existence des classes et des entités d'ordre supérieur[3].

On rencontre ici le critère bien connu et très massivement partagé d'engagement ontologique de Quine, suivant lequel *être, c'est être la valeur d'une variable (quantifiée)*. L'engagement ontologique d'une théorie est fonction de la nature des valeurs prises par les variables quantifiées dans les énoncés vrais de cette théorie. Or les quantificateurs du second ordre ont précisément pour valeurs non pas les individus constitutifs du domaine d'interprétation du langage, mais des classes d'individus (ou des classes de *n*-uplets d'individus). Mais ces entités du second ordre sont éventuellement suspectes, quand elles ne sont pas le siège d'antinomies. Un principe d'économie ontologique fera généralement préférer, quand cela est possible, l'attitude nominaliste qui consiste à restreindre la quantification au premier ordre. C'est ce qui préside, semble-t-il, à l'axiomatisation habituelle de la théorie des ensembles mentionnée plus haut.

Pour Hintikka, la logique IF constitue donc un bien meilleur fondement pour les mathématiques que cette axiomatisation. Du fait du caractère non-standard de l'interprétation lié au premier ordre, la théorie des ensembles au premier ordre crée notamment une situation paradoxale quant à l'expression de la vérité de ses propres énoncés. L'existence des fonctions

1. On peut virtuellement représenter tout le second ordre avec la logique IF étendue. On peut en effet généralement simuler les logiques d'ordre supérieur dans une logique du premier ordre multisorte ; pour la logique du second ordre, il suffit de deux sortes, les variables de la première sorte représentant les individus, celles de la seconde sorte les ensembles d'individus. Le problème est de s'assurer que la seconde sorte comporte bien tous les ensembles d'individus. Pour cela, il faut pouvoir asserter que pour tout ensemble d'individus (de la première sorte), il y a un objet dans la seconde sorte. Cette assertion est Π^1_1, elle est donc exprimable en logique IF étendue. (*Cf.* D. J. Velleman, « Review of *The Principles of Mathematics Revisited* », *Mind* 108, 1999, p. 170-179).

2. Dans la version étendue, on retombe sur le paradoxe du Menteur auquel la logique IF échappait (l'énoncé affirmant sa propre fausseté en logique IF étant dénué de valeur de vérité).

3. *Cf.* J. Hintikka, « A Revolution in the Foundations of Mathematics ? », *Synthese* 111, 1997, p. 155-170.

de Skolem fondant les conditions de vérité d'un énoncé devrait pouvoir être exprimée en termes ensemblistes, mais elle ne peut pas l'être dans la théorie des ensembles axiomatisée au premier ordre : certaines assertions de la forme $\exists f_1 \ldots \exists f_n \psi$, où ψ est un énoncé du premier ordre, peuvent être fausses tout en exprimant les conditions de vérité d'un énoncé vrai de la théorie. La fausseté de $\exists f_1 \ldots \exists f_n \psi$ dans la théorie des ensembles axiomatisée au premier ordre est liée à l'absence des fonctions de Skolem susceptibles de constituer les valeurs des variables de fonctions $f_1, \ldots, f_n$ dans l'interprétation de la théorie[1]. Il y a même des énoncés affirmant la vérité d'énoncés ensemblistes vrais dont on peut prouver, dans la théorie des ensembles du premier ordre, qu'ils sont faux, toujours au sens où les fonctions de Skolem correspondantes n'existent pas dans le modèle. Autrement dit il y a des énoncés réfutables de la théorie des ensembles qui sont en fait vrais : selon Hintikka cette infraction à la correction devrait définitivement retirer à la théorie des ensembles du premier ordre toute prétention sérieuse à fonder les mathématiques[2].

Un programme contesté

Comme le lecteur peut l'imaginer, le projet de Hintikka de fonder les mathématiques sur la logique IF n'est pas resté sans réaction. Ce dont le présent livre offre une magistrale synthèse a été accompagné de la publication de dizaines d'articles parfois très techniques, comportant des critiques, des réponses, des clarifications sur tel ou tel point du programme.

Nous exposerons ici brièvement deux points, dont le premier au moins est amplement discuté par les spécialistes : l'ordre de la logique IF et son caractère logique, avant de présenter une question touchant à la capacité de la logique IF à contribuer au fondement des mathématiques.

La logique IF est-elle vraiment une logique du premier ordre ? Nous avons signalé que le premier ordre était recherché car économique du point de vue ontologique. Pour plusieurs critiques cependant, la logique IF serait une logique d'ordre supérieur à peine voilée.

S. Feferman montre ainsi que les quantificateurs indépendants de la logique IF sont des cas particuliers de quantificateurs généralisés de Lindström, dont l'ordre est discutable : s'il s'agit incontestablement de

1. Un exemple est fourni par l'énoncé $\forall x \exists y (x=y)$, dont la fonction de Skolem est la classe de tous les couples $\langle x, x\rangle$. Dans une interprétation ensembliste on ne peut affirmer l'existence d'une telle fonction car sa cardinalité serait celle de l'ensemble de tous les ensembles.

2. J. Hintikka, « Independence-Friendly Logic and Axiomatic Set Theory », *Annals of Pure and Applied Logic* 126, 2004, p. 313-333.

quantificateurs du premier ordre sur le plan syntaxique (les seules variables liées étant des variables individuelles), les choses paraissent moins claires sur le plan sémantique. Pour Feferman, le fait que les quantificateurs généralisés permettent de définir des notions comme la cardinalité ou la bonne fondation, qui sont des notions d'ordre supérieur – car recourant implicitement à des quantifications sur des fonctions arbitraires – suffit à qualifier ces quantificateurs de la même manière[1].

Dans une veine similaire, Ph. de Rouilhan débusque le second ordre des énoncés IF dans leur signification, exprimée par leurs conditions de vérité en sémantique des jeux; l'argument repose sur une relativisation de la notion d'ordre à l'interprétation du langage et conduit à promouvoir la logique du premier ordre ordinaire également au second ordre[2].

Les deux critiques renvoient à la définition du premier ordre, en particulier à la question de savoir si le recours à des quantifications *implicites* du second ordre, qui ne sont explicitées qu'au niveau du métalangage, suffisent à situer le langage-objet lui-même au-delà du premier ordre. Une défense du caractère de premier ordre de la logique IF pourrait être qu'elle ne suppose que des choix d'individus (et pas de fonctions ni d'ensembles) dans les jeux sémantiques constituant l'interprétation des énoncés; cette défense ne vaudrait toutefois que pour la version inétendue de IF[3].

La logique IF est-elle encore de la logique? La discussion n'est pas nouvelle car elle est liée au statut de la logique d'ordre supérieur.

Il est connu que Quine qualifiait la logique d'ordre supérieur de « théorie des ensembles déguisée en agneau »[4]. Prenons l'exemple du nombre 2 dont on affirme qu'il est un nombre naturel (N(2)); si l'on en infère qu'il y a un X tel que 2 est un X à l'aide d'un quantificateur du second ordre : $(\exists X)\, X(2)$, quelle est alors la nature des valeurs pouvant être prises par X? Dans le cadre d'une interprétation courante, objectuelle et extensionnelle du quantificateur, cette valeur est une classe ($\mathbb{N}$), dont on affirme qu'elle possède 2 comme élément. Les variables quantifiées du second

1. S. Feferman, « What Kind of Logic is « Independence Friendly » Logic? », dans R. E. Auxier et L. E. Hahn (eds.), *The Philosophy of Jaakko Hintikka*, La Salle (Illinois), Open Court, The Library of Living Philosophers, 2006, p. 453-469.

2. Ph. de Rouilhan, « Note sur l'ordre de IF : Hintikka a-t-il véritablement découvert la véritable logique élémentaire ? », *Philosophia Scientiae* 9 (1), 2005, p. 141-150.

3. H. Hodes, « Review of *The Principles of Mathematics Revisited* », *Journal of Symbolic Logic* 63 (4), 1998, p. 1615-1623. Pour une discussion sur l'ordre de la logique IF liée cette fois à la question de la formalisation de fragments des langues naturelles, se reporter à M. Eklund et D. Kolak, « Is Hintikka's Logic First-Order? », *Synthese* 131, 2002, p. 271-388, ainsi qu'à la réponse de Hintikka qui suit immédiatement cet article.

4. W. V. O. Quine, *La Philosophie de la logique*, Paris, Aubier-Montaigne, 1975.

ordre prendraient donc au mieux leurs valeurs parmi les classes – et au pire parmi des « attributs », « propriétés » et autres choses suspectes non seulement à cause de leur ordre, mais aussi du fait de leur caractère intensionnel.

En outre, la logique du second ordre paraît avoir partie liée avec la théorie des ensembles sur le plan de l'interprétation. Dans une interprétation standard, les quantificateurs du second ordre balayent toutes les classes formées des individus composant le domaine. Le domaine d'une interprétation ne peut donc pas comporter tous les ensembles ou tous les ordinaux, sous peine de contradiction. C'est une différence notable avec la théorie ZF formalisée dans le premier ordre, qui ne rencontre pas cette difficulté. Dans le premier ordre, le domaine de l'interprétation n'a pas à être spécifié autrement que comme une simple collection d'objet, mais dans le second ordre il faut supposer que l'on a affaire à un *ensemble* (au sens de la théorie des ensembles)[1].

La discussion sur la logicité de la logique IF est bien entendu étroitement liée à celle sur l'ordre de IF. Si la logique IF devait être considérée comme une logique d'ordre supérieur, la question de sa nature serait alors en effet ouverte; si elle est, comme le défend Hintikka, une authentique logique du premier ordre, alors la question est résolue. Ajoutons enfin que la réalisabilité du programme logiciste à l'aide de la logique IF repose entièrement sur cette hypothèse.

Le rôle fondationnel de la logique IF est par ailleurs abondamment discuté. Une partie de la discussion touche à la possibilité de définir la vérité d'un langage IF sans avoir à passer par un métalangage. La définition de la vérité étant un premier pas vers une définition de la sémantique du langage, Hintikka met en avant cette propriété comme un avantage dans une stratégie de fondements : au contraire de la théorie axiomatique des ensembles qui dépend d'une autre théorie pour sa sémantique, la logique IF paraît bien être autosuffisante.

La définition de la vérité pour les langages IF semble pourtant receler des complications. Ainsi Sandu et Hyttinen ont-ils montré qu'à partir d'une axiomatisation (incomplète) de l'arithmétique en logique IF, on ne pourrait pas systématiquement prouver la contradiction de l'affirmation simultanée de la vérité et de la fausseté d'un énoncé[2].

Dans le même sens, signalons l'argument de Bozon & de Rouilhan contre la capacité prétendue des langages IF à comporter leur propre

1. Voir G. Boolos, « On Second-Order Logic », *Journal of Philosophy* 72 (16), 1975, p. 509-527.

2. G. Sandu et T. Hyttinen, « IF Logic and the Foundations of Mathematics », *Synthese* 126, 2001, p. 37-47.

définition de la vérité : s'ils peuvent contenir un prédicat, ils ne permettent pas pour autant d'exprimer une *définition adéquate* de la vérité[1].

Des questions plus vitales sont également en jeu. Feferman explique que si la dimension descriptive de la logique est avantageusement servie par la logique IF, la fonction déductive ne peut pas être totalement évacuée[2]. C'est notamment le cas quand Hintikka explique que d'un énoncé mathématique qui ne peut pas s'exprimer en logique IF mais uniquement en logique IF étendue – et qui est donc la négation contradictoire $\neg S$ d'un énoncé S de la logique IF non étendue –, on peut *in fine* appréhender les conséquences s'exprimant en logique IF inétendue C par l'implication $\neg S \rightarrow C$, qui équivaut à $S \vee C$, autrement dit par un énoncé de logique IF non étendue.

Ce cas se présente avec les axiomes de la théorie des ensembles ou de l'arithmétique du second ordre, qui peuvent être formulés en logique IF étendue. Si tous les énoncés arithmétiques vrais ne sont pas des énoncés IF, c'est donc le cas de l'affirmation qu'ils sont conséquences des axiomes. La logique IF est alors le lieu de l'expression des problèmes prenant la forme d'une vérification de conjectures (pour peu que ces conjectures s'expriment dans IF).

La question n'est plus alors celle de la satisfaction de la formule $\neg S \rightarrow C$ mais celle de sa *validité*, c'est-à-dire sa vérité dans toutes les interprétations possibles de ses symboles non-logiques. Or tandis que la satisfaction et la vérité peuvent, comme on l'a signalé plus haut, être formulées dans le langage IF lui-même, ce n'est pas le cas de la validité qui se situe au-delà de Σ^1_1, au cœur du second ordre[3]. Le caractère (auto-)fondationnel de la logique IF en est semble-t-il affaibli.

L'UNIVERSALISME RETROUVÉ ?

Le lecteur appréciera la variété des thèmes abordés dans ce livre, qui sont autant d'indicateurs des développements en cours ou à venir de la logique IF. Loin d'être fabriquée sur mesure pour les fondements des mathématiques, la logique IF est à même d'offrir un éclairage nouveau sur de nombreuses questions touchant à philosophie et à l'épistémologie des

1. L'adéquation étant ici entendue au sens de Tarski. *Cf.* Ph. de Rouilhan et S. Bozon, « The Truth of IF : Has Hintikka Really Exorcised Tarski's Curse ? », dans R. E. Auxier et L. E. Hahn (eds.), *The Philosophy of Jaakko Hintikka*, *op. cit.*, p. 683-705.

2. *Cf.* article cité *supra*.

3. Voir J. Väänänen, « Second-Order Logic and Foundations of Mathematics », *Bulletin of Symbolic Logic*, 7 (4), 2001, p. 504-520.

mathématiques (sur l'intuitionnisme et les constructivismes notamment[1]) et sur l'épistémologie en général.

L'extension IF par l'introduction d'indépendance informationnelle entre quantificateurs peut en effet être appliquée à d'autres logiques que la logique du premier ordre ordinaire. C'est le cas notamment de la logique épistémique, une autre création très fructueuse de Hintikka datant des années 1960[2]. En logique épistémique IF[3], les quantificateurs (ou les opérateurs) apparaissant dans la portée d'opérateurs épistémiques peuvent être rendus indépendants de ces derniers, assimilés à des quantificateurs universels sur des ensembles de mondes possibles. La logique épistémique de la « seconde génération » permet ainsi de traiter de l'opposition entre connaissance d'objets et connaissance de faits, ou de revisiter celle entre connaissance *de re* et connaissance *de dicto*[4].

D'autres développements importants ont été réalisés et sont attendus en logique modale IF, résultat de l'introduction d'indépendance informationnelle entre les opérateurs modaux de possibilité et de nécessité[5]. La logique IF entretient aussi des connexions étroites avec la logique quantique[6] ou encore avec la logique linéaire[7].

Le caractère naturel de l'extension IF de la logique du premier ordre et des extensions IF d'autres logiques est en grande partie lié à l'interprétation des langages correspondants suivant la théorie sémantique des jeux (GTS, pour *Game-Theoretical Semantics*). Historiquement, la logique IF apparaît même comme un produit dérivé de GTS.

1. Voir J. Hintikka, « Intuitionistic Logic as Epistemic Logic », *Synthese* 127, 2001, p. 7-19.

2. J. Hintikka, *Knowledge and Belief*, Dordrecht, Reidel, 1962.

3. A. Pietarinen, « What Do Epistemic Logic and Cognitive Science Have to Do With Each Other? », *Cognitive Systems Research* 4, 2003, p. 169-190. J. Hintikka, « A Second Generation Epistemic Logic and its General Significance », dans V. F. Hendricks *et alii* (eds.), *Knowledge Contributors*, Dordrecht, Kluwer Academic Publishers, 2003, p. 33-55.

4. J. Hintikka, « Knowledge Acknowledged : Knowledge of Propositions *vs.* Knowledge of Objects », *Philosophy and Phenomenological Research* 61, 1996, p. 251-273, trad. fr. F. Poinboeuf et Ch. Chauviré, « La Connaissance reconnue. La connaissance de propositions par opposition à la connaissance d'objets », dans E. Rigal (éd.), *Jaakko Hintikka, Questions de logique et de phénoménologie*, Paris, Vrin, 1998, p. 99-123.

5. J. C. Bradfield et S. B. Fröschle, « On Logical and Concurrent Equivalences », *Nordic Journal of Computing* 9, 2002, p. 102-117. T. Tulenheimo, « Independence-Friendly Modal Logic : Studies in its Expressive Power and Theoretical Relevance », *Philosophical Studies from the University of Helsinki* 4, 2004.

6. J. Hintikka, « Quantum Logic as a Fragment of Independence-Friendly Logic », *Journal of Philosophical Logic* 31, 2002, p. 197-209.

7. G. Sandu, « Signalling in Languages with Imperfect Information », *Synthese* 127, 2001, p. 21-34.

Cette sémantique, concurrente de la sémantique modèle-théorétique standard dite parfois « à la Tarski », a été développée par Hintikka à partir de la fin des années 1960. L'idée – présentée de façon détaillée dans le livre – est d'associer un jeu sémantique à chaque énoncé qui se verra décomposé au fil de la partie suivant des règles déterminées par les constantes logiques. Un énoncé est vrai (au sens GTS) s'il existe une stratégie gagnante pour l'un des deux joueurs nommé vérificateur, et faux (toujours au sens GTS) s'il existe une stratégie gagnante pour l'autre joueur nommé falsificateur. Pour des jeux à information parfaite, c'est-à-dire les jeux dont les joueurs connaissent à chaque coup tous les coups antérieurement joués, la vérité GTS dans un modèle coïncide avec l'interprétation usuelle des énoncés du premier ordre ordinaire[1]. Il suffit alors d'introduire de l'information imparfaite – en rendant certains coups inaccessibles au vérificateur au fil de la partie – pour obtenir des énoncés du premier ordre IF.

Même si la logique IF est relativement indépendante de l'interprétation GTS, la vérité étant déterminée par l'existence de fonctions de Skolem indépendamment de cette interprétation, GTS offre une compréhension naturelle des énoncés IF en terme de jeux. Dans les faits, c'est-à-dire dans la plupart des écrits des fondateurs de la logique IF, la théorie sémantique des jeux est si étroitement liée à la logique du premier ordre IF qu'il faut considérer les deux ensemble pour saisir pleinement le nouveau paradigme logico-sémantique.

De façon plus générale, les dernières décennies ont vu émerger un champ d'investigation spécifique à l'intersection entre logique et théorie mathématique des jeux[2]. La théorie sémantique des jeux de Hintikka constitue l'un des trois grands courants dominant ce champ, les deux autres étant issus pour l'un de la logique dialogique de Lorenzen et Lorenz, et pour l'autre des études de l'école hollandaise sur les rapports entre logique, jeux et computation, conduites dans le sillage des travaux de van Benthem[3].

Avec l'utilisation de GTS et de la logique IF en sémantique formelle pour les langues naturelles[4], on aborde un autre grand secteur d'application

1. Plus précisément, les deux définitions de la vérité, Tarski et GTS, sont équivalentes si l'on présuppose l'axiome du choix.

2. Pour un aperçu d'ensemble sur ce champ, voir M. Rebuschi et T. Tulenheimo (éds.), « Logique et théorie des jeux », *Philosophia Scientiae*, vol. 8 (2), 2004.

3. Se reporter en particulier au site de l'Institute for Logic, Language and Information à Amsterdam : http://www.illc.uva.nl/lgc/.

4. Voir par exemple J. Hintikka et G. Sandu, « What Is A Quantifier? », *Synthese* 98, 1994, p. 113-129. G. Sandu, « On the Theory of Anaphora : Dynamic Predicate Logic *vs.* Game-Theoretical Semantics », *Linguistics and Philosophy* 20, 1997, p. 147-174. J. Hintikka, « No Scope For Scope? », *Linguistics and Philosophy* 20, 1997, p. 515-544. J. Hintikka,

de la logique bien connu en philosophie du langage. La logique IF et sa sémantique des jeux paraissent ainsi constituer un nouveau cadre logique universel au sens où elles permettent la réunification en un formalisme unique de théories qui, à force de spécialisation, ont fini par se couper les unes des autres : logique du premier ordre ordinaire et théorie des ensembles ou théorie des catégories pour les fondements des mathématiques, logiques intensionnelles typées puis logiques dynamiques pour la sémantique des langues naturelles.

Sur ce point comme dans l'usage fait par Hintikka de ses instruments techniques pour la résolution d'énigmes philosophiques, on reconnaît l'ambition logiciste rénovée d'un Frege ou d'un Russell qui retrouve, un siècle plus tard, une seconde jeunesse.

La généralité du phénomène d'indépendance informationnelle dévoilé par la logique IF a conduit Hintikka à contester le caractère « classique » de la logique du premier ordre ordinaire. Celle-ci impose en effet des restrictions injustifiées sur les liens de dépendance et d'indépendance mutuelles entre quantificateurs. Hintikka a fini par regretter l'appellation de « logique IF » qui peut laisser croire à une logique déviante ou tout au moins non classique. Ce regret est renforcé par l'extraordinaire fécondité de la nouvelle logique. Finalement, il propose de l'appeler « logique hyperclassique » puisqu'elle constitue, à ses yeux, notre véritable logique élémentaire [1].

Le lecteur appréciera dans *Les Principes des mathématiques* revisités un ouvrage passionnant par l'envergure de son propos comme par la pertinence des questions et l'originalité des positions soutenues. La culture philosophique et la connaissance de l'histoire de la logique et des mathématiques de son auteur ne sont plus à démontrer. Jaakko Hintikka est un philosophe mondialement connu dont les contributions à la logique, à la philosophie et à l'histoire de la philosophie se déploient sur plus d'un demi-siècle.

Comme l'auteur le signale dans sa préface à la présente traduction, il s'agit d'une nouvelle édition d'où un certain nombre d'erreurs techniques de l'édition originale ont été corrigées [2]. L'édition française comporte en outre un appendice inédit par Gabriel Sandu, remplaçant celui de la version originale. Je remercie Tero Tulenheimo d'avoir revu l'ensemble de la

« Negation in Logic and in Natural Language », *Linguistics and Philosophy* 25, 2002, p. 585-600. T. Tulenheimo, « Sur les "opérateurs rétrogrades" », *Philosophia Scientiae* 8 (2), 2004, p. 145-160. T. Tulenheimo, « Are There Tense Operators in English? » dans L. Behounek (ed.), *The Logica Yearbook 2003*, Prague, Filosofia, 2004, p. 271-84.

1. Voir J. Hintikka, « Hyperclassical Logic (a.k.a. IF Logic) and Its Implications for Logical Theory », *Bulletin of Symbolic Logic* 8 (3), 2002, p. 404-423.

2. Des modifications substantielles ont été notamment apportées aux pages 64, 88, 136 et 188 de l'édition originale.

traduction, étant bien entendu moi-même seul responsable des erreurs qui subsistent.

Note du traducteur

Plusieurs expressions s'avérant difficilement traduisibles, nous avons préféré les conserver dans leur version originale. Cela concerne notamment, mais pas uniquement les abréviations.

Ainsi suivant l'usage aujourd'hui établi, *IF logic* (qui abrège *independence-friendly logic*) est rendu par *logique IF*. Par ailleurs, quand il n'y a pas d'ambiguïté et que cela n'altère pas le cours du raisonnement, nous avons omis de signaler que la logique IF était « du premier ordre » même si le texte d'origine emploie presque exclusivement l'expression *IF first-order logic*.

Game-Theoretical Semantics est traduit par *théorie sémantique des jeux*, mais son abréviation (*GTS*) est conservée telle quelle. Nous avons d'autre part préféré conserver le qualificatif original *game-theoretical* plutôt que d'inventer un néologisme du type « ludico-théorétique » qui aurait sensiblement alourdi le texte.

Le nom anglais de la barre oblique, *slash*, est bien connu depuis son usage massif avec Internet. C'est la notation phare de la logique IF. Nous avons conservé cette appellation en anglais, et nous avons créé l'adjectif *slashé* pour l'anglais *slashed*.

Le contraste entre *number* et *numeral* est préservé par les traductions respectives en *nombre* et *numéral*. Les *intended models* sont rendus par les *modèles visés*. D'autres conventions ont été adoptées qui sont signalées au fil du texte par la mention de l'expression originale entre parenthèses.

Les expressions en italique suivies d'un astérisque sont en français dans le texte original. Sauf mention contraire, les notes sont dues à l'auteur.

Manuel REBUSCHI
L.P.H.S. – Archives H. Poincaré, Nancy

PRÉFACE À L'ÉDITION FRANÇAISE

Je suis heureux de voir paraître une traduction française de mon livre de 1996. Les idées que j'y avais avancées se sont avérées fructueuses au moins pour moi-même. Inclure les nouveaux résultats dans la traduction aurait cependant requis une réécriture plus importante que ce qui était faisable. Je mentionnerai ici seulement deux directions importantes de développement futur. Il s'agit du traitement de la dépendance mutuelle irréductible entre quantificateurs, et de la possibilité d'introduire des mesures de probabilité dans la logique IF.

J'ai saisi l'opportunité de corriger un certain nombre de méprises et d'erreurs du livre original, la plupart m'étant dues. Certaines ont été signalées par Gabriel Sandu, Tero Tulenheimo, Roberto Torretti, Michael Frank, Paul Broderick, Tom Verhoeff et probablement d'autres personnes que j'ai oubliées. Je leur dois des remerciements chaleureux pour toutes leurs corrections. J'aimerais aussi remercier Gabriel Sandu qui a réécrit l'important appendice par lequel il avait contribué à ce livre.

Je veux remercier par dessus tout le traducteur, Manuel Rebuschi, pour ses efforts. Tero Tulenheimo a aussi été d'une grande aide dans la préparation de cette traduction.

Jaakko HINTIKKA
Boston, mai 2005

| INTRODUCTION VII

Le titre de cet ouvrage est inspiré du livre de Bertrand Russell, *Les Principes des mathématiques* (*The Principles of Mathematics*, 1903). Quel est le rapport? Tel que je le vois, le livre de Russell a constitué une étape importante dans sa lutte pour se libérer des approches traditionnelles en logique et dans les fondements des mathématiques, et pour les remplacer par une approche qui s'inspirait de la nouvelle logique créée par Frege et Peano et qui utilisait cette logique comme principal outil. Dans les *Principes*, Russell n'en est pas encore à bâtir ces nouveaux fondements pour les mathématiques qu'il élaborera plus tard avec A. N. Whitehead. Les *Principes* ne sont pas les *Principia*. Dans son livre de 1903, Russell examine les problèmes conceptuels qui émergent dans les fondements de la logique et des mathématiques, il expose les difficultés rencontrées par les conceptions antérieures et ainsi, tente de trouver des repères pour en avoir une approche juste.

Dans ce livre j'espère, dans le même esprit, préparer le terrain pour la prochaine révolution (au sens de Jefferson plutôt que celui de Lénine) dans les fondements des mathématiques. Comme chez Russell, cela inclut simultanément une critique et un projet constructif, même si les deux aspects ne peuvent pas être séparés l'un de l'autre. En effet, s'il n'y avait pas eu le danger de confondre les bibliographes, j'aurais donné à mon livre ce titre à double lecture : *Les Principes des mathématiques revis(it)és.*

La part critique de mon programme est la plus facile à décrire. D'ailleurs, si j'étais Thomas Kuhn, je pourrais donner une description des plus concises de l'état de l'art dans les fondements de la logique et des mathématiques. Presque tous ceux qui se situent dans ce champ présument qu'ils pratiquent la science normale bien qu'en réalité une crise sérieuse soit sur le point d'éclater. On a donc besoin ici de la science en crise au sens de Kuhn, | et pas de la science normale avec son cadre conceptuel sûr, ou du VIII moins généralement accepté, et ses critères de succès largement partagés. La plupart des opinions concernant la situation générale des fondements de la logique et des mathématiques ne sont pas seulement douteuses, mais on peut également soutenir (et souvent démontrer) qu'elles sont fausses. Des arguments et des démonstrations à cet effet seront ainsi présentés dans cet ouvrage.

Parmi les dogmes mûrs pour être rejetés, on trouve les lieux communs suivants : la base de la logique, la vraie logique élémentaire, c'est la logique du premier ordre ordinaire, du moins si vous êtes un logicien classique. Si vous êtes intuitionniste, vous utiliserez plutôt la logique intuitionniste du premier ordre de Heyting. Dans tous les cas, votre logique élémentaire de base admet une axiomatisation complète.

Au niveau de la logique du premier ordre, vous pouvez seulement formuler des règles d'inférence formelles, c'est-à-dire traiter la logique syntaxiquement. Car pour faire de la sémantique (la théorie des modèles), et je suis d'accord sur ce point, vous avez besoin d'une définition de la vérité pour le langage concerné. Suivant les conceptions courantes, une telle définition de la vérité ne peut pas être formulée dans le même langage mais seulement dans un métalangage plus fort. Pour les langages du premier ordre, une telle définition de la vérité doit naturellement être formulée dans la théorie des ensembles ou dans un langage du second ordre. Dans les deux cas, nous avons affaire à un langage mathématique plutôt qu'à un langage purement logique. La théorie des modèles est donc inévitablement une discipline mathématique, et pas une discipline purement logique. De plus, ce qu'une définition formelle de la vérité peut réaliser ne va pas au-delà d'une corrélation entre des énoncés et les faits qui les rendent vrais. Une telle définition ne peut pas fournir d'explication sur ce qui rend vrai un énoncé. Les définitions formelles de la vérité ne peuvent pas non plus montrer comment les énoncés sont effectivement vérifiés.

Les théories mathématiques non triviales du premier ordre, parmi lesquelles l'arithmétique élémentaire, sont inévitablement incomplètes dans tous les sens intéressants du terme. Il n'y a pas de principes absolus pour guider la recherche d'axiomes déductifs plus forts pour les théories mathématiques.

La logique du premier ordre est incapable de gérer les concepts et les modes d'inférence les plus caractéristiques des mathématiques, comme l'induction mathématique, l'infini, l'équipotence, le bon ordre, la formation de l'ensemble des parties d'un ensemble, et ainsi de suite. Par conséquent la pensée mathématique implique essentiellement des entités d'ordre supérieur de telle ou telle sorte, qu'il s'agisse d'ensembles, de classes, de relations, de prédicats et ainsi de suite, au sens fort où elle implique la

quantification sur ces entités. Pour l'exprimer formellement, on peut faire des mathématiques au niveau du premier ordre seulement si les valeurs des variables individuelles comportent des entités d'ordre supérieur, comme les ensembles. Il est ainsi | théoriquement éclairant de formuler les théories IX
mathématiques dans les termes de la théorie des ensembles. La théorie axiomatique des ensembles est par conséquent un cadre naturel pour la théorisation mathématique.

La négation est un concept simple qui implique simplement une inversion des valeurs de vérité, *vrai* et *faux*. C'est un trait caractéristique des approches constructivistes de la logique que de rejeter la loi du tiers exclu. Le rejet de l'axiome du choix en est une autre marque de fabrique. En général, la mise en œuvre d'une interprétation constructiviste de la logique consiste à changer les règles d'inférence ou éventuellement, à changer quelques-unes des clauses d'une définition de la vérité.

De plus, il est généralement (bien que non universellement) admis par les linguistes, les logiciens et les philosophes que l'on doit essayer de conformer sa sémantique au principe dit de compositionnalité. Ce principe énonce que la valeur sémantique d'une expression complexe donnée est toujours une fonction des valeurs sémantiques de ses expressions composantes. La fonction en question est déterminée par la forme syntaxique de l'expression considérée.

Dans ce travail, je ne vais pas contrer une ou deux de ces idées largement répandues, mais je vais argumenter qu'elles sont *toutes* fausses. En outre, j'indiquerai les conceptions correctes qui devraient remplacer les dogmes ci-dessus énumérés. Je ne suis pas un déconstructionniste ou un sceptique. Au contraire, j'essaie de réveiller mes collègues philosophes des mathématiques de leur sommeil sceptique, et de leur montrer la richesse des nouvelles possibilités constructives pour les fondements des mathématiques. Je le ferai en développant une nouvelle et meilleure logique de base appelée à remplacer la logique du premier ordre ordinaire. La logique de base ordinairement acceptée doit son existence à la formulation indûment restrictive des règles de formation pour la logique du premier ordre, probablement motivée par une acceptation non critique du dogme de la compositionnalité. La nouvelle logique, libre de ces restrictions, fournit à mon sens la perspicacité exigée pour les fondements de la logique et des mathématiques. Ironiquement, la logique du premier ordre ordinaire que je veux ici rétrograder est précisément la partie centrale de cette nouvelle logique que Russell a introduite dans les *Principes des mathématiques*. Les admirateurs de Russell peuvent néanmoins trouver une consolation dans la proximité de ma nouvelle logique avec celle que Russell a propagée. Les deux logiques diffèrent cependant de façon significative par ce qu'elles impliquent et suggèrent, tant sur le plan philosophique que sur un plan théorique général.

À mon sens, même les aspects critiques de ce livre vont avoir un effet
x libérateur. La raison en est que bien des dogmes | parmi ceux énumérés sont essentiellement restrictifs, comme les théorèmes qui portent sur ce que l'on ne peut pas faire en logique ou en mathématiques. Un exemple significatif : il s'avère que l'on peut en principe faire des mathématiques au niveau du premier ordre, dans un sens parfaitement naturel. De façon générale ma logique libérée du premier ordre peut faire beaucoup plus de choses en mathématiques que les philosophes ne l'ont récemment cru possible.

La stratégie de ce mouvement de libération du logicien ne repose pas sur des résultats techniques compliqués, mais sur un examen attentif de plusieurs des concepts clefs que nous employons en logique et en mathématiques, parmi lesquels les concepts suivants : quantificateur, portée, priorité et dépendance logiques, complétude, vérité, négation, constructivité, et connaissance d'objets *vs.* connaissance de faits. Une analyse patiente de ces idées permet d'y découvrir des richesses conceptuelles bien plus grandes que les philosophes ne l'ont suspecté. Il était récemment à la mode d'interpréter (mal) la conception carnapienne de la philosophie des sciences comme une analyse logique du langage de la science et, par analogie, de concevoir la philosophie des mathématiques comme une analyse logique du « langage » des mathématiques – c'est-à-dire comme une analyse des concepts mathématiques et métamathématiques fondamentaux. Carnap et ses collègues n'étaient sans doute ni suffisamment sensibles aux problèmes conceptuels plus profonds, ni en possession d'outils logiques suffisamment puissants. Pourtant, objectivement, une étude du rôle du langage, de la vérité et de la logique en mathématiques me paraît être de loin l'approche la plus fructueuse de la nature philosophique des théories mathématiques. Pendant un moment j'ai caressé l'idée d'appeler ce livre *Langage, vérité et logique en mathématiques*[1].

Cette stratégie signifie que mon livre ressemblera aux Principes plutôt qu'aux *Principia* de Russell, également pour une autre raison. La plupart du temps je ne développe pas ici mes idées sous la forme d'un traité de logique ou de mathématiques, avec tous les détails formels et toutes les preuves explicites. Ce travail est un essai philosophique, et pas un article de recherche ni un traité de logique ou de mathématiques. Même si j'essaierai d'expliquer les principaux détails formels dont j'aurai besoin dans ce

1. Hintikka fait ici référence à l'ouvrage d'Alfred J. Ayer, *Language, Truth and Logic*, publié en 1936 [NdT].

livre, je ne le ferai que pour autant qu'ils sembleront nécessaires pour comprendre l'argumentation générale.

En réfléchissant au sujet – ou plutôt, aux sujets – de ce livre pendant des années, j'ai bénéficié d'échanges avec plus de monde que je ne peux me rappeler et énumérer ici. Trois personnes occupent toutefois une position à
part, parce qu'elles ont contribué | d'une manière ou d'une autre à la genèse XI
de ce livre. J'ai discuté plusieurs des points abordés ici avec – ou plutôt contre – l'un de mes plus anciens amis américains, Burton Dreben, depuis que j'ai été amené à le rencontrer, en 1954. Après quarante années, je crois que j'ai finalement trouvé les arguments concluants en faveur de ma conception.

La plupart des idées nouvelles exposées dans ce livre ont été développées en proche collaboration avec Gabriel Sandu. Dans certains cas, je ne peux même plus dire qui a le premier trouvé quelle idée. Je peux seulement souhaiter qu'il publie bientôt sa propre version de certains des principaux résultats de ce livre. Sandu a aussi substantiellement contribué à ce livre par des commentaires, des critiques et des suggestions spécifiques. Il a écrit une comparaison importante entre certains de nos résultats et l'approche kripkéenne de la vérité, qui est reproduite en appendice à ce livre. En bref, ce livre doit plus à Gabriel Sandu que je ne peux en être conscient. En outre, Janne Hiipakka a été d'une aide inestimable, non seulement en préparant le manuscrit mais également en corrigeant des erreurs et en apportant des suggestions.

En travaillant sur ce livre, j'en suis venu à apprécier de mieux en mieux l'importance des questions soulevées par les auteurs classiques de la philosophie des mathématiques du vingtième siècle, particulièrement Hilbert, Tarski, Carnap et Gödel. Alors que je me suis fréquemment trouvé en désaccord avec chacun d'eux, les questions qu'ils posent sont bien plus importantes que la plupart des problèmes récemment débattus, et valent éminemment qu'on y retourne. Je regrette seulement d'avoir développé mes propres idées beaucoup trop tard pour les confronter à celles de gens comme Tarski, Carnap ou Gödel.

Je n'ai pas bénéficié de financement direct ni d'exemption de service pour l'écriture de ce livre. Un soutien indirect est venu de l'Académie de Finlande qui, par une subvention, a financé les travaux de Sandu et Hiipakka. L'Académie de Finlande a également financé et ainsi facilité plusieurs de mes déplacements de travail en Finlande. L'Université de Boston m'a offert un agréable environnement de travail. En fait, on peut faire remonter l'origine de ce livre à l'idée que les définitions de la vérité auto-appliquées sont possibles pour les langages faits pour l'indépendance (IF); une idée qui m'est apparue pour la première fois au milieu d'un séminaire que je dirigeais, à l'Université de Boston, en 1991. J'ai aussi eu l'opportunité d'aider à l'organisation de plusieurs symposiums sous les auspices du *Boston Colloquium for Philosophy and History of Science*, qui m'ont stimulé dans l'élaboration des idées présentées dans ce livre.

XII | Relativement peu des matériaux présentés ici ont été antérieurement disponibles. Une bonne partie du chapitre X a été publiée sous le titre « Constructivism *Aufgehoben* » dans les actes de la conférence « Logica 94 » qui s'est tenue en République tchèque en juin 1994. Une version du chapitre II est parue dans *Dialectica* vol. 49 (1995), p. 229-249, sous le titre « The Games of Logic and the Games of Inquiry ». Quelques exemples et d'autres matériaux de ce livre, particulièrement du chapitre VII, sont empruntés à une prépublication titrée *Defining Truth, the Whole Truth and Nothing But the Truth* et publiée dans la *preprint series* du Département de Philosophie de l'Université de Helsinki en 1991. Les autres « vols » à mes propres travaux antérieurs ne sont pas intentionnels.

Je dois enfin remercier les *Cambridge University Press* pour avoir accepté la publication de mon livre dans leur programme. C'est un compliment particulier pour un travail sur les fondements des mathématiques que de partager un éditeur avec Russell et Whitehead.

| Chapitre premier 1

LES FONCTIONS DE LA LOGIQUE ET LE PROBLÈME DE LA DÉFINITION DE LA VÉRITÉ

L'erreur la plus répandue à propos du rôle de la logique dans la théorisation mathématique pourrait se révéler être la plus importante. Il est vrai que cette erreur se fait facilement passer pour une insistance tendancieuse ou comme le résultat d'une division du travail exagérée. C'est néanmoins un problème sérieux. On peut l'exposer en posant la question apparemment naïve : que peut faire la logique pour un mathématicien ? Quel *est* le rôle de la logique en mathématiques ?

Comme étude de cas, je propose d'examiner l'une des œuvres les plus influentes sur les fondements des mathématiques, qui est aussi l'une des dernières à ne pas utiliser les ressources de la logique moderne. Il s'agit des *Fondements de la géométrie* de Hilbert (1899). Hilbert y présente une axiomatisation (un système axiomatique) de la géométrie euclidienne. Ce système est un système axiomatique *non logique*. C'est la systématisation des vérités d'une discipline (des vérités scientifiques ordinaires ou mathématiques, mais pas des vérités logiques), habituellement d'une branche des mathématiques ou d'une branche scientifique. On obtient cette systématisation en concentrant en quelque sorte toutes les vérités sur le sujet en un ensemble fini (ou récursivement énumérable) d'axiomes. En un sens, ceux-ci sont supposés vous dire tout ce qui doit être dit sur le sujet en question. Une telle axiomatisation, si elle est complète, vous donnera une vue d'ensemble sur le champ étudié. Si votre recherche vous a conduit à un système axiomatique complet, le reste de votre travail consistera alors simplement à démêler les conséquences logiques des axiomes. Vous n'aurez plus besoin d'observations nouvelles, d'expériences ni d'autre inputs de la réalité. Il vous suffira d'étudier les axiomes ; vous n'aurez plus besoin d'étudier la
réalité qu'ils représentent. Évidemment, cette idée | de la maîtrise intellec- 2

tuelle d'une discipline entière est ce qui rend la méthode axiomatique particulièrement attractive.

Les philosophes considèrent parfois la méthode axiomatique comme un moyen de justifier les vérités qu'un système axiomatique reproduit comme théorèmes. Si c'était le cas, les axiomes devraient être bien plus évidents que les théorèmes, et la dérivation des théorèmes à partir des axiomes devrait préserver la vérité. La seconde exigence sera discutée plus bas. En ce qui concerne la première, il faut noter que l'exigence d'évidence ne joue aucun rôle dans les théories scientifiques les plus importantes. Personne n'a jamais prétendu que les équations de Maxwell ou celles de Schrödinger étaient intuitivement évidentes. L'intérêt que représentent ces équations de physique fondamentale n'est même pas essentiellement entamé du fait qu'elles ne sont qu'approximativement vraies. L'explication réside dans le fait que ces équations offrent toujours une vue d'ensemble sur une large classe de phénomènes. Elles constituent des outils pour la maîtrise intellectuelle de la part de réalité dont elles traitent. De façon générale, ce travail de maîtrise intellectuelle est une motivation bien plus importante en faveur de la méthode axiomatique que la quête de certitude.

L'axiomatisation de la géométrie par Hilbert est un exemple extrême de ce fait. Hilbert ne soulève même pas la question de la vérité des axiomes de la géométrie euclidienne dans l'espace physique actuel. Tout ce qui l'intéresse, c'est la structure représentée par les axiomes. Cette structure est décrite par les théorèmes du système axiomatique. Que cette structure soit instanciée par ce que nous appelons des points, des droites et des plans, ou par des entités d'une tout autre espèce, c'est une question totalement dénuée d'importance pour son propos.

Mais quel est le travail de la logique dans cette entreprise? Dans l'œuvre de Hilbert, il reste tacite, ou du moins informel. Pas un seul symbole de logique formelle ne vient défigurer les pages de Hilbert. Il aurait pu écrire sa monographie même si Boole, Frege et Cantor n'avaient jamais existé. Et pourtant, la logique joue un rôle de la plus haute importance dans le traité de Hilbert, et cela à plus d'un titre.

Un aspect paraîtra complètement évident à n'importe quel philosophe, logicien ou mathématicien contemporain. En fait, ce rôle de la logique est tellement évident que des penseurs ultérieurs ont eu tendance à le considérer comme admis, manquant par là une part importante de la signification historique de la réalisation de Hilbert. Hilbert envisage ce qui est de nos jours appelé un système axiomatique purement logique. C'est-à-dire que toutes les suppositions substantielles sont codifiées par les axiomes, tandis que tous les théorèmes sont dérivés des axiomes par des moyens purement logiques. Cette idée pourrait être considérée comme constituant l'essentiel

de toute la méthode axiomatique. Aujourd’hui, la familiarité avec cette idée est telle que nous oublions facilement la nouveauté audacieuse qu’elle constituait dans la situation historique de Hilbert. Un indice de cette nouveauté réside dans l’étiquette | que ses contemporains ont accolé à son 3
approche, en la qualifiant de « formaliste ». Bien entendu, ce terme est complètement immérité. Quand Hilbert expliquait qu’au lieu de points, de lignes et de cercles, il aurait pu parler de chaises, de tables et de chopes de bière, il ne faisait qu’éclairer la nature purement logique de la dérivation des théorèmes à partir des axiomes [1]. Du fait de la nature purement logique du système axiomatique de Hilbert, toutes les preuves auraient pu être représentées dans une notation explicite de logique formelle (bien sûr interprétée), sans différence significative. Cette idée de conséquence purement logique était familière à Aristote, même si elle ne l’était pas pour des penseurs intermédiaires comme Kant. Ce caractère purement logique du passage des axiomes aux théorèmes ne signifie pas que les axiomes ou les théorèmes doivent rester non interprétés. Cela ne signifie pas non plus que les axiomes ne peuvent pas être (matériellement) vrais. En fait, Hilbert a indiqué ailleurs [2], tout à fait explicitement, que pour n’importe quelle application actuelle de la géométrie, la vérité des axiomes est une question matérielle (empirique). Même la vérité actuelle des axiomes du continu doit être vérifiée empiriquement [3].

Une nouvelle distinction est cependant nécessaire. Il est important de réaliser qu’un système axiomatique non logique peut être interprété, comme en géométrie appliquée ou en thermodynamique, ou bien rester non interprété, comme en théorie des ensembles ou en théorie des treillis. La seule différence entre les deux cas réside dans le fait que dans le second, les

1. Sur ce fameux quolibet, voir Blumenthal (1935, p. 403) et Toepell (1986, p. 42). On peut trouver une preuve plus prosaïque mais peut être en même temps plus convaincante que le propos de Hilbert portait bien sur les relations purement logiques entre axiomes et théorèmes dans le développement de sa pensée (Toepell, 1986). La question des axiomes dont dépendent ou non certains résultats comme le théorème de Pascal ou celui de Desargues a joué un rôle majeur dans le développement de Hilbert.

2. Hilbert, 1918, p. 149.

3. Cette question du statut des axiomes du continu était à l’époque d’un intérêt considérable. En philosophie de la physique, des penseurs comme Mach ont affiché l’idée d’une science phénoménologique purement descriptive, dénuée de présuppositions, décrivant les phénomènes pertinents au moyen d’équations différentielles. Contre eux, Boltzmann signalait vigoureusement que même l’application des équations différentielles repose sur des présupposés empiriques non triviaux concernant les phénomènes, notamment sur les présupposés de continuité et de dérivabilité (voir, par exemple, Boltzmann 1905). Il serait intéressant de savoir qui a influencé qui dans cette insistance sur le contenu empirique de la présupposition de continuité.

concepts fondamentaux non logiques sont laissés non interprétés. Cela ne fait aucune différence pour la dérivation des conséquences (par exemple des théorèmes) à partir des prémisses (par exemple des axiomes). De telles dérivations procèdent exactement de la même manière dans les deux cas, pour autant qu'elles sont purement logiques. Ainsi, pour les systèmes axiomatiques non logiques formulés dans une notation purement logique, le contraste entre systèmes interprétés et non interprétés n'a pas d'importance. Le slogan provocateur de Hilbert sur la géométrie des chaises, des tables et des chopes de bière peut être compris comme l'affirmation de cette parité des systèmes axiomatiques interprétés et non interprétés quand on en vient à la dérivation des théorèmes, et donc comme l'illustration indirecte du caractère purement logique des preuves géométriques.

Le même point peut être exposé de façon légèrement différente. La question de savoir si les inférences logiques peuvent être capturées par des règles complètement formelles (calculables, récursives) est indépendante de la question de savoir si le langage dans lequel ces inférences sont conduites est « formel », c'est-à-dire non interprété, ou « informel », c'est-à-dire interprété. La question de l'interprétation concerne les constantes non logiques du langage. Les constantes logiques sont supposées avoir la même signification dans tous les cas.

4 | On pourrait penser que les systèmes axiomatiques non logiques et non interprétés concernent certaines structures en tant que telles, tandis que les systèmes interprétés correspondants traiteraient des instanciations actuelles de ces structures.

Voici alors un exemple du rôle de la logique qui, de façon compréhensible, vient en premier à l'esprit de mes collègues philosophes, logiciens et mathématiciens. La logique est l'étude des relations de conséquence logique, c'est-à-dire des relations d'implication ou d'*entailment*. Sa manifestation concrète est une capacité à conduire des inférences logiques, c'est-à-dire à tirer des conclusions déductives. J'appellerai ceci la fonction *déductive* de la logique.

On pense normalement que les outils nécessaires pour cette fonction sont recueillis par les différentes *axiomatisations de la logique*. Le terme « axiomatisation » tel qu'il est ici employé est néanmoins un titre de courtoisie. Car une telle axiomatisation d'une partie de la logique est simplement une méthode pour énumérer récursivement toutes les vérités logiques exprimables dans tel ou tel langage explicite (« formel »). On présente habituellement cette énumération de telle sorte qu'elle apparaisse en continuité avec les systèmes d'axiomes non logiques, comme le système de géométrie hilbertienne. Autrement dit, l'énumération est obtenue en posant des axiomes complètement formels comme point de départ, et des règles d'inférence également formelles, dont l'application répétée permet d'accomplir l'énumération. Malgré un style d'exposition similaire, il faut être conscient des différences fondamentales qui séparent les systèmes axiomatiques logiques des systèmes non logiques. L'axiomatisation non logique a affaire à la vérité non logique ordinaire (matérielle ou mathématique), alors que l'axiomatisation logique s'occupe de la vérité dite logique. Les systèmes d'axiomes non logiques ont normalement une interprétation visée, même quand les dérivations des axiomes sont purement logiques, tandis qu'une axiomatisation de la logique doit être purement formelle pour engendrer l'énumérabilité mécanique. Un système axiomatique non logique peut être formulé sans référence à aucune logique explicite. En fait, c'est précisément ce que fait Hilbert dans les *Grundlagen* (1899). Même si toutes ses dérivations de théorèmes à partir des axiomes sont menées conformément à la logique la plus impeccable, Hilbert n'explicite pas une seule règle d'inférence logique dans son célèbre ouvrage.

À partir d'une axiomatisation de la logique, on obtient les schémas (*patterns*) d'*inférences* logiques valides comme cas particuliers sous la forme de conditionnels :

$$S_1 \supset S_2 \qquad (1.1)$$

| Une *inférence* de S_1 à S_2 est valide si et seulement si un *conditionnel* 5
(avec S_1 pour antécédent et S_2 pour conséquent) est logiquement vrai (ou valide, comme on dit parfois).

Je pointerai cependant dans le cours de ce livre des difficultés liées à la caractérisation des inférences valides en termes de vérité logique. Je retournerai à cette question à la fin du chapitre VII.

Il est important de réaliser que l'on ne peut pas confier l'énumération des schémas d'inférences valides aux mal nommées « règles d'inférence » d'une axiomatisation de la logique. Car la *raison d'être*[*] de telles « règles d'inférence » est de servir de véhicule pour épeler les vérités logiques, et pas les vérités matérielles ou mathématiques. Donc la seule chose que l'on puisse attendre d'elles est qu'elles préservent la vérité *logique*. Pour réaliser cela, il n'est même pas nécessaire qu'elles préservent la vérité matérielle, c'est-à-dire la vérité *simpliciter*. Il y a en fait bien assez d'exemples de soi-disant règles d'inférence employées dans l'axiomatisation de quelque partie de la logique qui ne préservent pas la vérité comme telle. Les cas les mieux connus sont probablement les règles de nécessitation en logique modale. Avec elles, on peut par exemple « inférer » la vérité logique de

$$N(S_1 \supset S_2) \qquad (1.2)$$

à partir de la vérité logique de

$$S_1 \supset S_2 \tag{1.3}$$

où N est l'opérateur de nécessité. Mais bien sûr, de la vérité simple (naturelle) de (1.3), on ne peut pas inférer la vérité de (1.2). Des exemples similaires peuvent être trouvés en logique ordinaire, non modale.

Un philosophe devrait par conséquent être extrêmement prudent avec des expressions telles que « règle d'inférence » ou même « règle d'inférence logique ». Dans de mauvaises mains, elles peuvent devenir vicieusement ambiguës. Au minimum, il nous faut distinguer soigneusement entre preuve logique (à partir de prémisses) d'une vérité matérielle et (pseudo) preuve logique d'une vérité logique. On appréhende mieux cette dernière en tant que segment de l'énumération récursive des vérités logiques.

Pendant quelque temps, les mathématiciens ont eu tendance à considérer que les règles de base de l'inférence logique valide étaient acquises. Parfois, on trouvait qu'elles étaient trop évidentes pour exiger un traitement explicite particulier. Il était parfois supposé – et il est toujours supposé – que Frege et Russell avaient accompli ce travail une fois pour toutes. Ou encore que s'ils ne l'avaient pas fait, l'homme de main de
6 Hilbert, Wilhelm Ackermann, l'avait fait. Car ce que | Ackermann réalisa en 1928 sous la responsabilité de Hilbert fut de formuler pour la première fois cette partie plancher de la logique (comme elle semblait l'être) que tout un chacun considère depuis lors comme acquise. Elle est habituellement connue sous le nom de logique du premier ordre, de théorie de la quantification ou encore de calcul inférieur des prédicats. Elle est présentée comme si elle résultait de l'embrigadement mineur de notre usage, en langage ordinaire, de *tout* et de *quelque*. Cette idée semble être justifiée par l'usage de Chomsky de la logique quantifiée, qui en fait le médium principal de la forme logique (*logical form*, LF) ressuscitée des énoncés des langues naturelles[1]. Il n'est par conséquent guère étonnant que la logique du premier ordre soit généralement considérée comme le noyau sûr et non problématique de la logique, et que les langages reposant sur elle soient considérés comme les véhicules naturels de nos raisonnements et pensées habituels. Un certain nombre de développements concrets dans les fondements des mathématiques ont en fait poussé logiciens et mathématiciens à présenter les axiomatisations explicites de cette partie de la logique séparément de celles des échelons supérieurs de la logique qui impliquent la quantification sur des entités aussi abstraites que les prédicats, les classes, les ensembles, et/ou les relations.

1. Voir, par exemple, Chomsky, 1977, p. 59.

Il est en fait aisé de comprendre pourquoi la logique du premier ordre ressemble à première vue au rêve devenu réalité des logiciens. D'abord et avant tout, cette logique admet une axiomatisation complète. Cela semble à première vue satisfaire les espoirs de Hilbert et d'autres qu'il y ait une logique de base non problématique et complètement axiomatisable. L'existence d'une telle logique était en fait l'un des présupposés de ce que l'on connaît sous le nom de « programme de Hilbert » – un programme, précisément celui qui consiste à prouver la consistance de certaines théories mathématiques, en premier lieu celles de l'arithmétique et de l'analyse, en montrant que l'on ne peut pas y dériver formellement de contradiction à partir des axiomes. Si la logique employée n'est pas complète, alors le projet entier s'effondre car il peut alors y avoir des contradictions non prouvables parmi les conséquences logiques des axiomes. Heureusement, comme il semble, il a été montré par Gödel en 1930 que la logique du premier ordre était complètement axiomatisable. De plus, on peut montrer que la logique du premier ordre admet toutes sortes de résultats métalogiques plaisants, comme la compacité (un ensemble infini d'énoncés est consistant si et seulement si tous ses sous-ensembles finis le sont), le théorème descendant de Löwenheim-Skolem (un ensemble dénombrable et consistant d'énoncés a un modèle dénombrable), le théorème de séparation (si σ et τ sont des ensembles consistants de formules mais que $\sigma \cup \tau$ est inconsistant, alors pour au moins une « formule de séparation » S dans le vocabulaire partagé de σ et τ, on a $\sigma \vDash S$, $\tau \vDash \sim S$), le théorème d'interpolation (si $\vDash (S_1 \supset S_2)$ de façon non triviale, alors pour au moins
une formule I dans le vocabulaire partagé de S_1 et S_2, | on a $\vDash (S_1 \supset I)$ et 7
$\vDash (I \supset S_2)$), le théorème de Beth (la définissabilité implicite implique la définissabilité explicite), et ainsi de suite. En bref, la logique du premier ordre ne semble pas seulement fondamentale, elle ressemble de très près au paradis du logicien.

Il est vrai que les logiciens et les mathématiciens constructivistes ont cherché à modifier plusieurs des règles de la logique du premier ordre. Mais cela ne semble pas avoir ébranlé la croyance partagée par la plupart des philosophes qu'à une certaine échelle, la logique du premier ordre sous une forme ou sous une autre est le cœur, vrai et non problématique, de la logique.

Philosophiquement, la logique du premier ordre doit largement son statut spécial au fait qu'elle est, en un sens, une entreprise nominaliste. Elle ne comporte de quantification que sur les individus, c'est-à-dire sur des objets particuliers ou des entités que l'on traite comme si elles étaient des particuliers. C'est en fait la raison même pour laquelle cette logique est appelée logique du premier ordre.

Pourtant, des nuages orageux commencent à se rassembler sitôt que les logiciens s'aventurent au-delà du pays enchanté de la logique du premier ordre. Et ils doivent le faire, car malheureusement la logique du premier ordre se révèle rapidement trop faible pour la plupart des buts poursuivis en mathématiques. Elle n'a pas les ressources suffisantes pour permettre de caractériser pleinement des concepts aussi cruciaux que ceux d'induction mathématique, de bon ordre, de finitude, de cardinalité, d'ensemble des parties, et ainsi de suite. La logique du premier ordre est donc insuffisante pour la plupart des objectifs de la théorisation mathématique actuelle. En outre, le terrain au-delà s'est révélé inconnu et périlleux. Il est bien connu que les méthodes logiques qui vont au-delà de la logique du premier ordre soulèvent de sérieux problèmes, qu'elles traitent de théorie des ensembles ou de logique d'ordre supérieur (théorie des types). Il ne semble pas y avoir beaucoup d'éléments pour choisir entre les deux. La logique du second ordre a été marquée au fer rouge par Quine comme étant la théorie des ensembles déguisée en agneau. Et il y a en fait une multitude de problèmes enchevêtrés qui concernent toutes les deux. En soulignant ces problèmes, les philosophes d'antan ont souvent indiqué des paradoxes conduisant parfois à de franches contradictions. La triste vérité est que même si nous nous débarrassons de toutes les inconsistances menaçantes, peut-être par une sorte de stratification en types (comme en logique du second ordre, et plus généralement dans les logiques d'ordre supérieur), nous aurons toujours le problème de déterminer quelles sont les formules logiquement vraies. Éliminer ce qui est logiquement faux ne nous donne pas le moyen d'assurer ce qui est logiquement vrai. Souvent, ces problèmes sont tout à fait spécifiques. L'axiome du choix est-il valide ? Quels axiomes sont nécessaires en théorie axiomatique des ensembles ? Comment les quantificateurs d'ordre supérieur doivent-ils être compris ? La liste des problèmes sérieux peut être poursuivie *ad nauseam*, sinon *ad infinitum*.

8 | Si je terminais ici mon enquête sur le rôle de la logique dans les théories mathématiques, avec peut-être quelque élaboration supplémentaire sur les difficultés liées aux usages de la logique au-delà des théories du premier ordre, peu de philosophes seraient surpris. Pourtant, un tel procédé laisserait de côté la moitié de l'histoire véritable, et en fait la partie la plus fondamentale de l'histoire des usages de la logique en mathématiques.

Pour vous permettre de voir ce que je veux dire, je peux poser la question suivante : Que devriez-vous faire pour transformer l'axiomatisation hilbertienne de la géométrie en un système axiomatique basé sur la logique contemporaine ? Ce que j'ai discuté jusqu'à présent, c'est ce qui doit être appliqué à l'argumentation de Hilbert, c'est-à-dire aux chaînes de raisonnement qui le conduisent des axiomes aux théorèmes. La plupart de ces raisonnements utilisent en fait le raisonnement du premier ordre, avec en prime un petit nombre de raisonnements de théorie des nombres et de théorie des ensembles. Mais avant même d'espérer exprimer les inférences hilbertiennes dans le langage de la logique, nous devons y exprimer les prémisses ultimes de ses inférences, autrement dit, les axiomes de la géométrie. C'est ici que réside la seconde fonction, injustement sous-estimée, des concepts logiques en mathématiques. Ceux-ci sont essentiellement invoqués au cours de la formulation même des théories mathématiques. Nous ne pouvons faire dire ce qu'ils disent aux axiomes d'une théorie mathématique typique qu'en employant les concepts logiques adaptés, comme les quantificateurs et les connecteurs logiques.

Ce fait est très nettement illustré une nouvelle fois par le traitement hilbertien de la géométrie. Ses axiomes traitent de certaines relations spécifiées – être situé entre, l'équidistance, et ainsi de suite – entre certaines espèces spécifiées d'objets – les points, les lignes, et ainsi de suite. Ce que les axiomes disent de ces entités est formulé au moyen des notions logiques de base, principalement les quantificateurs et les connecteurs propositionnels. Bien sûr, Hilbert n'emploie aucun symbole logique explicite, il formule ses axiomes avec les moyens du langage mathématique ordinaire. Mais quiconque maîtrise un minimum de logique élémentaire peut écrire une formulation au premier ordre de tous les axiomes de Hilbert en moins de quinze minutes, à deux exceptions près : l'axiome archimédien, qui repose sur la notion de nombre naturel, et l'axiome dit de complétude, qui soulève la notion de maximalité d'un modèle.

L'axiome archimédien affirme que d'un segment de droite donné, on peut atteindre n'importe quel point situé sur la même droite en étendant le segment par sa propre longueur en un nombre fini d'étapes. Hilbert n'a introduit l'axiome de complétude qu'après réflexion. Il apparaît pour la première fois dans Hilbert (1900), et fait son entrée dans la monographie
| sur la géométrie dans sa traduction française (1900) puis dans la seconde 9
édition allemande (1903). Son sens peut être exprimé en disant que les modèles visés par les autres axiomes doivent être maximaux au sens où aucun nouvel objet géométrique ne peut leur être ajouté sans rendre faux l'un des axiomes.

Plus généralement, une bonne partie du travail de fondements qui a été réalisé depuis Cauchy par les mathématiciens a consisté à exprimer le contenu précis de divers concepts mathématiques dans les termes de la logique du premier ordre. Un cas familier mais instructif est offert par les définitions dites ε-δ de concepts comme la continuité ou la dérivabilité. (J'y reviendrai au chapitre II). On trouve un autre exemple dans les différents concepts d'intégrale, toujours plus généraux, qui ont été développés à la fin du dix-neuvième et au début du vingtième siècles. En développant de telles idées, les mathématiciens n'étaient pas engagés dans la découverte de nouvelles vérités mathématiques. Ils cherchaient à analyser différents concepts mathématiques en termes logiques.

J'appellerai cette fonction de la logique (des concepts logiques) d'expression du contenu des propositions mathématiques sa fonction *descriptive*. Beaucoup de phénomènes intéressants dans les fondements des mathématiques deviennent faciles à comprendre à la lumière de la tension qui se révèle souvent entre cette fonction descriptive et la fonction déductive de la logique en mathématiques. On peut soutenir que la fonction descriptive est la plus fondamentale des deux fonctions que j'ai distinguées. Si les propositions mathématiques n'étaient pas exprimées dans les termes de concepts logiques, il ne serait pas possible de saisir leurs relations inférentielles au moyen de la logique.

Ce que j'ai appelé la fonction descriptive de la logique peut être mis en service comme un outil d'analyse conceptuelle. Cette possibilité est illustrée par des exemples tirés de l'histoire des mathématiques comme ceux mentionnés plus haut, mais elle ne se restreint pas aux mathématiques. C'est ce qui sous-tend la terminologie, pas complètement heureuse, de Hilbert, quand il parle de ses axiomes comme des « définitions implicites » des concepts géométriques qu'ils comportent.

Il est important de réaliser que cette fonction descriptive de la logique à l'œuvre dans la formulation des axiomes mathématiques reste identique – et donc, également indispensable –, que les axiomes appartiennent à un système interprété, comme par exemple au système axiomatique de la thermodynamique ou de la géométrie interprétée, ou qu'ils appartiennent à un système non interprété, comme les axiomes de la théorie des groupes, de
10 la théorie des champs ou de la théorie des treillis. Même | les théories mathématiques abstraites peuvent être conçues comme les explications de certains concepts intuitifs, la topologie comme une explication du concept de continuité, la théorie des groupes comme celle de l'idée de symétrie, la théorie des treillis comme celle des notions liées à l'idée d'ordre, et ainsi de suite. Dans chacun de ces cas, telle ou telle notion logique est clairement un must pour les besoins de l'explication. Ainsi pouvons-nous voir que ces philosophes qui maintiennent que des notions logiques comme les quantificateurs n'ont pas le même sens dans les théories mathématiques que dans la vie quotidienne ne sont pas seulement loin de la vérité, mais

qu'ils sont complètement perdus[1]. Au contraire, la représentation des propositions mathématiques en langage formel ou informel est fondée sur la supposition que les constantes logiques sont employées avec leur signification normale.

La prise de conscience de la différence entre les deux fonctions de la logique en mathématiques soulève de nouvelles questions. La question principale concerne la manière dont différentes parties et aspects de la logique peuvent remplir les deux (ou trois) fonctions. Quelle partie remplit quelle fonction ? Qu'est-ce qui est requis de la logique pour qu'elle puisse remplir l'une ou l'autre des deux fonctions ? Ou bien faut-il pour quelque raison qu'une seule logique indivisible remplisse le double objectif descriptif et déductif ? Ce sont des questions fondamentales en philosophie des mathématiques, et pourtant elles ont été à peine soulevées dans la littérature antérieure. J'y reviendrai à la fin des chapitres IX et X.

La reconnaissance de la fonction descriptive de la logique dans les théories mathématiques occasionne en fait un complément à ce qui a été dit plus haut, au sujet du caractère purement logique d'un système axiomatique comme les *Grundlagen* de Hilbert. Il n'est pas seulement nécessaire que toutes les preuves des théorèmes soient conduites de façon purement logique ; il est aussi exigé que le travail représentationnel des axiomes soit réalisé par des moyens purement logiques. En pratique, cela signifie normalement que les seules notions non logiques tolérées dans le système axiomatique sont certaines propriétés et relations non définies sur les objets de la théorie en question. À propos de ces propriétés et relations, les seules suppositions sont celles qui sont explicitement établies par les axiomes.

Ce caractère purement logique de la formulation des axiomes n'est que partiellement nécessité par l'exigence que les dérivations de théorèmes à partir des axiomes soient purement logiques. Cela fait partie intégrante de la conception hilbertienne de la méthode axiomatique. Une raison partielle en est que les seules entités que les axiomes peuvent mentionner doivent être les objets de la théorie. Par exemple, dans les axiomes de la géométrie nous ne devons pas postuler de correspondance entre les points d'une droite
et les nombres réels, car | ces derniers ne sont pas des objets géométriques. 11
Dans les faits historiques, le choix des axiomes par Hilbert semble avoir été profondément influencé par l'exigence qu'ils soient purement logiques au sens indiqué ici.

1. Benacerraf (1973) dans Benacerraf et Putnam (1983) attribue cette vue à D. Hilbert. À mon avis, c'est une erreur radicale d'interprétation des idées hilbertiennes ; voir Hintikka (1997) et chap. IX.

Le fait que la fonction descriptive de la logique soit délaissé est particulièrement frappant dans les discussions récentes sur les problèmes philosophiques des sciences cognitives. La notion de représentation joue un rôle central, particulièrement celle de représentation mentale mais à un certain point également, celle de représentation linguistique. Cela dit, à quoi ressemblerait une situation typique de représentation linguistique? Sur la base de ce qui a été dit plus haut, une représentation aux moyens de la logique du premier ordre constituerait certainement un précédent. Il ne saurait y avoir de discours adamique totalement dénué de présuppositions pour servir de base de tests pour les théories de la représentation, mais avec les héritiers du premier ordre de la *Begriffsschrift* de Frege nous semblons tenir – *Gott sei Lob* – un mode simple de représentation que tout le monde admet comme fondamental. Ou bien devons-nous exclure un grand nombre de scientifiques de la cognition et leurs philosophes de compagnie de la portée de ce « tout le monde »? En lisant la littérature sur le sujet, il est difficile d'effacer l'impression que beaucoup de philosophes actuels des sciences cognitives essaient désespérément de restreindre leur attention à des formes de représentations qui n'impliqueraient pas la logique. Si c'est le cas, nous sommes les témoins d'une comédie où une fraction des philosophes essaie scrupuleusement d'éviter de discuter des cas précis de représentations que les autres considèrent comme paradigmatiques. Ou bien est-ce peut-être que les philosophes de la cognition n'ont pas reconnu la fonction descriptive de la logique, à laquelle se réduit en effet sa fonction représentative? Si c'est le cas, ils ignorent ce que la plupart de nos connaissances théoriques avancées considèrent comme le médium de la représentation.

Et même si des philosophes croient que le traitement mental de l'information de la plus haute importance utilise des moyens autres que la représentation linguistique ou logique, ils devront toujours offrir une explication alternative réaliste des processus cognitifs que l'on peut effectuer au moyen des langages du premier ordre.

L'étude systématique de la fonction déductive de la logique est connue sous le nom de théorie de la démonstration. L'étude systématique de la fonction descriptive de la logique est connue sous le nom de théorie des modèles ou de sémantique logique. Plusieurs logiciens et philosophes très influents ont tenu – et dans certains cas, tiennent toujours – pour impossible l'hypothèse que la théorie des modèles constituerait une entreprise systématique et philosophiquement pertinente à grande échelle. Certains ont
12 catégoriquement nié la possibilité de la théorie des modèles, d'autres | ont
nié sa possibilité dans le cas capital de notre langue de travail (ou sans doute mieux, dans notre langage de la pensée), tandis que d'autres encore nient

simplement sa pertinence philosophique. Avec des variantes, des doutes semblables ont été exprimés par Frege, Russell, Wittgenstein, le Carnap du début des années trente, Quine et Church. La manière dont cette tradition a été graduellement et partiellement renversée est brièvement étudiée dans Hintikka, 1988b. Cette sous-estimation de la théorie des modèles parmi les logiciens d'orientation philosophique est typiquement imputable à un échec d'appréciation de la fonction descriptive (représentationnelle) de la logique.

En dépit de ces doutes, la théorie des modèles s'est apparemment révélée possible parce qu'actuelle, comme auraient dit les scolastiques. Mais on peut toujours s'interroger sur son intérêt philosophique. Quels sont exactement les présupposés conceptuels de la théorie des modèles? Le concept crucial dans une telle théorie est, comme on pouvait s'y attendre, le concept de modèle. L'idée est de discuter ce que dit un énoncé S en lui associant une classe de structures, également connues sous le nom de modèles, scénarios, systèmes, mondes possibles, mondes, etc. Appelons cette classe $\mathbf{M}(S)$. À strictement parler, il y a deux sens liés de « modèle » ici, selon que dans le passage de S à $\mathbf{M}(S)$ les constantes non logiques de S peuvent ou non être réinterprétées. Les modèles de la seconde espèce sont bien sûr les mêmes que ceux de la première espèce *modulo* un isomorphisme. Dans les fondements des mathématiques, la distinction entre les deux espèces de modèles fait peu de différence.

Mais comment la classe $\mathbf{M}(S)$ est-elle spécifiée? Pour la spécifier, nous devons évidemment faire deux choses. Premièrement, nous devons nous donner une classe (un ensemble, un espace) Ω de modèles, c'est-à-dire de structures du type approprié. Deuxièmement nous devons donner les critères relatifs à S suivant lesquels un membre donné M de Ω peut être sélectionné comme l'un des modèles de S.

La première question (celle du choix de Ω) n'a pas beaucoup retenu l'attention du côté des logiciens jusqu'au développement des logiques abstraites (alias modèle-théorétiques) (voir ici Barwise et Feferman, 1985). Indépendamment de cette question, on a proposé au même moment divers candidats intéressants pour un choix non standard de Ω. Ces choix peuvent d'une part inclure de nouvelles structures qui n'étaient pas considérées précédemment en tant que modèles, comme les modèles urnes de Veikko Rantala (1975) qui seront expliqués au chapitre V. D'autre part, ils peuvent impliquer des restrictions délibérées sur l'espace des modèles. On obtient une restriction particulièrement intéressante en exigeant des modèles survivants qu'ils possèdent certaines propriétés pertinentes d'extrémalité

13 | (maximalité et minimalité)[1]. Il reste du travail à accomplir dans cette direction. Les « modèles spéciaux » que je viens de mentionner pourraient à l'avenir constituer des précédents utiles pour la théorie très, très abstraite des logiques abstraites.

Je reviendrai brièvement aux idées de maximalité et de minimalité au chapitre IX.

Pour les besoins de mon argument, la question centrale est ici la seconde, c'est-à-dire la question de savoir quand un modèle *M* est un modèle pour un énoncé *S*. Une réponse partielle est ici évidente. Au sens élémentaire de « modèle », *M* est un modèle de *S* si et seulement si *S* est *vrai* dans *M*. Et les conditions de vérité d'un énoncé dans un modèle sont ce que les *définitions de la vérité* codifient. Ainsi la spécification de la relation capitale d'*être un modèle pour* est essentiellement un problème de *définition de la vérité*.

La question de la possibilité de définitions de la vérité, et la question des présuppositions de telles définitions, sont donc d'un intérêt majeur pour l'ensemble des fondements de la logique et des mathématiques. La viabilité philosophique de la théorie des modèles tient ou s'effondre avec celle des définitions de la vérité, et la dépendance ou l'indépendance de la théorie des modèles relativement à d'autres approches des fondements varient selon que ces autres approches sont ou non présupposées par les définitions de la vérité appropriées. Bien que Tarski n'ait lui-même jamais souligné ce fait (pour autant que je sache), il n'est pas accidentel que le même penseur ait à la fois développé les premières définitions explicites de la vérité et plus tard (avec ses étudiants et collaborateurs) la théorie contemporaine des modèles au sens technique le plus étroit du terme.

Le type de définitions de la vérité le plus couramment employé fut introduit par Alfred Tarski en 1935 – ou peut-être en 1933, si nous tenons compte de la date de publication originale en polonais. Comme on l'expliquera de façon plus complète au chapitre V, les principes qui ont guidé l'entreprise de Tarski étaient ce que les logiciens de l'époque (et ultérieurs) appelaient habituellement l'idée de définition récursive. Plus tard les linguistes ont eu coutume de l'appeler compositionnalité. Ce principe dit que les attributs sémantiques d'une expression complexe sont fonction des attributs sémantiques de ses expressions constituantes. Appliqué aux définitions de la vérité, il dit que la valeur de vérité d'un énoncé dépend des attributs sémantiques des expressions qui le constituent. On peut éventuellement ici espérer pouvoir dire : elle dépend uniquement des valeurs de

1. Voir Hintikka, 1993b.

vérité des expressions constituantes. Malheureusement, les expressions constituantes des énoncés quantifiés contiennent typiquement des variables libres. Ce sont des formules ouvertes, pas des énoncés, et elles ne peuvent donc pas avoir de valeur de vérité.

| Ceci explique le premier trait essentiel de la définition de la vérité par 14
Tarski. Il définit la valeur de vérité d'un énoncé à l'aide d'une autre notion qui s'applique également aux formules ouvertes, à savoir la notion de satisfaction. La définition s'applique de l'intérieur vers l'extérieur, en commençant avec les formules les plus simples (atomiques) dans l'énoncé en question. Un rôle crucial est joué par la notion de valuation, qui est en fait l'assignation d'un individu comme valeur à chacune des constantes et des variables individuelles du langage concerné. Cette dépendance des définitions de la vérité à la Tarski vis-à-vis du concept auxiliaire de satisfaction a conduit des spécialistes, assez étrangement, à nier que la définition tarskienne de la vérité soit compositionnelle.

Très brièvement, une définition de la vérité à la Tarski peut être expliquée en gardant à l'esprit que la vérité est relative à un modèle **M** et à une valuation v. Une valuation assigne à chacun des symboles primitifs non logiques, incluant les variables individuelles $x_1, x_2, \ldots, x_i, \ldots$, une entité du type approprié du modèle **M**. Un énoncé (une formule fermée) est vrai si et seulement s'il y a une valuation qui le satisfait. La satisfaction est définie récursivement de manière évidente. Par exemple, $(\exists x_i)\mathrm{S}[x_i]$ est satisfait par une valuation v si et seulement s'il y a une valuation qui diffère de v seulement pour l'argument x_i et qui satisfait $\mathrm{S}[x_i]$. De même, v satisfait $(\forall x_i)\mathrm{S}[x_i]$ si et seulement si toute valuation qui diffère de v seulement sur x_i satisfait $\mathrm{S}[x_i]$. Pour les connecteurs propositionnels, les conditions usuelles des tables de vérité servent à caractériser la satisfaction.

La satisfaction d'une formule atomique est caractérisée de façon usuelle. Par exemple, $R(x_i, x_j)$ est satisfaite par v si et seulement si $\langle v(x_i), v(x_j)\rangle \in v(R)$. En mettant toutes ces stipulations ensemble, nous pouvons parvenir à une définition récursive de la vérité.

Les détails supplémentaires de la procédure de Tarski ne vont pas nous concerner ici, mais seulement les traits principaux de sa définition de la vérité. Si une définition de la vérité est explicitement formulée dans un métalangage, il est naturel de supposer que ce métalangage contienne l'arithmétique élémentaire. On peut alors employer la technique normale de numération de Gödel pour examiner la syntaxe du langage du premier ordre concerné. Si ce langage contient un nombre fini de symboles de prédicats et de fonctions, alors la fonction de valuation v est essentiellement du type logique d'une application des nombres naturels (les nombres de Gödel des symboles et des formules) sur les individus du domaine do(**M**)

du modèle en question. Le prédicat de vérité qui émerge d'un traitement à la Tarski a par conséquent ce que les logiciens appellent une forme Σ^1_1. En d'autres termes, il a la forme d'un quantificateur existentiel du second ordre
15 (ou d'une chaîne finie de tels quantificateurs) | suivi par une formule du premier ordre. Tous les quantificateurs de cette formule portent soit sur des nombres naturels, soit sur les (autres) individus du domaine do(**M**) du modèle en question. Autrement dit, ce sont des quantificateurs du premier ordre.

D'ailleurs nous pouvons voir le trait le plus important des définitions de la vérité à la Tarski pour les langages du premier ordre : la définition est elle-même formulée dans un langage du second ordre, c'est-à-dire dans un langage dans lequel on peut quantifier sur les valuations. Cet aspect de la définition de la vérité de Tarski n'est pas accidentel, comme Tarski l'a lui-même démontré. En effet, il a prouvé qu'étant données certaines suppositions, on ne peut fournir de définition de la vérité pour un langage que dans un métalangage plus puissant. C'est le célèbre résultat d'impossibilité de Tarski. Il est étroitement lié aux résultats d'incomplétude de Gödel (1931). Il a d'ailleurs été établi que Gödel est originellement parvenu à ses résultats d'incomplétude en découvrant l'indéfinissabilité de la vérité arithmétique dans un langage arithmétique du premier ordre.

Les détails des définitions de la vérité à la Tarski et du résultat d'impossibilité de Tarski nous sont familiers grâce à la littérature, et on ne s'étendra pas dessus ici[1].

Les définitions de la vérité sont importantes pour plusieurs raisons distinctes, bien que ces raisons ne soient pas toujours également significatives pour les fondements des mathématiques. Sans notion de vérité, il y a peu de raisons d'espérer capturer les concepts fondamentaux de la logique comme la validité (vérité dans tous les modèles) ou la conséquence logique. De plus, une définition de la vérité est calculée pour spécifier les conditions de vérité de différents énoncés *S*. Ces conditions de vérité sont étroitement liées à la notion de signification, au sens de la signification d'un énoncé. Car ce que dit effectivement notre énoncé *S* sur le mode assertif peut être paraphrasé en disant que ce que *S* affirme est que ses conditions de vérité sont satisfaites. Donc connaître les conditions de vérité de *S*, c'est connaître ce que *S* signifie.

La seule restriction majeure exigée ici a déjà été faite. Les conditions de vérité traitent de la signification des énoncés, pas de la signification des symboles. Celle-ci doit être traitée séparément et elle doit être considérée

1. *Cf.* Ebbinghaus, Flum et Thomas 1984, chap. 3 ; Mostowski 1965, chap. 3.

comme admise pour la formulation des conditions de vérité et des définitions de la vérité. Il est utile de garder ce point à l'esprit. Des philosophes ont par exemple essayé de critiquer les définitions de la vérité à la Tarski pour leur dépendance illicite vis-à-vis du concept de signification. Il y a bien une dépendance, mais elle n'est pas illicite puisqu'elle n'est pas circulaire. Le projet tarskien n'est ni plus ni moins que de définir les conditions de vérité en termes de significations des symboles, c'est-à-dire de définir la signification des énoncés à partir de la signification des symboles. Il n'y a rien d'erroné dans cette tentative.

| On a considéré que les résultats négatifs de Tarski et de Gödel avaient 16
des implications philosophiques majeures et d'autres conséquences théoriques générales. L'indéfinissabilité de concepts métalogiques aussi fondamentaux que ceux de vérité, de validité et de conséquence logique au niveau du premier ordre montre que la logique du premier ordre ordinaire n'est pas, en un sens important, autosuffisante. Divers philosophes ont cherché à tirer différentes conclusions de cet échec. Certains d'entre eux écartent la métalogique des disciplines purement logiques, et maintiennent qu'elle appartient à la théorie des ensembles et donc aux mathématiques. D'autres, comme Putnam (1971), argumentent que la logique doit comprendre aussi la logique d'ordre supérieur et peut-être, par implication, des parties de la théorie des ensembles. De façon générale, le résultat de Tarski semble confirmer les pires craintes au sujet de la dépendance de la théorie des modèles à l'égard de la logique d'ordre supérieur et, par suite, vis-à-vis des ensembles et de leur existence. Il a même été avancé que cela faisait de la théorie des modèles un peu plus qu'une partie de la théorie des ensembles. La dépendance apparente des définitions de la vérité à la Tarski vis à vis de la théorie des ensembles est en effet, à mon avis, l'un des aspects les plus déconcertants de la scène actuelle en logique et fondements des mathématiques. Je suis fortement tenté d'appeler cela « la malédiction de Tarski ». Elle inflige à la théorie des modèles tous les problèmes et incertitudes de la théorie des ensembles. Plus généralement, la malédiction de Tarski pourrait être comprise comme l'indéfinissabilité de la vérité pour un langage donné dans ce langage (étant données les présuppositions de Tarski). L'importance de ce résultat négatif ne doit pas être exagérée. L'une de ses premières victimes fut la vision grandiose par Carnap d'un langage universel unique dans lequel les techniques de formalisation de Hilbert et de Gödel auraient permis l'examen de sa propre sémantique. Dans une perspective plus générale, le résultat d'indéfinissabilité de Tarski donne inévitablement une mauvaise conscience intellectuelle à tous les théoriciens des modèles et à la plupart des sémanticiens. Les langages formels explicites auxquels le résultat de Tarski est rattaché n'ont pas été

construits pour être simplement des jouets de logiciens. Ils étaient les meilleurs outils, les meilleurs langages-objets pour l'entreprise scientifique et mathématique. Mais si un(e) théoricien(ne) des modèles décide d'étudier l'un d'eux, il ou elle devra alors choisir soit d'utiliser à cette fin un métalangage plus puissant, soit de laisser ce métalangage informel. Dans le premier cas, nous aurons l'aveugle guidant l'aveugle ou, plus spécifiquement, la sémantique d'un langage étudiée au moyen d'un langage encore plus mystérieux, tandis que dans le second cas, le (la) sémanticien(ne) aura tout simplement abandonné ses responsabilités professionnelles.

En second lieu, on peut essayer d'appliquer le résultat de Tarski à notre langue de travail, que Tarski lui-même appelait notre « langage familier »
17 (*colloquial language*). | L'application n'est pas sans poser de problème, car le théorème de Tarski est formulé de telle sorte qu'il ne s'applique qu'aux langages formels (mais interprétés) satisfaisant certaines conditions explicites. Mais en supposant que les conditions du résultat de Tarski sont remplies par notre langage ordinaire, alors nous ne pouvons pas définir de vérité pour ce langage. La caractéristique principale de notre langage actuel, dûment soulignée par Tarski, est son universalité. Il n'y a par conséquent aucun métalangage au-delà (ou au-dessus) de lui, dans lequel la notion de vérité pour ce langage universel pourrait être définie.

Donc les présuppositions sur lesquelles repose le théorème de Tarski ne s'appliquent sans doute pas aux langues naturelles. Mais s'il en est ainsi, nous avons atteint un métathéorème négatif majeur concernant ce qui peut être fait au moyen d'une théorie sémantique explicite du langage ordinaire. Et même si nous considérons, plutôt que notre discours quotidien (« familier »), le système conceptuel codifié dans le langage scientifique, nous obtiendrons toujours des résultats négatifs remarquables. Comme Tarski lui-même l'a exprimé à l'occasion :

> Il reste toujours le problème du langage universel. Il m'apparaît que ce problème a été complètement éclairci par les discussions des Varsoviens (Leśniewski et moi-même) et aussi des Viennois (de Gödel et Carnap) : on ne peut pas s'en tirer avec un langage universel. Autrement il faudrait renoncer [sic] à introduire et préciser les concepts syntaxiques et sémantiques les plus importants (« vrai », « analytique », « synthétique », « conséquence », etc.). On pourrait maintenant penser que cette circonstance n'est d'aucune importance spéciale pour les sciences actuelles, et que donc pour les buts des sciences actuelles un langage universel unique peut entièrement faire l'affaire. Même cette opinion m'apparaît incorrecte, en particulier pour la raison suivante : pour poursuivre les sciences actuelles, quelque chose comme la physique, on doit disposer d'un appareil mathématique étendu ; maintenant nous savons

> pourtant que pour tout langage (donc aussi pour l'hypothétique « langage universel ») on peut donner des concepts totalement élémentaires de la théorie des nombres, respectivement des énoncés, qui dans ce langage ne peuvent pas être précisés, respectivement qui ne peuvent pas être prouvés[1].

Plus généralement, l'indéfinissabilité de la vérité peut être considérée comme une instance paradigmatique de la supposition importante, mais souvent décriée, de l'*ineffabilité de la sémantique*. Ce n'est pas ici le lieu d'examiner le rôle complet de cette thèse dans la philosophie générale des cent et quelques dernières années. Quelques aspects de sa carrière sont examinés dans Hintikka (1988b) et dans Hintikka et Hintikka (1986, chap. 1).
Cependant, il est utile de noter qu'elle | a dominé les premiers développe- **18**
ments de la théorie logique contemporaine. Elle a été embrassée entre autres par Frege, Wittgenstein, le Cercle de Vienne pendant ses années du « mode formel de discours », Quine et Church. Nous avons également vu que Tarski soutenait une version de la même thèse d'ineffabilité appliquée à son « langage familier ». J'ai argumenté ailleurs que l'idée de l'ineffabilité de la sémantique, dans une forme quelque peu généralisée, est le point d'appui de la méthodologie des approches herméneutiques et déconstructionnistes en philosophie. Un enjeu important repose ainsi sur la question de la définissabilité de la vérité, plus spécifiquement sur la question de savoir si nous pouvons définir la vérité pour un langage de travail réaliste, dans ce langage lui-même. Il est généralement considéré que tout ce qui est non problématique pour la logique (au moins pour le type de logique qu'un mathématicien a l'occasion d'employer) relève de la logique du premier ordre. Tout le reste dépend de la théorie des ensembles, formulée comme une théorie axiomatique du premier ordre. Mais la théorie des ensembles n'est pas une partie de la logique, elle fait partie des mathématiques. Elle ne peut donc pas fournir de base absolue pour le reste des mathématiques, et elle est elle-même assaillie par tous les problèmes liés à l'existence des ensembles.

Dans ce livre, je vais montrer que cette image défaitiste est erronée. Comme on peut s'y attendre, les idées de vérité et de définition de la vérité occuperont une position centrale dans ce programme. Il s'avère pourtant que pour remplir cet objectif, j'aurai à réviser préalablement certaines de nos idées ordinaires sur la vérité et d'autres idées sémantiques, comme au sujet des fondements de la logique.

1. Tarski, 1992, dans une lettre à Neurath du 7 septembre 1936.

Le résultat de Tarski semble suggérer – et même établir – une réponse négative à la question d'une définissabilité réaliste et philosophiquement intéressante de la vérité. Comme tel, ce résultat appartient à une famille de résultats apparemment négatifs où l'on trouve également les résultats d'incomplétude de Gödel et le théorème de Lindström (1969), suivant lequel il ne peut pas y avoir de logique plus forte que la logique du premier ordre (satisfaisant certaines conditions) possédant les mêmes propriétés plaisantes que la logique du premier ordre, principalement la compacité et la propriété descendante de Löwenheim-Skolem. Ces résultats négatifs ont dominé la pensée des philosophes des mathématiques durant les dernières décennies. À mon avis, leur importance a été très largement exagérée.

Une troisième fonction de la logique en mathématiques est survenue plus haut dans le cours de ma discussion. C'est l'utilisation de la logique du premier ordre comme médium pour la théorie axiomatique des ensembles. Cette même théorie des ensembles est en retour supposée servir de cadre universel pour toutes les mathématiques.

Cette conception de la théorie des ensembles comme la *lingua universalis* (ou au moins comme une *lingua franca*) des mathématiques n'est pas universellement partagée, et elle est en tout cas parsemée de difficultés. Ces
19 problèmes seront examinés | plus en détail plus loin dans le livre, en particulier au chapitre VIII. En avant-première de ce qui doit suivre, il vaut peut-être la peine de mentionner dès maintenant les problèmes suivants :

(i) La conception courante de la théorie des ensembles comme théorie axiomatique et déductive est totalement différente de la conception de la théorie des ensembles qui prévalait jusque-là. Les mathématiciens comme Hilbert ne concevaient pas la théorie des ensembles comme une théorie parmi d'autres, mais comme une super-théorie, une théorie de toutes les théories, qui était pensée sur un mode modèle-théorétique plutôt que déductif.

(ii) Pour des raisons exprimées avec tant de forces par Tarski, la conception d'une théorie et d'un langage universels pour toutes les mathématiques de toutes sortes est minée par de sérieux problèmes. Pour une part, une telle théorie universelle doit inévitablement être déductivement incomplète.

(iii) La théorie axiomatique des ensembles est de même inévitablement déductivement incomplète. À cause de cette incomplétude, les suppositions requises pour l'existence des ensembles sont extrêmement délicates.

D'ailleurs, les malheurs de la théorie axiomatique des ensembles ne s'arrêtent pas là. L'histoire d'horreur ne sera totalement dévoilée que par l'examen détaillé des notions de complétude et d'incomplétude au chapitre V, et par leur application à la théorie axiomatique des ensembles au chapitre VIII.

Il est ainsi généralement (quoique pas universellement) admis que les difficultés essentielles pour les fondements des mathématiques sont des problèmes d'existence d'ensembles, et plus généralement que le véritable cœur des mathématiques est la théorie des ensembles.

À ce point, il peut être instructif de retourner aux relations qu'entretiennent mutuellement les deux premières fonctions de la logique. La fonction descriptive est manifestement la plus fondamentale. Inutile de le préciser, on peut essayer d'étudier les inférences possibles par référence à ce qu'elles nous évoquent au plan perceptif, et systématiser celles qui nous semblent acceptables. L'euphémisme courant pour qualifier cet appel aux préjugés plus ou moins éduqués est « l'intuition ». L'étude de nos « intuitions logiques » atteint cependant un point où nous avons besoin de fondements plus fermes pour notre système d'inférences logiques. Ces prétendues intuitions, même celles des logiciens philosophes, se sont avérées faillibles, et même les mathématiciens ne sont pas parvenus à décider unanimement des principes sur lesquels faire reposer leurs inférences. S'il était besoin d'un exemple, l'histoire en dents de scie de l'axiome du choix ferait l'affaire.

| La bonne prescription pour ces malheurs inférentiels, c'est de prêter 20
attention à la fonction descriptive de la logique. C'est elle qui distingue, parmi les prétendues inférences logiques, celles qui préservent effectivement la vérité – et qui indique pourquoi. Par exemple, pourquoi pouvons-nous inférer S_1 et S_2 de (S_1 & S_2) ? Du fait de la signification de « & » en tant que connecteur qui combine les énoncés de telle sorte qu'ils doivent être vrais ensemble pour que leur combinaison soit vraie.

Plus généralement, la base de toute théorie des modèles est la relation d'un énoncé S à l'ensemble $\mathbf{M}(S)$ de ses modèles. Une inférence hypothétique de S_1 à S_2 est alors valide si et seulement si $\mathbf{M}(S_1) \subseteq \mathbf{M}(S_2)$.

Beaucoup de variations sont possibles ici, mais elles n'affectent pas le point principal. Les inférences logiques sont fondées sur la signification des symboles qu'elles comportent, et les inférences purement logiques ne reposent que là-dessus.

Je suis douloureusement conscient du fait que les sortes de distinctions que je propose ont été contestées par certains philosophes. Leurs thèses sont fondées sur une conception abstraite de la signification et de l'évidence des attributions de signification. Mais je parle ici de problèmes concrets posés dans les fondements des mathématiques et de la logique. Et là, les distinctions dont je parle ont une importance indubitable.

Je peux l'illustrer en poussant plus avant mon raisonnement. Il suit de ce que j'ai avancé qu'une étude des inférences que les gens ont tendance à faire ne peut conduire à une authentique logique que pour autant que ces inférences sont fondées sur la fonction descriptive de la partie de la logique concernée. On peut observer ce que cela donne en pratique, par exemple à partir des logiques dites non monotones. Elles peuvent être magnifiquement intéressantes et importantes, mais ce ne sont pas des logiques au sens où je viens de l'expliquer.

Dans les prémisses comme dans les conclusions des inférences non monotones, les constantes logiques ont clairement leur signification normale. Par conséquent les principes d'inférence inhabituels étudiés par ces « logiques » ne sont pas fondés sur la signification modèle-théorétique des notions logiques comme dans notre logique ordinaire. Ils sont fondés sur quelque chose d'autre. Et il n'est pas très difficile de voir ce qu'est ce « quelque chose d'autre ». Par exemple, dans ce qui est connu sous le nom d'inférences circonscrites (circumscriptive inferences), ce « quelque chose d'autre » est la présupposition que les prémisses fournissent en un certain sens toute l'information pertinente sur le sujet concerné. Dans certains cas, cela veut dire que tous les individus significatifs sont mentionnés dans les prémisses ou que leur existence est impliquée par les prémisses[1]. De telles présuppositions sont intéressantes, et elles peuvent être importantes tant en théorie qu'en pratique, mais elles relèvent de l'étude de la communication
21 humaine, | et non de la logique. Aristote les aurait traitées dans les *Topiques*, pas dans les *Analytiques*.

Ce n'est pas simplement une question de terminologie. Cela fait une différence dans la manière dont les « inférences non monotones » sont étudiées. Par exemple, les inférences par circonscription devraient être étudiées par rapport à leur base modèle-théorétique et pas seulement en postulant de nouveaux schémas d'inférence. Avec les « logiques non monotones », nous sommes en présence d'un exemple clair de surévaluation de la fonction déductive de la logique au détriment de sa fonction descriptive.

En réalité, l'aire centrale de la logique est le lieu où toutes les inférences valides sont fondées sur la signification modèle-théorétique des constantes logiques. Que l'on désire baptiser « logique » ce qui s'étend au-delà est une affaire de goût intellectuel. D'autres pourront parler d'heuristique ou de psychologie formalisée du raisonnement. Ce qui est important, c'est d'être clair à propos de ce qu'on l'on fait.

1. *Cf.* Hintikka, 1988c.

CHAPITRE II 22

LE JEU DE LA LOGIQUE

La position charnière des définitions de la vérité dans les fondements de la logique et des mathématiques conduit à s'interroger sur la possibilité de les émanciper des limitations sévères que le résultat d'impossibilité de Tarski semble leur imposer – et sur la possibilité de les émanciper d'autres défauts, réels ou supposés, que les critiques prétendent avoir décelés en eux.

Un défaut que l'on reproche aux définitions de la vérité à la Tarski, c'est leur abstraction excessive. Des auteurs *soi-disant** intuitionnistes et constructivistes ont, parmi d'autres, prétendu que de telles définitions caractérisaient simplement une relation abstraite entre les énoncés et les faits. Mais, toujours suivant ce raisonnement, de telles définitions n'expliquent pas ce qui fait que cette relation est une relation de vérité. En particulier, ces relations abstraites ne sont pas reliées aux activités par lesquelles nous vérifions et falsifions en fait les énoncés de tel ou tel langage, qu'il s'agisse d'une langue naturelle ou d'un langage formel (interprété). Comme Wittgenstein aurait pu le dire, chaque expression appartient à un jeu de langage qui lui donne sa signification. Une spécification des conditions de vérité ne nous fournit pas un tel jeu, ainsi que Dummett l'a obstinément défendu[1].

Il y a beaucoup à dire en faveur de critiques comme celles-ci. Il y a un grand intérêt dans l'idée wittgensteinienne fondamentale que toute signification est médiatisée par certains de ces complexes d'activités humaines réglées que Wittgenstein appelait jeux de langage. Presque toute la philosophie tardive de Wittgenstein est consacrée à la défense de cette conception

1. Voir, par exemple, Dummett, 1978, 1991.

fondamentale contre les critiques actuelles ou potentielles – habituellement potentielles –, comme je le défends dans Hintikka (1993b).

23 | Les sortes de critiques dont je parle s'expriment souvent dans les termes d'un besoin de remplacer une sémantique vériconditionnelle par une sémantique vérificationniste. Toutefois les philosophes qui mettent l'accent sur ce besoin négligent systématiquement le fait (pointé par Hintikka, 1987) que la séparation entre sémantiques vériconditionnelle et vérificationniste n'est pas exclusive. Car d'excellentes conditions de vérité peuvent en principe être définies à partir des activités mêmes de vérification et de falsification. D'ailleurs, on peut argumenter qu'une telle synthèse est implicite dans la philosophie du langage de Wittgenstein[1]. L'idée profonde de Wittgenstein n'est pas que le langage peut être employé de manières variées, la plupart d'entre elles étant non descriptives; elle est plutôt que la signification descriptive elle-même doit être médiatisée par des activités humaines gouvernées par des règles, c'est-à-dire par des jeux de langage. De plus, les premiers jeux de langage considérés par Wittgenstein étaient des jeux de vérification et de falsification. Dans ces jeux, la signification peut être à la fois vériconditionnelle et vérificationniste, en ce que les conditions de vérité elles-mêmes sont, d'une certaine manière, créées et maintenues par les jeux de langage de vérification et de falsification.

Wittgenstein lui-même ne prête pas systématiquement attention à ces jeux de langage à double face, et ses successeurs autoproclamés ont presque totalement échoué à les apprécier correctement. Dans ce chapitre, je montrerai néanmoins que l'idée de jeu de langage peut devenir la clef de voûte d'une théorie logico-sémantique extrêmement intéressante. En même temps, je vais découvrir une ambiguïté supplémentaire importante, affectant cette fois la notion de vérification.

De plus on montrera – plus par un exemple que par un argument – que l'implication de jeux de langage humainement jouables ne rend pas le concept de vérité moins objectif ou réaliste.

Ces remarques programmatiques doivent cependant être mises en pratique. Il y a un moyen évident pour traiter les difficultés des définitions de la vérité. C'est d'affronter directement le problème et de demander: que *sont* les jeux de langage pertinents, alors, qui constituent la notion de vérité? Comment vérifions-nous et falsifions-nous effectivement des énoncés?

1. *Cf.* Hintikka et Hintikka, 1986, chap. 8.

Prenons un exemple simple. Comment pouvez-vous (et devez-vous) vérifier un énoncé existentiel de la forme suivante :

$$(\exists x)S[x] \qquad (2.1)$$

où $S[x]$ est sans quantificateur ? La réponse est évidente. Pour vérifier (2.1), on doit trouver un individu, disons b, tel que :

$$S[b] \qquad (2.2)$$

| soit vrai. Ici, l'étymologie peut illustrer l'épistémologie. Dans plusieurs 24
langues, l'existence s'exprime par une locution dont la traduction littérale serait « on peut trouver ». Pour la qualité du pudding, la preuve peut être qu'on le mange, mais pour son existence, c'est qu'on le trouve.

Les connecteurs propositionnels peuvent être traités de la même manière presque *a fortiori*. Par exemple, si vous avez à vérifier une disjonction $(S_1 \vee S_2)$, ce que vous avez à faire n'est ni plus ni moins que de choisir l'un des termes S_1 et S_2 et de le vérifier.

Mais que se passe-t-il dans les cas plus complexes ? Je vais prendre comme exemple un langage L du premier ordre, formel (mais interprété). Pour parler de vérité et de fausseté à propos de ce langage, on doit spécifier quelque modèle **M** de L (que vous pouvez penser soit comme « le monde actuel », soit comme un « monde possible » donné) dans lequel on considérera la vérité ou la fausseté des énoncés de L. Le domaine des individus de **M** est noté do(**M**). Le fait que L ait été interprété sur **M** signifie que chaque énoncé atomique (ou chaque énoncé d'identité) formé à partir du vocabulaire de L plus un nombre fini de constantes individuelles (les noms des membres de do(**M**)) a une valeur de vérité déterminée, vraie ou fausse.

Considérez maintenant par exemple un énoncé de L de la forme :

$$(\forall x)(\exists y)S[x, y] \qquad (2.3)$$

De quoi ai-je besoin pour être en position de vérifier (2.3) ? La réponse est évidente. Il est clair que je dois être capable, étant donnée une valeur quelconque de x, disons a, de trouver une valeur de y, disons b, telle que $S[a, b]$ soit vrai. En comparant avec (2.1), la seule différence est que maintenant l'individu à rechercher dépend de l'individu donné au vérificateur comme valeur a de la variable x.

De quoi a-t-on besoin pour faire en sorte que le fait de trouver un individu convenable b fasse jurisprudence pour la vérité de (2.3) ? Il est clair que nous aurons créé un précédent si la valeur a de x a été choisie de la manière la plus défavorable eu égard aux intérêts du vérificateur. Descartes aurait conceptualisé cette idée en laissant le choix de a aux mains d'un *malin génie**. Il est toutefois plus utile de trouver une indication chez

John von Neumann que chez René Descartes, et de concevoir que ce choix critique est réalisé par un opposant imaginaire dans un jeu stratégique.

La voie naturelle pour généraliser et systématiser les observations du type de celles qui viennent d'être faites, c'est alors de définir certains jeux de vérification et de falsification à deux personnes. Les deux joueurs peuvent être appelés le *vérificateur* initial et le *falsificateur* initial. J'ai
25 appelé *jeux sémantiques* de tels jeux |, et *théorie sémantique des jeux* (*game-theoretical semantics*), en bref GTS, une approche de la sémantique qui vaut à la fois pour les langages formels et naturels.

Le jeu sémantique G(S_0) associé à un énoncé S_0 débute avec S_0. À chaque étape du jeu, les joueurs considèrent tel énoncé ou tel autre S_1. La partie entière est jouée sur un modèle donné **M** du langage sous-jacent.

Sur la base de ce qui a été dit, les règles pour les jeux sémantiques ne sauraient surprendre :

(R.∨) G($S_1 \vee S_2$) débute avec le choix de S_i ($i = 1$ ou 2) par le vérificateur. Le jeu se poursuit comme dans G(S_i).

(R.&) G(S_1 & S_2) débute avec le choix de S_i ($i = 1$ ou 2) par le falsificateur. Le jeu se poursuit comme dans G(S_i).

(R.E) G(($\exists x$)$S[x]$) débute avec le choix d'un membre de do(**M**) par le vérificateur. Si le nom de cet individu est b, le jeu se poursuit comme dans G($S[b]$).

(R.A) G(($\forall x$)$S[x]$) se déroule de la même manière, sauf que c'est le falsificateur qui fait le choix.

(R.~) G(~S) est comme G(S), sauf que les rôles des deux joueurs (tels que définis par ces règles) sont inversés.

(R.At) Si A est un énoncé atomique (ou un énoncé d'identité) vrai, le vérificateur gagne le jeu G(A) et le falsificateur perd. Et vice versa si A est un énoncé atomique (ou un énoncé d'identité) faux.

Puisque chaque application de l'une des règles (R.∨)–(R.~) élimine une constante logique, n'importe quel jeu G(S) atteint, en un nombre fini de coups, une situation dans laquelle (R.At) s'applique – autrement dit, une situation qui montre quel joueur gagne.

Il faut noter que le nom b mentionné dans (R.E) et (R.A) n'a pas besoin d'appartenir à L. Cependant, du fait de la longueur finie de n'importe quelle partie d'un jeu sémantique, seul un nombre fini de nouveaux noms doit être ajouté au langage pour venir à bout de n'importe quelle partie d'un jeu sémantique.

La règle (R.At) requiert un commentaire spécial. Elle introduit une circularité apparente dans mon traitement en ce qu'elle contient une référence à la vérité ou fausseté des énoncés atomiques. Cependant, comme cela a été souligné plus haut, le concept de vérité peut être appliqué aux

énoncés atomiques en question pour autant que toutes les constantes non logiques de l'énoncé ont été interprétées dans le modèle **M** relativement auquel la vérité ou la fausseté de *S* est évaluée, et sur lequel G(*S*) | est joué. 26
Cette interprétation est partie intégrante de la définition de **M**. Elle est déterminée par les significations des constantes non logiques de *S*.

Ce que (R.At) codifie est alors une sorte de division du travail. L'analyse de la vérité en termes de jeux considère comme admises les significations des constantes primitives non logiques d'un langage du premier ordre interprété. Cela fixe la valeur de vérité des énoncés atomiques pertinents, c'est-à-dire de tous les énoncés qui peuvent servir de point final à un jeu sémantique. Ce que fait ma caractérisation, c'est qu'elle étend la notion de vérité à tous les autres énoncés du langage en question.

Le fait que je restreigne ainsi ma tâche ne signifie pas que je ne pense pas nécessaire d'étendre l'analyse modèle-théorétique des significations. Si j'impose cette restriction, c'est parce que sans elle la portée de mon entreprise deviendrait trop large, irréaliste et ingérable.

Il est toutefois important de réaliser que ce que l'on tient ici pour donné est simplement la signification des symboles. La notion de signification d'un énoncé est inextricablement liée à celle de vérité. On pourrait dire qu'un énoncé signifie ce qu'il signifie en nous montrant ce à quoi ressemble le monde quand il est vrai. La notion de vérité est donc le but suprême de la signification des énoncés en général.

Pour revenir aux règles des jeux sémantiques, il est important de relever que la notion de vérité n'est d'aucune manière impliquée dans la formulation explicite des règles qui gouvernent les coups dans les jeux sémantiques. C'est seulement à un niveau heuristique que l'on peut dire que leur idée maîtresse est que *S* est vraie si et seulement si le vérificateur initial peut toujours choisir des applications des règles du jeu de telle sorte qu'elles préservent la vérité. Cette idée heuristique conduit à la définition de la vérité *game-theoretical* pour les langages du premier ordre appliqués :

(R.T) *S* est vraie dans **M** si et seulement s'il existe une stratégie gagnante pour le vérificateur initial dans le jeu G(*S*) mené sur **M**.

La fausseté d'un énoncé peut être définie respectivement par :

(R.F) *S* est fausse dans **M** si et seulement s'il existe une stratégie gagnante pour le falsificateur initial dans le jeu G(*S*) mené sur **M**.

Il y a une différence, apparemment insignifiante mais importante par ses conséquences, entre les idées présentées ici et celles des constructivistes comme Dummett. Ces derniers ne sont pas opposés à l'utilisation de notions empruntées aux jeux stratégiques pour expliquer leurs idées,

27 mais il donnent | à l'analogie du jeu un tour erroné, ou peut-être trop simpliste. Dummett écrit par exemple :

> La comparaison entre la notion de vérité et celle de gagner un jeu me semble toujours bonne [1].

Mais en tant que telle, cette analogie est mauvaise. L'analogie intéressante se situe entre la notion de vérité et l'existence d'une stratégie gagnante. À cet égard, les jeux sémantiques se distinguent essentiellement des « jeux » de preuve formelle. Ici, la vérité logique est analogue au gain d'une seule partie du jeu de recherche de preuve. Tout ceci illustre les subtilités – et l'importance – de la définition de la vérité (R.T) d'apparence évidente.

On peut étendre dans différentes directions ces jeux sémantiques ainsi que la définition de la vérité qui est fondée dessus. On peut aussi utiliser une approche similaire en sémantique des langues naturelles. Le traitement des langages du premier ordre au moyen de la sémantique des jeux est un exemple paradigmatique de ce qu'a été la théorie sémantique des jeux (GTS). Hintikka et Sandu (1996) présente une vue d'ensemble extensive de GTS.

Ce n'est pas le lieu de vendre les mérites de GTS. Ses applications aux langues naturelles parlent d'elles-mêmes. Elles sont partiellement exposées dans Hintikka et Kulas (1983, 1985) et dans Hintikka et Sandu (1991). On peut considérer ce livre comme une autre application et un nouveau développement des idées de la théorie sémantique des jeux. Ce n'est pas un sentiment de satisfaction avec la théorie existante, mais les questions et les énigmes qu'elle pose qui suscitent ce développement. En même temps, un examen de ces questions ouvertes nous aide à affiner notre conception de GTS.

Typiquement, les énigmes dont je parle ne sont pas des difficultés pour le développement de la théorie, mais des phénomènes curieux qui suggèrent un supplément d'explication. En particulier, ma définition *game-theoretical* de la vérité et les jeux sémantiques sur lesquels elle se fonde exigent – et méritent – un certain nombre de commentaires.

(i) La définition de la vérité utilise la notion de stratégie gagnante. Ici, la notion de stratégie est employée au sens habituel de la théorie des jeux, qui peut être compris sur la base du sens ordinaire du mot « stratégie » mais de façon plus stricte. Dans mon sens, une stratégie pour un joueur est une règle qui détermine les coups que doit exécuter ce joueur dans toutes les situations qui peuvent survenir dans le cours d'une partie de ce jeu.

1. Dummett, 1978, p. 19.

| Cette notion de stratégie est le concept central de la théorie mathéma- 28
tique des jeux. En l'utilisant, on peut admettre que chaque jeu est représenté en une forme normale où il consiste simplement en le choix d'une stratégie par chaque joueur. Ensemble, ces choix déterminent complètement le cours d'une partie, y compris la réponse à la question de qui gagne et qui perd. Une stratégie gagnante pour un joueur est une stratégie telle que ce joueur gagne quelle que soit la stratégie suivie par l'autre ou les autres joueurs.

Ces notions sont plutôt abstraites, même si les points de départ de l'abstraction sont clairs et familiers. Ce caractère abstrait est un problème pour le philosophe analyste, mais il est aussi source de développements supplémentaires. Je saisirai cette opportunité au chapitre X.

(ii) Ce type de définition de la vérité ne se restreint pas aux langages formels (interprétés) du premier ordre, mais on peut l'étendre à d'autres langages logiques. On peut aussi l'étendre aux langues naturelles. Même si les quantificateurs (ou les énoncés quantifiés) se comportent dans les langues naturelles à divers titres différemment que dans les langages formels du premier ordre, on peut en présenter un traitement dans le même esprit de théorie des jeux. Il est ici particulièrement important que la même définition de la vérité s'applique là, aussi, sans changement. Autrement dit, même si les règles du jeu pour les coups particuliers sont différentes, la même caractérisation du vrai et du faux peut aussi être employée en sémantique des langues naturelles.

(iii) Nous obtenons ainsi un traitement sémantique pour les langages du premier ordre et une caractérisation de la vérité plus satisfaisante à de nombreux égards. Son caractère naturel s'illustre par des signes révélateurs. Le caractère naturel du traitement *game-theoretical* des quantificateurs est illustré par le fait qu'il a été mis en avant tout à fait explicitement par C. S. Peirce (Hilpinen 1983) et que les logiciens et les mathématiciens y recourent spontanément pratiquement toujours quand les définitions usuelles de la vérité à la Tarski ne s'appliquent pas; et parfois d'ailleurs quand elles s'appliquent, comme par exemple dans les jeux diophantiens de théoriciens des nombres comme Jones (1974).

Dans les derniers chapitres on discutera quelques-unes des raisons pour lesquelles les définitions de la vérité à la Tarski échouent. D'autres raisons
peuvent être signalées | ici. L'une d'elles est due au fait que les définitions 29
de la vérité à la Tarski débutent à partir des conditions de vérité des énoncés les plus simples (atomiques) et qu'elles cheminent jusqu'aux énoncés complexes. Cela présuppose qu'il y a toujours des points de départ fixes pour une telle procédure; en d'autres termes, que les formules d'un langage donné sont bien fondées, comme diraient les théoriciens des ensembles. Il est néanmoins possible d'introduire, d'utiliser et d'étudier des langages qui

ne satisfont pas cette exigence. Par exemple les langages à quantificateurs de jeux (*game quantifier languages*) et plus généralement les langages infiniment profonds introduits par Hintikka et Rantala (1976). Pour de tels langages, il est impossible de donner des définitions de la vérité à la Tarski. En revanche, il est parfaitement possible de caractériser la vérité en termes de jeux. La seule nouveauté est que certaines parties d'un jeu peuvent désormais être de longueur infinie. Mais pour un théoricien des jeux, cela ne constitue pas un obstacle à une définition de la victoire et de la défaite. Et une fois que ces notions sont définies, le reste de notre GTS opère comme l'ancienne version.

Plus généralement, GTS est un petit peu plus qu'une systématisation des manières consacrées que les mathématiciens ont d'utiliser et de penser les quantificateurs. Les mathématiciens rigoureux emploient habituellement des locutions comme : « Étant donnée une valeur de x, on peut trouver une valeur de y telle que… ». Cette locution est typiquement utilisée pour la définition dite epsilon-delta de notions comme la limite ou la dérivée. Un témoignage indépendant sera ici plus convaincant que mes propres mots. À propos du concept de limite, Ian Stewart écrit dans un livre récent :

> Finalement… Karl Weierstrass a mis de l'ordre dans les affaires autour de 1850 en prenant au sérieux la formulation « aussi près que nous voulons ». Quelle proximité voulons-nous *en fait* ? Il traita la variable, non pas comme une quantité changeant activement, mais simplement comme le symbole statique pour n'importe quel élément d'un ensemble de valeurs possibles [1].

Autrement dit, Weierstrass a utilisé les quantificateurs pour analyser le concept de limite. Mais comment traita-t-il les quantificateurs ? Stewart poursuit :

> Une fonction f(x) tend vers une limite L quand x tend vers une valeur a si, étant donné n'importe quel nombre positif ε, la différence f(x)-L est inférieure à ε dès que x-a est inférieure à un nombre δ *dépendant de* ε. C'est comme un jeu : «Vous me dites à quelle proximité de L vous souhaitez voir f(x) ; alors je vous dirai à quelle proximité de a la variable x doit se trouver». Le joueur Epsilon donne la proximité qui *lui* plaît ; alors Delta est libre de chercher son propre plaisir. Si Delta … a une stratégie gagnante, alors f(x) tend vers la limite L [2].

30 | Le seul mot de l'explication de Stewart qui ne me convienne pas, c'est « comme » (dans « comme un jeu »), car ce qu'il décrit, ce sont précisément

1. Stewart, 1992, p. 105.
2. Stewart, 1992, p. 105-106.

les conditions de vérité pour la définition quantifiée ε-δ de la limite dans la théorie sémantique des jeux.

Cependant, le traitement *game-theoretical* de la vérité dans les langages interprétés du premier ordre ne répond pas encore à tout ce que les philosophes pourraient légitimement attendre de lui. Premièrement, mon traitement permet d'atteindre les *conditions de vérité* pour différents énoncés du premier ordre. Elles ne sont pas unifiées dans une authentique *définition de la vérité* ni dans un véritable *prédicat de vérité*. Une telle définition doit être formulée dans un métalangage dans lequel nous pouvons parler de la syntaxe du langage-objet du premier ordre considéré. Maintenant, nous pouvons discuter la syntaxe d'un langage donné du premier ordre dans un autre métalangage du premier ordre, pourvu que ce dernier contienne un minimum d'arithmétique élémentaire, par exemple en employant la fameuse technique de numération de Gödel. Une définition de la vérité consistera alors en la définition d'un prédicat T(x) de la théorie des nombres, qui s'applique au nombre de Gödel d'un énoncé si et seulement si cet énoncé est vrai dans le modèle considéré. De telles définitions pour les langages-objets interprétés du premier ordre ne peuvent pas être formulées dans un métalangage du premier ordre. *A fortiori*, la définition de la vérité pour un langage interprété du premier ordre ne peut pas être formulée dans ce langage lui-même.

Par rapport à cela, mes conditions de vérité *game-theoretical* ne peuvent pas nous aider seules à résoudre les problèmes cruciaux indiqués au chapitre premier.

(iv) Ce que l'approche *game-theoretical* nous dit, c'est ce que sont les conditions de vérité des énoncés du premier ordre. Ces conditions de vérité sont formulées en termes de stratégies des deux joueurs. Maintenant, la notion de stratégie est elle-même convenable pour une analyse logique et pour une formulation en termes logiques. Supposez qu'un énoncé du premier ordre S est en forme normale négative (*i.e.* tel que tous les signes de négation préfixent des formules atomiques ou des identités). Puisque chaque formule du premier ordre peut être mise sous cette forme par une procédure effective, il ne s'agit pas d'une hypothèse restrictive. Une stratégie pour le vérificateur initial est alors définie par un ensemble fini de fonctions (connues comme des fonctions de choix ou fonctions de Skolem) dont les valeurs disent quel individu le vérificateur doit choisir à chacun de ses coups. Ses coups dans G(S) sont connectés aux quantificateurs existentiels et aux disjonctions. Les arguments de ces fonctions sont les individus et les termes des conjonctions choisis par le falsificateur jusqu'à ce point d'une partie du jeu G(S). Les fonctions de choix sont des entités du second ordre, et leur existence ou leur non existence peut être exprimée par un

énoncé du second ordre. De cette manière, les conditions de vérité *game-*
31 *theoretical* | de S peuvent être exprimées par un énoncé du second ordre S^*, que l'on peut considérer comme une traduction de S.

Plus explicitement, on peut obtenir S^* par les étapes suivantes :

(a) Soit $(\exists x)$ un quantificateur existentiel dont l'occurrence dans S se trouve dans la portée des quantificateurs universels $(\forall y_1)$, $(\forall y_2)$, ..., $(\forall y_k)$. Remplacer chaque occurrence de x liée par $(\exists x)$, par $f(y_1, y_2, \ldots, y_k)$, où f est un nouveau symbole de fonction, différent pour des quantificateurs existentiels distincts. Omettre le quantificateur $(\exists x)$.
Ces symboles de fonction (et, quand il n'y a pas de risque de confusion, les fonctions qui les interprètent dans les modèles) sont habituellement appelés en logique les *fonctions de Skolem* de S.

(b) Soit $(S_1 \vee S_2)$ l'occurrence d'une disjonction dans la portée des quantificateurs universels $(\forall y_1)$, $(\forall y_2)$, ..., $(\forall y_k)$. Remplacer la disjonction par :

$$((S_1 \,\&\, (g(y_1, y_2, \ldots, y_k) = 0) \vee ((S_2 \,\&\, (g(y_1, y_2, \ldots, y_k) \neq 0)) \quad (2.4)$$

où g est un nouveau symbole de fonction, différent pour différentes disjonctions et différent des symboles de fonctions f mentionnés sous (a). Dans ce travail, j'étendrai quelque peu la terminologie habituelle en appelant également les fonctions g fonctions de Skolem.

(c) Préfixer la formule résultante par :

$$(\exists f_1)(\exists f_2) \ldots (\exists g_1)(\exists g_2) \ldots \quad (2.5)$$

où $f_1, f_2, \ldots$ sont toutes les fonctions introduites en (a) et $g_1, g_2, \ldots$ toutes celles introduites en (b).

On appellera le résultat S^* la *traduction au second ordre de S*. Elle exprime les conditions de vérité *game-theoretical* de S. Elle établit comment la vérité de S est connectée aux jeux sémantiques de vérification et de falsification décrits plus haut.

(v) On peut néanmoins s'interroger sur l'éclairage apporté au concept général de vérité par les conditions *game-theoretical*. Leur action consiste à spécifier ce que les énoncés quantifiés *signifient* en spécifiant leurs *conditions de vérité*. La notion de vérité est ici simplement auxiliaire, semble-t-il. En d'autres termes, les jeux sémantiques du premier ordre paraissent être des jeux de langage pour les quantificateurs et pas pour le concept de vérité. Ceci s'accorde apparemment avec la nature de ces jeux en tant que jeux de recherche et de découverte. Le lien conceptuel entre quantificateurs et
32 activités de recherche et | de découverte est facile à apprécier, mais il ne semble pas qu'il y ait un lien aussi naturel entre les jeux sémantiques et la notion de vérité en général. Cela pourrait être illustré par l'impossibilité de définir la vérité d'énoncés quantifiés dans ces langages du premier ordre qui reçoivent leur signification des jeux sémantiques. On peut ici suspecter, comme Wittgenstein l'aurait fait, que le concept de vérité peut avoir un usage – et par conséquent une signification – uniquement dans le contexte

d'autres jeux de langage. Beaucoup de travail supplémentaire doit être réalisé, à moins que nous ne soyons prêts à acquiescer aux différentes sortes d'incomplétudes qui prévalent ici. Je considérerai ces questions plus tard dans le livre.

Un autre ensemble d'énigmes concerne la relation de GTS aux idées constructivistes. En un sens, je dois paraître avoir réalisé le rêve des constructivistes. J'ai montré le lien extrêmement fort qui existe entre le concept de vérité défini en termes de jeux et les activités (les jeux sémantiques) au moyen desquelles la vérité et la fausseté de nos énoncés est établie. L'absence de ce rapport dans les définitions antérieures de la vérité a été la cible favorite des constructivistes. Maintenant, cette objection est complètement éliminée.

Mais paradoxalement, aucune des conséquences défendues par les constructivistes ne découle de la définition *game-theoretical* de la vérité. En fait, tant qu'il s'agit de logique du premier ordre, la définition *game-theoretical* de la vérité présentée plus haut dans ce chapitre est équivalente à la définition usuelle de la vérité à la Tarski, en admettant l'axiome du choix. D'ailleurs la condition de vérité du second ordre, définie plus haut dans ce chapitre, d'un énoncé donné *S* est équivalente à *S*, en admettant l'interprétation normale (standard) des quantificateurs du second ordre. L'objectif des constructivistes est-il vain? Il se passe ici quelque chose d'étrange. Je reviendrai à cette énigme au chapitre X.

Un autre aspect des idées constructivistes s'avère troublant. Étant données les définitions de la vérité et de la fausseté (R.T) et (R.F) présentées plus haut, il n'y a en général aucune raison de croire que la loi du tiers exclu doive tenir. Car suivant (R.T) et (R.F), elle ne tient pour un énoncé donné *S* que si l'un ou l'autre du vérificateur initial et du falsificateur initial a une stratégie gagnante dans G(*S*). Mais nous savons de la théorie des jeux qu'il y a beaucoup de jeux à somme nulle à deux joueurs pour lesquels aucun n'a de stratégie gagnante. Un exemple simple est le jeu dans lequel chacun des deux joueurs choisit un nombre naturel, indépendamment du choix de l'autre. Le gagnant est celui qui a choisi le nombre le plus grand.

| Les jeux pour lesquels l'un des deux joueurs a une stratégie gagnante 33
sont dits déterminés. La supposition que l'un ou l'autre des joueurs a une stratégie gagnante est connue sous le nom d'hypothèse de détermination. De telles hypothèses peuvent être extrêmement fortes, comme on le sait par exemple des différentes versions de l'axiome de détermination en théorie des ensembles[1].

1. *Cf.* ici Fenstad, 1971.

On ne peut donc en général pas attendre de la loi du tiers exclu qu'elle soit maintenue si la vérité est définie en termes de jeux. Cela devrait réchauffer le cœur de tous les constructivistes véritables, car le tiers exclu a longtemps été la cible favorite de leurs critiques. Pourtant, dans cette zone centrale de la logique contemporaine qu'est la logique du premier ordre ordinaire, le *tertium non datur* tient. Un optimiste pourrait ici parler d'une coïncidence heureuse, tandis qu'un pessimiste pourrait être conduit à se demander si la logique du premier ordre ordinaire est réellement représentative de toutes ces choses intrigantes dont GTS montre qu'elles peuvent se produire en logique. Je retournerai aussi à cette question plus tard, au chapitre VII. Là, et ailleurs dans ce livre, il apparaîtra que la logique du premier ordre ordinaire est un bonheur illusoire car elle offre un échantillon appauvri et trompeur de la variété des choses qui peuvent exister en logique en général.

Pourtant, une autre boîte de Pandore de questions énigmatiques concerne le caractère général des jeux sémantiques, en particulier ce qu'ils ne sont pas. Plus haut, j'y ai fait référence en parlant d'activités de vérification et de falsification. Cette identification n'est pourtant pas sans poser problème. Les termes mêmes de « vérification » et de « falsification » doivent être manipulés avec grand soin. Car quels types d'activités pensons-nous habituellement impliqués dans la vérification et la falsification de propositions ? Une réponse ordinaire est susceptible d'inclure au moins les deux types de processus suivants :

(a) Les inférences logiques (déductives)
(b) Différentes espèces d'inférences scientifiques, par exemple les inférences inductives.

Il est cependant important de réaliser que les jeux sémantiques se distinguent de chacune de ces deux sortes d'activités. Comment ? Pourquoi ? Si les jeux sémantiques ne codifient pas la manière dont nous vérifions et falsifions des énoncés dans notre pratique épistémologique actuelle, alors en quoi peuvent-ils éclairer une notion réaliste de vérité ?

On peut répondre à cette question rhétorique en deux temps. Premièrement, l'activité de prouver logiquement quelque chose est un jeu de langage à part entière, avec ses propres règles différentes des règles des
34 jeux sémantiques. | En second lieu, et de façon plus importante, ce jeu de langage parasite les jeux sémantiques. En effet, on peut concevoir un essai de preuve que S_1 implique logiquement S_2 comme la tentative avortée de construire un modèle (un « monde possible ») dans lequel S_1 est vrai et S_2 ne l'est pas. Si la vérité est comprise en termes de jeux, alors cela signifie construire un modèle (monde) **M** dans lequel le vérificateur initial a une stratégie gagnante pour le jeu G(S_1) joué sur **M** mais pas pour le jeu G(S_2)

joué également sur **M**. Pour les besoins de la logique du premier ordre ordinaire, les règles pour la tentative de construction de ce modèle peuvent être lues à partir des règles pour les jeux sémantiques formulées plus haut. Il en résulte un ensemble de règles de *tableaux* pour la logique du premier ordre. En les retournant, nous obtenons alors un ensemble d'apparence quelque peu plus familière composé de règles du calcul des séquents pour la logique du premier ordre.

La logique déductive ordinaire ne présente par conséquent aucune alternative aux jeux sémantiques pour le processus de vérification et de falsification. Les règles de la logique déductive sont elles-mêmes parasitaires vis-à-vis des règles des jeux sémantiques.

Des remarques similaires peuvent être faites à propos des processus dont on dit usuellement qu'ils sont des manières de vérifier et falsifier des propositions – par exemple les hypothèses scientifiques. Celles-ci sont également, d'un point de vue conceptuel, parasitaires vis-à-vis des jeux sémantiques.

Nous avons ici une situation qui rappelle le paradoxe de Ménon, mais sans conclusion paradoxale. Pour trouver si une proposition est vraie, on doit savoir ce que cela signifie pour elle d'être vraie. Cela signifie que les jeux de langage de la vérification scientifique ou d'autres vérifications de la vie réelle, dépendent des jeux de langage sémantiques qui sont au premier chef constitutifs de la vérité d'un énoncé.

Par exemple, supposons que j'aie à vérifier, dans la pratique scientifique ou ordinaire, l'énoncé d'une dépendance fonctionnelle de la forme :

$$(\forall x)(\exists y)S[x, y] \tag{2.3}$$

(x et y prenant des nombres réels pour valeurs). Pour vérifier (2.3), je n'entreprends évidemment pas de jouer un jeu contre un(e) opposant(e) réel(le) ou imaginaire, en attendant de lui ou elle qu'il ou elle choisisse un nombre réel comme valeur de x pour que j'y réponde. Ce que je fais, typiquement, c'est essayer de trouver la fonction qui relie x à y dans (2.3), par exemple au moyen d'une expérience contrôlée où x est la variable contrôlée et y la variable observée. Supposons que l'expérience donne comme résultat la fonction $g(x) = y$. Cela signifie que $g(x)$ est une fonction de Skolem | de (2.3), c'est-à-dire que ce qui suit est vrai : 35

$$(\forall x)S[x, g(x)] \tag{2.6}$$

Mais cela signifie que $g(x)$ est la fonction de stratégie (ou une partie d'une fonction de stratégie) qui me permet de gagner le jeu sémantique lié à (2.3), c'est-à-dire dont l'existence est la condition de vérité de (2.3) suivant la définition *game-theoretical* de la vérité.

On peut généraliser ceci. L'objectif de la vérification d'un énoncé S au sens de connaître sa vérité ne signifie pas que le joueur initial gagne une partie du jeu G(S). Une telle victoire pourrait être simplement due à la chance ou à un échec de son opposant à suivre une stratégie optimale. Savoir que S est vraie signifie trouver une stratégie gagnante pour ce jeu. Cette entreprise n'a en principe de sens que pour quelqu'un qui maîtrise le jeu G(S) des stratégies duquel on parle. Donc les jeux de vérification et falsification sont fondés sur les jeux sémantiques, qui constituent conceptuellement l'espèce de jeux la plus fondamentale. Les jeux de vérification et falsification sont des jeux de langage secondaires, parasitaires vis-à-vis des jeux sémantiques que j'ai expliqués. Confondre les deux espèces de jeux, c'est comme confondre la guerre dans les tranchées avec la tâche d'un état-major planifiant une campagne.

En résumé, même si un processus de vérification de la vie réelle n'implique pas de jouer un jeu sémantique, il vise à produire l'information même – une fonction de stratégie gagnante – dont l'existence garantit la vérité suivant GTS.

Ces observations sont instructives à plusieurs égards. Elles montrent, avant tout, que les concepts mêmes de vérification et de falsification sont ambigus. La terminologie (et l'idéologie) des jeux de langage nous sert très bien à expliquer ce point. Il y a d'une part ces jeux qui servent à définir la vérité. J'ai montré que les jeux sémantiques peuvent jouer ce rôle. Mais à cause même de cette fonction, ces jeux ne peuvent pas être conçus comme établissant (ou prouvant, ou vérifiant) un énoncé dont les conditions de vérité sont pour ainsi dire déjà connues, sans devenir la proie du paradoxe du Ménon. Doit-on appeler de tels jeux des jeux de vérification ? Les deux réponses sont défendables, mais le point intéressant est que les deux réponses sont possibles.

D'un autre côté, il y a des jeux où les conditions de vérité des énoncés pertinents sont admises, et le jeu sert simplement à savoir que ces conditions sont effectivement satisfaites. C'est de nouveau une bonne question
36 que de savoir si ces jeux | doivent être appelés jeux de vérification et falsification. La question est aiguë du fait que ces jeux ne sont pas simplement des jeux de vérification et falsification. Ils servent un but qui va au-delà de la caractérisation des notions de vérité et de fausseté. Leur fonction est d'amener à *connaître* la vérité des énoncés en question.

Chacune de ces deux sortes de jeux mérite peut-être d'être reliée à la notion de vérité. Pour la première, ce qui est en question est la notion même de vérité, *veritas*, alors qu'avec la seconde nous avons affaire à quelque vérité particulière, *verum*.

Ce que l'on a trouvé suggère fortement qu'une bonne partie du discours récent sur la vérification, la falsification, les conditions d'assertabilité et ainsi de suite, est basée sur une confusion entre ces deux espèces de jeux de

langage, liées mais éminemment différentes, que j'ai précisément distinguées l'une de l'autre. Les processus de vérification de la « vraie vie » ou de la « vraie science » peuvent en fait être subsumés par l'approche générale de la recherche et du raisonnement que j'ai appelée le modèle interrogatif de la recherche. Dans ce modèle, un enquêteur acquiert une information nouvelle au travers d'une suite de questions posées à une source d'informations adéquate (l'« oracle »), entrecoupée d'inférences logiques effectuées à partir des réponses obtenues antérieurement (plus les prémisses initiales). Ce modèle est réellement beaucoup plus qu'un simple « modèle » ; c'est un nouveau cadre général pour l'épistémologie. Je l'ai étudié dans un certain de nombre de publications, en commun avec mes associés [1]. On peut aussi formuler le modèle interrogatif de la recherche comme un jeu (de langage). À première vue, il ne semble pas complètement différent des jeux sémantiques examinés ici. Si bien qu'une confusion entre les deux est naturelle, quoique inexcusable. En réalité, les deux sortes de jeux se différencient conceptuellement de manière extrêmement importante. Tout d'abord, les jeux interrogatifs dépendent, comme on l'a indiqué, des règles de l'inférence logique. Si celles-ci sont modifiées, ce que l'on peut vérifier au moyen de la recherche interrogative changera également. Et même, du fait de l'élément épistémique de la recherche interrogative, on pourrait très bien défendre l'idée que les règles déductives usuelles de la logique du premier ordre doivent être modifiées pour remplir cette fonction. Si les jeux interrogatifs étaient le lieu logique naturel de la notion de vérité, alors changer les règles d'inférence logique affecterait le concept de vérité. Cela s'accorderait avec la pensée de constructivistes comme Dummett, qui propose de discuter l'« énigme » de la vérité par référence aux règles d'inférence logique, et qui en fait recommande de modifier les règles classiques
de | l'inférence déductive du premier ordre. Mais une fois réalisé que les 37
jeux de langage constitutifs de la notion de vérité sont les jeux sémantiques et non pas les jeux de la recherche interrogative, la base de ce raisonnement constructiviste s'évanouit. Car les jeux sémantiques sont plus fondamentaux que les « jeux » de la preuve logique formelle. Vous pouvez changer les règles d'inférence déductive en changeant les règles des jeux sémantiques. Plus tard, au chapitre X, je donnerai des exemples concrets. Mais aucun moyen n'est en vue qui nous permettrait de faire naturellement l'inverse. De plus, les règles coup-à-coup des jeux sémantiques du type que nous avons formulé sont si évidentes qu'elles offrent à peine de prise au critique

1. Voir, par exemple, Hintikka, 1985, 1988a.

pour essayer de les changer. Même les changements qui seront expérimentalement considérés au chapitre X n'affecteront pas ces règles coup-à-coup.

On peut ici cependant en dire plus. Si on examine sérieusement les jeux interrogatifs, il deviendra parfaitement clair que l'on ne peut comprendre et étudier adéquatement la recherche interrogative qu'ils modélisent qu'en tant qu'elle vise la *connaissance*, et pas simplement la vérité. Sinon, il n'y a aucun espoir de comprendre des notions aussi cruciales que la relation question-réponse, les critères d'une réponse probante, les présuppositions de différentes questions, etc. Plus important : sans reconnaître l'élément épistémique de la recherche interrogative, nous ne pouvons pas faire face à l'usage de cette recherche dans l'objectif de première importance de répondre aux questions, et pas simplement de dériver des conclusions données de prémisses données. Il faut donc voir la recherche interrogative comme un jeu de langage essentiellement épistémique, qui vise la connaissance et pas simplement la vérité. Et par parité des cas, nous devons voir les processus divers qui s'effectuent comme des vérifications et/ou des confirmations dans l'usage ordinaire et dont le modèle interrogatif est un modèle généralisé.

Il nous faut donc distinguer trois sortes de jeux de langage. Leurs caractéristiques les plus importantes peuvent être résumées dans la table ci-après.

Dans cette table, le point d'interrogation indique que gagner une partie du jeu G(*S*) n'est pas la marque de la vérité de *S*. Si cela était ainsi, le paradoxe du Ménon s'appliquerait et les jeux sémantiques ne pourraient pas être utilisés pour définir la vérité parce qu'on aurait besoin de cette notion pour définir et comprendre les jeux sémantiques. Telles que sont les choses, la vérité est indirectement définie comme l'existence d'une stratégie gagnante.

Nous pourrions aussi parler des jeux épistémiques comme de jeux de recherche de la vérité (*truth-seeking games*) et des jeux sémantiques
38 comme de jeux constitutifs de la vérité (*truth-constituting games*). |

TYPE DE JEU	Jeux sémantiques	Jeux de preuve	Jeux interrogatifs
CE QUE MONTRE UNE VICTOIRE	?	vérité logique	connaissance de vérités
CRITÈRE DE VICTOIRE	vérité de l'énoncé produit	clôture du tableau de jeu	clôture du tableau de jeu
MISE EN ŒUVRE	chercher et trouver	essai de construction d'un contre-modèle	questionner et inférence logique

Il y a des relations étroites entre les trois sortes de jeux. On peut concevoir un « jeu » de preuve lié à *S* comme étant la tentative de construction d'un modèle dans lequel *S* n'est pas vraie, c'est-à-dire dans lequel il n'y a pas de stratégie gagnante pour le vérificateur initial. Un jeu interrogatif est comme un jeu de preuve à ceci près que l'on peut ajouter, comme nouvelles prémisses, les réponses aux questions. Malgré ces liens, il est philosophiquement très important de les distinguer nettement l'un de l'autre. Les jeux sémantiques sont des jeux d'extérieur (*outdoor games*). On les joue sur les objets du langage que l'on parle, et ils consistent principalement pour les deux joueurs à choisir entre différents objets. À l'opposé, les jeux de preuve sont des jeux d'intérieur (*indoor games*). On les joue avec un crayon et du papier, avec une craie et un tableau, ou de nos jours avec un ordinateur.

Notez également qu'aucun de ces trois types de jeux n'est un jeu dialogique au sens littéral. Les deux derniers sont des « jeux contre la nature » au sens de la théorie des jeux. Par exemple, tout ce que fait l'opposant de l'enquêteur dans un jeu interrogatif, c'est de répondre occasionnellement aux questions.

Une fois que vous développerez une théorie des jeux interrogatifs de recherche, vous verrez aussi que les constructivistes comme Dummett font de nouvelles suppositions injustifiées et fausses concernant le caractère de ces « jeux contre la nature ». Même si je n'en ai pas trouvé de « preuve tangible » dans ses écrits, un certain nombre de choses affirmées par
Dummett[1] n'a pour moi de sens que si l'input empirique | dans le processus 39
de vérification et falsification consiste entièrement en observations dont l'expression dans le langage est supposée consister en propositions atomiques. Ceci correspond parfaitement au cas de l'arithmétique dans le paradigme dummettien, où les propositions directement vérifiables sont des propositions numériques. En général, cette hypothèse revient à affirmer que les seules réponses que l'on peut espérer obtenir dans un jeu interrogatif sont des vérités particulières. J'ai appelé cette hypothèse le postulat atomiste. Un examen attentif révèle cependant que cette supposition n'est pas seulement injustifiée, mais qu'elle a entièrement déformé la conception de la recherche scientifique par les philosophes. Là encore, les idées de Dummett suivant lesquelles les processus (« jeux de langage ») sont comme ceux que nous employons pour vérifier et falsifier nos énoncés, ces idées sont inadaptées.

Bien entendu, Dummett et les gens de son acabit n'ont pas joui du privilège de considérer mon modèle interrogatif en autant de mots. Ils ont eu à l'esprit une idée plus ou moins inarticulée de la manière dont, en

1. Par exemple, Dummett, 1978, p. 227.

pratique, nous vérifions et falsifions les propositions scientifiques et quotidiennes. Mais le modèle interrogatif est précisément conçu pour saisir toutes ces activités. En effet, la seule supposition importante qui doit être faite pour l'applicabilité de l'approche interrogative est que l'on conçoive toute information nouvelle importée dans l'argument comme étant obtenue comme réponse à une question implicite (ou explicite) adressée à une source d'information appropriée. Pour que cela soit possible, on exige que l'enquêteur(trice) soit conscient(e) de là où il ou elle tire son information, et un petit peu plus. Le modèle interrogatif s'applique donc extrêmement largement, à toutes sortes de processus de recherche de connaissances et de vérification, dont on peut présumer qu'elles incluent ce que les constructivistes ont à l'esprit. Par conséquent il n'ont pas nécessairement tort à propos de nos processus actuels de recherche. Leur erreur est de supposer que ces processus sont constitutifs de la notion de vérité. Ils ont manqué le point du paradoxe du Ménon. Pour chercher la vérité, on doit savoir ce qu'est la vérité.

Les procédures usuelles scientifiques et/ou quotidiennes de vérification ne peuvent ainsi pas servir à définir la vérité. Cela suggère que l'on pourrait en fin de compte utiliser les jeux sémantiques pour définir un prédicat de vérité explicite. Que mes arguments établissent que les jeux sémantiques le permettent, cela dépendra de ce que l'on trouvera sur des notions telles que les fonctions de Skolem. Je reviendrai à ces questions au chapitre VI.

La distinction entre jeux sémantiques d'une part, et « jeux » de preuve formelle et jeux interrogatifs d'autre part, est donc, dans tous les cas, une distinction cruciale. En même temps, cette distinction permet d'observer plus finement la nature des jeux sémantiques.

40 | Quelles conséquences ou suggestions découlent de l'approche *game-theoretical* de la logique (et de son succès) ? La suite de ce livre n'est qu'une longue argumentation, délibérée, pour répondre à cette question. On pourrait néanmoins relever ici une suggestion spécifique. Pour voir de quoi il s'agit, nous pourrions considérer ce que GTS dit de la vérité des énoncés de la forme :

$$(\forall x)(\exists y)\mathrm{S}[x, y] \tag{2.3}$$

où l'on suppose (uniquement pour la simplicité) que $S[x, y]$ ne contient pas de quantificateurs. Suivant GTS, (2.3) est vrai si et seulement s'il existe une stratégie gagnante pour le vérificateur initial dans le jeu corrélé. Une telle stratégie dira, entre autres choses, comment choisir la valeur de y en fonction de celle de x. Cette partie de la stratégie du vérificateur peut donc être codifiée en une fonction $f(x)=y$. Pour une telle fonction, participer d'une stratégie gagnante signifie que l'énoncé suivant est vrai :

$$(\exists f)(\forall x)S[x,f(x)] \tag{2.7}$$

Inversement, (2.7) est évidemment vrai si (2.3) l'est.

Donc (2.3) et (2.7) doivent être vrais simultanément. Mais l'équivalence de (2.3) et (2.7) n'est qu'une variante de l'axiome du choix. Par conséquent, GTS justifie avec retentissement cet axiome controversé. En outre, les raisons de la validité de l'axiome du choix sont purement logiques. Cet axiome n'est qu'un corollaire de la définition *game-theoretical* de la vérité. GTS réalise donc la conjecture hardie de Hilbert (1923, p. 157), pas seulement en justifiant l'axiome du choix mais en montrant qu'on ne peut pas plus échapper à sa vérité qu'à celle de 2+2=4.

En un sens, c'est peu dire que le point de vue *game-theoretical* justifie l'axiome du choix parce que, dans le même mouvement, il justifie l'équivalence entre n'importe quel énoncé du vieux premier ordre et sa « traduction » en second ordre (sa condition de vérité). Il est connu que certaines de ces équivalences sont plus fortes que les équivalences « nature » entre (2.3) et (2.7), où $S[x, y]$ ne contient pas de quantificateurs ni de disjonction (dans sa forme normale négative). Par exemple, de telles équivalences simples ne peuvent pas imposer l'existence de fonctions non-récursives alors que certaines des équivalences plus complexes le peuvent[1]. Nous avons donc apparemment ici une hiérarchie de suppositions de plus en plus fortes à disposition des mathématiciens. Il faut pourtant encore une recherche séparée pour voir si les équivalences plus complexes sont des suppositions effectivement | plus fortes que l'axiome 41
du choix dans un contexte de théorie des ensembles. Ce que l'on a vu en tout cas montre que l'axiome du choix ne peut pas être discuté isolément. Il fait partie d'une suite de suppositions qui peuvent toutes être justifiées de la même manière. De plus, cette justification ou ce rejet sont liés aux questions plus générales de la nature de la vérité, particulièrement aux questions concernant l'analyse *game-theoretical* de la vérité. Aussi loin que je puisse justifier les idées générales de GTS, je pourrai justifier l'axiome du choix. Au chapitre X, il apparaîtra que même certains changements constructivistes intéressants de mon approche *game-theoretical* manquent de fournir des raisons de rejeter l'axiome du choix.

Gödel a recommandé de cultiver notre intuition mathématique d'une manière qui nous permettrait finalement de voir la vérité ou la fausseté de différentes hypothèses de la théorie des ensembles. Dans l'esprit de l'idée de Gödel, on pourrait dire que la théorie sémantique des jeux nous fournit les intuitions dont nous avons besoin pour justifier l'axiome du choix plus

1. Voir Kreisel, 1953 ; Mostowski, 1955.

un certain nombre de suppositions qui lui sont liées. Je crois que c'est une façon correcte de décrire la situation. De plus, on a vu que les intuitions en question étaient solidement ancrées dans les manières dont nous nous occupons effectivement du concept de vérité.

On peut ajouter un infléchissement légèrement différent à l'axiome du choix en rappelant que (2.7) n'est que la réaffirmation de (2.3) d'un point de vue *game-theoretical*. Pour un sémanticien *game-theoretical*, l'équivalence entre (2.7) et (2.3) est donc une instance du dénommé schéma-T de Tarski. On dit habituellement que ce schéma est de la forme

δ est vraie $\leftrightarrow S$

où δ est une citation ou une description de S. Plus généralement, nous pouvons parler d'une instance du schéma-T dans notre sens étendu quand une équivalence est établie entre un énoncé et ses conditions de vérité. C'est le cas pour l'équivalence entre (2.7) et (2.3). L'axiome du choix est donc, du point de vue *game-theoretical*, étroitement relié au schéma-T, une relation qui illustre le caractère intuitif de l'axiome du choix dans le cadre de GTS.

Le même caractère intuitif est associé aux formes plus fortes de l'axiome du choix obtenues en établissant des équivalences entre des énoncés du premier ordre plus complexes et leurs conditions de vérité *game-theoretical* respectives.

Un lecteur sceptique pourrait très bien rester non convaincu. Mais même le sceptique le plus dogmatique – ou devrais-je dire le sceptique le
42 plus sceptique ? | – sait maintenant sur quoi il doit focaliser son regard scrutateur et critique. Tout témoignage en faveur de GTS est *ipso facto* un témoignage en faveur de l'axiome du choix. Une critique intéressante de l'axiome du choix doit donc se fonder sur un examen des idées de base de GTS, et en particulier sur la définition *game-theoretical* de la vérité en tant qu'existence d'une stratégie gagnante pour le vérificateur initial dans un jeu sémantique. D'ailleurs, je soumettrai moi-même cette définition à un examen plus attentif au chapitre X. Le lecteur devra donc rester en suspens, jusqu'au dernier épisode de l'histoire des périls et triomphes de l'axiome du choix.

En outre, GTS ne montre pas que l'on a besoin d'accorder plus d'attention et d'introduire de nouvelles distinctions pour les seuls concepts de vérification et de falsification (comme pour le contraste entre sémantiques vériconditionnelle et vérificationniste). On voit qu'il nous faut également reconsidérer la trichotomie admise, syntaxe – sémantique – pragmatique, car où situer la théorie sémantique des jeux dans cette classification ? Elle traite de quelques-unes des relations sémantiques de base entre le langage et le monde et devrait donc appartenir à la sémantique. En même temps, elle s'intéresse aux usages du langage dans certains jeux de langage. Donc Charles Morris (1938), qui est le premier responsable de la malheureuse trichotomie syntaxe – sémantique – pragmatique, l'aurait certainement reléguée dans ce que Yehoshua Bar-Hillel appelait la corbeille à papier pragmatique.

La bonne conclusion de mon étude de cas est que la distinction traditionnelle entre sémantique et pragmatique comporte deux erreurs distinctes. Premièrement, les relations sémantiques cruciales comme celle de vérité ne peuvent exister (et peut-être ne doivent exister) que sous la forme de certaines activités humaines gouvernées par des règles du type des jeux de langage wittgensteiniens. En tant qu'activités d'usage du langage, elle devraient être cataloguées comme relevant de la pragmatique. Malgré cela, leur applicabilité à la question de la vérité d'un énoncé donné dans un monde particulier ne dépend pas des agents humains qui implémentent ces jeux. Leur applicabilité dépend seulement de la structure du « monde » (ou modèle) en question.

Il faut donc définir d'une autre manière le contraste entre sémantique et pragmatique, de peur que nous finissions par dire que la sémantique est une partie de la pragmatique. Personnellement je ne prendrais pas trop garde à une telle conclusion, du moment que l'on évite l'autre raisonnement faux mélangeant ces deux notions. Ce faux raisonnement consiste à penser que toutes les théories du langage doivent inévitablement impliquer les usagers du langage, et qu'elles font ainsi partie intégrante de la psychologie et de la sociologie du langage. Cette conception est aussi | erronée que le serait 43
l'affirmation que l'étude de la syntaxe relève de la graphologie (ou de nos jours, de la technologie des visuels et des listages informatiques). Dans les deux cas, nous pouvons nous abstraire (et nous nous abstrayons) des idiosyncrasies des personnes (et des ordinateurs) en question, et nous concentrer sur les règles générales qui gouvernent respectivement l'écriture ou l'usage du langage. S'il est besoin de dramatiser les faits, le lecteur est invité à réfléchir à comment les automates pourraient être programmés pour jouer des jeux sémantiques puisqu'ils pourraient parfaitement l'être. Le hardware de ces robots serait non pertinent pour la situation sémantique et logique – seul le software importerait.

Une autre contribution importante que l'approche *game-theoretical* pourrait faire à la clarification philosophique de la logique est une explication de la manière dont les variables liées de la quantification fonctionnent réellement. Que « signifie » une telle variable ? Ces questions ne paraissent faciles que tant que vous ne les posez pas avec tant de mots. La manière dont un énoncé, disons en notation formelle du premier ordre, est effectivement traité d'un point de vue psycholinguistique, est loin d'être claire, bien que la pratique fréquente des linguistes soit d'utiliser la logique du premier ordre comme médium de la représentation sémantique, ou comme médium des formes logiques représentantes. Une première idée est de concevoir les variables liées comme une sorte de termes référentiels. Mais même s'il y a des similarités entre les variables de la quantification et les termes singuliers ordinaires, il y a des différences.

Beaucoup des problèmes liés aux variables formelles de la quantification surgissent également par rapport aux locutions quantifiées des langues naturelles. Ce n'est pas surprenant, quand on suppose que l'un des principaux usages de la théorie de la quantification formelle est de servir de cadre à la représentation sémantique dans lequel peuvent être traduites les locutions quantifiées des langues naturelles[1].

Par exemple, deux occurrences du même terme singulier réfèrent au même individu. Mais ce n'est pas nécessaire pour deux occurrences de la même locution quantifiée (ou de la même variable). On peut illustrer ceci par le contraste entre les énoncés suivants :

John admire John. (2.8)

Tout le monde admire tout le monde. (2.9)

Si vous voulez trouver un énoncé sémantiquement parallèle à (2.8), ce n'est pas l'analogue syntaxique (2.9) de (2.8) mais plutôt :

Tout le monde s'admire soi-même. (2.10)

44 | Dans la théorie sémantique des jeux, les variables liées sont des emplacements pour les noms des individus que les joueurs choisissent au cours d'une partie d'un jeu sémantique. Elles sont donc relatives à une partie. On peut dire qu'elles représentent des individus particuliers dans le contexte d'une partie particulière, mais pas absolument. Cela aide à expliquer à la fois les similarités et les dissemblances entre variables de quantification et termes singuliers ordinaires. On en trouvera des détails supplémentaires dans Hintikka et Kulas (1985).

Par exemple, chaque occurrence d'une locution quantifiée doit être remplacée par le nom d'un individu indépendamment des autres, même si les deux locutions sont formellement identiques. Ceci explique la différence sémantique entre des énoncés tels que (2.8) et (2.9).

En général, l'approche *game-theoretical* facilite une explication théoriquement satisfaisante du comportement des variables de quantification dans les langages formels comme des locutions quantifiées dans les

1. *Cf.* Russell 1905.

langues naturelles, y compris plusieurs aspects d'anaphore dans les langues naturelles[1]. Cette clarification des notations de base de la logique au moyen de GTS est un prolongement naturel de l'analyse des concepts mathématiques fondamentaux au moyen des quantificateurs conduite par des gens comme Weierstrass. À cet égard, la citation de Ian Stewart plus haut dans ce chapitre est des plus instructives.

La possibilité d'un concept *game-theoretical* de vérité qui s'accorde avec notre concept naturel de vérité, jointe à la distinction entre jeux sémantiques (conditionnant la vérité – *truth-conditioning*) et jeux interrogatifs (de recherche de la vérité) a aussi de profondes répercussions philosophiques. D'une part, cela montre ce qui est vrai et ce qui est faux dans les conceptions pragmatistes de la vérité. Ce qui est vrai, c'est que parler de la vérité n'est pas parler de relations de correspondance ayant une existence indépendante entre le langage et le monde. De telles relations n'existent pas. Ou comme Wittgenstein l'a posé une fois, la correspondance entre langage et monde est uniquement établie par l'usage de notre langage – c'est-à-dire, par les jeux sémantiques. La vérité est littéralement constituée par certaines activités humaines gouvernées par des règles.

Ce qui est faux dans les idées pragmatistes au sujet de la vérité, c'est l'affirmation que les activités pertinentes sont les activités au moyen desquelles nous trouvons typiquement ce qui est vrai – autrement dit, par lesquelles nous vérifions, falsifions, confirmons, infirmons et ainsi de suite nos propositions. Cette affirmation repose sur le fait qu'on oublie la distinction de première importance entre les jeux qui établissent la vérité (c'est-à-dire les jeux sémantiques) et les jeux de recherche de la vérité (c'est-à-dire
| les jeux interrogatifs ou peut-être d'autres jeux épistémiques). Malgré 45
leurs similarités formelles et leurs déterminations mutuelles partielles, ces deux espèces de jeux de langage sont philosophiquement fondamentalement différentes, et on devrait les garder strictement séparées. Quand on les distingue l'une de l'autre et que l'on reconnaît leur vraie nature, l'affirmation pragmatiste apparaît alors comme fausse. Nos pratiques de recherche de la vérité, qu'elles soient ou non relatives à une ère historique, à une communauté épistémique ou scientifique, à une classe sociale ou à un genre, ne sont pas constitutives de notre concept normal de vérité – c'est-à-dire *du* concept de vérité.

1. Voir ici, par exemple, Hintikka 1976a, et Hintikka et Kulas 1985.

L'ERREUR DE FREGE DÉJOUÉE : LOGIQUE IF, OU LA LOGIQUE FAITE POUR L'INDÉPENDANCE

On peut rapporter à une origine commune plusieurs des problèmes découverts dans les deux précédents chapitres. Cette origine est quelque peu déconcertante. S'il est un dogme presque universellement admis en théorie logique contemporaine comme en philosophie analytique, c'est bien celui du statut de la logique classique, considérée comme étant le cœur, non problématique, de la logique. « Si je ne la comprends pas, alors je ne comprends rien » m'a dit une fois à propos de la logique du premier ordre un collègue philosophe. Et quand en une autre occasion j'exprimais des réserves vis-à-vis de l'affirmation que la logique usuelle du premier ordre constituerait la vraie *Sprachlogik*, la logique de notre langue naturelle, un philosophe bien connu me répondit : « Plus rien n'est sacré en philosophie ». Il aurait pu ajouter : « Ni en linguistique », en jetant un œil au fait que la notation habituelle de la quantification (du premier ordre) constitue le médium préféré pour représenter la forme logique (*logical form*, LF) dans la théorisation linguistique de Chomsky.

Pourtant la logique usuelle du premier ordre, telle qu'elle a été formulée par des gens comme Frege, Russell et Whitehead, ou Hilbert et Ackermann, comporte une supposition importante et restrictive, largement non motivée – ou plutôt, peut-être, motivée par de mauvaises raisons. Cette supposition est à l'origine des problèmes répertoriés plus haut. Pour simplifier, je l'appellerai l'erreur de Frege (*Frege's fallacy or mistake*). Même si je ne discuterai pas du caractère historiquement approprié ou non de cette appellation, il n'est pas inintéressant de noter que Peirce aurait trouvé beaucoup plus facile d'éviter cette erreur – s'il l'avait commise le premier.

Pour diagnostiquer l'erreur de Frege, il nous faut retourner aux idées de base de la logique du premier ordre. Cette partie de la logique est aussi

47 connue | sous le nom de théorie de la quantification. En fait, il est clair que les notions de quantifications existentielle et universelle jouent un rôle crucial en remplissant à la fois la fonction déductive et la fonction descriptive de la logique, à tel point que la naissance de la logique contemporaine est habituellement identifiée à la découverte à peu près simultanée de la notion de quantificateur par Frege et Peirce.

Mais dire que la logique du premier ordre est la logique des quantificateurs, c'est proférer une demi-vérité. Si vous considérez les deux quantificateurs isolés l'un de l'autre, vous n'allez pas obtenir une logique intéressante – c'est-à-dire une logique qui pourrait remplir les fonctions d'un langage non trivial. Tout ce que nous obtiendrions serait une légère généralisation de la logique syllogistique, par exemple la logique des prédicats monadiques.

Non, la source réelle du pouvoir expressif de la logique du premier ordre ne réside pas dans la notion de quantificateur *per se*, mais dans l'idée de *quantificateur dépendant*. Si vous voulez donner un exemple simple mais représentatif d'énoncé quantifié, ce ne sera pas une prémisse syllogistique avec un seul quantificateur universel ou existentiel, mais un énoncé où un quantificateur existentiel dépend d'un quantificateur universel, comme :

$$(\forall x)(\exists y)\, S[x, y] \tag{3.1}$$

Sans ces quantificateurs dépendants, les langages du premier ordre auraient une faiblesse de pouvoir expressif à faire pitié. Par exemple, nous ne pourrions pas sans eux exprimer de dépendance fonctionnelle dans un langage quantificationnel pur. Le fait que l'on puisse cacher la quantification existentielle par une notation fonctionnelle ne change pas la situation. Ces prédicats cachés doivent sortir du placard quand les symboles de fonctions sont éliminés et remplacés par des symboles de prédicats.

Il n'est donc pas exagéré de dire que comprendre la logique du premier ordre, c'est comprendre la notion de quantificateur dépendant. Si l'ami que je citais a raison, alors si vous ne comprenez pas la notion de quantificateur dépendant, vous ne comprenez rien.

Une performance importante de la théorie sémantique des jeux est d'expliquer la nature des dépendances en question. En termes *game-theoretical*, cette dépendance est la *dépendance informationnelle*. Cela signifie que quand un joueur de jeu sémantique joue un coup provoqué par un quantificateur dépendant, il ou elle sait à quoi ressemble le coup antérieurement provoqué par le quantificateur dont il dépend. Dans le jargon technique de la théorie des jeux, le coup antérieur est dans l'ensemble d'information de l'autre coup (ultérieur). Par exemple, en jouant un jeu

avec (3.1), quand le vérificateur choisit une valeur pour y, il ou elle | sait 48
quel individu a été choisi par le falsificateur comme valeur de x, et il ou elle peut utiliser cette information pour conduire son propre choix d'une valeur pour y.

Cette explication *game-theoretical* de la nature des quantificateurs dépendants n'est pas un mince exploit. Elle est au moins supérieure aux explications mesquines des quantificateurs comme la suggestion de Frege d'interpréter les quantificateurs du premier ordre comme des prédicats du second ordre (des prédicats de prédicats à une place) qui servent à dire si le prédicat donné est vide ou non, avec ou sans exception. Ces explications négligent le fait que, d'un point de vue syntaxique, les quantificateurs peuvent s'appliquer à des prédicats simples ou complexes à plus d'une place d'argument. Cette omission signifie en effet que l'on ne tient aucun compte de la possibilité de quantificateurs dépendants, et donc que l'on ne tient aucun compte de l'origine véritable du pouvoir expressif des langages du premier ordre. En considérant les quantificateurs comme des prédicats d'ordre supérieur, ce n'est pas seulement que l'on ne rend pas pleinement justice à quelque phénomène obscur de la sémantique des quantificateurs des langues naturelles. En faisant cela, on ne peut simplement pas faire pleinement ressortir les traits les plus importants du comportement des quantificateurs, comme je l'argumenterai plus loin.

Dans la notation de la logique habituelle du premier ordre, la dépendance des quantificateurs est indiquée par des parenthèses. À chaque quantificateur on assigne une paire de parenthèses indiquant sa portée. Un quantificateur qui se trouve dans la portée d'un autre dépend de lui. Ce n'est cependant pas la seule manière d'indiquer la dépendance. Par exemple, dans la traduction *game-theoretical* au second ordre des énoncés du premier ordre, la dépendance d'un quantificateur existentiel à l'égard de quantificateurs universels apparaît dans la sélection des arguments de la fonction de Skolem qui le remplace. Par exemple dans :

$$(\forall x)(\exists y)(\forall z)(\exists u)\mathrm{S}[x, y, z, u] \tag{3.2}$$

les dépendances sont indiquées par les parenthèses tacites qui délimitent les portées des différents quantificateurs. Dans la traduction en second ordre de (3.2), à savoir :

$$(\exists f)(\exists g)(\forall x)(\forall z)\mathrm{S}[x, f(x), z, g(x, z)] \tag{3.3}$$

les dépendances sont indiquées par les arguments sélectionnés plutôt que par les parenthèses. En général, la variable x liée par un quantificateur existentiel donné $(\exists x)$ est remplacée dans la traduction au second ordre par un terme fonctionnel $f(z_1, z_2, \ldots)$, précisément quand $(\forall z_1)$, $(\forall z_2)$, … sont les quantificateurs universels dans la portée desquels se trouve $(\exists x)$ (je

49 suppose une nouvelle fois | que l'énoncé en question est en forme normale négative).

En revanche,

$$(\forall x)(\forall z)(\exists y)(\exists u)\, \mathrm{S}[x, y, z, u] \qquad (3.4)$$

est équivalente à

$$(\exists f)(\exists g)(\forall x)(\forall z)\, \mathrm{S}[x, f(x, z), z, g(x, z)] \qquad (3.5)$$

où le nouvel argument z dans $f(x, z)$ montre que dans (3.4), $(\exists y)$ dépend aussi de $(\forall z)$ et pas seulement de $(\forall x)$ comme dans (3.2).

Mais les deux méthodes pour indiquer la dépendance et l'indépendance ne sont pas équivalentes. L'usage des parenthèses de Frege-Russell est plus restrictif que l'usage des fonctions de Skolem. Considérons par exemple l'énoncé suivant, du second ordre, qui va de pair avec (3.3) et (3.5) :

$$(\exists f)(\exists g)(\forall x)(\forall z)\mathrm{S}[x, f(x), z, g(z)] \qquad (3.6)$$

Du point de vue *game-theoretical*, (3.6) est parfaitement en ordre. Il exprime l'existence d'une stratégie gagnante dans un jeu sémantique facilement défini et implémenté. Les règles coup-à-coup de ce jeu sont les mêmes que celles de GTS pour la logique du premier ordre ordinaire. Dans ce jeu, le falsificateur initial choisit deux individus b et d comme valeurs respectives pour x et z. Le vérificateur initial choisit alors une valeur pour y, disons c, connaissant uniquement la valeur de x ; puis il choisit une valeur pour u, disons e, sachant uniquement la valeur de z, en visant dans les deux cas à gagner le jeu associé à $\mathrm{S}[b, c, d, e]$. Il faut reconnaître que pour implémenter ce jeu de telle sorte qu'il implique des joueurs humains, nous devons concevoir le joueur initial comme une équipe d'au moins deux êtres humains. Ce n'est pourtant pas un obstacle pour un logicien *game-theoretical*. Tout ce que cela signifie, c'est que mes jeux sémantiques peuvent parfois s'approcher plus près du bridge, où chaque « joueur » au sens du jargon technique de la théorie des jeux est une paire d'êtres humains possédant des informations assez différentes, que des échecs, où l'usage *game-theoretical* de « joueur » coïncide avec l'usage familier. (Plus généralement, les « joueurs » de la théorie des jeux peuvent, humainement parlant, être des équipes de plusieurs hommes ou femmes.)

Mais bien qu'un jeu sémantique bien défini corresponde à (3.6) et lui prête des conditions de vérité bien définies, il n'y a pas de formule de la logique traditionnelle du premier ordre qui soit équivalente à (3.6). On peut
50 le voir en essayant d'ordonner linéairement les quantificateurs $(\forall x)$, | $(\forall z)$, $(\exists y)$, $(\exists u)$. Si nous indiquons l'ordre par $>$, nous pouvons argumenter comme suit : puisque $y = f(x)$ dépend de x mais pas de z, nous devons avoir :

$$(\forall x) > (\exists y) > (\forall z) \qquad (3.7)$$

Puisque $u = g(z)$ dépend de z mais pas de x, nous devons avoir :

$$(\forall z) > (\exists u) > (\forall x) \qquad (3.8)$$

Mais (3.7) et (3.8) sont incompatibles, ce qui prouve mon point.

Si nous inventons une relation qui autorise un ordre partiel plutôt que linéaire, alors nous pouvons facilement formuler des équivalents à (3.6). La formule suivante à deux dimensions remplit le contrat :

$$\begin{array}{ll} (\forall x)(\exists y) & \\ & S[x, y, z, u] \\ (\forall z)(\exists u) & \end{array} \qquad (3.9)$$

On montrera cependant plus loin que les structures de quantificateurs partiellement ordonnés ne sont pas le moyen le plus naturel de saisir le phénomène de l'indépendance informationnelle.

Nous sommes donc parvenu à diagnostiquer l'erreur de Frege. Ce diagnostic nous est pour ainsi dire imposé par le point de vue *game-theoretical*. La première question qu'un théoricien des jeux posera à propos des jeux sémantiques est la suivante : s'agit-il de jeux à information parfaite ou non? Considéré de notre perspective *game-theoretical* anachronique, Frege a en effet répondu : la logique est un jeu à information parfaite. Malgré sa plausibilité apparente, cette réponse n'est néanmoins *sub specie logicae* pas seulement arbitraire et restrictive mais elle est fausse, en ce qu'elle expulse hors du champ des méthodes logiques une classe importante d'utilisations de nos concepts logiques. Le fait que ces usages soient descriptifs plutôt que déductifs n'a pas dû non plus dissuader Frege. Le fait crucial est ici que les idées que Frege a négligées font implicitement partie intégrante d'une logique que tout le monde a pratiquée et dont presque tout le monde pense qu'elle constitue le cœur non problématique de la logique, à savoir, la logique des quantificateurs.

Par conséquent, ce qu'il faut faire ici est clair. Nous devons étendre notre logique du premier ordre familière et traditionnelle en une logique plus forte qui autorise l'indépendance informationnelle là où la notation courante de Frege-Russell l'interdit. Il en résulte une logique que l'on appellera *logique du premier ordre independence-friendly* (IF). Elle est au moins aussi fondamentale que la logique du premier ordre ordinaire. Elle est notre véritable logique élémentaire. Tout ce dont vous avez besoin pour la comprendre, vous en avez déjà besoin pour comprendre la logique | tradi- 51
tionnelle de Frege-Russell. Pour citer l'une de mes propres présentations antérieures, la logique du premier ordre IF est une véritable logique mafieuse (*Mafia logic*) : c'est une logique que vous ne pouvez pas refuser de comprendre.

On peut implémenter la logique IF de plusieurs manières différentes, et nous en discuterons plus loin quelques-unes. La formulation employée ici comporte un nouveau symbole, pour lequel j'emploierai la barre oblique (*slash*) « / ». On l'utilisera pour extraire un quantificateur ou un connecteur (ou, d'ailleurs, n'importe quel composant logiquement actif d'un énoncé) de la portée d'un autre. Donc par exemple :

$$(\forall x)(\exists y/\forall x)S[x, y] \qquad (3.10)$$

est comme (3.1) à la différence près que le choix d'une valeur pour y par le vérificateur doit être fait sans connaître la valeur de x. Dans ce cas, le choix pour y aurait tout aussi bien pu être fait avant celui pour x. En d'autres termes, (3.10) est logiquement équivalente à :

$$(\exists y)(\forall x)\, S[x, y] \qquad (3.11)$$

Dans ce cas particulier, la notation *slash* ne produit rien que nous ne pouvions déjà exprimer sans elle. Mais dans d'autres cas, la notation IF nous permet d'exprimer ce qui ne pouvait pas être exprimé dans la vieille notation. On peut maintenant, par exemple, exprimer (3.6) au niveau du premier ordre par :

$$(\forall x)(\forall z)(\exists y/\forall z)(\exists u/\forall x)S[x, y, z, u] \qquad (3.12)$$

On voit ici comment la notation *slash* permet d'omettre des arguments potentiels des fonctions de Skolem (ou de stratégie) associées à un énoncé du premier ordre.

La structure exemplifiée par (3.12) (ou, de manière équivalente, par (3.9)) est connue sous le nom de quantificateur de Henkin.

La notation *slash*, à la différence de la notation branchante, peut (et doit) s'appliquer naturellement aux connecteurs propositionnels. Par exemple dans :

$$(\forall x)\, (S_1[x]\, (\vee/\forall x)\, S_2[x]) \qquad (3.13)$$

il faut choisir entre $S_1[x]$ et $S_2[x]$ indépendamment de la valeur de x. (3.13) est donc équivalente à :

$$(\forall x)S_1[x] \vee (\forall x)S_2[x] \qquad (3.14)$$

Mais dans d'autres cas, la notation *slash* n'est pas éliminable (au niveau du premier ordre) même quand on l'applique aux connecteurs
52 propositionnels. Un | exemple est donné par :

$$(\forall x)(\forall z)(\exists y/\forall z)\, (S_1[x, y, z]\, (\vee/\forall x)\, S_2[x, y, z]) \qquad (3.15)$$

Dans une traduction au second ordre, (3.15) devient :

$$(\exists f)(\exists g)(\forall x)(\forall z)\, ((S_1[x, f(x), z]\, \&\, (g(z)=0)) \vee (S_2[x, f(x), z]\, \&\, (g(z) \neq 0))) \qquad (3.16)$$

qui montre le parallélisme entre (3.15) et (3.12).

Il apparaît que pour les besoins du premier ordre IF, nous n'avons même pas à traiter avec tous les différents types possibles d'indépendance. Il suffit aussi d'expliquer la notation *slash* pour les formules en forme normale négative – c'est-à-dire sous une forme où tous les signes de négation préfixent des formules atomiques ou des identités. Les règles pour mettre une formule sous forme normale négative et inversement sont les mêmes en logique IF que dans sa variante traditionnelle.

Nous pouvons donc expliquer comme suit le formalisme de la logique du premier ordre IF :

Soit S_0 une formule de logique du premier ordre ordinaire en forme normale négative. On obtient une formule de la logique IF en appliquant un nombre fini de fois les pas suivants :

(a) Si $(\exists y)S_1(y)$ se trouve dans S_0 dans la portée d'un certain nombre de quantificateurs universels parmi lesquels $(\forall x_1)$, $(\forall x_2)$, …, alors on peut le remplacer par :

$$(\exists y/\forall x_1, \forall x_2, \ldots)S_1(y) \quad (3.17)$$

(b) Si $(S_1 \vee S_2)$ se trouve dans S_0 dans la portée d'un certain nombre de quantificateurs universels parmi lesquels $(\forall x_1)$, $(\forall x_2)$, …, alors on peut le remplacer par

$$(S_1(\vee/\forall x_1, \forall x_2, \ldots)S_2) \quad (3.18)$$

On appelle langages du premier ordre IF (*IF first-order languages*) les langages qui utilisent la logique du premier ordre IF.

Les langages du premier ordre IF seront mon principal outil conceptuel dans la suite de cet ouvrage. Ils méritent (et exigent) un certain nombre d'explications supplémentaires. On trouvera des discussions antérieures de la logique IF dans Sandu (1993) et Hintikka (1995b).

(i) Il est nécessaire de faire quelques remarques concernant les règles de formation de la logique IF. Elles se révéleront bien plus intéressantes qu'elle ne peuvent paraître au premier abord.

| Dans la forme envisagée en (a) et (b), ces règles de formation pour les 53
langages IF qui introduisent les *slashes* ont une forme inhabituelle. Elles prennent un énoncé déjà formé (une formule close) et, au lieu de l'utiliser comme composant pour construire des expressions plus complexes, elles modifient certaines de ses sous-formules. En outre, ces changements à l'intérieur de l'expression considérée sont sensibles au contexte (*context-sensitive*). Les modifications admissibles dépendent du contexte des sous-formules en question. Par exemple, $(\exists y)$ peut être remplacé (*salva* la bonne formation) par $(\exists y/\forall x)$ si $(\forall x)$ se trouve quelque part dans la formule plus large avec $(\exists y)$ dans sa portée.

Je pourrais éliminer ce défaut (si c'en est un) des règles de formation de la logique IF en employant une notation légèrement différente. On n'exprime plus alors l'indépendance de $(\exists y)$ par rapport à $(\forall x)$ (le premier étant dans la portée du second) en remplaçant $(\exists y)$ par $(\exists y/\forall x)$, mais en remplaçant $(\forall x)$ par $(\forall x//\exists y)$. L'emploi de cette notation dans n'importe quel cas est évident.

Par exemple, on peut écrire (3.10) dans la notation alternative :

$$(\forall x//\exists y)(\exists y)S[x, y] \tag{3.19}$$

tandis que (3.12) deviendrait :

$$(\forall x//\exists u)(\forall z//\exists y)(\exists y)(\exists u)S[x, y, z, u] \tag{3.20}$$

et que (3.14) deviendrait :

$$(\forall x//\vee)(S_1[x] \vee S_2[x]) \tag{3.21}$$

La notation double-*slash* est en fait plus naturelle que celle du simple *slash*. Malheureusement je ne l'ai pas réalisé quand j'ai choisi ma notation, et au moins pour les besoins de ce livre il est maintenant trop tard pour en changer. Cela n'est cependant pas très important, car ce qui est intéressant ici, c'est la comparaison entre les deux notations.

On voit le caractère naturel de la notation double-*slash* du fait qu'avec elle, les règles de formation pour les langages du premier ordre IF seraient indépendantes du contexte (*context-independent*). Au-delà, la notation double-*slash* a d'autres avantages. Par exemple elle nous permettrait de formuler différentes lois logiques. Ainsi, l'équivalence de (3.13) et (3.14) serait une instance d'une loi de distribution pour $(\forall x//\vee)$:

$$(\forall x//\vee)(S_1[x] \vee S_2[x]) \tag{3.21}$$

54 | serait équivalent à :

$$(\forall x)S_1[x] \vee (\forall x)S_2[x] \tag{3.22}$$

Même si en un sens, la différence entre / et // n'est qu'une question de notation, il apparaîtra pourtant au chapitre VI qu'elle illustre certains problèmes méthodologiques importants.

(ii) L'erreur de Frege est liée à une sombre obscurité concernant la notion de portée (*scope*). On utilise largement cette notion autant en logique qu'en linguistique, et on la considère généralement comme admise. Quand on en vient aux langages du premier ordre (et à leurs contreparties dans les langues naturelles), la notion même de portée conduit néanmoins à de sérieux problèmes. Ceux-ci sont une nouvelle fois révélés par l'approche *game-theoretical*. GTS montre immédiatement que la notion traditionnelle de portée a deux fonctions entièrement différentes quand on les applique aux quantificateurs.

Premièrement, on l'emploie pour indiquer l'ordre dans lequel les règles du jeu sont appliquées à une formule donnée. En d'autres termes, l'emboîtement des portées sert à indiquer la priorité logique. On appellera portée de priorité (*priority scope*) cette notion de portée. Dans la notation habituelle de la logique du premier ordre, la portée de priorité est indiquée par l'inclusion de la portée d'un quantificateur (ou d'un connecteur) dans la portée d'un autre. Ce dernier aura alors le droit de passage quand il parviendra à l'application de la règle du jeu. Pour servir ce but, les portées des quantificateurs et des connecteurs doivent être partiellement ordonnées – c'est-à-dire qu'elles doivent être emboîtées. De plus, seul importe leur ordre relatif, et pas leur extension dans un énoncé ou dans un discours.

Mais les portées des quantificateurs sont également supposées indiquer quelque chose d'autre. Quand la portée d'un quantificateur (Qx) est indiquée par une paire de parenthèses, alors le segment d'énoncé à l'intérieur de ces parenthèses est supposé être le lieu où la variable x est liée au quantificateur en question. Ces variables sont souvent comparées aux pronoms anaphoriques. La portée d'un quantificateur est alors la partie de l'énoncé où un tel pronom peut avoir ce quantificateur comme antécédent. Cette sorte de portée sera appelée portée de liage (*binding scope*). La distinction entre portée de priorité et portée de liage est liée à la différence entre les notions de Chomsky (1981) de gouvernement et de liage, et on pourrait les employer pour élucider ce que Chomsky essaie d'atteindre dans sa théorie.

Une fois la distinction faite, on voit qu'il n'y a pas de raison que portée de priorité et portée de liage coïncident systématiquement. | Par exemple, il 55
n'y a pas de raison que les portées de deux quantificateurs (au sens purement formel de la portée en logique) ne se chevauchent que partiellement, même si la notation de Frege-Russell exige soit qu'elles ne se chevauchent pas, soit qu'elles soient emboîtées (l'une contenue dans l'autre). On peut même argumenter que la notion de portée de liage n'est pas inanalysable pour les langues naturelles. En outre, la portée de liage d'un quantificateur n'a pas besoin d'être un segment continu d'énoncé ou de discours.

Une fois que l'on pense la situation en ces termes, il apparaît que la notion de portée telle qu'elle est employée dans les faits est d'une confusion royale. Cette confusion prend un aspect quelque peu différent pour les logiciens et pour les linguistes. Pour les logiciens, la confusion entre les deux sens de portée a constitué un obstacle superflu à leur théorisation, mais pour les linguistes, elle a en fait nui à leurs théories en ce qu'elle les a conduit à fermer les yeux sur certains phénomènes révélateurs de notre *Sprachlogik*.

On peut ainsi considérer l'erreur de Frege comme résultant du mélange de deux usages des parenthèses. Pour indiquer la priorité logique, la façon la plus naturelle de les employer est d'exiger que les portées des quantificateurs soient emboîtées. Mais en faisant cela, on exclut le chevauchement seulement partiel des portées des quantificateurs, alors qu'une telle violation de l'exigence d'emboîtement est une chose parfaitement naturelle du point de vue de la portée de liage.

Si les restrictions inutiles de Frege sur l'usage des indicateurs de portées sont supprimées, nous obtenons alors un langage du premier ordre qui est aussi puissant que le langage du premier ordre IF. Si les quantificateurs sont indexés avec les parenthèses correspondantes, nous pouvons alors exprimer par exemple (3.12) comme suit :

$$(\forall x)_{1\,1}((\exists y)(\forall z)_2)_{1\,2}((\exists u)_1(S[x,y,z,u])_1)_2 \tag{3.23}$$

Ici, la portée du quantificateur initial $(\forall x)$ (avec un indice $(\forall x)_1$) consiste en deux segments de la formule en question. Le premier est :

$${}_1((\exists y)(\forall z)_2)_1$$

et le second est :

$${}_1(S[x,y,z,u])_1$$

où dans chaque segment, les indices indiquent simplement que les parenthèses en question appartiennent à $(\forall x) = (\forall x)_1$. En revanche, la
56 portée | de $(\forall z) = (\forall z)_2$ est continue, elle consiste en :

$${}_2((\exists u)_1(S[x,y,z,u])_1)_2$$

Mais en supprimant ainsi le quantificateur $(\exists u)$ de la portée de $(\forall x)$, nous accomplissons précisément la même chose que ce qui est fait dans ma notation en l'écrivant $(\exists u/\forall x)$.

Cela montre à quel point l'erreur de Frege était fondamentale. Elle aurait pu être corrigée sans même introduire un seul nouveau symbole dans notre logique, mais en changeant simplement l'usage de ces instruments apparemment innocents que sont les parenthèses. (Les indices ne sont par eux-mêmes pas plus significatifs que des lignes de connexion.) En même temps, (3.23) montre qu'une telle procédure serait maladroite au point d'être impraticable.

Quelle que soit la notation utilisée, le pas à franchir entre la logique du premier ordre ordinaire et la logique IF ne représente pas beaucoup plus que la reconnaissance du fait que les deux sortes de portées n'ont pas besoin de coïncider systématiquement. Par exemple, dans notre notation avec *slash*, la portée formelle (indiquée par les parenthèses) peut être prise pour la portée de liage, tandis que la notation *slash* implique une reconnaissance du fait que la portée de priorité ne suit pas automatiquement la portée de liage.

(iii) Un cas spécial du phénomène d'indépendance informationnelle a été étudié par les logiciens depuis Henkin (1961) sous le nom de « quantificateurs branchants» (*cf.* par exemple Barwise, 1979; Enderton 1970; Walkoe, 1970). On peut voir le lien à partir d'un exemple. Comme on l'a noté précédemment, notre énoncé familier à quantificateur de Henkin :

$$(\forall x)(\forall z)(\exists y/\forall z)(\exists u/\forall x)S[x, y, z, u] \qquad (3.12)$$

peut être écrit, plutôt qu'avec la notation avec *slash*, dans une notation non linéaire comme suit :

$$\begin{array}{l} (\forall x)(\exists y) \\ \qquad\qquad S[x, y, z, u] \\ (\forall z)(\exists u) \end{array} \qquad (3.9)$$

Ici, les dépendances et indépendances mutuelles entre les différents quantificateurs sont indiquées par un ordre partiel de ces quantificateurs. Cette idée peut être facilement généralisée. Pourtant, elle ne débouche pas sur une analyse vraiment satisfaisante de la situation. Pour une part, la notation branchante n'a pas été employée pour les connecteurs propositionnels, qui peuvent aussi contenir une indépendance informationnelle, sauf très récemment et apparemment pour la première fois par Sandu et Väänänen (1992).

| D'autre part, l'ordre partiel des quantificateurs correspond, dans une 57
approche *game-theoretical*, à l'ordre partiel de leurs ensembles d'information (*information sets*) pour la relation d'inclusion des classes. Mais il n'y a en général pas de raison de supposer que les ensembles d'information de différents coups dans un jeu soient ne serait-ce que partiellement ordonnés. Les quantificateurs branchants ou partiellement ordonnés ne sont donc pas représentatifs de la situation générale. Il apparaît bien que dans ce cas particulier, tous les schémas de dépendance et d'indépendance entre quantificateurs se réduisent à un ordre partiel. Pourtant, ce n'est pas vrai en général.

De plus, dans le contexte des quantificateurs informationnellement indépendants, il faut manipuler la négation avec beaucoup de méfiance comme on le montrera au chapitre VII. Il n'est même pas certain que les traitements antérieurs des quantificateurs branchants permettent de manipuler la négation de manière consistante.

Plus important, les embranchements relèvent des relations entre quantificateurs, et pas de l'interprétation des quantificateurs pris un à un. Pour cette raison, les généralisations de la notion du quantificateur considéré séparément des autres quantificateurs ne peuvent pas nous aider à comprendre l'essentiel des quantificateurs branchants et des autres quantificateurs informationnellement indépendants. Par exemple, malgré les succès qu'elle a rencontrés par ailleurs, la théorie des quantificateurs généralisés n'a pas permis de comprendre l'essentiel des quantificateurs branchants. Certes, il existe des traitements des quantificateurs informationnellement indépendants dans la tradition des quantificateurs généralisés[1]. Cela ne fait pourtant pas ressortir la généralité du phénomène d'indépendance, ni même ne débouche sur un traitement pleinement satisfaisant de la sémantique des quantificateurs indépendants.

Pourtant, certains des problèmes généraux posés par le phénomène de l'indépendance informationnelle ont été débattus par des philosophes et des logiciens dans la littérature passée consacrée au cas spécifique des structures de quantificateurs branchants. Entre autres choses, plusieurs des perspectives les plus importantes des langages IF sont des généralisations de propriétés des quantificateurs branchants. J'y reviendrai plus tard dans ce chapitre.

(iv) La meilleure mesure du caractère naturel de la logique IF est la simplicité de la sémantique (*game-theoretical*) qui la gouverne. Comment les règles des jeux sémantiques pour les langages IF sont-elles reliées à celles des jeux pour les langages ordinaires ? La relation est intéressante – et elle est simple. C'est une relation d'identité. Les règles qui régissent les
58 coups dans un jeu sémantique en logique IF sont | précisément les mêmes que celles qui sont employées en logique ordinaire, à ceci près que l'information imparfaite est autorisée. La forme extensive d'un jeu associé à un énoncé IF est la même que celle de la formule correspondante du premier ordre ordinaire, à l'exception du fait que les ensembles d'information de certains des coups ne contiennent pas tous les coups antérieurs. (L'ensemble d'information d'un coup contient tous les coups antérieurs connus du joueur qui joue ce coup, et uniquement eux).

En outre, il est important de réaliser que cette absence d'information parfaite ne comporte rien de subjectif. Ce n'est pas une question de limitation de la connaissance ou de l'ingéniosité humaines. C'est un aspect de situations combinatoires qui peuvent surgir dans un jeu sémantique. La vérité ou la fausseté d'un énoncé *S* d'un langage IF est un fait objectif du monde dont on peut parler en employant *S*. Cette objectivité de la vérité en logique IF sera illustrée plus loin, au chapitre VII.

(v) Il faut noter que les formules irréductiblement IF sont typiquement plus fortes que les formules correspondantes de la logique traditionnelle du premier ordre. La raison en est claire dans une perspective *game-theoretical*. De ce point de vue, un énoncé affirme l'existence d'une stratégie gagnante pour le vérificateur initial dans le jeu correspondant. La présence de l'indépendance informationnelle signifie l'usage d'un nombre

1. Voir, par exemple, Westerstahl, 1989 et Keenan et Westerstahl, 1996.

restreint d'arguments pour certaines des fonctions stratégiques ; autrement dit, l'usage d'une stratégie sur la base de moins d'information. Aussi l'affirmation de l'existence d'une telle stratégie est-elle plus forte que celle de l'existence de la stratégie analogue basée sur plus d'information. Il apparaît ainsi que les langages du premier ordre IF ne sont pas seulement plus forts que les langages ordinaires, mais qu'ils sont extrêmement forts.

Le pouvoir d'expression accru de la logique IF comparé à celui de sa grande sœur a une signification concrète. Cela ne signifie pas seulement, ou pas en premier lieu, de plus grandes ressources déductives. Ce que cela signifie est qu'il y a des classes (ou des espèces) de structures (même finies) qui ne peuvent simplement pas être décrites au moyen des ressources de la logique du premier ordre ordinaire. Des exemples particuliers seront discutés au chapitre VII. Ce type d'avantage de la logique IF est naturellement d'un grand intérêt potentiel, d'un point de vue tant théorique que pratique – c'est-à-dire pour le rôle de la logique dans la théorisation mathématique.

Un exemple peut aider le lecteur à apprécier ce point. Considérez la formule suivante :

$$(\forall x)(\forall z)(\exists y/\forall z)(\exists u/\forall x)(((x=z)\leftrightarrow(y=u)) \\ \& \, H(x,y) \,\&\, H(z,u) \,\&\, ((x\neq z)\supset(\sim H(x,u) \,\&\, \sim H(z,y)))) \tag{3.24}$$

| On voit aisément qu'elle est équivalente à : 59

$$(\exists f)(\forall x)(\forall y)(((x\neq z)\supset(f(x)\neq f(z)) \,\&\, H(x,f(x)) \,\&\, \\ H(z,f(z)) \,\&\, ((x\neq z)\supset(\sim H(x,f(z)) \,\&\, \sim H(z,f(x))))) \tag{3.25}$$

En d'autres termes, ce que (3.24) dit, c'est que l'on peut corréler avec chaque x un individu $f(x)$ de telle sorte que les corrélats de deux individus distincts soient distincts et diffèrent l'un de l'autre de la manière indiquée par (3.25). Donc, si H(x, y) est lue comme « y est l'un des hobbies de x », alors (3.24) dit quelque chose comme « tout le monde a un unique hobby ».

On peut montrer que (3.24)-(3.25) ne sont réductibles à aucune expression d'un langage du premier ordre ordinaire. Par conséquent, (3.24) capture comme modèles une classe de structures avec un trait commun caractéristique relativement simple. Pourtant, cette classe de structures ne peut pas être capturée par la logique du premier ordre ordinaire. Ce qui fonde la plus grande force de la logique IF c'est donc sa plus grande capacité représentationnelle, et pas sa capacité à fournir de nouvelles astuces déductives au logicien.

(vi) Malgré leur force, les langages IF ont nombre de propriétés bienvenues. Entre autres résultats, la logique IF a les propriétés suivantes :

(A) Elle est compacte. On le prouve aisément. Soit σ un ensemble infini de formules de logique IF. Soit σ^* l'ensemble des traductions au second ordre de tous les membres de σ, avec différents quantificateurs existentiels de fonction initiaux utilisant différentes variables de fonctions. Soit σ^{**} le résultat de l'omission de tous ces quantificateurs fonctionnels initiaux pour chacun des membres de σ^{*}. Ce σ^{**} est un ensemble de formules du premier ordre ordinaire. Clairement, si l'un des ensembles σ, σ^{*} ou σ^{**} est satisfiable, alors tous les trois le sont. Parce que la logique du premier ordre ordinaire est compacte, σ^{**} est consistant si et seulement si tous ses sous-ensembles finis sont consistants. Mais il est clair qu'un tel sous-ensemble τ^{**} est consistant si et seulement si le sous-ensemble parent τ de σ est consistant. Et τ est consistant par hypothèse.

(B) La logique du premier ordre IF a la propriété (descendante) de Löwenheim-Skolem. Pour prouver ceci considérons σ un ensemble fini de formules d'un langage IF, et σ^{*} et σ^{**} formés comme précédemment. σ, σ^{*} et σ^{**} sont clairement satisfiables dans les mêmes domaines. Mais en vertu du théorème descendant de Löwenheim-Skolem pour la logique du premier ordre ordinaire, si σ^{**} est satisfiable, il est satisfiable dans un domaine dénombrable [1].

(C) Le théorème de séparation est maintenu sous une forme renforcée. Pour le voir, supposons que σ et τ sont deux ensembles de formules d'un
60 langage IF satisfaisant les conditions suivantes : |

(i) σ et τ sont tous deux consistants.

(ii) $\sigma \cup \tau$ est inconsistant.

Alors, il y a une formule du langage du premier ordre ordinaire correspondant (*i.e.* une formule sans *slash*) S telle que :

(iii) $\tau \vDash S$ et $\sigma \vDash \sim S$

(iv) Toutes les constantes non logiques de S sont présentes dans σ et τ.

On peut prouver le théorème de séparation en transformant σ en σ^{*} et σ^{**}, et τ en τ^{*} et τ^{**} comme précédemment. On voit facilement que le théorème de séparation de la logique du premier ordre ordinaire s'applique à σ^{**} et τ^{**}, procurant comme formule de séparation une formule du premier ordre ordinaire S_0. On voit également que cette formule S_0 peut aussi remplir le rôle de la formule de séparation dont le théorème affirme l'existence.

(D) Les langages du premier ordre IF admettent ce que l'on appelait une forme prénexe de Skolem en un sens plus fort que les langages du premier

1. Tennant, 1998 a objecté que cette preuve n'est donnée que pour un ensemble fini d'énoncés, mais comme l'ont signalé Pietarinen et Sandu 2000 elle est directement généralisable au cas dénombrable. Voir N. Tennant, « Games some people would have all of us play », *Philosophia Mathematica* 6, 1998, p. 90-115 ; A. Pietarinen et G. Sandu, « Games in Philosophical Logic », *Nordic Journal of Philosophical Logic* 4 (2), 2000, p. 143-173. [NdT]

ordre ordinaire. Dans ceux-ci, la forme prénexe de Skolem S_2 d'une formule donnée S_1, qui est de la forme :

$$(\forall x_1)(\forall x_2)\ldots(\exists y_1)(\exists y_2)\ldots S[x_1, x_2, \ldots, y_1, y_2, \ldots] \quad (3.26)$$

est satisfiable si et seulement si S_1 est satisfiable. Mais S_1 et S_2 n'ont pas besoin d'être logiquement équivalentes, ni même de partager le même vocabulaire. Dans la logique IF, on peut facilement voir que chaque formule a une formule équivalente qui est comme (3.26) sauf que les quantificateurs $(\exists y_k)$ sont remplacés par :

$$(\exists y / \forall x_{k_1}, \forall x_{k_2}, \ldots) \quad (3.27)$$

avec :

$$\{x_{k_1}, x_{k_2}, \ldots\} \subseteq \{x_1, x_2, \ldots\} \quad (3.28)$$

La formule donnée S_1 peut être transformée en S_2 par une première mise en forme prénexe, c'est-à-dire en une forme où tous les quantificateurs sont placés au début de la formule. On peut alors étendre la portée d'un quantificateur universel $(\forall x)$ sur des quantificateurs existentiels $(\exists y_1)$, $(\exists y_2)$, … si on les remplace par $(\exists y_1/\forall x)$, $(\exists y_2/\forall x)$, … On peut faire simultanément la même chose pour tous les quantificateurs universels. On obtient ainsi la forme souhaitée.

Dans des résultats comme (D), nous pouvons également inclure les « fonctions de Skolem », initialement tacites, associées aux disjonctions. Par exemple, la forme prénexe de Skolem de :

$$(\forall x)(\exists y)((\forall z) S_1[x, y, z] (\vee / \forall x) S_2[x, y]) \quad (3.29)$$

| peut être : 61

$$(\forall x)(\forall z)(\exists y/\forall z)(\exists u/\forall x, \forall z)$$
$$((S_1[x, y, z] \,\&\, (u = 0)) \vee (S_2[x, y] \,\&\, (u \neq 0))) \quad (3.30)$$

(E) Le théorème de définissabilité de Beth est maintenu en logique IF sous une forme plus pénétrante. Ce théorème dit que le fait qu'une constante, disons un prédicat à une place P, est « implicitement » définissable dans une théorie consistante T[P], entraîne qu'elle est explicitement définissable dans la même théorie. En d'autres termes, supposez que :

$$(T[P] \,\&\, T[P']) \vDash (\forall x)(P(x) \leftrightarrow P'(x)) \quad (3.31)$$

où P' est une nouvelle constante de prédicat à une place. Alors pour un definiens adéquat (une formule complexe) D[x] avec x pour unique variable individuelle mais sans P (ni P'), nous avons :

$$T[P] \vDash (\forall x)(P(x) \leftrightarrow D(x)) \quad (3.32)$$

On peut prouver ce résultat pour la logique IF sur la base du théorème de séparation précisément de la même manière que le résultat correspondant pour la logique ordinaire. À partir de cette preuve (et du théorème de séparation), on peut voir que le definiens D[x] peut toujours être choisi comme formule de la logique du premier ordre ordinaire.

(F) De même que l'on a vu, dans le chapitre II, que tout énoncé du premier ordre ordinaire avait une traduction dans le second ordre, tout énoncé d'un langage du premier ordre IF a une traduction similaire dans le second ordre. Cette traduction est obtenue de la même manière que pour les langages du premier ordre ordinaire[1]. La seule différence est que les arguments $x_1, x_2, \dots$ sont supprimés de la fonction associée à $(\exists y / \forall x_1, \forall x_2, \dots)$ ou à $(\vee / \forall x_1, \forall x_2, \dots)$.

(G) Comme pour la logique du premier ordre ordinaire, les traductions au second ordre des énoncés du premier ordre IF sont de la forme Σ^1_1. À la différence de la logique ordinaire, la logique IF autorise aussi la traduction inverse. Autrement dit, chaque énoncé Σ^1_1 a une traduction (un équivalent logique) dans un langage du premier ordre IF. Même si ce résultat est connu par la littérature, il est toujours utile de voir comment on peut l'établir[2].

Un énoncé Σ^1_1 a la forme d'une suite de quantificateurs existentiels du second ordre suivie par une formule du premier ordre. Premièrement, nous remplaçons toutes les variables de prédicats par des variables de fonctions.
62 On peut le faire pas à pas. | Par exemple, supposez que nous ayons une formule de la forme :

$$(\exists X)\, S[X] \tag{3.33}$$

où X est une variable de prédicat à une place. Nous pouvons alors remplacer (3.33) par la formule Σ^1_1 :

$$(\exists f)\, S'[f] \tag{3.34}$$

où S'[f] est obtenue à partir de S[X] en remplaçant chaque formule atomique de la forme $X(y)$ ou $X(b)$ par :

$$f(y) = 0 \tag{3.35}$$

ou :

$$f(b) = 0 \tag{3.36}$$

respectivement.

Après avoir éliminé toutes les variables de prédicats de cette manière, toutes les formules dont nous devons nous occuper sont de la forme :

$$(\exists f_1)(\exists f_2)\dots(\exists f_k)(\forall x_1)(\forall x_2)\dots(\forall x_l)S[f_1, f_2, \dots, f_k, x_1, x_2, \dots, x_1] \tag{3.37}$$

où S[ ] est une formule du premier ordre ordinaire sans quantificateurs.

1. Voir chapitre II.

2. Il semble avoir été établi en premier par Walkoe (1970) ; mais voir également Enderton (1970) et Barwise (1979).

Maintenant, on peut exprimer (3.37) par une forme équivalente dans la notation du premier ordre IF si les deux conditions suivantes sont satisfaites :

(a) Il n'y a pas d'emboîtement des fonctions f_i.

(b) Chaque f_i apparaît dans $S[\,]$ avec seulement une suite d'arguments, disons les variables $x_{i_1}, x_{i_2}, \ldots$, qui manquent à l'ensemble de ses arguments.

Car alors on peut simplement remplacer (3.37) par :

$$(\forall x_1)(\forall x_2)\ldots(\forall x_l)\ldots(\exists y_i / \forall x_{i_1}, x_{i_2}, \ldots)\, S^* \qquad (3.38)$$

où S* résulte du remplacement de chaque f_i suivi de ses arguments par y_i.

Ce qui doit alors être montré, c'est comment une formule arbitraire de la forme (3.37) peut être mise sous une forme telle que les conditions (a)-(b) soient satisfaites.

J'illustrerai ce passage au moyen de deux exemples. Premièrement, considérez une formule de la forme :

$$(\exists f)(\forall x_1)(\forall x_2)\, S[f(x_1), f(x_2)] \qquad (3.39)$$

Ici, (a) est satisfaite. Pour la mettre sous une forme où (b) soit aussi satisfaite, nous pouvons la réécrire ainsi :

$$(\exists f)(\exists g)(\forall x_1)(\forall x_2)(((x_1{=}x_2) \supset (f(x_1){=}g(x_2))) \,\&\, S[f(x_1), g(x_2)]) \qquad (3.40)$$

| On voit aisément que c'est équivalent à : 63

$$(\forall x_1)(\forall x_2)(\exists y_1/\forall x_2)(\exists y_2/\forall x_1)\,(((x_1{=}x_2) \supset (y_1{=}y_2)) \,\&\, S[y_1, y_2]) \qquad (3.41)$$

Pour le second exemple, considérons une formule de la forme :

$$(\exists f_1)(\exists f_2)(\forall x)\, S[f_2(f_1(x))] \qquad (3.42)$$

Ici, la condition (a) n'est pas satisfaite. Pour la satisfaire, nous devons considérer la formule :

$$(\exists f_1)(\exists f_2)(\forall x_1)(\forall x_2)(\forall x_3)\,(((x_2 - f_1(x_1)) \,\&\, (x_3{=}f_2(x_2))) \supset S[x_3]) \qquad (3.43)$$

qui satisfait à la fois (a) et (b). En effet, (3.43) est logiquement équivalente à :

$$\begin{aligned}&(\forall x_1)(\forall x_2)(\forall x_3)(\forall x_4)(\exists y_1/\forall x_2 \forall x_3 \forall x_4)(\exists y_2/\forall x_1 \forall x_3 \forall x_4) \qquad (3.44)\\ &\quad (\exists y_3/\forall x_1 \forall x_2 \forall x_4)\,(\exists y_4/\forall x_1 \forall x_2 \forall x_3)\,(((x_1 = x_3) \leftrightarrow (y_1 = y_3))\\ &\quad \&\, ((x_2 = x_4) \leftrightarrow (y_2 = y_4)) \,\&\, (((y_2 = x_2) \,\&\, (y_2 = x_3)) \supset S[y_2]))\end{aligned}$$

Les autres termes singuliers apparaissant dans S ne sont affectés dans aucun de ces deux exemples. Par conséquent, nous pouvons éliminer une à une toutes les violations des exigences (a) et (b) mentionnées plus haut dans cette section. Ce processus s'achève en un nombre fini d'étapes, en atteignant la traduction désirée.

(vi) Le moment est venu d'observer avec précision la manière dont sont déterminés les ensembles d'information des différents coups dans les jeux sémantiques associés à des énoncés IF. La petite spécification supplémentaire dont nous avons besoin est que les coups associés aux quantificateurs existentiels soient toujours indépendants des coups antérieurs associés à d'autres quantificateurs existentiels. On l'avait tacitement supposé dans l'explication, plus haut dans ce chapitre, de la traduction dans le second ordre des énoncés du premier ordre IF. La raison de cette disposition tient à ce que sans elle, des dépendances « interdites » de quantificateurs existentiels vis-à-vis de quantificateurs universels pourraient être créées par l'intervention de quantificateurs existentiels.

On peut illustrer ce point comme suit. Si l'on tient compte de la convention, la traduction au second ordre de :

$$(\forall x)(\forall z)(\exists y/\forall z)(\exists u/\forall x)\mathrm{S}[x, y, z, u] \tag{3.45}$$

64 | sera :

$$(\exists f)(\exists g)(\forall x)(\forall z)\mathrm{S}[x, f(x), z, g(z)] \tag{3.46}$$

Si l'on n'en tient pas compte, la traduction sera :

$$(\exists f)(\exists h)(\forall x)(\forall z)\mathrm{S}[x, f(x), z, h(z, f(x))] \tag{3.47}$$

Les deux traductions au second ordre (3.46) et (3.47) ne sont pas équivalentes. Évidemment (3.46) est au moins aussi forte que (3.47). Sans la convention, il n'y a pas de manière de capturer la proposition la plus forte, (3.46), en logique du premier ordre IF avec la syntaxe que nous avons choisie. Cette convention supplémentaire doit donc être adoptée.

Je n'essaierai pas de prouver cette impossibilité ici – c'est-à-dire l'impossibilité d'exprimer (3.46) dans une notation IF en incorporant les coups du vérificateur initial dans les ensembles d'information. Ce qui peut être facilement montré, c'est que l'on obtient une interprétation différente selon que l'on adopte ou non la convention. Pour cela, il suffit de fournir un exemple dont les traductions au second ordre (3.46) et (3.47) ne sont pas équivalentes. Voici un tel exemple :

$$(\exists w)(\forall x)(\forall z)(\exists y/\forall z)(\exists u/\forall x)\,(y \neq w\,\&\,((x = z) \leftrightarrow (y = u))) \tag{3.48}$$

Avec la convention, les modèles de (3.48) sont tous infinis. Sans la convention, la formule (3.48) est satisfaite dans tout modèle à trois éléments. Soit **M** un tel modèle, de domaine do(**M**) = $\{a, b, c\}$. Soit $w = c$, et définissons les fonctions f et g comme ceci :

$$\begin{array}{lll} f(a)=b & f(b)=a & f(c)=b \\ g(a,a)=b & g(b,b)=a & g(a,b)=b \\ g(b,a)=a & g(c,a)=b & g(c,b)=a \end{array} \tag{3.49}$$

On peut facilement voir que w, f et g satisfont la formule :

$$(\forall x)(\forall z)(f(x) \neq w\,\&\,((x = z) \leftrightarrow (f(x) = g(z, f(x))))) \tag{3.50}$$

qui est une sous-formule de la traduction de (3.48) en une forme du second ordre sans la convention. Cette traduction est bien sûr :

$$(\exists w)(\exists f)(\exists g)(\forall x)(\forall z)(f(x) \neq w \,\&\, ((x=z) \leftrightarrow (f(x)=g(z,f(x))))) \quad (3.51)$$

Tout ceci illustre l'indispensabilité de cette convention pour une sémantique raisonnable de la logique IF, étant donnée la syntaxe que nous avons adoptée. De façon alternative nous pourrions enrichir la syntaxe en indiquant explicitement l'indépendance de quantificateurs existentiel vis-à-vis d'autres quantificateurs existentiels.

(viii) Il est indispensable de bien comprendre la relation entre la logique du premier ordre IF et sa grande sœur traditionnelle. Parmi les aspects les plus significatifs de cette relation, on trouve les suivants : | **65**

(a) La logique du premier ordre ordinaire est un cas spécial de la logique IF.

(b) Aucune idée n'est impliquée en logique IF qui ne soit déjà mobilisée par la compréhension de la logique ordinaire.

(c) Techniquement parlant, la logique IF est une extension conservative de la logique du premier ordre ordinaire [1].

Les langages du premier ordre IF diffèrent cependant très nettement des langages du premier ordre ordinaire, et de plusieurs manières. Trois différences sont tellement importantes qu'elles serviront naturellement d'entrées aux trois prochains chapitres. Ces trois formes de comportement logique non familier sont les suivantes :

(a) La logique IF n'admet pas d'axiomatisation complète.

(b) La logique IF n'admet pas de définition de la vérité à la Tarski.

(c) La loi du tiers exclu ne tient pas en logique IF.

Combinées au statut de base naturelle pour la logique de la logique du premier ordre IF, ces observations éclaireront sous un jour nouveau la totalité des fondements de la logique, comme je le montrerai dans les chapitres ultérieurs de ce livre. Parmi les petits ponts neufs qu'il nous faudra emprunter, on trouve les définitions précises de notions telles que la conséquence et l'équivalence logiques. La nouveauté est due à l'échec de la loi du tiers exclu, qui nous force à associer à chaque énoncé S non seulement la classe $\mathbf{M}(S)$ de tous les modèles dans lesquels il est vrai, mais aussi la classe $\mathbf{M}(S)$ de tous les modèles dans lesquels il est faux, car cette dernière n'est plus un complémentaire de la première. Cela soulève la question suivante : deux énoncés sont-ils logiquement équivalents si et seulement s'ils sont vrais dans les mêmes modèles (ou la même interprétation), ou doit-on les

1. C'est une question controversée et contestée notamment par T. Janssen et F. Dechesne, « Signaling in IF Games: A Tricky Business », dans J. van Benthem *et alii* (eds.), *The Age of Alternative Logics*, Dordrecht, Springer, 2006, p. 245-261. [NdT]

appeler logiquement équivalents si et seulement s'ils sont vrais et faux dans les mêmes modèles ? Dans cet ouvrage, j'opterai invariablement pour le premier terme de l'alternative, et pour ses analogues pour d'autres concepts métalogiques.

D'ailleurs, un lecteur attentif comme Argos[1] aura déjà noté que j'ai implicitement recouru à cette compréhension de notions métalogiques comme l'équivalence logique dans les arguments qui ont établi quelques-unes des propriétés logiques de base des langages IF. En outre, et de façon plus importante, un énoncé du premier ordre IF et sa traduction au second ordre sont vrais dans les mêmes modèles, mais ils ne sont pas faux dans les mêmes modèles. Ceci provient du fait que le *tertium non datur* vaut pour la logique ordinaire du second ordre, mais pas pour la logique du premier ordre IF.

66 | Grâce aux moyens de la logique IF, nous pouvons surmonter la plupart des limitations de la logique du premier ordre ordinaire qui ont été indiquées dans les chapitres antérieurs. La logique IF est donc l'instrument clef de mon approche des fondements de la logique et des mathématiques. Plus haut, j'ai défendu l'idée que la logique IF constituait le cœur de toute la logique. On peut encore illustrer ce statut spécial de l'indépendance informationnelle en indiquant l'omniprésence du phénomène d'indépendance informationnelle dans la sémantique des langues naturelles. Cette omniprésence n'est pas évidente à première vue, bien que le succès de GTS la rende prévisible. Les raisons de cette discrétion sont étudiées dans Hintikka (1990).

(ix) Quelques philosophes ont cru trouver dans l'absence d'une procédure de preuve complète la base d'une objection sérieuse à la logique IF. Un tel mode de pensée est fondé sur un certain nombre d'erreurs graves. Apparemment, les sceptiques pensent qu'ils ne peuvent pas comprendre un langage à moins qu'ils ne comprennent sa logique ; qu'ils ne peuvent pas comprendre sa logique à moins qu'ils ne comprennent quelles sont ses vérités logiques ; et qu'ils ne peuvent pas comprendre les vérités logiques d'une partie de logique à moins qu'ils n'aient une axiomatisation complète de telles vérités (ou formules valides). Les deux dernières étapes de ce raisonnement sont fallacieuses. Premièrement, ce dont on a besoin pour comprendre un langage est de comprendre la notion de vérité (la vérité *simpliciter*, pas la vérité logique) telle qu'elle s'y applique. La raison en est que ce qu'un énoncé dit est en effet que le monde est tel que l'énoncé est

1. *An Argus-eyed reader* : Argos, géant aux cent yeux de la mythologie grecque, surnommé Panoptès (« celui qui voit tout »). [NdT]

vrai dans le monde. Ce point est complètement évident, et il a été souligné par maints philosophes de premier plan depuis Frege jusqu'à Davidson. Je ne vois pas l'intérêt d'en fournir une argumentation élaborée ici.

Comme les langages IF admettent des définitions de la vérité exprimables dans le langage même, comme on l'expliquera dans un chapitre ultérieur, il n'est absolument pas possible de les mettre en défaut sur ce point.

L'erreur plus subtile semble être de croire que pour comprendre une logique, il faut comprendre ses vérités logiques. C'est au mieux une demi-vérité. Une erreur possible est ici de penser que les vérités logiques constituent une sous-classe des vérités. Ainsi suivant cette idée, une explication satisfaisante de la vérité pour un langage devrait fournir, comme cas particulier, une explication de la vérité logique pour ce langage. Mais la vérité logique n'est tout simplement pas une sous-espèce de la vérité (simple), et ce en dépit des conceptions de Frege et Russell. Les vérités logiques ne sont pas des vérités à propos de notre monde. Ce sont des vérités à propos de tous les mondes possibles, des vérités pour n'importe quelle interprétation des constantes non logiques. Cette notion de vérité logique est | une espèce 67
d'une couleur entièrement différente de la vérité ordinaire dans un monde. En ce sens, appeler les énoncés valides « logiquement *vrais* » c'est leur attribuer un terme impropre. Plusieurs philosophes qui ne jurent que par la notion ordinaire de vérité sont néanmoins plus qu'un peu sceptiques quant à la viabilité ultime de la notion même de vérité logique.

De plus, il n'est tout simplement pas vrai que la seule manière de maîtriser la notion de vérité logique soit de fournir une énumération récursive des énoncés logiquement vrais. Une telle énumération n'est ni nécessaire, ni suffisante à cet effet. D'une part, même si nous pouvons donner une telle énumération, la nature de ce qui est énuméré n'est pas automatiquement claire. D'autre part, il y a d'autres manières que l'énumération récursive pour parvenir à comprendre la notion de vérité logique. En effet, si vous comprenez la notion ordinaire de vérité et que vous comprenez également ce qu'est la totalité des modèles, vous pouvez caractériser les énoncés valides (logiquement vrais) comme étant les énoncés qui sont vrais (au sens ordinaire) dans tous les modèles. Cette compréhension de la notion de vérité logique ne présuppose pas l'axiomatisabilité des vérités logiques, pas plus d'ailleurs qu'une quelconque méthode de preuve logique.

Il est assez clair que beaucoup des philosophes qui critiquent la logique IF en se fondant sur son incomplétude partagent une variante de ce syndrome que j'ai appelé la croyance en l'universalité du langage. Parmi les manifestations de ce syndrome, on trouve le postulat que toute sémantique est ineffable, et la thèse qu'à proprement parler, nous ne pouvons parler que de *ce* monde qui est le nôtre. Si cette dernière thèse est vraie, les vérités logiques doivent être une sous-classe des vérités ordinaires, comme le pensaient Frege et Russell, car il n'y a rien d'autre dont elles pourraient être vraies. Quoi que l'on pense de ces thèses, il est inapproprié de fonder ses arguments sur elles. La raison en est que la question de la définissabilité ou non de la vérité est l'un des tests les plus importants pour l'hypothèse de l'universalité. Donc supposer l'universalité à ce propos, c'est en effet argumenter dans un cercle vicieux (ou au mieux non informatif).

Des philosophes comme Quine ont exprimé la crainte qu'une logique non axiomatisable serait trop difficile à manier pour être viable. La logique IF offre un contre-exemple à une telle paranoïa. Que la logique IF soit conceptuellement praticable, cela est attesté par le fait que la plupart des méta-théorèmes « plaisants » qui valent de la logique du premier ordre ordinaire valent également de la logique IF, comme nous l'avons vu.

(x) Les appréhensions suscitées par la non axiomatisabilité des vérités
68 logiques de la logique IF peuvent être éventuellement en partie apaisées | en considérant la question de l'axiomatisabilité des formules inconsistantes (ou insatisfiables) de la logique IF. Y penser un instant suffit à montrer que la classe des formules inconsistantes de notre nouvelle logique est en effet axiomatisable. On peut le montrer – et une axiomatisation peut être trouvée – de la manière habituelle. Étant donné un ensemble σ de formules, nous pouvons formuler un ensemble de règles pour lui ajouter de nouvelles formules de la même manière que, disons, les règles pas à pas pour construire un ensemble-modèle (*model set*) ou « ensemble de Hintikka » au sens de Smullyan (1968). Intuitivement, nous pouvons penser que suivre ces règles revient à décrire de plus en plus complètement un modèle où tous les éléments de σ sont vrais. Les règles qui permettent cela sont, formellement, inverses de certaines règles de réfutation (*disproof rules*). Il n'est pas difficile de montrer (même si je ne le fais pas ici) que ces règles peuvent être choisies pour être complètes. C'est-à-dire qu'on peut les choisir de telle sorte qu'elles fassent ressortir l'inconsistance de n'importe quel ensemble inconsistant σ qui puisse être découverte en un nombre fini d'applications des règles de construction : toutes les tentatives de construction d'un modèle pour les éléments de σ déboucheront sur une impasse, exactement comme en logique du premier ordre ordinaire.

L'unique raison pour laquelle cette procédure complète de réfutation ne fournit pas une procédure de preuve en logique IF réside dans le comportement de la négation. Pour une procédure de preuve complète, disons pour une procédure pour prouver une conclusion C à partir d'un ensemble σ de prémisses, nous avons besoin de règles pour essayer de construire un modèle dans lequel les membres de σ sont vrais mais dans lequel C n'est pas vraie. En général il n'y a hélas pas de négation contradictoire de *C* dans le langage IF concerné (i.e. aucune formule qui soit vraie exactement au cas où *C* ne l'est pas) pour laquelle nous pourrions essayer de construire un modèle conjointement à σ. C'est la raison pour laquelle une procédure complète de réfutation ne se transpose pas en une procédure complète de preuve avec l'échec du *tertium non datur*.

La plupart des détails des procédures de réfutation de l'espèce que nous avons envisagée ne sont pas intéressants. Il y a cependant un point qui vaut la peine d'être noté. Dans les procédures habituelles de preuve et de réfutation, la part du lion du travail est réalisée par les règles d'instanciation ou par des règles équivalentes, en particulier par la règle d'instanciation existentielle et par sa duale, la généralisation universelle. Dans la forme simple et usuelle de la règle d'instanciation existentielle, une nouvelle constante individuelle est introduite pour remplacer la variable liée par un quantificateur existentiel.

En logique IF, une règle aussi simple d'instanciation existentielle n'est plus adaptée. Une telle règle ne peut en effet pas distinguer différentes espèces de dépendances d'un quantificateur existentiel à l'égard de quantificateurs universels | avec une portée plus large. Au lieu de la règle 69
précédente, qui nous conduisait simplement d'un énoncé existentiellement quantifié :

$$(\exists x)\, S[x] \tag{3.52}$$

à son instance de substitution

$$S[b] \tag{3.53}$$

où *b* est une nouvelle constante individuelle, nous devons avoir une règle qui nous conduise d'une formule :

$$S = S_1[(\exists y/\forall x_1, \forall x_2, \ldots)S_2[y]] \tag{3.54}$$

(en forme normale négative) qui contient une sous-formule existentiellement quantifiée, à un nouvel énoncé de la forme :

$$S_1[S_2[f(z_1, z_2, \ldots)]] \tag{3.55}$$

où $(\forall z_1)$, $(\forall z_2)$, … sont tous les quantificateurs universels autres que $(\forall x_1)$, $(\forall x_2)$, … dans la portée desquels $(\exists y/\forall x_1, \forall x_2, \ldots)$ apparaît dans S_2, et où *f* est une nouvelle constante de fonction. On pourrait appeler cette règle la règle d'instanciation fonctionnelle. Il nous faut aussi une stipulation suivant laquelle une règle d'instanciation universelle ne doit pas s'appliquer à une formule (en forme normale négative) à laquelle la règle d'instanciation fonctionnelle peut s'appliquer. Sinon, nous ne pourrons pas atteindre un système correct et complet de règles de réfutation pour la logique IF en suivant les idées habituelles.

Ce résultat peut sembler plutôt bizarre, mais un examen attentif indique qu'il offre une perspective nouvelle sur la nature des quantificateurs. Si la conception des quantificateurs comme prédicats d'ordre supérieur est juste, alors un quantificateur existentiel du premier ordre préfixé à une formule ouverte dit tout simplement du prédicat (généralement complexe) défini par cette formule ouverte qu'il n'est pas vide. La logique qui en résulte doit être épuisée par la règle habituelle d'instanciation existentielle qui introduit une nouvelle constante individuelle, car on peut exprimer le fait qu'un prédicat est non vide en employant une telle constante. Pourtant, nous venons de voir qu'une règle d'instanciation aussi simple n'est pas suffisante ni même toujours admissible. Pourquoi pas ? La raison évidente en est que Hilbert avait raison et que Frege avait tort – c'est-à-dire que les quantificateurs sont en réalité des fonctions de choix implicites qui dépendent de certains quantificateurs universels extérieurs mais pas d'autres. Cette insuffisance de la règle usuelle d'instanciation existentielle en
70 logique IF constitue donc | un argument éloquent contre l'idée que les quantificateurs seraient simplement des prédicats d'ordre supérieur.

On peut illustrer de diverses manières le caractère naturel de la règle d'instanciation fonctionnelle. Un lecteur perspicace aura par exemple remarqué qu'elle est très étroitement liée à la manière dont la plupart des résultats méta-théoriques ont été établis, comme dans la Section (G). En outre, la vieille règle d'instanciation existentielle peut être pensée comme un cas limite d'instanciation fonctionnelle, et la constante individuelle d'instanciation comme une fonction constante à zéro argument. Ainsi, le fait que la règle d'instanciation existentielle soit suffisante en logique ordinaire peut être compris comme un nouveau coup de chance immérité dont a bénéficié cette logique particulière, mais qui n'est pas représentatif de la situation réelle et générale en logique.

À l'inverse, la nouvelle règle d'instanciation fonctionnelle est une généralisation tout à fait naturelle de la vieille règle d'instanciation existentielle. La logique IF peut de même exiger d'autres changements parmi les règles d'inférence logique habituelles. Par exemple, nous pouvons choisir de stipuler que l'inclusion de la portée syntaxique de (Q_2x) dans celle de (Q_1x) signifie automatiquement que le premier quantificateur dépend du second. Dans ce cas, les règles usuelles d'extension et de contraction de la portée d'un quantificateur sur un autre devraient être reformulées.

Un autre aspect du besoin d'une règle d'instanciation fonctionnelle est qu'il illustre l'échec de la compositionnalité en logique IF. Suivant les règles de réfutation les plus naturelles pour cette logique, ce que l'on substitue à une variable liée par un quantificateur existentiel dépend contextuellement du test d'une possible inconsistance sur la totalité de la formule initiale.

D'ailleurs une autre conséquence du besoin d'une règle d'instanciation fonctionnelle se rapporte à la relation entre jeux sémantiques de vérification et falsification et jeux formels de preuves et réfutations. À première vue, il semble que l'on puisse lire dans les règles des jeux de vérification des règles pour construire un monde dans lequel il existe une stratégie gagnante pour le vérificateur initial. En un certain sens, cela est vrai pour les procédures de réfutation, mais pas dans un sens aussi direct qu'on pourrait le penser. Car l'existence d'une stratégie gagnante n'est pas une question de possibilité de faire des coups indépendamment d'autres coups. L'existence d'une stratégie implique des dépendances réciproques entre coups. De telles (in)dépendances ne peuvent être capturées que par des fonctions.

| Ainsi, dans un sens très réel, la logique IF ne nous oblige pas 71
seulement à repenser la sémantique de notre logique de base; elle nous oblige également à reconsidérer nos règles d'inférence logique. Dans les termes de mon accusation anachronique de Frege, son erreur ne se limite pas à formuler ses règles de formation de manière trop restrictive. S'il avait levé ces restrictions, il aurait aussi dû renforcer ses règles d'inférence.

LES JOIES DE L'INDÉPENDANCE
QUELQUES USAGES DE LA LOGIQUE IF

J'ai jusqu'ici expliqué à quoi ressemblait la logique IF. La question suivante est de savoir ce qu'une telle logique peut faire. Cette question admet un ensemble de réponses partielles qui peuvent être présentées à l'étape actuelle de notre exploration.

Pour saisir l'utilité de la reconnaissance de l'indépendance informationnelle, il faut prendre la mesure de son omniprésence. De nombreux philosophes semblent encore considérer que les quantificateurs branchants – et l'indépendance informationnelle en général – constituent un phénomène marginal, une curiosité de logicien sans intérêt théorique profond. Étant donné ce point de vue, il est important de réaliser que l'indépendance informationnelle est en réalité un trait important et largement répandu de la sémantique des langues naturelles. On peut montrer qu'elle joue un rôle crucial en logique épistémique, en théorie des questions et des réponses, pour la distinction *de dicto* versus *de re*, et ainsi de suite.

La généralité de l'indépendance informationnelle n'est pas surprenante pour quiconque conçoit la sémantique des langues naturelles en termes de jeux. L'idée principale d'une telle approche est d'associer une règle de jeu à chaque trait structural et à chaque item lexical d'une langue naturelle. Mais une fois ceci fait, vous avez – ou plutôt les utilisateurs de la langue ont – l'option de considérer certains coups comme étant réalisés sur la base d'ensembles d'information non maximaux, quel que soit le trait structural ou l'item lexical concerné. La généralité de l'indépendance est ainsi virtuellement un corollaire de l'idée de base de GTS, en admettant que celle-ci permette d'élucider avec succès divers aspects de la sémantique des langues naturelles.

73 | L'omniprésence du phénomène d'indépendance informationnelle dans les langues naturelles a cependant été masquée par le fait que l'indépendance n'est pas signalée, dans les langues naturelles, par un moyen syntaxique uniforme. Les raisons de ces cachotteries de la grammaire des langues naturelles s'avèrent très intéressantes du point de vue de la théorisation linguistique[1].

Une remarque terminologique peut s'imposer ici. Un observateur au moins a qualifié, au cours d'une discussion, la logique du premier ordre IF de logique « déviante ». Cet épithète n'est pas mérité. La logique IF est une extension conservative de la logique du premier ordre ordinaire. Elle contient la logique classique comme fragment, si bien qu'on ne peut pas la qualifier de non classique à moins d'adopter une terminologie déviante. Mieux encore : même si l'extension du premier ordre ordinaire représentée par la logique IF recèle un comportement non classique, cette extension s'impose à nous du fait de principes parfaitement classiques. Pour la partie non ordinaire de la logique IF, j'ai en effet supposé des lois parfaitement classiques comme les lois de De Morgan, la loi de la double négation, etc. Il est alors apparu que ces lois entraînaient la violation d'une autre loi réputée classique, à savoir la loi du tiers exclu. L'attribution de qualifications telles que « déviante » ou « non classique » à la logique IF est donc susceptible de détourner l'attention et de nous entraîner dans une direction totalement erronée.

On peut également remarquer qu'en principe, les énoncé IF ne sont pas moins reliés à l'expérience que les énoncés du premier ordre ordinaire. J'ai signalé en diverses occasions, par exemple dans Hintikka (1988a), que l'on pouvait même concevoir que les énoncés préfixés par un quantificateur complexe pouvaient être appris directement. En particulier, ce que montre une expérience contrôlée dans un cas simple à deux variables, c'est comment la variable observée dépend de la variable de contrôle. Le résultat d'une telle expérience est donc un énoncé de la forme :

$$(\forall x)(\exists y)\mathrm{S}[x, y] \qquad (4.1)$$

normalement avec quelque restriction du type $x_1 < x < x_2$. Des procédés expérimentaux plus complexes peuvent fournir des propositions plus complexes. On voit aisément que certaines expériences peuvent de même déboucher sur des énoncés IF, comme par exemple :

$$(\forall x)(\forall z)(\exists y/\forall z)(\exists u/\forall x)\,\mathrm{S}[x, y, z, u] \qquad (4.2)$$

1. Voir Hintikka, 1990.

| Ici, x et z sont les variables de contrôle, y et u les variables observées. Ce 74
que l'expérience devra montrer c'est, entre autres choses, que y ne dépend pas de z ou que u de dépend pas de x. Etablir expérimentalement une telle indépendance peut être difficile en pratique, mais cela n'est en principe pas impossible.

On peut ici cependant en dire plus. Une surprise ne suffit pas. On a vu dans le chapitre précédent qu'en logique, les choses ne se passent pas comme nous étions accoutumés à le penser. La véritable logique de base n'est pas la logique du premier ordre ordinaire, mais la logique du premier ordre IF. Mais les choses ne se passent pas non plus comme nous étions accoutumés à le penser en mathématiques. L'image habituelle de la pratique des mathématiques est celle du mathématicien produisant des preuves dans les termes de la logique du premier ordre. Tout ce que l'on doit postuler au-delà de la logique du premier ordre relève de la théorie des ensembles, et toute l'entreprise peut en principe être conduite dans le cadre de la théorie axiomatique des ensembles.

Il s'agit là d'une image trompeuse. L'une des raisons en est que les mathématiques sont pleines de conceptualisations qui, en dernière analyse, doivent s'exprimer en logique IF plutôt qu'en logique ordinaire, même si cet ingrédient n'est que rarement reconnu en tant de mots. L'exemple le plus familier en est peut-être offert par la notion de dérivabilité uniforme. La fonction $f(x)$ est dérivable en chaque point d'un intervalle $x_1 < x < x_2$ si et seulement si :

$$(\forall x)(\exists y)(\forall \varepsilon)(\exists \delta)(\forall z)(((x_1 < x < x_2) \; \& \; (|z| < |\delta|)) \supset (|((f(x+z) - f(x)) / z) - y)| < |\varepsilon|)) \tag{4.3}$$

La fonction est uniformément dérivable sur le même intervalle si et seulement si la même condition est satisfaite en remplaçant $(\exists \delta)$ par $(\exists \delta / \forall x)$. Concernant ce cas de la dérivabilité uniforme, une confusion entre quantificateurs dépendants et indépendants s'est en fait même manifestée dans l'histoire des mathématiques [1].

De façon générale, la notion mathématique d'uniformité est étroitement reliée à l'idée d'indépendance informationnelle.

On peut facilement multiplier de tels exemples. Dans de nombreux cas, l'emploi de quantificateurs IF est masqué par le recours à des symboles de fonctions. Considérez une formule du second ordre qui affirme l'existence de deux fonctions. Supposez que les ensembles d'arguments de ces fonctions ne sont pas linéairement ordonnés par la relation d'inclusion entre classes. L'expression résultante aura alors la forme logique :

1. Voir par exemple Grabiner, 1981, p. 133.

$$(\exists f_1)(\exists f_2)\ldots(\forall x_1)(\forall x_2)\ldots \mathrm{S}[f_i\,(x_{i_1}, x_{i_2}, \ldots)\,] \qquad (4.4)$$

75 | où les ensembles $\{x_{i_1}, x_{i_2}, \ldots\}$ ne sont pas linéairement ordonnés par l'inclusion entre classes. La traduction de (4.4) dans le premier ordre comprendra normalement des quantificateurs irréductiblement IF.

Même un énoncé affirmant l'existence d'une fonction unique, dont les ensembles d'arguments selon les occurrences ne sont pas linéairement ordonnés par l'inclusion, peut constituer un cas similaire. Un exemple pourrait être de la forme :

$$(\exists f)(\forall x)(\forall z)\mathrm{S}[x, z, f(x), f(z)] \qquad (4.5)$$

Ici, on voit facilement que (4.5) est équivalent à :

$$(\forall x)(\forall z)(\exists y/\forall z)(\exists u/\forall x)(\mathrm{S}[x, z, y, u]\&((x=z)\supset(y=u))) \qquad (4.6)$$

De tels exemples peuvent illustrer en quoi l'indépendance informationnelle n'est pas un phénomène inconnu pour les mathématiques telles qu'elles sont pratiquées. Il ne faut peut-être pas espérer trouver des exemples de structures branchantes de quantificateurs du premier ordre dans les traités de mathématiques, mais on ne devrait pas être surpris d'y trouver des résultats mathématiques qui affirment l'existence de deux fonctions à une variable dont les valeurs pour différents arguments peuvent être reliées d'une manière particulière, comme dans un énoncé tel que :

$$(\exists f)(\exists g)(\forall x)(\forall z)\,\mathrm{S}[x, f(x), z, g(z)] \qquad (4.7)$$

Et comme on l'a vu, affirmer (4.7) revient à affirmer l'énoncé IF :

$$(\forall x)(\forall z)(\exists y/\forall z)(\exists u/\forall x)\,\mathrm{S}[x, y, z, u] \qquad (4.2)$$

Le lien entre la notion d'indépendance informationnelle et la relation entre les ensembles d'arguments de différentes fonctions peut servir à clarifier des questions qui se situent au-delà de la logique et des mathématiques. Considérez par exemple la question de savoir quand deux systèmes physiques Σ_1 et Σ_2 sont indépendants l'un de l'autre. Supposons que ces systèmes et leur comportement sont spécifiés en termes du premier ordre. On peut alors être tenté de dire que Σ_1 et Σ_2 sont indépendants si et seulement si les quantificateurs caractérisant l'un prennent leurs valeurs dans un domaine d'individus différent et sans partie commune avec le domaine des valeurs des quantificateurs caractérisant l'autre. Nous pouvons maintenant voir que cette exigence n'est pas toujours suffisante. Car l'ordre relatif des membres des deux domaines de quantification peut encore créer des dépendances entre les deux domaines, et donc entre les deux systèmes.
76 Donc, si nous voulons | une caractérisation satisfaisante de l'indépendance mutuelle entre deux systèmes, il faut également exiger que les quantificateurs caractérisant l'un soient informationnellement indépendants de ceux caractérisant l'autre.

On trouve un usage tacite particulièrement intéressant des quantificateurs informationnellement indépendants dans les mathématiques de la théorie quantique. Supposons que nous considérions un système dont l'état dépend entre autres de deux variables x et z. Soient y et u les variables pour les valeurs observées respectives de x et z. Soit $S[x, y, z, u]$ une spécification de la manière dont les variables x, y, z et u sont reliées les unes aux autres. En pratique, la formule $S[x, y, z, u]$ comprendra une spécification de l'état du système concerné incluant les valeurs de x et de z. Elle comprendra aussi une spécification des opérateurs de projection qui conduisent du vecteur d'état aux valeurs observées possibles y et u.

La question cruciale est de savoir si x et z sont simultanément mesurables. Cette question revient à se demander si y peut ne dépendre que de x, et si u peut ne dépendre que de z. Autrement, les valeurs observées ne peuvent pas nous aider à spécifier les valeurs actuelles. Mais cette question revient à se demander si l'énoncé suivant est vrai :

$$(\exists f)(\exists g)(\forall x)(\forall z)\, S[x, f(x), z, g(z)] \tag{4.7}$$

Si x et z sont des variables conjuguées, la réponse bien connue est que (4.7) n'est pas vrai. Bien sûr, cela n'exclut pas que l'on puisse mesurer x ou z. Pourtant, si on essaie alors de mesurer aussi l'autre valeur, le résultat dépendra aussi de la première variable. En d'autres termes, les énoncés suivants peuvent être vrais même si (4.7) ne l'est pas :

$$(\exists f)(\exists g)(\forall x)(\forall z)\, S[x, f(x), z, g(z, x)] \tag{4.8}$$

$$(\exists f)(\exists g)(\forall x)(\forall z)\, S[x, f(x, z), z, g(z)] \tag{4.9}$$

Mais cette possibilité est bien connue grâce à la théorie de la logique IF. En fait, (4.7) est équivalent à l'énoncé IF :

$$(\forall x)(\forall z)(\exists y/\forall z)(\exists u/\forall x)\, S[x, y, z, u] \tag{4.2}$$

tandis que (4.8)-(4.9) sont équivalents aux énoncés du premier ordre ordinaire :

$$(\forall x)(\exists y)(\forall z)(\exists u)\, S[x, y, z, u] \tag{4.10}$$

$$(\forall z)(\exists u)(\forall x)(\exists y)\, S[x, y, z, u] \tag{4.11}$$

Comme d'habitude, la formule IF (4.2) est plus forte que | les formules 77
correspondantes du premier ordre ordinaire (4.10)-(4.11). Donc (4.2) = (4.7) peut manquer d'être vraie même quand (4.10) = (4.8) et (4.11) = (4.9) sont vraies. En outre, il n'est même pas besoin que (4.7) soit fausse; elle peut simplement ne pas être vraie. (Le lecteur trouvera plus de matière à ce sujet au chapitre VII).

Certains aspects à première vue énigmatiques de la situation conceptuelle en théorie quantique, en particulier l'impossibilité de mesurer des variables conjuguées en même temps, peuvent donc être compris comme des exemples du comportement caractéristique des quantificateurs en logique IF. Ce fait, joint à mes explications antérieures sur l'émergence naturelle des traits distinctifs de la logique IF à partir de la théorie sémantique des jeux, aide ainsi à démystifier les phénomènes d'indétermination de la théorie quantique.

On peut trouver ici un autre lien avec la théorie quantique. Les formules (4.8) = (4.10) et (4.9) = (4.11) peuvent être rattachées aux deux ordres distincts des deux opérations projectives qui caractérisent les mesures respectives de *x* et *z*. Le résultat diffère dans les deux cas en ce que (4.8) = (4.10) et (4.9) = (4.11) ne sont pas équivalentes. Ceci revient au phénomène de non commutativité qui, une nouvelle fois, s'avère être la manifestation d'un simple trait de la logique IF. On peut voir que nous sommes ici très proches des mathématiques actuelles de la théorie quantique par les résultats bien connus suivant lesquels des observables compatibles commutent[1]. Car on peut définir des observables compatibles comme étant deux observables dont chacune dépend fonctionnellement d'une troisième observable unique.

Il vaut la peine de souligner que dans l'analyse et l'explication de notions telles que l'indétermination et l'échec de la commutativité, je n'ai pas du tout eu recours à la situation physique en théorie quantique, comme par exemple à l'influence supposée de l'appareil de mesure sur l'objet mesuré. Je n'ai pas eu besoin ici de telles hypothèses.

En mathématiques, à la différence de ce qui se passe en physique, on est parfois d'accord avec l'indépendance informationnelle de quantificateurs qui prennent leurs valeurs dans différentes classes d'individus. Ainsi, une théorie mathématique entière peut être essentiellement la théorie de certaines sortes de quantificateurs informationnellement indépendants. Un exemple important en est donné par ce qui est connu sous l'appellation de Théorie de Ramsey en combinatoire. Elle a été lancée par Franck Ramsey (1930) comme un sous-produit de son travail sur le problème de la décision en logique du premier ordre, et redécouverte en 1933 par un groupe de jeunes mathématiciens qui comprenait Paul Erdös et George Szekeres. Le
78 premier problème qui a attiré l'attention de | l'une d'entre eux (Esther Klein) peut servir à illustrer le rôle des quantificateurs informationnellement indépendants dans la Théorie de Ramsey. Le problème était de prouver le théorème suivant : si cinq points se trouvent sur un même plan mais que trois d'entre eux ne sont jamais alignés, alors quatre des cinq

1. Voir, par exemple Hughes, 1989, p. 102-104.

points auront toujours la forme d'un quadrilatère convexe [1]. On peut penser aux cinq points d'origine comme étant introduits par cinq quantificateurs universels, disons $(\forall x_1)$, $(\forall x_2)$, $(\forall x_3)$, $(\forall x_4)$ et $(\forall x_5)$. Le choix des quatre points peut être formalisé par un quantificateur existentiel spécifiant le point exclu, disons :

$$(\exists y)((y=x_1 \vee y=x_2 \vee \ldots \vee y=x_5) \,\&\, \ldots) \qquad (4.12)$$

Les quantificateurs au moyen desquels il est stipulé que les quatre autres forment un quadrilatère convexe peuvent clairement – et doivent – être indépendants du cinquième et de $(\exists y)$.

Erdös et Klein ont rapidement généralisé le problème à $1 + 2^{k-2}$ points donnés et un polygone convexe à k côtés. Rappelant l'événement, Szekeres écrivit par la suite :

> Nous réalisâmes bientôt qu'un argument simple ne suffirait pas et nous fûmes excités à l'idée qu'un nouveau type de problème géométrique émerge de notre cercle [2].

Avec le recul, nous pouvons dire que le « nouveau type de problème » était un problème impliquant des quantificateurs informationnellement indépendants. Cela explique le caractère non trivial, relevé par Szekeres, des preuves de résultats relativement simples de la Théorie de Ramsey. En fait, c'est la Théorie de Ramsey entière qui est imprégnée de quantificateurs informationnellement indépendants.

On peut l'illustrer en considérant l'exemple de l'un des principaux résultats de la Théorie de Ramsey, le Théorème de Hales-Jewett. On peut le formuler dans la terminologie conventionnelle comme suit :

Pour tout r et tout t, il existe $N' = HJ(r, t)$ tel que pour $N \geq N'$, on ait : si les sommets de C_t^N sont r-colorés, alors il existe une ligne monochromatique sur C_t^N .

J'ai suivi ici la formulation de Graham, Rothschild et Spencer (1990, p. 32-35). On n'a même pas besoin de connaître les définitions précises des concepts employés pour réaliser ce qui se passe. (Pour aider à visualiser, C_t^N est grossièrement un cube N-dimensionnel avec des arêtes de t unités). Il est facile de voir que le Théorème de Hales-Jewett peut être reformulé ainsi :

| Pour tout t, on a : pour chaque R il existe N', et pour chaque C_t^N avec 79
un r-coloriage de ses sommets, il existe une ligne l dans C_t^N telle que, si $N \geq N'$ et $R \geq r$, alors l est monochromatique.

1. *Cf.* Graham et Spencer, 1990, p. 114.
2. Graham et Spencer, 1990, p. 114.

Ici, « exister pour » signifie être fonctionnellement dépendant de. Le point est que *N'* est une fonction de *t* et de *R* tandis que *l* est une fonction de *t*, *N* et du *r*-coloriage. Par exemple pour *l* nous pouvons prendre la ligne dans C_t^N qui a le plus grand nombre d'éléments de la même couleur. Cela révèle au grand jour qu'une structure de quantificateurs de Henkin fait partie de la forme logique du Théorème de Hales-Jewett.

On peut faire des commentaires analogues sur d'autres théorèmes de la Théorie de Ramsey. Comme je l'ai déjà dit, il me semble que l'ensemble de cette théorie est fortement marqué par l'usage massif qui y est fait de quantificateurs informationnellement indépendants. En fait, les logiciens et les linguistes qui étudient les quantificateurs généralisés ont précisément relevé quelques-unes des particularités des quantificateurs informationnellement indépendants dans le contexte de la Théorie de Ramsey [1]. Ils n'ont pourtant pas relevé la généralité du phénomène en question.

La complexité combinatoire de la logique IF est liée à certains types de complexité computationnelle. Cette question est étudiée dans Hintikka et Sandu (1995). On y considère un langage arithmétique du premier ordre *L*. À chaque formule *F* de *L* on associe une architecture computationnelle (*computer architecture*) capable de calculer les fonctions de Skolem de *F* (au sens étendu de fonction de Skolem expliqué au chapitre II). Pour une formule ouverte *F*[*x*] avec, disons, une variable libre, cette architecture computationnelle sera alors capable de calculer, pour n'importe quelle valeur de *x*, si cette valeur satisfait *F*[*x*] ou non. Pour une formule close (un énoncé), cet ordinateur peut calculer sa valeur de vérité.

Cette corrélation entre formules logiques et architectures computationnelles est la généralisation d'une corrélation antédiluvienne, où plutôt pré-von Neumann, entre fonctions de vérité et circuits de mise en marche et d'interruption (*switching circuits*). Comme on l'a signalé, cette corrélation n'est pas complète quand on va au-delà de la logique propositionnelle au sens où de nombreux énoncés consistants du premier ordre n'ont pas de fonction de Skolem récursive. Aucune architecture computationnelle ne leur est corrélée, malgré leur consistance. Je reviendrai sur cette question au chapitre X. Cela n'invalide pas l'usage que je propose d'une corrélation (il est vrai partielle) entre formules du premier ordre et architectures computationnelles.

80 | Comment cette corrélation fonctionne-t-elle? Supposons que deux formules me soient données. Je peux corréler chacune d'elles avec un ordinateur, mais je peux aussi combiner les deux formules pour en obtenir

1. Voir Keenan et Westerstahl, 1996.

une plus complexe. Cette formule plus complexe sera corrélée à une architecture computationnelle (normalement plus complexe).

On peut étendre cette corrélation aux expressions fonctionnelles (aux termes de fonction) simples et plus complexes. La corrélation d'un tel terme sera alors simplement une architecture computationnelle qui calculera la fonction en question.

On peut aussi corréler n'importe quelle expression fonctionnelle $f_0[x]$ avec la formule :

$$(\forall x)(\exists y)(y = f_0[x]) \tag{4.13}$$

Il est clair que $f_0[x]$ peut être choisie comme fonction de Skolem de (4.13). Pourtant nous sommes ici en train d'examiner les corrélations formule-architecture, et nous n'utilisons l'extension aux expressions fonctionnelles que pour les besoins de l'exposé. À strictement parler, vous devriez toujours considérer que les fonctions ont été éliminées des formules dont je parle au profit de prédicats suivant la manière usuelle, en réécrivant, par exemple, $f(x) = y$ en $F(x, y)$, où l'on suppose que :

$$(\forall x)(\exists y)F(x, y) \tag{4.14}$$

$$(\forall x)(\forall y)(\forall z)((F(x, y) \,\&\, F(x, z)) \supset y = z) \tag{4.15}$$

L'échec de l'analogie entre formules du premier ordre et expressions fonctionnelles du premier ordre illustre la facilité avec laquelle on perd de vue l'indépendance informationnelle dès que l'attention se porte sur les fonctions. C'est comme si on avait entrouvert la porte à l'axiome du choix, simplement en autorisant les symboles de fonction dans notre langage du premier ordre.

Mais supposez que je parte de deux architectures computationnelles, chacune étant corrélée à une formule du premier ordre ordinaire. Supposez en outre que ces deux architectures sont combinées en une architecture plus complexe. La formule corrélée à la nouvelle architecture est-elle toujours une formule du premier ordre ordinaire ? La réponse juste est : cela dépend. Il n'est pas difficile de voir que si les deux ordinateurs sont combinés séquentiellement, l'architecture résultante est corrélée à une formule plus complexe du premier ordre ordinaire. Par exemple si les deux formules sont des termes fonctionnels $f_1[x]$ et $f_2[x]$, la combinaison séquentielle correspondra alors à $f_2[f_1[x]]$.

| On voit cependant facilement que lorsque deux architectures compu- **81**
tationnelles sont combinées en parallèle (par exemple comme composants d'une architecture plus vaste) ce qui résulte n'est plus nécessairement corrélé à une expression du premier ordre ordinaire. Considérez par exemple l'architecture combinée suivante, où C_1, C_2 et C_0 sont les corrélats des expressions fonctionnelles $f_1[x]$, $f_2[x]$ et $f_0[x]$:

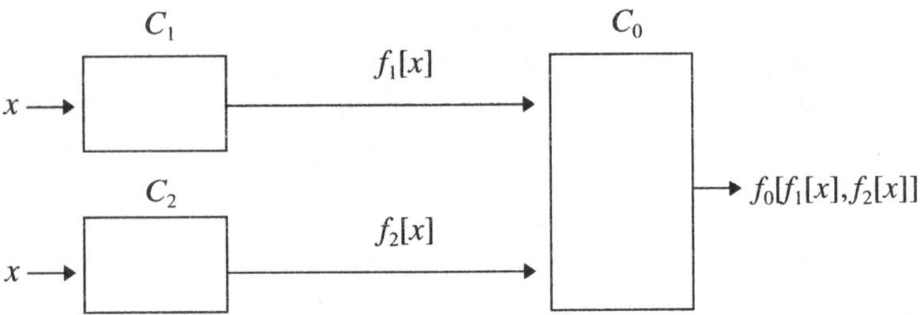

Il y a donc bien une expression fonctionnelle corrélée à l'architecture combinée ; mais ce n'est plus une formule du premier ordre ordinaire. Car supposez que C_1 et C_2 soient corrélées à :

$$(\forall x)(\exists y)S_1[x, y] \text{ et} \tag{4.16}$$

$$(\forall z)(\exists u)S_2[z, u] \tag{4.17}$$

Alors dans la formule correspondant à l'architecture combinée, $(\exists y)$ doit dépendre de $(\forall x)$ mais pas de $(\forall z)$. De même, $(\exists u)$ doit dépendre de $(\forall z)$ mais pas de $(\forall x)$. Un tel schéma de dépendances ne peut pas être représenté par un préfixe de quantificateurs ordinaire.

On peut pourtant évidemment le représenter par le préfixe IF :

$$(\forall x)(\forall z)(\exists y/\forall z)(\exists u/\forall x) \tag{4.18}$$

Ainsi, une combinaison parallèle d'architectures ne correspond pas toujours à une formule du premier ordre ordinaire, mais correspond (toujours) à une formule du premier ordre IF. En ce sens intéressant, *la logique du premier ordre IF est la logique du traitement parallèle*. Pour toutes les questions pratiques, elle est la logique du traitement parallèle au sens où la théorie des fonctions de vérité est la logique des circuits de mise en marche et d'interruption, quoique avec des restrictions qui seront abordées au chapitre X.

On peut aussi employer la logique IF pour discuter des questions de principes sur les fondements des mathématiques. Entre autres choses, elle apporte un éclairage nouveau et intéressant sur l'axiome du choix. On a
82 relevé au chapitre précédent qu'en logique IF, nous pouvions | avoir une procédure complète de réfutation, bien qu'il n'y ait pas de procédure complète de preuve. On ne peut cependant pas obtenir cette procédure de réfutation par une simple extension des techniques de raisonnement du premier ordre à la logique IF. La règle habituelle d'instanciation, en particulier la règle d'instanciation existentielle, ne peut pas faire tout le travail. La raison en est intrinsèquement liée à l'idée même de dépendance et d'indépendance entre quantificateurs. Si nous essayions de traiter les quantificateurs de la logique IF à l'aide d'instanciations successives, nous

perdrions la trace des relations de dépendance entre les instanciations. Nous avons besoin pour cela d'une règle d'instanciation fonctionnelle, comme on l'a indiqué dans le précédent chapitre. Le fait que l'on puisse se contenter de l'instanciation individuelle en logique ordinaire est une coïncidence heureuse, mais c'est une caractéristique atypique et accidentelle de cette logique. À cet égard, comme sur d'autres aspects [1], la logique du premier ordre ordinaire est simplement trop simple pour servir de cas paradigmatique de ce à quoi ressemble la vraie logique en général.

En fait, nous pourrions aussi utiliser la règle d'instanciation fonctionnelle en logique du premier ordre ordinaire [2], et nous obtiendrions une élégante méthode de preuve. Peut-être devrions-nous agir de la sorte, pas seulement du fait des mérites techniques de la méthode de preuve qui en résulterait, mais en premier lieu parce que cela fait ressortir plus nettement les relations importantes de dépendance et d'indépendance entre quantificateurs. En tout cas, il est très clair que la règle d'instanciation fonctionnelle formulée au chapitre III est un archétype de règle (quantificationnelle) du premier ordre. Elle est une expression immédiate et naturelle de l'interprétation normale des quantificateurs comme encodant des fonctions de choix d'un certain type [3].

S'il en est ainsi, cela justifie l'axiome du choix car, quand on l'applique à un énoncé de la forme :

$$(\forall x)(\exists y)S[x, y] \tag{4.1}$$

où $S[x, y]$ est en forme normale négative sans quantificateur ni disjonction, on obtient comme conséquence :

$$(\forall x)S[x, f(x)] \tag{4.19}$$

où f est une nouvelle constante de fonction. Mais de telles inférences sont précisément ce qui est justifié par l'axiome du choix.

Tout ceci pourrait – et devrait – être dit à propos de la logique du premier ordre ordinaire. Ce que la logique IF permet c'est, en premier lieu, d'illustrer le rôle fondamental joué par la règle d'instanciation fonctionnelle dans le traitement des quantificateurs de toutes sortes, en soulignant l'indispensabilité d'une règle semblable en logique IF. | La contribution 83
spécifique de la logique IF est ici de montrer que des variantes plus complexes, et potentiellement plus puissantes de l'axiome du choix peuvent être justifiées de la même manière. Les inférences qu'elles autorisent sont

1. *Cf.* chapitre II.
2. *Cf.* chapitre III.
3. *Cf.* ici Hintikka et Sandu, 1994.

produites par l'application de la règle d'instanciation fonctionnelle à des énoncés plus complexes que (4.1).

Nous obtenons donc la preuve frappante non seulement de l'acceptabilité de l'axiome du choix, mais aussi du fait qu'il a le caractère d'un principe purement logique. On peut d'ailleurs considérer la règle d'instanciation fonctionnelle comme étant une généralisation de l'axiome du choix en même temps que comme une généralisation de la règle habituelle d'instanciation existentielle en termes d'individus.

Néanmoins, le contexte le plus révélateur du rôle crucial joué par l'indépendance informationnelle est le discours épistémique, y compris l'usage des questions et des réponses. La notion d'indépendance n'offre pas seulement un instrument nouveau et affiné pour l'analyse de la logique épistémique ou de la logique et de la sémantique des questions et des réponses. Elle est en fait indispensable pour saisir les concepts centraux qui interviennent dans notre usage d'idées comme la connaissance ou les questions et réponses. Je ne parlerai ici que de la logique de la connaissance connue sous le nom de logique épistémique.

Le rôle de l'indépendance informationnelle en logique épistémique n'est pas seulement important en tant que tel – il apparaîtra plus tard qu'elle ouvre des perspectives nouvelles sur l'épistémologie des mathématiques[1]. Le moment est donc venu d'exposer brièvement le rôle de l'indépendance informationnelle en logique épistémique[2].

Comme d'habitude, je considère la notion de *sait que* (*knows that*) comme unique primitif. L'énoncé *a sait que S* sera représenté par K_aS. En plus de la notion de *savoir que*, nous utiliserons la notion de possibilité épistémique : P_bS signifie *il est possible, pour tout ce que b sait, que S*. Puisque le seul cas considéré ici est celui où on ne discute la connaissance que d'une personne, l'indice signalant l'agent (connaissant) pourra parfois être omis.

On peut dire qu'une proposition comme K_aS traite de la *connaissance de faits* (ou de *propositions*). La logique de cette connaissance est assez facile à maîtriser. Je considère ici comme admise la sémantique habituelle de ces notions. Ce qui n'est pas aussi clair, c'est comment comprendre notre *connaissance d'entités* (ou d'*objets*) de différentes sortes (autres que des faits, si vous concevez les faits comme des entités), et comment cette connaissance est reliée (dans la mesure où elle est reliée) à notre connaissance de faits.

1. Voir chapitre XI.
2. Pour les concepts utilisés ici, voir Hintikka, 1992.

| La plus importante des sortes de connaissance impliquant des 84
individus, des fonctions et d'autres entités (autres que des faits) est celle qui s'exprime en anglais par les différentes constructions-wh [1]. Comment doit-on les exprimer dans une notation logique explicite?

Autrefois on a tenté de traiter ces constructions en termes de K et de quantificateurs du premier ordre ordinaire. On peut apparemment traiter plusieurs constructions de cette manière, parmi lesquelles celles-ci :

$$a \text{ sait si } S \text{ ou non} = K_a S \vee K_a {\sim} S \qquad (4.20)$$
$$a \text{ sait si } S_1 \text{ ou } S_2 = K_a S_1 \vee K_a S_2 \qquad (4.21)$$
$$a \text{ sait qui satisfait la condition } S[x] = (\exists x)\, K_a S[x] \qquad (4.22)$$

Mais il y a des cas plus complexes de connaissance que l'on ne peut pas traiter de cette manière. Les exemples schématiques suivants l'illustrent :

$$a \text{ sait avec qui } (y) \text{ chaque individu } (x) \text{ a la relation } S[x, y] \qquad (4.23)$$
$$a \text{ sait si chaque individu } (x) \text{ satisfait la condition } S_1[x] \text{ ou } S_2[x] \qquad (4.24)$$

On peut montrer que l'on ne peut pas expliquer la signification de ces énoncés dans les termes d'une interaction entre K et des quantificateurs du premier ordre (et des connecteurs propositionnels). Dans les termes de la notation logique conventionnelle, on ne peut les exprimer qu'en recourant à la quantification du second ordre. Pourtant, (4.23)-(4.24) sont équivalents aux formules suivantes :

$$(\exists f)\, K(\forall x)\, S[x, f(x)] \qquad (4.25)$$
$$(\exists f)\, K(\forall x)\, ((S_1[x]\ \&\ (f(x) = 0)) \vee (S_2[x]\ \&\ (f(x) \neq 0))) \qquad (4.26)$$

Mais cela soulève des problèmes supplémentaires. D'une part, il n'y a pas plus trace de quantification d'ordre supérieur dans les énoncés en français (4.23) et (4.24) que dans les énoncés (4.20) et (4.21). Alors pourquoi devrions-nous utiliser des quantificateurs du second ordre pour (4.23) et (4.24)? Et pourquoi devrait-on traiter (4.23) et (4.24) d'une façon complètement différente de (4.20) et (4.21), quand il n'y a aucun indice d'une différence dans la formulation de ces énoncés en langage ordinaire?

On trouve une méthode dans cette folie apparente quand on réalise que les éléments-wh en anglais, du point de vue logique, indiquent simplement l'indépendance vis-à-vis d'un opérateur K initial. Cela est vrai de questions
« propositionnelles » | comme (4.20) et (4.21), qui ne sont pas habituel- 85
lement assimilées aux questions-wh, aussi bien que de questions-wh véritables comme (4.22) et (4.23). (On ne peut même pas clairement

1. Il s'agit des constructions de la forme *knowing who* (savoir qui), *knowing what* (savoir ce qui), *knowing whether* (savoir si)… [NdT]

qualifier (4.24) suivant cette classification). On peut donc représenter les énoncés (4.20) à (4.24) de la façon suivante :

$$\mathrm{K}(S\,(\vee/\mathrm{K})\,{\sim}S) \qquad (4.27)$$
$$\mathrm{K}(S_1\,(\vee/\mathrm{K})\,S_2) \qquad (4.28)$$
$$\mathrm{K}(\exists x/\mathrm{K})S[x] \qquad (4.29)$$
$$\mathrm{K}(\forall x)(\exists y/\mathrm{K})S[x, y] \qquad (4.30)$$
$$\mathrm{K}(\forall x)(S_1[x]\,(\vee/\mathrm{K})\,S_2[x]) \qquad (4.31)$$

Ici, (4.25) et (4.26) sont simplement les traductions au second ordre de (4.30) et (4.31). Nous pouvons maintenant voir pourquoi (4.23) et (4.24) n'autorisent pas une formulation dans les termes d'une suite linéaire de quantificateurs et de K. Si nous essayons d'exprimer (4.30) au niveau du premier ordre sans quantificateurs indépendants, nous tombons dans un dilemme insoluble. Puisque $(\exists y)$ dépend de $(\forall x)$, il devrait venir après $(\forall x)$. Mais comme il est indépendant de K, il devrait précéder K et donc aussi $(\forall x)$. Des remarques similaires s'appliquent à (4.24) et (4.31).

La similarité entre les langages épistémiques IF et l'anglais ou le français est encore plus marquée quand on utilise la notation *double-slash*. Cela apparaît dans les traductions suivantes :

a sait si S ou non $= (\mathrm{K}_a//\vee)\,(S \vee {\sim}S)$ (4.32)

a sait si S_1 ou $S_2 = (\mathrm{K}_a//\vee)\,(S_1 \vee {\sim}S_2)$ (4.33)

a sait qui (x) est tel que $S[x] = (\mathrm{K}_a//\exists x)(\exists x)S[x]$ (4.34)

a sait avec qui (y) chaque individu (x) a la relation (4.35)
$S[x, y] = (\mathrm{K}_a//\exists y)(\forall x)(\exists y)S[x, y]$

a sait si chaque individu (x) satisfait la condition (4.36)
$S_1[x]$ ou $S_2[x] = (\mathrm{K}_a//\vee)(\forall x)(S_1[x] \vee S_2[x])$

Ce n'est pas le lieu de développer plus avant la théorie de logique épistémique qui résulte de ces idées. Il y a cependant un fait imposant qui sera plus tard pertinent pour mes recherches dans ce livre. Pour voir de quoi
86 il s'agit, nous devons considérer les deux | propositions épistémiques :

$$\mathrm{K}(\exists x)\mathrm{S}[x] \qquad (4.37)$$
$$\mathrm{K}(\exists x/\mathrm{K})\mathrm{S}[x]) \qquad (4.29)$$

Que signifie leur vérité dans une perspective modèle-théorétique ? Ce que dit (4.37), c'est que dans chaque modèle (monde, scénario) compatible avec ce qui est connu, il y a un individu x qui satisfait S[x]. En d'autres termes, il est connu qu'il y a un x tel que S[x]. Ce que dit (4.29), c'est que je peux choisir un individu x tel que, quel que soit le monde choisi par mon opposant, S[x] sera vrai dans ce monde. Cela signifie clairement que l'on sait qui est un tel x. La différence sémantique importante est que des deux, seul le premier énoncé (4.37) ne dépend que de ce qui est vrai dans chacun des mondes considérés individuellement. On ne fait aucune comparaison entre différents mondes. Le second énoncé, c'est-à-dire (4.29), dépend aussi de ce qui est considéré comme étant le même individu dans différents mondes. Pour spécifier la sémantique d'énoncés en *sait que*, le premier cas suffit. Pour spécifier la sémantique de *sait* + constructions-wh [*connaît*], nous avons en outre besoin de critères d'identité trans-mondes. Ils ne sont pas fixés par ce qui est vrai dans chaque monde pris individuellement.

En bref, les critères du *savoir que* ne déterminent pas complètement ce qui compte pour une *connaissance d'individus* et d'autres sortes d'entités, par exemple ce qui compte pour *savoir qui*, *quoi* (*ce qui*), *quand*, *où*, etc. Ce résultat rencontre tout à fait ce que l'on trouve dans le discours ordinaire. Pour comprendre, par exemple, un énoncé en *sait qui*, on doit connaître les critères d'identification présupposés par le locuteur ou l'auteur. Tant que nous nous occupons de signification objective, ces critères sont objectifs. En outre, les mêmes critères doivent être utilisés tout au long d'un discours ou d'un argument cohérent. Mais ils ne se réduisent pas aux critères du *savoir que* (connaître des faits). Bien sûr, des critères différents peuvent être adoptés, et sont adoptés, dans différentes occasions. *Savoir qui est quelqu'un* a une signification différente pour les autorités consulaires, pour le FBI, ou pour l'administrateur de votre université; et cela signifiait quelque chose de radicalement différent pour cet auteur obscur qui demanda un jour dans le *Boston Globe* : « Qui étiez-vous en 1493 ? » et pour ce cochon de machiste britannique anonyme qui affirma « Soyez gentils avec les jeunes filles. Vous ne savez pas qui elles seront ». Le choix entre ces différents critères d'identification n'est pas déterminé par quelque logique éternelle et immuable, tout simplement parce que la logique sous-
jacente restera structurellement la même quel que soit | le choix réalisé; ce 87
choix est plutôt guidé par des considérations épistémologiques générales, ainsi que par l'objectif spécifique du discours en question.

On peut étendre cette observation à la connaissance d'entités d'ordre supérieur, par exemple à la connaissance de fonctions. C'est un point important, car des fonctions sont inévitablement impliquées dès qu'un quantificateur existentiel dépend d'un quantificateur universel. Par exemple, pour dire qu'un scientifique s sait qu'une variable y dépend d'une autre, disons x, d'une manière spécifiée par $S[x, y]$, il ne suffit pas qu'il existe une fonction f telle que :

$$K_s(\forall x)S[x, f(x)] \quad (4.38)$$

Il faut de plus que cette fonction f soit connue de s. Alors seulement, (4.38) implique :

$$K_s(\forall x)(\exists y/K_s)S[x, y] \tag{4.39}$$

Et le fait que *f* est connue de *s* est exprimé par :

$$K_s(\forall x)(\exists y/K_s)(f(x) = y) \tag{4.40}$$

Les conditions de vérité d'énoncés tels que (4.39) ne sont pas déterminées par les conditions de vérité d'énoncés sans *slash* de la forme K_sS. Pour appliquer les concepts épistémiques aux fonctions, il nous faut donc des critères indépendants qui déterminent quand les fonctions sont connues.

LES COMPLEXITÉS DE LA COMPLÉTUDE

Étant donné ce qui a été dit aux chapitres III et IV, il n'y a pas de doute sur le fait que la logique du premier ordre IF constitue la base fondamentale de notre logique. Mais à quoi ressemble cette logique? Qu'est-ce qu'elle apporte de neuf? Aux chapitres III et IV, on a donné un certain nombre de réponses partielles à ces questions. La plus générale d'entre elles concerne sans doute le pouvoir expressif de notre nouvelle logique de base. Vu sa proximité avec la logique du premier ordre ordinaire, il serait surprenant que la logique IF soit beaucoup plus puissante que sa version traditionnelle plus restreinte. À quel degré la logique IF est plus puissante que la logique ordinaire, cela s'éclaircira au cours de mon examen de ses propriétés et applications.

Une conséquence de la force de la logique IF est qu'elle n'admet pas d'axiomatisation complète. L'ensemble des formules valides de la logique IF n'est pas récursivement énumérable[1]. Il n'y a par conséquent pas d'ensemble fini (ou récursif) d'axiomes à partir desquels tous les énoncés valides de cette logique peuvent être dérivés comme théorèmes au moyen de règles d'inférence complètement formelles (récursives). La première propriété remarquable de la logique du premier ordre IF est donc que, à la différence de son cas particulier ordinaire, elle n'admet pas d'axiomati-

1. Cela suit du fait correspondant concernant le fragment Σ^1_1 de la logique du second ordre. Ici la validité d'un énoncé IF S signifie simplement que pour tout modèle **M**, S est vrai dans **M**. Donc tout énoncé IF valide est logiquement équivalent, par exemple, à l'énoncé $(\exists x)(x = x)$. Il n'y a pas de méthode effective pour trouver les énoncés valides IF. En fait, il est prouvé dans Väänänen (2001) que le problème de la validité de la logique IF est Π_2-complet ; en particulier, la question de l'équivalence logique en logique IF est Π_2-complet.

sation complète. Les raisons de cette incomplétude seront expliquées au chapitre VII.

Comment devons-nous réagir à cette incomplétude ? Différentes perspectives sont ici possibles. D'un point de vue purement technique, étant donné le pouvoir de la logique IF l'impossibilité de son axiomatisation complète n'est sans doute pas totalement surprenante. Pourtant cette impossibilité (et ce pouvoir) va à l'encontre d'une longue tradition philosophique. Suivant ce mode de pensée traditionnel, l'incomplétude est un problème de mathématiciens, pas un problème de logiciens. Il a été
89 choquant à bien des égards que Gödel | ait prouvé qu'une théorie mathématique aussi simple que l'arithmétique élémentaire était incomplète. Pourtant la supposition presque universelle était que cette incomplétude devait être attribuée d'une manière ou d'une autre au caractère de théorie mathématique de l'arithmétique élémentaire. Logiciens et philosophes pouvaient trouver quelque consolation à l'idée que la logique pure, qui était typiquement assimilée à la logique du premier ordre ordinaire, restait hors de portée du virus redoutable de l'incomplétude.

Il est vrai que certains domaines de ce que l'on appelle couramment la logique, comme la logique du second ordre, étaient connus pour être incomplets. Mais la réaction typique à cette incomplétude a été de les reclasser parmi les théories mathématiques et de les exclure des théories purement logiques, en les assimilant à la théorie des ensembles (ou à une partie) considérée comme théorie mathématique.

Ce type de réaction au résultat d'incomplétude de Gödel n'est pas propre aux philosophes du vingtième siècle. Elle fait en réalité partie intégrante d'une longue tradition qui remonte au moins à Descartes. Descartes rejetait la logique syllogistique traditionnelle comme étant triviale et stérile, tandis qu'il portait aux nues le pouvoir du raisonnement mathématique, en particulier la méthode analytique des géomètres grecs[1]. Dans le même esprit, Kant a caractérisé la logique comme étant basée sur la loi de la contradiction et n'atteignant que des vérités analytiques, à la différence des mathématiques qui produisaient des vérités synthétiques *a priori*. Avec un tel arrière-plan, il n'est pas surprenant que l'on ait pensé que l'incomplétude gödelienne était due au statut de théorie mathématique de l'arithmétique élémentaire.

Pourtant une analyse plus fine de l'histoire de cette tradition produit bientôt des signaux d'alarme. Quelle que soit l'interprétation juste de

1. Pour l'histoire de la méthode analytique des anciens géomètres grecs et pour son histoire postérieure, *cf.* Hintikka et Remes (1974). Pour Kant, voir Hintikka (1973).

l'ancienne méthode analytique, et quoi que l'on pense de l'usage qui en a été fait par Descartes et ses contemporains, c'est un fait qu'elle a été employée par les géomètres grecs dans le contexte de raisonnements qui peuvent être capturés au moyen de notre logique du premier ordre ordinaire. De plus, pour Kant l'essentiel de la méthode mathématique consistait en l'usage des règles d'instanciation qui, avec le point de vue rétrospectif du vingtième siècle, demeurent partie intégrante de la logique dans notre sens, c'est-à-dire de la logique du premier ordre. Il est donc clair qu'au cours des premières étapes de cette tradition, la frontière entre logique et mathématiques a été tracée d'une manière essentiellement différente de celle à laquelle les philosophes du vingtième siècle ont été accoutumés. Cette divergence historique n'a pourtant jamais été vraiment reconnue par la plupart des philosophes. Ils continuent de penser dans les termes d'une différence essentielle entre une logique non problématique et des mathématiques périlleuses. Cela peut expliquer, entre autres choses,
pourquoi les idées de Hilbert | n'ont pas été appréciées plus largement. Une 90
chose qu'il a tenté de faire a été de casser cette dichotomie traditionnelle entre raisonnement logique et raisonnement mathématique.

Avec cet arrière-plan, il est donc choquant que la partie la plus fondamentale de notre logique, la logique IF, soit incomplète. Ce choc ne provient pas seulement du fait que l'on n'est pas habitué à l'idée qu'une partie de logique authentique puisse être incomplète. D'une part, cela nous oblige à regarder la totalité de l'histoire des fondements des mathématiques sous un nouvel éclairage. Par exemple supposez, comme expérience de pensée amusante, que Frege ait corrigé son erreur, qu'il ait admis l'indépendance informationnelle entre quantificateurs, et qu'il ait réalisé que la logique résultante n'est pas axiomatisable. Cela aurait privé de sens l'ensemble de son projet. Car quel serait alors l'intérêt de réduire les mathématiques à la logique, si la logique exigée pour cela ne peut pas être axiomatisée ? Comment Frege aurait-il pu caractériser la logique employée dans sa réduction en évitant les méthodes sémantiques et en n'utilisant que des méthodes formelles (syntaxiques) ? De plus, Hilbert n'aurait pas pu concevoir son fameux projet de prouver la consistance sémantique (modèle-théorétique) des théories mathématiques en établissant leur consistance en théorie de la démonstration, s'il avait réalisé que la vraie logique de base dont il avait besoin n'avait pas d'axiomatisation complète.

Il sera ici également instructif de rappeler ce qui a été trouvé au chapitre II. On a souligné que dans la perspective fournie par GTS, la logique du premier ordre ordinaire est à maints égards non représentative de la situation conceptuelle en général. Une des raisons qui rendent intéressante la logique IF est qu'elle est plus représentative de toutes sortes de choses qui peuvent se produire en général en logique. Elle représente un cas concret possédant des traits caractéristiques de la logique en général, mais qui n'apparaissent pas chez ses cousines plus traditionnelles. L'incomplétude est l'un de ces traits. D'autres seront examinés dans les deux prochains chapitres.

Pour comprendre la situation conceptuelle créée par l'incomplétude de la logique IF, nous devons aussi prendre en compte les célèbres résultats d'incomplétude de Gödel (1931). Je ne crois pas exagérer en affirmant que la communauté des philosophes et des mathématiciens n'est toujours pas parvenue à faire face à l'apport véritable des découvertes de Gödel, pas plus qu'à en indiquer l'impact sur le développement futur des fondements des mathématiques.

91 | Il nous faut tout d'abord réaliser qu'il existe plusieurs notions entièrement différentes de complétude. Elles ne s'appliquent même pas aux mêmes sortes de choses. Par exemple, Gödel s'est occupé de l'incomplétude d'une théorie (mathématique) non logique, en l'occurrence de l'arithmétique élémentaire, tandis que l'incomplétude de la logique IF se rapporte à une partie de la logique, elle signifie la non axiomatisabilité d'une théorie logique. C'est une grave erreur que d'assimiler ces deux sortes de théories. En effet, procéder à une telle assimilation revient à oublier la distinction entre les deux fonctions de la logique en mathématiques que nous avons présentée au chapitre premier.

Nous devons distinguer les uns des autres, au minimum, les sens suivants de complétude :

(a) *La complétude descriptive.* C'est une propriété d'un système T d'axiomes non logiques. Elle signifie que les modèles de T ne comprennent que les modèles visés. S'il y a seulement un modèle visé (*modulo* un isomorphisme), alors la complétude descriptive signifie la catégoricité, avec le modèle visé comme unique modèle de T.
Notez qu'il n'est fait aucune référence à une quelconque méthode de preuve logique dans cette caractérisation. Tout ce dont on a besoin, c'est de la relation d'un énoncé à ses modèles, ainsi que de l'idée d'un modèle visé.
Si, suivant la terminologie des logiciens, on dit de l'ensemble des modèles qu'il constitue une théorie, alors la complétude descriptive dit que cette théorie est axiomatisable. C'est dans ce sens précis que Euclide et Hilbert ont essayé d'axiomatiser la géométrie. C'est aussi le sens auquel nous parlons de l'axiomatisation d'une théorie physique. Dans ce cas, les modèles visés sont simplement tous les systèmes physiquement possibles du type concerné.

(b) *La complétude sémantique.* C'est une propriété de la prétendue axiomatisation de la logique (ou de l'un de ses fragments). Cela signifie que tous les énoncés valides du langage sous-jacent peuvent être obtenus comme théorèmes à partir des prétendus axiomes du système de logique au moyen de ses règles d'inférence. Si nous admettons les normes permissives habituelles de l'axiomatisation, il existe une axiomatisation complète pour un fragment de logique si et seulement si l'ensemble des énoncés logiquement vrais (valides) de ce fragment est récursivement énumérable.

(c) *La complétude déductive* est une propriété d'un système T d'axiomes non logiques *avec* une axiomatisation de la logique (une méthode de preuve logique formelle). Cela signifie qu'à partir de T on peut prouver au | moyen de la logique sous-jacente soit C soit $\sim C$ pour tout énoncé C **92**
du langage en question.

(d) Il reste un usage du terme « complet » en relation avec les systèmes d'axiomes non logiques. On peut l'appeler *complétude hilbertienne*, car le *locus classicus* de ce terme est le soi-disant axiome de complétude utilisé pour la première fois dans la seconde édition des *Grundlagen der Geometrie* de Hilbert (1899, seconde éd. 1902). À strictement parler, l'axiome apparaît pour la première fois dans Hilbert (1900). La difficulté à comprendre la notion de complétude est illustrée par les confusions entourant le « unglückseliges Axiom » de Hilbert (Freudenthal 1957, p. 117). Le sens de « complétude » que cet axiome implique a d'abord été assimilé à l'autre sens de « complétude ». C'est seulement dans Baldus (1928) que nous trouvons clairement établie la différence entre la complétude hilbertienne et les autres sens de « complétude ».

L'axiome de Hilbert est en effet un principe de maximalité. Il dit que les modèles visés d'un système d'axiomes sont tels qu'aucun nouvel objet géométrique ne peut leur être ajouté sans violer les (autres) axiomes du système. Les principes de maximalité de cette sorte jouent un rôle potentiellement important dans les fondements des mathématiques, mais la maximalité d'un modèle relativement aux individus qu'il contient est une idée fondamentalement différente de la maximalité du système, qui est ce dont traite la complétude aux sens descriptif et déductif.

La différence entre ces différents sens de « complétude » deviendra plus claire quand nous avancerons. Les philosophes peuvent avoir été troublés du fait qu'il y a des interrelations entre ces différentes sortes de complétude et d'incomplétude. Supposons par exemple qu'il y ait un seul modèle visé pour une théorie non logique T basée sur une théorie logique sémantiquement complète L. T est alors descriptivement complète seulement si elle est déductivement complète. Pourtant, si L n'est pas sémantiquement complète, alors T peut être descriptivement complète même si elle est déductivement incomplète.

Les différences entre (a), (b) et (c) ne sont pas seulement techniques. Elles sont la manifestation des différents objectifs pour lesquels on peut utiliser la logique pour le raisonnement mathématique. On a présenté ces

objectifs au chapitre premier. La complétude au sens (a) se rattache à la fonction descriptive de la logique en mathématiques. Si un mathématicien a atteint un système d'axiomes descriptivement complet, il a alors atteint la
93 maîtrise intellectuelle des types de structures | exemplifiées par les modèles visés de *T*. Le mathématicien aura ainsi séparé ces structures de toutes les autres, et il aura exprimé ce qui leur est caractéristique.

À la différence de cette complétude descriptive (a), la complétude déductive (c) s'occupe d'autre chose. Elle traite de la fonction déductive de la logique, ce qui dans ce cas se rapporte à la capacité du mathématicien à traiter computationnellement la théorie donnée *T*. La complétude dans ce sens signifie qu'il y a un algorithme pour séparer ce qui est vrai de ce qui est faux dans ce que l'on peut dire des modèles de *T*. Un tel algorithme prend la forme d'un ensemble de règles permettant de dériver des théorèmes à partir des axiomes. L'accent mis sur cette sorte de complétude (la complétude déductive) reflète souvent une conception suivant laquelle la pratique des mathématiques consiste essentiellement à prouver des théorèmes. Cela signifie aussi une accentuation de la fonction déductive de la logique, aux dépens de sa fonction descriptive.

Le contraste entre complétude descriptive et complétude déductive est un cas particulier d'une distinction générale qui n'est pas neuve. À titre d'exemple, les logiciens font une distinction, presque avec routine, entre complexité descriptive et complexité computationnelle. La première concerne le pouvoir d'une logique à capturer différentes sortes de structures « à l'extérieur », tandis que la seconde concerne la complexité des dérivations de théorèmes à partir des axiomes. Cette distinction est évidemment parallèle à celle entre complétude descriptive d'une part, et complétude déductive (aussi bien que sémantique) d'autre part[1].

Quelles sont les principales conséquences du théorème d'incomplétude de Gödel ? Qu'a-t-il véritablement prouvé ? Premièrement et avant tout, il est important de réaliser que la seule espèce d'incomplétude qu'il ait directement établie est l'incomplétude déductive de l'arithmétique élémentaire. C'est-à-dire, qu'il n'y a pas d'énumération récursive des énoncés vrais de l'arithmétique élémentaire implémentée par une axiomatisation de la logique sous-jacente. Autrement dit, aucune axiomatisation consistante *T* de l'arithmétique élémentaire, considérée avec une logique explicitement axiomatisée *L*, ne peut nous permettre de prouver (*i.e.* de prouver à partir de *T* avec les moyens de la logique *L*) soit *S* soit ~*S* pour tout énoncé *S* exprimable dans le langage de l'arithmétique élémentaire.

1. Voir, par exemple, Dawar et Hella, 1995.

Comme on vient de le noter, on ne peut inférer l'inévitabilité de l'incomplétude descriptive de l'arithmétique élémentaire de cette incomplétude déductive que si *L* est sémantiquement complète. Cela était le cas avec la logique effectivement employée par Gödel. Il utilisait la logique du premier ordre ordinaire, | dont il avait prouvé lui-même la complétude 94
sémantique dans Gödel (1930). Mais les observations faites dans mon travail éclairent la question sous un nouveau jour. On a vu que l'incomplétude de la logique du premier ordre ordinaire est simplement un sous-produit des restrictions non nécessaires et non naturelles que Frege et Russell ont imposées aux règles de formation de cette logique en excluant l'indépendance entre quantificateurs. Il est donc probable que nous ayons de toute façon à utiliser une logique sémantiquement incomplète. Et si c'est le cas, les résultats de Gödel n'impliquent rien concernant la possibilité de formuler des systèmes d'axiomes descriptivement complets pour l'arithmétique élémentaire, pas même au niveau du premier ordre habituel.

Nous pouvons voir ici l'impact que peut avoir la logique IF du simple fait de son existence. On a indiqué plus haut l'une des raisons implicites qui expliquent pourquoi on n'a pas considéré sérieusement la possibilité de formuler des théories non logiques descriptivement complètes en se basant sur une logique sémantiquement incomplète. C'est la croyance qu'aucune logique digne de ce nom ne peut être incomplète. La logique IF fournit un contre-exemple concret à cette croyance, même si elle ne garantit pas par elle-même la possibilité d'une axiomatisation descriptivement complète de l'arithmétique élémentaire. En fait, on montrera plus loin comment on peut formuler de telles axiomatisations par des méthodes suggérées par l'approche *game-theoretical* de la logique et des mathématiques. Les développements rapportés dans ce livre replacent ainsi les résultats d'incomplétude de Gödel dans une perspective nouvelle et non dénuée d'intérêt.

Dans cette optique, on doit dire que la communauté philosophique n'a pas reconnu à quel point le résultat d'incomplétude de Gödel était en fait limité. La question est liée à ce qui a été dit plus haut de la différence de signification entre les différentes sortes de complétudes, en particulier de la différence entre complétudes descriptive et déductive. Ce défaut de perception a des racines profondes. Les philosophes ont été impressionnés par le résultat de Gödel parce qu'ils ont surestimé l'importance des techniques déductives et computationnelles en mathématiques. Ils ont été séduits par l'image, simplifiée à l'extrême, de l'activité mathématique comme se réduisant à simplement prouver des théorèmes. En réalité, il est clair que l'incomplétude déductive n'est pas la plus importante des incomplétudes. Ce qui a attiré en premier lieu les mathématiciens, les scientifiques et les philosophes vers la méthode axiomatique, c'était la possibilité d'une

maîtrise intellectuelle d'un domaine complet de vérités importantes, comme la maîtrise de toutes les vérités géométriques. Un système d'axiomes complet offrait un moyen d'atteindre une telle maîtrise. Mais ce type de maîtrise est en dernière analyse la maîtrise des modèles des
95 axiomes, | et pas des choses que nous (ou nos ordinateurs) pouvons prouver déductivement à leur sujet. Une telle maîtrise peut se manifester autrement que par une dérivation mécanique de théorèmes à partir d'axiomes. Contrairement à l'image trop simplifiée qu'ont les philosophes de la pratique des mathématiques, une bonne partie de ce que fait un mathématicien n'est pas de dériver des théorèmes à partir d'axiomes. Ce point est particulièrement clair pour ces branches des mathématiques qui débutent de fait à partir d'un ensemble donné d'axiomes comme, par exemple, la théorie des groupes. Ce que fait un théoricien des groupes ou un mathématicien travaillant sur un domaine analogue ne consiste que partiellement à prouver des théorèmes au sens strict du terme. L'essentiel de ce qu'il fait ne peut être caractérisé, du point de vue logique, que comme de la métathéorie de la théorie des groupes. C'est la quête d'une vue d'ensemble de tous les modèles d'une théorie donnée, et pas de ses conséquences déductives. Un mathématicien par exemple classera les groupes et prouvera des théorèmes de représentation pour différentes sortes de groupes. Une telle théorisation est largement indépendante des ressources déductives dont dispose le mathématicien en question.

L'espèce de complétude pertinente pour ce type d'entreprise est bien sûr la complétude *descriptive*. On peut définir cette notion complètement indépendamment de toute axiomatisation de la logique sous-jacente, et donc indépendamment de toutes les questions de complétude déductive. Il est vrai que cela présuppose que nous comprenions la relation énoncé–modèle. Mais nous en avons déjà besoin pour comprendre, en premier lieu, la signification de nos énoncés. En revanche, cela ne présuppose pas, comme nous venons de le voir, que le système d'axiomes concerné soit déductivement complet.

Le résultat d'incomplétude de Gödel ne touche donc pas directement le sens le plus important de « complétude » et d'« incomplétude ». C'est une observation importante, car on considérait généralement que le résultat de Gödel indiquait une limitation à ce que l'on peut faire au moyen de la logique. L'explication de cette erreur de perception réside dans le fait que la majorité des philosophes et mathématiciens n'ont pas clairement fait la distinction entre les différentes sortes de complétudes. Cette erreur a même conduit dans une réaction de panique à douter de la viabilité même du concept de vérité arithmétique. En réalité, le résultat d'incomplétude de Gödel ne jette aucune ombre sur la notion de vérité. Tout ce qu'il dit, c'est que les vérités arithmétiques ne peuvent pas être toutes listées, une par une, par une machine de Turing.

Nous avons donc obtenu un point de vue intéressant sur le théorème d'incomplétude de Gödel. Ce résultat concerne l'approche déductive et computationnelle | des systèmes d'axiomes non logiques. Remarquer ceci **96**
nous aide à comprendre l'urgence des problèmes théoriques que le théorème d'incomplétude de Gödel nous oblige à affronter. À bien des égards, ces problèmes sont devenus beaucoup plus pressants du fait des développements réalisés depuis que Gödel a trouvé son théorème. Dans l'intervalle, le traitement déductif et computationnel de toutes sortes de problèmes s'est étendu à presque tous les domaines de la vie du fait du développement explosif de la technologie informatique. Les techniques computationnelles sont dominantes dans des domaines comme les sciences cognitives ou l'intelligence artificielle. Des résultats de Gödel et Tarski il suit (ou il est du moins fortement suggéré) que les techniques computationnelles ne pourront jamais épuiser la théorie des phénomènes concernés. Les approches computationnelles dans toutes sortes de recherches sont donc vouées à rester pour toujours dans les limbes de l'incomplétude. Cela semble priver les méthodes computationnelles de tout intérêt théorique profond. Tout le développement de la technologie informatique pour le traitement du langage et du raisonnement n'est donc pas seulement suspect, mais on peut l'accuser d'être ad hoc, de n'être qu'une simple collection d'astuces et de règles générales mises ensemble pour des besoins d'application. Cette suspicion générale est bien sûr injustifiée. Pourtant, d'un point de vue philosophique, il faut abandonner l'espoir de capturer les vérités de l'arithmétique ou de quelque phénomène que l'on puisse étudier d'un seul coup par des méthodes computationnelles, pour se résoudre à la poursuite indéfinie d'approximations toujours meilleures du phénomène visé.

Donc en un sens, le vrai message de Gödel était simplement l'incomplétude déductive de l'arithmétique. Comme tel, son célèbre résultat ne fait qu'affecter notre espoir d'une maîtrise déductive de l'arithmétique élémentaire, mais pas notre capacité à traiter cette branche des mathématiques d'un point de vue axiomatique ou descriptif, à moins que nos traitements axiomatiques soient contraints de n'utiliser que la logique du premier ordre ordinaire.

Il est vrai que les résultats d'incomplétude de Gödel sont étroitement liés à l'indéfinissabilité de la vérité arithmétique dans l'arithmétique élémentaire elle-même. Pourtant, on peut juger cet aspect des résultats de Gödel de la même manière que le résultat de Tarski (1935, 1956a) concernant l'indéfinissabilité de la vérité pour un langage dans ce langage même, et on le jugera ainsi au chapitre VI.

En attendant, on peut faire quelques commentaires d'un autre ordre. La confusion entre complétudes (et incomplétudes) déductive et sémantique
97 | est aussi ce qui sous-tend les comparaisons à la mode entre géométries non-euclidiennes et logiques non classiques. La possibilité des géométries non-euclidiennes est une conséquence de l'incomplétude descriptive d'une géométrie axiomatique sans le postulat des parallèles. Mais différentes sortes de logiques ne sont pas les modèles d'une théorie incomplète qui pourrait être complétée en lui ajoutant de nouveaux axiomes. Pour obtenir différentes logiques, il n'est pas suffisant de choisir des axiomes différents. Pour cela, vous devez définir différentes notions de modèle et/ou de vérité. Vous ne pouvez pas parler de la complétude sémantique d'une axiomatisation logique sans avoir défini les notions de modèle et de vérité et, avec elles, la notion de validité.

L'incomplétude attribuée à la logique IF, c'est naturellement l'incomplétude sémantique. Comme telle, elle a peu d'implications sur la complétude ou l'incomplétude des théories non logiques. Au contraire, la puissance accrue de la logique IF en fait *ceteris paribus* un meilleur instrument pour formuler des théories non logiques descriptivement complètes, en dépit de son incomplétude sémantique.

En effet, tant que nous avons à notre disposition une notion viable de vérité-dans-un-modèle, et aussi quelque caractérisation de la totalité de tous les modèles du langage donné, nous pouvons établir un ensemble d'axiomes pour l'arithmétique élémentaire en espérant avec réalisme qu'il puisse se révéler complet. Le type visé de complétude – je l'ai appelé complétude descriptive – sera alors distinct de la complétude déductive. Pour une part, rien n'est dit dans la caractérisation de ce type de complétude au sujet de la méthode déductive éventuellement employée; on n'a même pas besoin de soulever la question de la complétude déductive pour être capable de parler de la complétude descriptive. Celle-ci est en un certain sens une notion purement modèle-théorétique.

Malheureusement, cela implique que la « malédiction de Tarski » discutée au chapitre premier peut affecter la complétude descriptive. La notion de validité, c'est-à-dire la vérité dans tous les modèles, ne peut pas être caractérisée sans caractériser la notion de vérité, qui à son tour ne peut pas être définie (si le résultat de Tarski a le dernier mot) sans recourir à un métalangage plus fort, par exemple à la logique d'ordre supérieur ou à la théorie des ensembles. Et ce recours à la théorie des ensembles semble entraîner tous les problèmes, énigmes et paradoxes dont elle est porteuse.

Une chose que je ferai dans ce livre sera d'étudier différentes solutions à ce problème. Par exemple, tant qu'on s'occupe du sujet immédiat de Gödel,
98 l'arithmétique élémentaire, la complétude descriptive | serait facilement

atteignable si nous étions autorisés à monter au niveau du second ordre. Essentiellement, tout ce que nous avons à faire est de remplacer dans un système d'axiomes de type Peano le schéma pour l'induction par la formulation au second ordre du principe d'induction :

$$(\forall X)((X(0)\,\&\,(\forall y)\,(X(y) \supset X(y+1))) \supset (\forall y)X(y)) \tag{5.1}$$

Bien entendu, il faut présupposer l'interprétation standard au sens de Henkin (1950) du langage du second ordre utilisé. Malheureusement, comme on l'a signalé au chapitre premier, la logique du second ordre comporte apparemment tous les problèmes épineux de l'existence des ensembles, si bien que de nombreux philosophes estiment qu'elle dépasse les bornes de la logique pure.

Même au niveau du premier ordre, il existe des manières d'obtenir des axiomatisations descriptivement complètes de l'arithmétique élémentaire. Il suit du résultat de Gödel que de telles axiomatisations ne doivent pas utiliser la logique du premier ordre ordinaire, ni aucune autre logique déductivement complète. Mais il n'est pas difficile de trouver d'autres types de logiques du premier ordre qui feront l'affaire. On montrera d'ailleurs au chapitre VII comment l'arithmétique élémentaire peut être complètement axiomatisée (au sens descriptif de la complétude) au niveau du premier ordre. Un autre moyen de le faire, quelque peu plus exotique, sera brièvement discuté au chapitre X.

Il y a d'autres manières d'illustrer le fait que les résultats de Gödel ne couvrent pas même toutes les bases de l'arithmétique élémentaire. Par exemple, même si l'arithmétique élémentaire était déductivement complète, elle ne serait pas pour autant descriptivement complète. Littéralement, même la théorie déductivement complète qui est vraie dans la structure des nombres naturels n'est pas descriptivement complète[1]. (Inutile de dire que cette théorie n'est pas axiomatisable.) Elle admet plusieurs modèles non-isomorphes ; elle n'a pas la structure des entiers naturels (avec l'addition et la multiplication) comme unique modèle. D'ailleurs, l'incomplétude descriptive de l'arithmétique de Peano est une conséquence presque directe de la compacité de la logique du premier ordre. On n'a pas besoin de l'argument élaboré de Gödel pour la prouver. Tout ceci montre que nombre de questions importantes ne sont pas affectées par les résultats de Gödel.

Dans une autre direction, il est connu qu'il y a des théories déductivement complètes et donc décidables, des réels et de la géométrie suffisam-

1. En ce sens, une « théorie » est simplement un ensemble déductivement clos de formules.

ment élémentaire[1]. Ces théories sont néanmoins – ou précisément pour cette raison – descriptivement incomplètes. Elles admettent différents modèles non-isomorphes, et elles ne pourront donc satisfaire un mathéma-
99 ticien qui, comme Hilbert, serait engagé avant toute chose | dans l'étude de certaines sortes de structures, comme la structure des « vrais » réels. Un tel mathématicien ne sera pas impressionné par la complétude déductive d'une théorie des réels à la Tarski.

Cet examen incomplet des problèmes de l'incomplétude conduit à un quasi renversement de l'image traditionnelle esquissée plus haut. L'incomplétude est un phénomène logique plutôt que mathématique. Il n'y a en principe aucun obstacle à ce que les mathématiciens atteignent la complétude qui est vraiment importante pour eux, à savoir la complétude descriptive. Dans les chapitres suivants, j'essaierai d'en dire un peu plus sur les manières de réaliser concrètement cette complétude. Mais pour l'atteindre, la logique sous-jacente doit être renforcée pour devenir sémantiquement incomplète.

À cet égard, la logique IF est faite sur mesure pour satisfaire ce besoin d'une logique forte et naturelle, qui soit en même temps sémantiquement incomplète.

Ces brèves remarques nous permettent de décrire la situation générale que le résultat d'incomplétude de Gödel nous impose. Le trait crucial de cette situation n'est pas que nous ne pouvons pas d'une manière ou d'une autre établir des systèmes d'axiomes descriptivement complets pour les théories mathématiques qui nous intéressent – je reviendrai bientôt à la question de comment nous pouvons effectivement les établir. Toutefois, la possibilité d'axiomatisations descriptivement complètes n'atténue pas l'importance du problème de trouver des moyens de déduction pour traiter effectivement des structures dont traitent les systèmes d'axiomes. Par conséquent, le principal problème post-gödelien pour ne pas dire postmoderne des fondements est de chercher et d'analyser de nouvelles méthodes déductives. Les résultats de Gödel montrent qu'on ne peut pas faire cela mécaniquement, encore moins d'un seul coup, mais c'est bien sûr ce qui rend fascinant ce nouveau « problème fondamental de la philosophie des mathématiques ». En pratique, de tels moyens renforcés de déduction peuvent souvent être codifiés sous la forme de nouveaux axiomes pour la théorie mathématique concernée. La tâche dont je parle ici n'est donc pas entièrement différente de celle qui consiste à trouver des axiomes toujours plus forts de la théorie des ensembles.

1. Voir, par exemple, Tarski, 1951, 1959.

Ici, l'impact du théorème d'incomplétude de Gödel est renforcé par celui de l'incomplétude de la logique IF. Dans le chapitre précédent, on a vu que les mathématiques étaient traversées de concepts qui relèvent de la logique IF. Cela signifie que la logique dont on a besoin pour la plupart des théories mathématiques supérieures | ne peut pas se prêter à une axiomati- **100**
sation sémantiquement complète. On ne peut pas réduire le raisonnement mathématique, comme par exemple la preuve de théorèmes mathématiques, à la déduction de nouveaux résultats à l'aide d'une logique qui serait complètement capturée par un ensemble de règles récursives. De plus, les nouveaux principes de raisonnement dont le besoin affleure constamment sont en principe seulement logiques plutôt qu'ensemblistes.

Pour cette raison, la théorie des ensembles axiomatisée dans le premier ordre ordinaire est un mauvais cadre pour la théorisation mathématique quand on trouve des principes de raisonnement nouveaux et plus forts, même si on admet le besoin de trouver des principes ensemblistes toujours plus forts.

Plus généralement, dès que nous réalisons que la logique fondamentale des mathématiques est la logique du premier ordre IF plutôt que sa sœur démodée, nous perdons tout motif de formuler des théories déductivement complètes en mathématiques, excepté pour des cas atypiques. Car une théorie axiomatique ne peut être déductivement complète que si la logique qui lui est sous-jacente est sémantiquement complète quand elle est restreinte aux déductions à partir des axiomes de cette théorie. Et habituellement cela n'est possible que si cette logique de base est sémantiquement complète en général.

Par exemple, on peut établir maintenant avec concision une raison pour laquelle la théorie des ensembles est inadaptée comme base des mathématiques. Le problème n'est pas que la théorie des ensembles a conduit à des paradoxes ni qu'elle menace de conduire à des paradoxes. Le problème n'est pas non plus son incomplétude déductive. C'est son incomplétude descriptive. C'est la raison pour laquelle la théorie des ensembles ne peut pas procurer d'objectifs, et encore moins d'indications, pour rechercher des postulats toujours plus forts qui fourniront de meilleures méthodes déductives pour la théorie des ensembles elle-même.

Cette incomplétude descriptive concerne en premier lieu les axiomatisations du premier ordre de la théorie des ensembles. Mais dans ses formes habituelles, la théorie axiomatique des ensembles n'a pas vraiment non plus de modèles naturels d'ordre supérieur. Je reviendrai sur les perspectives de la théorie axiomatique des ensembles au chapitre VIII.

Que devrait alors faire un mathématicien ? Quand un logicien ou un mathématicien établit un système axiomatique, de nos jours, son objectif

principal est invariablement de le rendre déductivement complet. Je peux envisager un futur où le but typique d'un mathématicien ou d'un logicien sera de formuler des systèmes d'axiomes descriptivement complets qui seront déductivement incomplets. C'est le type de système axiomatique qui peut guider au mieux le mathématicien ou le logicien dans sa quête indéfinie de principes déductifs toujours plus forts pour une théorie particulière.
101 La complétude descriptive fournit alors | l'objectif qui peut aider à orienter la recherche du logicien vers des principes logiques plus forts qui pourraient procurer un plus grand pouvoir déductif.

De tels systèmes d'axiomes descriptivement complets doivent néanmoins se situer au niveau du premier ordre. Car sinon, ils seraient sujets à la malédiction de Tarski : leur théorie des modèles comprendrait sans doute des concepts ensemblistes.

Cette observation fournit une réponse à une question que le lecteur s'est peut-être déjà posée. La tâche de trouver de nouveaux axiomes n'est-elle pas la fonction de tous les jours des logiciens actifs, au moins tacitement ? Car ce qui est évidemment suggéré ici, c'est que les indications pour la recherche de nouveaux principes déductifs sont fournis par la théorie des modèles pour la partie des mathématiques concernée. Par exemple en arithmétique élémentaire, nous avons une belle définition de la vérité qui peut guider un logicien ou un mathématicien dans sa recherche d'axiomes plus forts.

On peut dire des choses peu ou prou semblables à propos de la recherche d'axiomatisations sémantiquement complètes de telle partie de la logique par un logicien. Comme je l'ai montré, ce type de complétude est un mirage dès le niveau de la logique du premier ordre IF. Ce que l'on peut pourtant faire, c'est donner une caractérisation non axiomatique de la vérité logique (validité) et l'utiliser comme indication pour chercher des principes déductifs plus forts. En pratique, il est difficile (et vain) d'essayer de distinguer finement la recherche de principes déductifs plus forts de celle d'axiomes descriptifs plus forts.

Mais l'histoire ne peut pas s'arrêter là. D'une part, toute la théorie des modèles ne peut pas nous aider dans notre recherche des bons principes déductifs. Pour cela, nous devons avoir une idée de ce que sont les modèles visés de la théorie concernée pour pouvoir caractériser la vérité dans ces modèles. De plus, il nous faut une meilleure compréhension de la structure des modèles visés pour voir ce qui suit logiquement des axiomes (descriptivement complets) qui caractérisent cette structure. Ce n'est donc pas le tout que la logique déductive soit un moyen de mieux comprendre les structures spécifiées par un système d'axiomes mathématiques. Parfois, le mouvement s'exécute en sens inverse : on a besoin de mieux saisir ces structures pour voir quelles sont les conséquences déductives des axiomes.

Il est vrai que cette situation de « logique inversée » (*reverse logic*)[1] ne semble pas se produire très souvent dans la pratique des mathématiques. Mais cette rareté tient peut-être à une illusion. Par exemple, quand des résultats en théorie des nombres sont prouvés par des moyens analytiques, il se produit que la structure des nombres naturels est considérée comme une partie d'une structure plus compliquée | dont la compréhension permet **102**
de mieux saisir la structure des nombres naturels. Un autre exemple est fourni par la manière dont les hypothèses de continuité à propos des nombres réels ont été à l'origine inspirées par l'analogie entre la structure des réels et celle d'une ligne géométrique.

La recherche de principes déductifs plus forts est aussi étroitement liée à ce fétiche de la philosophie des mathématiques récentes qu'est la pratique mathématique. Comme on l'a signalé plus haut, un mathématicien cherche typiquement une compréhension de la structure de tous les modèles d'une théorie donnée. Quels que soient les préjugés des philosophes, seule une partie minuscule du travail effectif des mathématiciens consiste à dériver déductivement des théorèmes à partir d'axiomes. Au lieu de cela, ce que nous trouvons dans les traités de mathématiques sont des résultats métamathématiques, comme par exemple la classification de différents modèles des axiomes, ou des théorèmes de représentation. Il est vrai que les théorèmes de représentation ne donnent pas lieu habituellement à de nouveaux axiomes pour la théorie donnée, ni à de nouveaux principes logiques. Toutefois, quand la théorie donnée est déductivement incomplète, de tels méta-théorèmes peuvent être un bon moyen pour trouver de nouveaux axiomes. Je serais même tenté de suggérer que le rôle que Gödel a attribué à l'intuition dans les fondements des mathématiques devrait être compris comme marquant l'importance de cette méthode méta-théorique et modèle-théorétique qui consiste à dériver de meilleurs principes déductifs pour l'étude de certaines sortes de structures à partir d'aperçus concernant directement ces structures.

Je reviendrai à la question de trouver des principes plus forts aux chapitres VIII et IX. On y trouvera d'autres raisons expliquant pourquoi la théorie axiomatique des ensembles est singulièrement mal adaptée aux besoins des recherches fondationnelles auxquelles les logiciens sont confrontés du fait des résultats d'incomplétude de Gödel.

1. Hintikka fait ici allusion aux *reverse mathematics* développées par Harvey Friedman depuis les années 1970. [NdT]

On peut illustrer ces points de vue dans les termes même de la distinction faite plus haut entre les différents sens de complétude. Ma caractérisation de la complétude descriptive peut provoquer des doutes, du fait qu'elle fait référence à la classe des modèles visés. Pour désigner ces modèles, on parle parfois de modèles standards. Pourtant, cet usage du terme « standard » est simplement un euphémisme pour « visé » (*intended*), car on ne peut l'identifier à aucun des sens strictement définis du standard (comme celui de l'article de 1950 de Henkin). La relation qu'il peut y avoir entre ces différents sens de standard n'est même pas claire.

Une quelconque référence aux modèles visés dans la définition de la complétude descriptive pourrait donc sembler extrinsèque aux véritables fondements des mathématiques, et peut-être même dangereusement
103 obscure. Comment | pouvons-nous caractériser de tels modèles avec pour ainsi dire une vue inédite? Une manière de dissiper les doutes est de souligner que l'idée de modèle visé n'est pas plus douteuse que celle de modèle en général. Comme on l'a signalé au chapitre premier, le concept général de modèle implique aussi des idées prélogiques concernant ce à quoi doit ressembler une structure pour être acceptable comme modèle *simpliciter*. Une façon de le voir consiste à examiner comment la notion de modèle peut être naturellement modifiée. Ces variations nous aident à comprendre ce qu'implique la notion non variée de modèle.

On peut par exemple élargir la notion de modèle et obtenir en conséquence une logique plus faible – c'est-à-dire une logique où il y a moins de formules valides car il y a plus de modèles où ces formules peuvent manquer d'être vraies. On peut facilement le faire à l'aide de GTS. Cela indique que notre logique habituelle est basée sur une supposition importante. On peut concevoir les différents choix réalisés par les deux joueurs de la même manière que les théoriciens des probabilités conçoivent leurs procédures d'échantillonnage, à savoir comme des « tirages » (sélections) de « billes » (individus) dans une « urne » (domaine d'un modèle). Normalement, on suppose que la population des billes dans une urne reste identique entre deux tirages successifs; dans la terminologie logique, on suppose que le modèle ne change pas entre deux coups successifs dans un jeu sémantique. Mais cette supposition n'est pas inévitable. Les théoriciens des probabilités ont en fait imaginé des « modèles d'urnes » qui changent suivant quelque loi fixe entre les tirages. De la même manière, nous pouvons autoriser le modèle sur lequel est basé un jeu sémantique à changer suivant certaines lois spécifiques entre les coups successifs du jeu. Il en résulte une logique bien définie, qui peut être utilisée dans l'étude des fondements des mathématiques[1].

Dans la direction inverse, on peut changer sa logique en lui imposant des conditions supplémentaires. Il en résultera plus de vérités logiques qu'avant, car il y a dorénavant moins de modèles acceptables dans lesquels une formule peut manquer d'être vraie. Cette fois encore, la logique résultante peut avoir une utilité dans l'étude des fondements des mathématiques. Une possibilité particulièrement intéressante dans cette direction consiste à implémenter des suppositions de maximalité et de minimalité concernant les modèles, pas au moyen d'axiomes explicites ou d'autres sortes d'énoncés, mais avant tout comme un modèle du langage sous-jacent. Cette possibilité est en partie explorée dans Hintikka (1993a).

Les changements de ces deux types sont implicitement rejetés de la notion traditionnelle de modèle. Cette notion traditionnelle | implique donc 104
des hypothèses prélogiques absolument non triviales. Ce n'est plus une dangereuse hypothèse que de supposer qu'une classe restreinte de modèles d'une théorie mathématique nous est donnée. Nous avons certainement une idée aussi fine de la structure des nombres naturels que des modèles traditionnels vis-à-vis de leurs rivaux.

Il me semble que l'on pourrait exploiter beaucoup plus largement qu'on ne l'a fait nos idées prélogiques à propos de certaines classes de structures. Par exemple, la seconde classe des ordinaux (la structure des ordinaux dénombrables) est de nos jours étudiée comme un aspect de la théorie axiomatique des ensembles. Je ne serais pas surpris s'il s'avérait que nos intuitions à propos de la seconde classe des ordinaux peuvent être incorporées par des théoriciens des ensembles de manière plus directe en considérant directement et pour elle-même sa théorie des modèles.

Nous avons donc vu que les rumeurs sur la fin de la complétude en mathématiques ont été grandement exagérées. Le type de complétude le plus important en mathématiques est bel et bien vivant dans la contrée de la théorie des modèles. Mais comme on l'a souligné au chapitre premier, l'indépendance de cette contrée reste menacée. Car sa notion de base, la notion de vérité dans un modèle, semble toujours chercher refuge dans des considérations d'ordre supérieur qui paraissent inciter à une invasion par les armées étrangères de la logique d'ordre supérieur (ou de la théorie des ensembles). Ma tâche suivante sera donc de voir comme ce danger peut être écarté.

1. Voir Hintikka, 1975; Rantala, 1975.

| CHAPITRE VI

QUI A PEUR D'ALFRED TARSKI ? LES DÉFINITIONS DE LA VÉRITÉ POUR LES LANGAGES DU PREMIER ORDRE IF

Dans les chapitres précédents, on a vu à quel point le concept de vérité était crucial pour les fondements de la logique et des mathématiques. On a vu que la question de la définissabilité de la vérité jouait un rôle particulièrement central. Les nouveaux langages exposés au chapitre III, les langages du premier ordre IF, ouvrent la voie à une libération de l'expressivité du concept de vérité des problèmes graves qui l'assaillaient.

Comme on l'a souligné au chapitre premier, les discussions sur la vérité et sa définissabilité ont été, pendant les soixante dernières années, profondément influencées par les idées d'Alfred Tarski[1]. Cette influence a été forte et très étendue. Les aspects suivants du travail de Tarski sont particulièrement pertinents ici :

(i) Dans sa monographie classique, Tarski a montré comment le concept de vérité peut être défini explicitement et précisément pour certains types de langages formels.
On a expliqué brièvement au chapitre premier la nature des définitions de la vérité à la Tarski. Entre autres, les traits suivants de ces définitions ont été soulignés :

(ii) Une définition de la vérité à la Tarski est indirecte, en définissant la notion de vérité parallèlement à celle de satisfaction.

(iii) Tarski a prouvé qu'étant données certaines hypothèses, une définition de la vérité pour un langage formel ne peut être formulée que dans un métalangage plus fort, sous des aspects spécifiables, que le langage objet. De nos jours, on exprime habituellement les prédicats de vérité à la Tarski

1. Tarski, 1935 et 1956a. La seule discussion de la longueur d'un livre de la définition de la vérité de Tarski semble être Moreno (1992). On y trouve des références supplémentaires.

pour les langages du premier ordre par des formules Σ^1_1 du second ordre
106 – autrement dit par des formules dont le seul | ingrédient qui n'est pas du premier ordre est un préfixe (*a formula-initial string*) de quantificateurs existentiels du second ordre.

(iv) Tarski défendait l'idée que le concept de vérité ne peut pas être défini pour ce qu'il appelait le langage familier (*colloquial language*).

(v) Une suggestion moins profonde mais très populaire de Tarski était d'utiliser comme pierre de touche pour les définitions de la vérité qu'elles aient pour conséquences toutes les instances pertinentes du dit schéma-T :

(T) Π est vrai $\leftrightarrow p$

où « Π » est remplacé par une citation ou une description structurale de l'énoncé qui remplace « *p* ».

On défendra dans ce chapitre que nous devons réviser nos idées à propos de ces cinq traits, (i) à (v), des définitions de la vérité à la Tarski. On verra aussi que les définitions de la vérité peuvent être libérées des problèmes – ou au moins des limitations – dont on a vu au chapitre premier qu'elle étaient l'objet.

On considère généralement que la procédure de Tarski est normative. Pourtant, la raison de cette normativité de la définition de Tarski n'est que rarement voire jamais expliquée, de même que le propre raisonnement de Tarski quand il procéda de la sorte. Il y a toutefois une réponse simple et commune à ces deux questions. Cette réponse est étroitement liée aux présuppositions de l'approche employée ici.

Historiquement, l'arrière-plan de Tarski était pour une bonne part une forme ancienne de l'idée de grammaire catégoriale. Une approche comme la grammaire catégoriale présuppose certaines choses de la sémantique de la langue qu'elle étudie. Elle présuppose que la langue en question satisfait cette exigence que les linguistes appellent habituellement la *compositionnalité*[1]. Les philosophes l'appellent parfois principe de Frege, et on dirait en effet que Frege l'a soutenu. Dans sa formulation habituelle, ce principe dit que la signification d'une expression complexe est fonction des significations de ses expressions composantes. Il est cependant juste d'étendre l'idée de compositionnalité pour dire que tous les attributs sémantiques pertinents d'une expression (et pas seulement sa signification ou sa vérité) sont fonction des attributs sémantiques des expressions qui la constituent (et pas seulement de leur signification). L'impact majeur du principe de compositionnalité sur la théorisation logique et linguistique est d'autoriser
107 ce que l'on appelle couramment | les définitions récursives (ou d'autres sortes de caractérisations récursives) des propriétés sémantiques perti-

1. Sur cette notion, voir Partee, 1984 et Pelletier, 1994.

nentes. C'est-à-dire que nous pouvons spécifier les conditions d'applicabilité des attributs sémantiques concernés aux expressions les plus simples pour spécifier ensuite, pas à pas, pour chaque opération permettant de former une expression complexe à partir d'expressions plus simples, comment l'applicabilité de cet attribut sémantique à l'expression complexe se dérive des attributs sémantiques de ses expressions composantes.

L'idée de compositionnalité s'est largement répandue dans la théorisation linguistique et philosophique récente. La conformité à ce principe est généralement (quoique pas universellement) conçue comme un *desideratum* majeur qui devrait être satisfait par toute théorie linguistique satisfaisante. Donald Davidson a même apparemment pensé à un moment que la compositionnalité était une condition préliminaire à l'apprentissage du langage[1].

Le véritable impact du principe de compositionnalité n'a cependant pas été mis en valeur dans les débats récents. Il est éclairé par la manière dont ce principe facilite les définitions récursives d'attributs sémantiques. Ces définitions récursives procèdent des expressions les plus simples aux plus complexes. Elles ne sont possibles que si l'attribut à définir est, sémantiquement parlant, *indépendant du contexte* (*context-independent*). La principale fonction du principe de compositionnalité est d'assurer cette indépendance contextuelle sémantique.

Il me semble que le principe de compositionnalité a été l'une des présuppositions les plus importantes dans le travail de Tarski sur le concept de vérité. Il est tout d'abord assez évident que c'est ce principe qui a motivé son besoin de définitions récursives dans son approche de la vérité. C'est ensuite cet engagement vis-à-vis d'une procédure *inside-out* qui l'a contraint à ne pas définir seulement la vérité pour ses langages formels, mais à la définir parallèlement à la notion de satisfaction. Dans une procédure compositionnelle, on définit les attributs sémantiques d'une expression dans les termes des attributs sémantiques de ses expressions composantes. Mais la vérité ne peut être attribuée qu'à des énoncés (ou formules closes), dont les expressions composantes sont souvent non pas des énoncés, mais des formules ouvertes. Pour cette raison, on ne peut définir compositionnellement la vérité que conjointement à quelque autre concept sémantique comme la satisfaction. Cette observation nous aide à comprendre la procédure suivie par Tarski dans son célèbre article. Elle offre aussi un aperçu des difficultés auxquelles un logicien sensible à la linguistique ou un linguiste sensible à la logique peut être conduit par l'adhésion au principe de compositionnalité. | Car il serait franchement préférable de **108**

1. Voir Davidson, 1965.

définir directement la notion de vérité sans passer par l'intermédiaire du concept de satisfaction. En premier lieu, nous sommes susceptibles d'avoir des idées pré-théoriques plus fines au sujet de la notion de vérité qu'à propos de la notion de satisfaction.

Tarski a trouvé lui-même l'origine de ses idées dans la notion de catégorie sémantique qui remonte à Leśniewski et indirectement à Husserl[1]. Comme cela est présenté dans différents développements explicites de la grammaire catégoriale, l'idée principale est ici de refléter la structure sémantique d'un énoncé par la manière dont elle est construite syntaxiquement à partir de ses composants de base. Qu'un tel parallélisme entre sémantique et syntaxe présuppose ou non le principe de compositionnalité de manière inextricable, il fait peu de doute qu'en faisant l'éloge de la notion de catégorie sémantique Tarski exaltait en fait les vertus de la compositionnalité.

Bref, l'adhésion au principe de compositionnalité constitue sinon la réponse, du moins une bonne partie de la réponse à la question de savoir pourquoi Tarski a formulé sa définition de la vérité de la manière dont il l'a fait. De plus, je soupçonne que ce même principe a été opérant dans l'affirmation de Tarski que la vérité n'est pas définissable dans notre langage « familier » ordinaire. Tarski a fait porter la responsabilité de cette impossibilité supposée sur les irrégularités des langues naturelles. Je soupçonne que l'échec à se conformer au principe de compositionnalité a été la première « irrégularité » discernée par Tarski dans les langues naturelles.

Ce n'est pas que des contre-exemples flagrants au principe de compositionnalité n'aient pas été signalés dans la littérature. L'absence de synonymie entre les deux énoncés suivants en est un :

Mary will be surprised if anyone comes. (6.1)
[*Mary sera surprise si quiconque vient.*]

Mary will be surprised if everyone comes. (6.2)
[*Mary sera surprise si tout le monde vient.*]

De même, le contexte affecte la signification d'un énoncé comme :

Jim can beat anyone. (6.3)
[*Jim peut battre n'importe qui.*]

quand elle est enchâssée dans un énoncé de croyance :

John doesn't believe that Jim can beat anyone. (6.4)
[*John ne croit pas que Jim peut battre quiconque.*]

Car ce que l'on dit que John ne croit pas dans (6.4), ce n'est pas (6.3), mais :

1. *Cf.* Tarski, 1956a, p. 215.

Jim can beat someone. (6.5)

[*Jim peut battre quelqu'un.*]

| Il est même possible de donner une interprétation systématique de la 109
raison pour laquelle la compositionnalité échoue dans des énoncés comme (6.1) ou (6.4). Une explication importante pour un type de contre-exemple réside dans ce que j'ai appelé les principes d'ordre spécial de GTS. Ils ne respectent pas l'ordre dans lequel une expression est assemblée à partir de ses expressions composantes[1]. Malgré cela, les linguistes n'ont pas considéré les contre-exemples flagrants à la compositionnalité aussi sérieusement qu'ils auraient dû. Peut-être n'ont-ils jamais lu ces chapitres des traités de philosophie des sciences concernant la signification des anomalies dans les changements de théories.

L'un des impacts les plus importants de la logique IF sur nos idées au sujet de la logique et du langage, c'est qu'elle montre une fois pour toutes la futilité absolue d'essayer de s'en tenir au principe de compositionnalité dans la théorisation linguistique et logique. La raison en est aveuglante depuis les explications sur la nature de la logique IF données au chapitre III. Par leur nature même, tous les cas d'indépendance entre quantificateurs (ou de tout autre sorte d'indépendance informationnelle en logique) qui ne peuvent pas être traités en logique du premier ordre ordinaire violent le principe de compositionnalité.

On pourrait l'exagérer en changeant la notation qui a été utilisée dans le passage mentionné du chapitre III. Au lieu d'ajouter à chaque quantificateur une indication des quantificateurs antérieurs dont il est indépendant, nous pourrions ajouter à chaque quantificateur la liste des quantificateurs subséquents placés hors de sa portée. Par exemple, au lieu d'écrire ma formule favorite dans la notation employée jusqu'ici :

$$(\forall x)(\forall z)(\exists y/\forall z)(\exists u/\forall x)S[x, y, z, u] \qquad (6.6)$$

je pourrais l'écrire comme :

$$(\forall x//\exists u)(\forall z//\exists y)(\exists y)(\exists u)S[x, y, z, u] \qquad (6.7)$$

où le *double-slash* // est la converse de la relation d'indépendance /.

J'ai argumenté ailleurs que la compositionnalité était une cause perdue pour l'étude de la sémantique des langues naturelles[2]. Ce n'est pas l'affirmation d'une impossibilité. Si vous croyez dur comme fer à la compositionnalité, il y a un moyen de la maintenir. Les infractions flagrantes à la compositionnalité sont dues, comme nous l'avons vu, à l'interaction sémantique d'une expression avec son contexte. Maintenant, vous pouvez

1. Voir ici Hintikka et Kulas, 1983, p. 233-234 ; 1985, p. 180-181.

2. Voir Hintikka et Kulas, 1983, chap. 10.

en principe construire les lois qui rendent compte de cette interaction
110 à l'intérieur de l'entité sémantique que vous pensez être la valeur | de l'expression en question. En pratique, il en résulterait toutefois une sémantique intolérablement compliquée et complètement artificielle.

Ce caractère non naturel est illustré par le fait qu'un acte semblable de désespoir sémantique est impossible dans des langages formels. La résurrection de la compositionnalité y est rendue impossible par les conventions tacites qui gouvernent l'interprétation des formules logiques. Aucune ingéniosité perverse ne pourrait rendre la sémantique d'énoncés tels que (6.6) et (6.7) conforme au principe de compositionnalité[1].

L'engagement des définitions de la vérité à la Tarski vis-à-vis de la compositionnalité est si profond que la gloire et la défaite du principe de compositionnalité sont pour une large part mesurées à l'aune des succès et des échecs de ces définitions. En montrant dans ce chapitre les limitations très importantes des définitions de la vérité à la Tarski, j'expose *ipso facto* certains graves défauts théoriques du principe de compositionnalité.

À l'inverse, pour regarder la face lumineuse des choses, l'existence même de la logique IF est une preuve éloquente du fait que le rejet de la compositionnalité n'est pas un obstacle pour la formulation d'une logique simple et puissante. En effet, le meilleur argument contre la compositionnalité comme principe linguistique général est le succès de la logique IF dans ses différentes variantes pour l'analyse logique de concepts variés et importants et de leurs manifestations dans les langues naturelles. Ce n'est pas le lieu de développer cette *success story*, qui en fait se poursuit encore. En tout cas, le témoignage apporté par le cumul des différentes applications m'impressionne suffisamment pour fonder mon rejet de la compositionnalité dans le cadre de cet ouvrage[2].

La dépendance des définitions de la vérité à la Tarski vis-à-vis du principe de compositionnalité les rendent suspectes même dans les cas où elles fonctionnent.

Parce que les langages du premier ordre IF ne sont pas compositionnels, les définitions de la vérité à la Tarski ne s'y appliquent pas. Vous ne pouvez simplement pas donner de conditions de satisfaction pour des expressions comme :

1. L'ingéniosité de Hodges en est cependant venue à bout peu après la parution de ce livre. Sa *trump semantics* est en effet une sémantique compositionnelle pour les langages IF. (Voir W. Hodges, « Compositional Semantics for a Language of Imperfect Information », *Journal of the IGPL* 5, 1997, 539-563 ; J. Hintikka et G. Sandu, « Aspects of Compositionality », *Journal of Logic, Language, and Information* 10, 2001, p. 49-61.) [NdT]

2. Voir, par exemple, Hintikka et Kulas, 1983 et 1985 ; Hintikka et Sandu, 1991 et 1996.

$$(\exists y)(\exists u)\mathrm{S}[x, y, z, u] \tag{6.8}$$

si vous ne savez pas quelles relations de dépendance et d'indépendance tiennent ici entre $(\exists y)$, $(\exists u)$, et les quantificateurs plus loin à l'extérieur par lesquels x et z pourraient être liés (*cf.* 6.7).

Cet échec des définitions de la vérité à la Tarski est toutefois peut-être moins évident qu'il ne peut le sembler au premier abord. Il est | le plus 111
visible quand nous utilisons la notation du *double-slash*. Car il n'y a alors pas de différence entre deux expressions composantes dont les variables sont dans l'une indépendantes de certains quantificateurs situés à l'extérieur, tandis qu'elles sont liées par des quantificateurs extérieurs dans l'autre. Par exemple, les constituants sans quantificateur universel des deux expressions suivantes sont identiques :

$$(\forall x)(\forall z)(\exists y)(\exists u)\mathrm{S}[x, y, z, u] \tag{6.9}$$

$$(\forall x//\exists u)(\forall z//\exists y)(\exists y)(\exists u)\mathrm{S}[x, y, z, u] \tag{6.7}$$

Si on imposait la compositionnalité, la même entité sémantique devrait être assignée à :

$$(\exists y)(\exists u)\mathrm{S}[x, y, z, u] \tag{6.8}$$

dans les deux cas. Mais cela empêcherait de distinguer sémantiquement (6.9) et (6.7) si nous respections la compositionnalité et construisions nos conditions de vérité et de satisfaction de l'intérieur vers l'extérieur. Car « l'intérieur » de (6.9) et (6.7) est identique, et au moment où nous atteindrons les quantificateurs *slashés*, il sera trop tard pour distinguer sémantiquement les formules l'une de l'autre.

Quand la notation à un seul *slash* est employée, nous pouvons faire une distinction entre les entités assignées, par exemple à :

$$(\exists u)\mathrm{S}[x, y, z, u] \tag{6.10}$$

et à :

$$(\exists u/\forall x)\mathrm{S}[x, y, z, u] \tag{6.11}$$

Mais cette possibilité n'aidera pas les compositionnalistes de façon décisive. Un point mineur est que la compositionnalité ne sera pas vraie au sens littéral du mot, puisque (6.11), n'étant pas une formule bien formée, n'est l'expression composante d'aucune formule. Que (6.11) puisse ou non apparaître comme une partie d'un énoncé bien formé dépendra du fragment de l'énoncé qui se trouve à l'extérieur.

Cet échec de la compositionnalité pourrait sembler simplement spécieux. Il est néanmoins symptomatique de la situation. En tout cas, il y a une autre raison qui rend impossibles des définitions de la vérité à la Tarski pour les énoncés IF. La différence entre (6.10) et (6.11) réside dans la dépendance de la valeur de u par rapport à celle de x. Quelle que soit l'expression de cette dépendance ou indépendance pour l'assignation

112 d'une valeur sémantique à (6.11), | cette assignation devra, par la même expression, indiquer si la valeur de u dépend de celles de y et de z. Mais cette question ne dépend pas seulement de l'expression (6.11), comme l'exige la compositionnalité. Du fait de la convention dont on a montré au chapitre III qu'elle était nécessaire pour les langages IF, cette question dépend aussi de si y et z sont liés par des quantificateurs universels ou existentiels. Et cela n'est pas visible à partir de la seule expression composante. De même, on ne peut pas voir à partir de (6.11) quelles variables parmi x, y, z dépendent de quelles autres. C'est pourtant nécessaire si nous voulons assigner à (6.11) une classe de valuations qui la satisfont.

Par conséquent, on ne peut pas espérer de façon réaliste formuler des conditions de vérité compositionnelles pour les énoncés IF, même si je n'ai pas donné de preuve stricte d'impossibilité à cet effet.

Cet échec des définitions de la vérité à la Tarski constitue pour celles-ci un point noir extrêmement sérieux. La plupart des échecs antérieurs de ce type de définitions étaient hors de portée de la recherche logique en cours, et ils impliquaient des concepts qui étaient, au moins à première vue, peu familiers – sauf si vous étiez Leibniz et vous délectiez de cette sorte d'analyse infinie que codifient les langages infiniment profonds. À l'opposé, on a vu la logique IF comme étant notre véritable logique élémentaire en ne comprenant rien d'autre que des quantificateurs et des connecteurs propositionnels. Ainsi, l'échec des définitions de la vérité à la Tarski en logique IF montre qu'elles ne peuvent pas sérieusement prétendre constituer la norme fondamentale pour les définitions de la vérité.

À la différence des définitions à la Tarski, les caractérisations *game-theoretical* de la vérité sont faciles à établir pour les langages IF. Cela n'est pas vraiment surprenant, puisqu'un jeu sémantique part non pas des constituants les plus simples mais d'un énoncé entier, avant de le disséquer progressivement en énoncés de plus en plus simples. Dans un tel processus de l'extérieur vers l'intérieur, on peut facilement prendre en compte les dépendances vis-à-vis du contexte.

Ainsi, pour un énoncé du premier ordre S (qu'il soit IF ou pas), sa traduction dans le second ordre peut lui servir de conditions de vérité. Car, comme nous l'avons vu au chapitre III, une telle « traduction » exprime précisément l'existence d'une stratégie gagnante pour le vérificateur initial dans le jeu G(S) corrélé à S. C'est de cette manière que la vérité est avant tout caractérisée en GTS. Ce qu'il reste à faire pour formuler une définition de la vérité, c'est en effet d'intégrer toutes les conditions de vérité en une seule *définition* de la vérité. Il apparaîtra, malgré Tarski, que l'on peut donner une telle définition de la vérité pour un langage du premier ordre IF représentatif dans ce langage même.

| Approchons ce type de définition de la vérité par étapes. Je discuterai 113
en premier lieu la définissabilité de la vérité arithmétique. Pour ce cas, le modèle dans lequel la vérité ou la fausseté des énoncés du langage sous-jacent sont évaluées, c'est la structure des nombres naturels. D'abord, je supposerai de même que le langage employé est un langage arithmétique du premier ordre ordinaire. Plus tard, j'élargirai mon horizon aux quantificateurs indépendants et aussi aux connecteurs, plus le fragment Σ^1_1 du langage du second ordre correspondant.

Je suppose que mes lecteurs sont familiers avec la technique de numération de Gödel. L'idée de base est totalement évidente. Il s'agit d'un codage de la syntaxe d'un langage formel donné, le langage objet, dans le langage de l'arithmétique élémentaire. Pour les besoins de la discussion, on supposera que le langage objet lui-même contient une formalisation adéquate de l'arithmétique élémentaire (du premier ordre). La raison en est que nous voulons montrer que pour certains langages objets, le prédicat de vérité peut être défini dans le langage objet lui-même.

On peut réaliser de différentes façons l'encodage de la syntaxe du langage objet au moyen de son propre fragment arithmétique. Tout ce qui compte ici, c'est que certaines relations formelles entre formules puissent être exprimées dans le langage même. Dans ma discussion métalogique, je ferai référence au nombre de Gödel d'une formule S à l'aide des coins de citation (*corner quotes*). En d'autres termes, $\ulcorner S \urcorner$ sera le nombre de Gödel de S. On notera **n** le numéral qui représente un nombre naturel n.

Alors les propriétés et les relations entre différentes expressions dont la représentabilité joue un rôle dans mon raisonnement sont des relations entre expressions de la forme suivante :

(i) n et $\mathbf{n}$ (6.12)
(ii) $(S_1 \& S_2)$, S_1 et S_2
(iii) $(S_1 \vee S_2)$, S_1 et S_2
(iv) $(\forall x)\, \mathrm{S}[x]$, n et $\mathrm{S}[\mathbf{n}]$
(v) $(\exists x)\, \mathrm{S}[x]$, n et $\mathrm{S}[\mathbf{n}]$

Si $\mathrm{R}(x, y)$ est une relation primitive à deux places,

(vi) $\mathrm{R}(\mathbf{n}, \mathbf{m})$, n et m

De la même manière, pour d'autres prédicats et fonctions primitifs.

(vii) de même pour les prédicats et fonctions primitifs niés
(viii) S_1, S_2, quand S_2 est la forme normale négative de S_1

Cette relation sera appelé $\mathrm{N}(x, y)$.

| Plus tard, la technique de numération de Gödel sera aussi appliquée à 114
la partie Σ^1_1 du langage du second ordre correspondant, en autorisant les quantificateurs indépendants. (On supposera pour simplifier que tous les

quantificateurs existentiels du second ordre initiaux sont des quantificateurs sur des fonctions.) Nous considérerons alors les relations entre les expressions suivantes :

(ix) $\ulcorner(\forall y)(\forall u)(\exists z/\forall u)(\exists t/\forall y)S[y, z, u, t]\urcorner, k, l, m, n$ et $\ulcorner S[\mathbf{k}, \mathbf{l}, \mathbf{m}, \mathbf{n}]\urcorner$

Comment puis-je savoir que toutes ces relations peuvent être représentées dans la théorie élémentaire des nombres et donc dans le langage IF considéré ? Il serait fastidieux d'y répondre ici dans le détail. Heureusement, il y a un argument qui n'est pas seulement convaincant, mais qui est aussi un argument auquel les logiciens recourent quotidiennement. Il fait appel à la thèse de Church. Il est connu que toutes les relations récursives sont représentables dans la théorie élémentaire des nombres [1]. La thèse de Church dit que toute relation effectivement (ou mécaniquement) décidable est récursive. Comme toutes les relations dont nous parlons ici sont certainement mécaniquement décidables, elles sont représentables dans le langage IF considéré, puisqu'on a supposé que ce langage contenait l'arithmétique élémentaire. Dans certains cas, la représentabilité de ces relations dans un langage adéquat de l'arithmétique est connue dans la littérature.

Pour la clarté de l'exposé, je n'introduirai pas de notation spécifique pour les relations (i)-(ix), mais j'utiliserai plutôt le coin de citation.

Une fois établi que toutes les relations (i)-(ix) peuvent être exprimées dans le langage, il est aisé de voir comment formuler un prédicat de vérité pour différents langages. Je montrerai d'abord comment on peut formuler un prédicat de vérité pour un langage du premier ordre ordinaire L dans le langage du premier ordre IF correspondant. Je formulerai premièrement ce prédicat dans le fragment Σ^1_1 des langages du second ordre correspondants. Une fois cela fait, on peut simplement traduire ce prédicat dans le langage IF correspondant. Par « langage correspondant », j'entends bien sûr un langage avec les mêmes termes primitifs non logiques.

Le prédicat de vérité du second ordre a une signification intuitive et évidente. Quand il est appliqué au nombre de Gödel y d'un énoncé, il dit qu'il existe un prédicat unaire X qui se comporte comme doit se comporter un prédicat de vérité, et que X s'applique à y. Autrement dit, le prédicat de vérité a la forme :

$$(\exists X)(TR[X] \,\&\, X(y)) \qquad (6.13)$$

115 | Ici, TR[X] sert à garantir qu'il y a une stratégie gagnante pour le vérificateur initial dans un jeu sémantique. En fait, TR[X] est la conjonction des formules suivantes :

1. *Cf.* par exemple Mendelson, 1987, p. 143, proposition 3.23.

(a) $(\forall x)(\forall y)(\forall z)((x=\ulcorner S_1 \,\&\, S_2\urcorner \,\&\, y=\ulcorner S_1\urcorner \,\&\, z=\ulcorner S_2\urcorner)\supset(X(x)\supset(X(y)\,\&\,X(z))))$

(b) de même pour la disjonction

(c) $(\forall y)(\forall z)(\forall u)(y=\ulcorner\forall x\,[Sx]\urcorner \,\&\, u=\ulcorner[S\mathbf{z}]\urcorner \,\&\, X(y))\supset X(u))$

(d) $(\forall y)(\forall z)(\forall u)(y=\ulcorner\exists x\,[Sx]\urcorner \,\&\, u=\ulcorner[S\mathbf{z}]\urcorner \,\&\, X(y))\supset X(u))$

(e) Si R est une relation primitive binaire, $(\forall x)(\forall y)\,((X(x)\,\&\,\mathrm{X}(y))\supset(\mathrm{R}(\mathbf{x},\mathbf{y})\leftrightarrow \mathrm{R}(x,\, y)))$; de même pour les autres prédicats primitifs et pour leurs négations.

(f) $(\forall x)(\forall y)((x=\ulcorner S_1\urcorner \,\&\, y=\ulcorner S_2\urcorner \,\&\, \mathrm{N}(x,y))\supset(X(x)\leftrightarrow X(y)))$, où $\mathrm{N}(x, y)$ est la relation du nombre de Gödel d'un énoncé avec le nombre de Gödel de sa forme normale négative.

Une fois compris cette définition du prédicat de vérité (6.13), vous réaliserez qu'elle convient. Car la propriété d'être vrai (en tant qu'attribuée aux nombres de Gödel d'énoncés d'un langage du premier ordre ordinaire avec un nombre fini de prédicats et de fonctions primitifs), satisfait TR[X]. Donc si l'énoncé de nombre de Gödel y est vrai, il satisfait (6.13).

Inversement, si (6.13) est satisfaite, on peut voir à partir de TR[X] qu'il y a une stratégie gagnante pour le vérificateur initial. Ce joueur peut toujours choisir ses coups de telle sorte que le nombre de Gödel de l'énoncé résultant ait la propriété X. En effet, le prédicat de vérité (6.13) est à peine plus qu'une manière d'expliciter plus complètement la définition *game-theoretical* de la vérité expliquée au chapitre II.

On peut formuler cette observation d'une manière un peu différente. Considérez ainsi la formulation :

$$(\exists X)(\mathrm{TR}[X] \,\&\, X(\ulcorner S\urcorner)) \tag{6.14}$$

où le prédicat de vérité est appliqué au nombre de Gödel de l'énoncé S. On peut aisément voir que (6.14) est logiquement équivalente aux conditions de vérité *game-theoretical* (du second ordre) de S, telles qu'on les a expliquées au chapitre II. Cela aide à expliquer le sens dans lequel le prédicat de vérité (6.13) sert simplement à intégrer les conditions de vérité *game-theoretical* pour différents énoncés.

| La chose la plus remarquable à propos du prédicat de vérité (6.13), **116**
c'est qu'il est de forme Σ^1_1. (Le seul quantificateur d'ordre supérieur dans (6.13) est le quantificateur existentiel initial, du second ordre, $(\exists X)$.) De cela, on peut inférer que ce prédicat peut être traduit dans le langage du premier ordre IF correspondant[1]. On peut donc définir un prédicat de vérité pour un langage donné du premier ordre ordinaire dans le langage du premier ordre IF correspondant; autrement dit, sans quantificateurs d'ordre supérieur. En d'autres termes, sans avoir à soulever la question de l'existence d'entités d'ordre supérieur.

1. Voir Walkoe (1970).

Comment pouvons-nous généraliser le prédicat de vérité (6.13) à des langages du premier ordre autres que purement arithmétiques ? Il apparaît qu'on peut le faire de manière naturelle en revenant à la procédure familière à la Tarski, en définissant tout d'abord la satisfaction pour le langage en question. On peut formuler cette définition dans le langage du second ordre correspondant. La relation de satisfaction Sat(x, v) tient entre le nombre de Gödel $x = \ulcorner S \urcorner$ d'une formule S et une fonction de valuation v si et seulement si v satisfait S au sens expliqué au chapitre premier. Comme on l'a aussi signalé dans ce chapitre, la fonction de valuation v est une application des nombres naturels sur les individus du modèle en question. Je supposerai pour la suite que le langage du premier ordre considéré contient l'arithmétique élémentaire. La fonction de valuation v est alors un objet ordinaire du second ordre, et la formule existentiellement quantifiée :

$$(\exists v)\,\mathrm{Sat}(\ulcorner S \urcorner, v) \qquad (6.15)$$

est simplement une formule Σ^1_1 du langage du second ordre correspondant. Quand S est une formule close (*i.e.* un énoncé), (6.15) affirme que S est vraie.

Mais alors, pourquoi ai-je fourni un autre prédicat de vérité (6.13) pour les langages arithmétiques ? Mes raisons sont d'ordre pédagogique. Premièrement, la définition directe du prédicat de vérité montre de façon frappante à quel point la notion de vérité est proche tant de l'idée ordinaire qu'on s'en fait, que des idées fondamentales de l'approche *game-theoretical* représentée dans ce livre.

Deuxièmement, je voulais faire ressortir le fait que la difficulté d'étendre le prédicat de vérité (6.13) aux langages du premier ordre autres que les langages arithmétiques est en un sens une difficulté simplement technique, et qu'elle n'a rien à voir avec le problème profond de la compositionnalité, ni avec celui de l'inévitabilité prétendue du second ordre pour définir la vérité pour les langages du premier ordre. Ce qui, dans (6.13), rend une généralisation difficile, c'est la quantification sur les numéraux
117 (les noms de nombres) | dans les clauses (c) et (d) du prédicat de vérité. Pour étendre un tel prédicat de vérité aux langages non arithmétiques, on doit avoir un nom dans le langage pour chaque individu du modèle de la théorie, et on doit même pouvoir quantifier sur la classe de ces noms, de même qu'en arithmétique élémentaire nous avons un numéral représentant chaque nombre, et que nous pouvons quantifier sur l'ensemble de tous ces numéraux.

Que nous employions le prédicat de vérité (6.13) ou la version (6.15), il sera de forme Σ^1_1, et nous pourrons donc le traduire dans le langage *du premier ordre* IF correspondant. En d'autres termes, chacun des prédicats de vérité est exprimable sans recours à des quantifications sur des entités d'ordre supérieur. Ces prédicats sont purement nominalistes (ou combinatoires), et libres de tout engagement ensembliste. C'est la première étape de mon exorcisme de la malédiction de Tarski. D'autres avantages proviennent du fait que ma définition ne présuppose pas la compositionnalité. Ils seront discutés plus bas dans ce chapitre.

Le prédicat de vérité (6.13) ne fonctionne pas pour les langages du premier ordre IF. Pourtant, on peut facilement le modifier pour qu'il fonctionne. Considérez pour cela un langage arithmétique du premier ordre IF. Dans un tel langage, nous pouvons définir un prédicat « Pair » de la manière habituelle. Or Krynicki (1993) a montré que dans un langage IF avec un prédicat « Pair », on peut exprimer tous les quantificateurs indépendants sous la forme de la combinaison de quantificateurs :

$$(\forall x)(\forall z)(\exists y/\forall z)(\exists u/\forall x) \qquad (6.16)$$

bien connue sous le nom de quantificateur de Henkin. En outre, l'élimination des autres quantificateurs indépendants et leur remplacement par des quantificateurs de Henkin peut être considérée comme effective. Nous pouvons donc renforcer le prédicat de la forme normale $N(x, y)$ comme suit : il signifiera maintenant que $y = \ulcorner S_2 \urcorner$ est le nombre de Gödel d'une forme normale de l'énoncé de nombre de Gödel $x = \ulcorner S_1 \urcorner$, où S_2 satisfait les exigences suivantes :

(i) S_2 est logiquement équivalent à S_1.
(ii) S_2 est obtenu à partir de S_1 par une procédure récursive.
(iii) S_2 est en forme normale négative.
(iv) Dans S_2 chaque quantificateur indépendant apparaît dans un quantificateur de Henkin (6.16).
(v) Toutes les disjonctions indépendantes sont éliminées de S_2.

Après cette redéfinition de $N(x, y)$, on peut lire la clause (f) de la définition de TR[X] comme on le faisait avant. La principale nouveauté dont on a besoin, c'est une | clause additionnelle pour les formules compor- 118
tant des quantificateurs de Henkin. On peut la formuler comme suit :

$$(\exists x)((x = \ulcorner(\forall y)(\forall u)(\exists z/\forall u)(\exists t/\forall y)\, S[y, z, u, t]\urcorner \,\&\, X(x)) \supset (\exists f)(\exists g)(\forall y)(\forall u)(\exists w)(w = \ulcorner S[y, f(y), u, g(u)]\urcorner \,\&\, X(w)) \qquad (*)$$

Un instant suffit pour voir que (*) fournit en effet les bonnes conditions de vérité pour les énoncés à quantificateurs de Henkin. Avec les changements indiqués, (6.13) peut servir de prédicat de vérité pour le langage arithmétique IF considéré.

La principale différence réside dans le fait que (6.13) ne contient plus seulement un quantificateur initial du second ordre $(\exists X)$. On peut aussi introduire des quantificateurs du second ordre par (*), comme le montrent les quantificateurs $(\exists f)$ et $(\exists g)$. Mais quand on déplace ces quantificateurs dans une position initiale (ou prénexe) dans (6.13), ils restent existentiels.

La totalité de (6.13) est donc de forme Σ^1_1. On peut donc retraduire (6.13) dans le langage IF d'origine. Par conséquent, le prédicat de vérité pour un modèle donné d'un langage du premier ordre IF est *exprimable dans le même langage du premier ordre IF*.

Le prédicat de vérité ((6.13) modifié) remplit la fonction qu'on en attendait. Il fournit une définition de la vérité pour un langage IF adéquat dans ce langage même. Bien sûr, on doit ici manipuler le terme de « définition » avec précaution. Ce qui a été montré, c'est qu'il y a un prédicat complexe (des nombres de Gödel des énoncés du langage IF considéré) qui s'applique à un nombre si et seulement si c'est le nombre de Gödel d'un énoncé vrai. Rien n'a été dit de la fausseté, et aucune définition formelle n'a été explicitée.

Comme pour la définition de la vérité pour les langages du premier ordre ordinaire, on peut généraliser la nouvelle définition des langages arithmétiques à une classe plus large d'autres théories du premier ordre IF. Cette classe comporte toutes les théories du premier ordre qui contiennent l'arithmétique élémentaire et qui contiennent aussi un prédicat « Pair » pour tous leurs individus. Considérant le résultat de Krynicki (1993), cette dernière supposition implique de nouveau que toutes les expressions *slashées* n'apparaissent que dans des quantificateurs de Henkin.

Donc la seule nouveauté exigée ici (comparativement à la définition correspondante pour les théories du premier ordre ordinaire) est une clause dans la caractérisation de la satisfaction qui prenne en charge les formules à quantificateurs de Henkin, de manière grossièrement analogue à la clause (*) donnée plus haut. C'est une question toute simple. Tout ce que nous devons dire, c'est qu'une valuation v satisfait (6.6) si et seulement si il y a
119 des fonctions $f(x)$ et | $g(z)$ telles que pour tout x et pour tout z, S[x, y, z, u] est satisfaite par la valuation qui est comme v sauf que la valeur de y est $f(x)$ et celle de u est $g(z)$. Cette clause transforme mon prédicat de satisfaction Sat(x, v) lui-même en une forme Σ^1_1. Mais cela ne signifie pas que le prédicat de vérité (6.15) n'est pas lui aussi en forme Σ^1_1.

Le fait que mon prédicat de vérité (6.13) dépende de quantifications existentielles sur des fonctions rapproche plus encore la définition de la vérité présentée ici des explications données au chapitre II sur la signification de la vérité dans GTS. En fait, la chose la plus remarquable au sujet du prédicat de vérité (6.13) est sa relation étroite avec les jeux sémantiques, particulièrement avec les stratégies du vérificateur initial dans ces jeux. En effet, la définition complète est à peine plus qu'une formulation explicite de l'idée que la vérité d'un énoncé S consiste en l'existence d'une stratégie gagnante pour le vérificateur initial dans le jeu sémantique correspondant. Les clauses pour les connecteurs propositionnels disent en effet que le vérificateur doit toujours être capable de jouer un coup qui leur soit relié suivant une stratégie gagnante, de telle sorte que le composé propositionnel soit vrai. Et la clause pour les quantificateurs dit de la même manière que le vérificateur d'un énoncé vrai doit être capable de choisir des coups associés aux quantificateurs suivant une stratégie gagnante si l'énoncé quantifié doit être vrai. À cause de l'échec de la compositionnalité dans les langages IF, on doit parfois formuler cette exigence pour plusieurs quantificateurs à la fois (comme dans le quantificateur de Henkin), et pas pour chaque quantificateur isolément.

On peut en fait montrer que l'énoncé dans lequel le prédicat de vérité (6.13) est appliqué au nombre de Gödel d'un énoncé particulier *S* est équivalent à l'énoncé du second ordre qui affirme les conditions de vérité *game-theoretical* pour *S*.

On peut dire des choses similaires du prédicat de vérité plus général (6.15), même si le détour par la notion de satisfaction tend à obscurcir les choses. C'est afin d'éviter ces faux-fuyants inutiles et partiaux que j'ai encore une fois formulé mon prédicat de vérité tout d'abord pour les langages arithmétiques du premier ordre IF, où la nature de mon prédicat de vérité peut être plus facilement appréciée.

Comme les jeux sémantiques sont essentiellement des activités de vérification et de falsification, ce que tout cela signifie est que mon prédicat de vérité relie essentiellement le concept de vérité aux activités au moyen desquelles les énoncés du langage sont vérifiés et falsifiés. Mon point n'est pas invalidé par le fait que ces activités ne sont pas ce qui dans la vie quotidienne (ou dans la science de tous les jours) est le plus fréquemment désigné par la vérification, la falsification, | la confirmation ou l'infirma- **120**
tion de propositions. Les raisons de la position fondamentale des jeux sémantiques dans la constitution (au sens husserlien du terme) du concept de vérité ont été exposées au chapitre II. Avec les réserves que j'y ai exprimées, ma définition de la vérité peut littéralement être considérée comme affirmant qu'un énoncé est vrai si et seulement si on peut en principe le vérifier, c'est-à-dire si et seulement s'il existe une stratégie gagnante pour le vérificateur initial. Il est vrai que ces remarques sont directement reliées à la formulation du second ordre Σ^1_1 de mon prédicat de vérité. Mais la définition du premier ordre IF de la vérité est simplement une traduction de ce prédicat dans le langage IF correspondant.

Il suit de cela que mon prédicat de vérité permet de réfuter une objection importante (et prisée) aux définitions formelles et explicites de la vérité. Cette objection est la raison principale pour laquelle de nos jours, on présente habituellement les définitions de la vérité à la Tarski comme philosophiquement non pertinentes. On l'avance parfois en disant que les définitions de la vérité à la Tarski ne font que caractériser une relation abstraite particulière entre les énoncés et la réalité, mais qu'elle ne fournissent aucune raison qui explique pourquoi cette relation doit être justement considérée comme étant la notion de *vérité*. Dans une autre formulation, on prétend que ce qui est erroné dans les définitions à la Tarski, c'est qu'elles sont totalement disjointes des activités au moyen desquelles nous établissons en définitive la vérité (ou la fausseté) de différents énoncés. Un wittgensteinien pourrait pousser ce raisonnement et déclarer que sans ce lien entre définitions de la vérité et activités de vérification et de falsification, il n'y a pas de sens à parler d'enseigner, apprendre, comprendre ou maîtriser un concept de vérité ainsi défini. Comme un auteur l'a récemment affirmé, les définitions de la vérité à la Tarski ne montrent pas « ce en vertu de quoi un énoncé a des conditions de vérité ou en vertu de quoi il a les conditions de vérité particulières qu'il a » [1].

Nous n'avons pas besoin de discuter ici si ces critiques s'appliquent ou pas effectivement aux définitions de la vérité à la Tarski. La chose cruciale est que la définition de la vérité et que les conditions de vérité, telles qu'elles sont expliquées dans ce travail, répondent précisément à ces questions auxquelles les définitions à la Tarski prétendaient être incapables de répondre. Par exemple, pourquoi un énoncé quantifié S a-t-il les conditions de vérité qu'il a ? Et que disent les conditions de vérité ? Elles disent qu'il existe une stratégie gagnante pour le vérificateur initial dans le jeu correspondant G(S). Mais comment le jeu G(S) est-il déterminé, en dehors bien entendu du modèle (monde) **M** relativement auquel il est joué ?
121 Les coups dans ce jeu | et leur ordre sont déterminés par la structure syntaxique de S. De cette manière, S a les conditions de vérité qu'il a en vertu de sa structure syntaxique, mais seulement indirectement, à cause de la manière dont cette structure détermine celle du « jeu » de vérification G(S).

Au chapitre X, je montrerai comment la définition *game-theoretical* de la vérité et les conditions de vérité *game-theoretical* ouvrent la voie à de nouvelles questions pertinentes concernant les stratégies qui sont leur élément central ; à savoir si ces stratégies peuvent être sujettes à certaines limitations spécifiables.

Plus généralement, ma définition de la vérité accomplit précisément ce que les définitions à la Tarski étaient accusées de ne pas faire. Elle relie directement la notion de vérité aux activités (les jeux sémantiques) au moyen desquelles, en un sens, nous vérifions et falsifions nos énoncés. Même les limitations implicitement contenues dans ce « en un sens » et qui sont expliquées au chapitre II, n'invalident pas ce point.

1. Cummins, 1989, p. 11.

D'ailleurs, nous avons un quasi paradoxe à portée de mains. L'insistance sur la connexion insécable entre vérité et activités de démonstration de la vérité est caractéristique de l'approche constructiviste dans les fondements de la logique et des mathématiques. Nous semblons donc avoir pris parti pour les constructivistes. Pourtant le résultat en est une extension de la logique classique, capable de servir les mathématiques classiques. Ce quasi paradoxe est l'occasion de porter un regard neuf sur les idées constructivistes, qui seront considérées au chapitre X.

L'indépendance de ma définition de la vérité, et d'ailleurs de GTS dans son ensemble, vis-à-vis de l'hypothèse de compositionnalité n'est pas simplement une vertu philosophique ou architectonique. Elle étend le champ d'applicabilité des définitions de la vérité. On a expliqué plus haut pourquoi leur engagement vis-à-vis de la compositionnalité empêche l'application des définitions à la Tarski aux langages IF. Ce fait a été tacitement reconnu par les logiciens pour le cas spécial des langages à préfixes de quantificateurs partiellement ordonnés, qui ont été étudiés depuis les années 1960. En fait, presque toutes les conditions de vérité qui ont été proposées pour ces langages l'ont été explicitement en termes de jeux, bien qu'elles aient été formulées indépendamment de ma GTS [1].

Mais cela n'est pas le seul avantage offert par GTS et par mon prédicat de vérité. Comme les définitions de la vérité à la Tarski suivent la ligne de la compositionnalité, elle doivent opérer de l'intérieur vers l'extérieur pour un énoncé donné. Elles ont donc besoin de points de départ pour la définition sous forme | d'énoncés atomiques inanalysables. À l'opposé, les 122
définitions *game-theoretical* de la vérité de l'espèce considérée dans ce travail opèrent de l'extérieur vers l'intérieur. Le jeu commence à partir d'un énoncé donné, et à chaque coup on le remplace par un énoncé plus simple pour le coup suivant. Maintenant, comme le sait tout théoricien des jeux, il n'y a en principe aucun obstacle à définir des stratégies gagnantes et perdantes, et ainsi de suite, même pour des langages infiniment profonds. Ainsi GTS et ma définition de la vérité peuvent en principe s'appliquer à des langages leibniziens qui autorisent des expressions formelles infiniment profondes. Cette possibilité a été mise en œuvre par un groupe de logiciens de Helsinki, conduit par Jouko Väänänen et Juha Oikkonen, qui ont systématiquement étudié les langages infiniment profonds. Inutile de le préciser, toutes leurs conditions de vérité ont été formulées en termes de jeux, comme le sont les définitions de la vérité employées dans le cas parti-

1. Voir Henkin, 1961 et par exemple, Barwise, 1979; Enderton, 1970; et Walkoe, 1970. Une exception est la sémantique relationnelle des quantificateurs partiellement ordonnés de M. Mostowski, voir Krynicki et Mostowski, 1995.

culier des *game quantifier languages* dont l'étude a précédé celle des langages infiniment profonds[1].

Les logiciens actifs ont ainsi constamment trouvé que les approches à la Tarski étaient inapplicables dans différentes circonstances, et ils ont invariablement recouru à des conceptualisations en termes de jeux.

L'approche *game-theoretical* de la vérité et des prédicats de vérité présente aussi des avantages sur les approches qui opèrent sur des suites de prédicats de vérité partielle, initiées par Kripke (1975). Dans un appendice à ce livre, Gabriel Sandu présente une analyse détaillée de quelques-uns de ces avantages[2].

De plus, une question qui peut avoir ennuyé mes lecteurs reçoit une réponse simple par la reconnaissance du rôle fondamental du point de vue stratégique. La définition de la vérité présentée ici est aussi claire qu'on peut l'espérer quand elle est présentée dans sa forme du second ordre. Pourtant sa traduction en logique du premier ordre IF aboutit à un énoncé complexe et lourd que je n'ai même pas osé essayer d'écrire explicitement. On peut dire des choses similaires des conditions de vérité d'énoncés particuliers du premier ordre. Pourquoi avons-nous cette préférence intuitive pour la formulation du second ordre ?

On trouve une réponse implicite dans la caractérisation *game-theoretical* d'origine, informelle, de la vérité. Cette caractérisation est formulée en termes de stratégies gagnantes pour le vérificateur initial. Ces stratégies sont exprimées par des (ensembles finis de) fonctions. Donc la formulation la plus directe (« intuitive ») des conditions de vérité *game-theoretical* est en termes du second ordre (Σ^1_1), et un raisonnement à propos
123 de la vérité du premier ordre | n'est clair et *übersichtlich* que pour autant qu'il est conduit au niveau du second ordre.

Cependant, cela ne fait pas de différence substantielle pour la situation générale. Un langage Σ^1_1 peut en principe être conçu comme une abréviation de notation pour le langage du premier ordre IF correspondant. Au pire, je pourrais me défendre en faisant appel à quelque chose comme la distinction aristotélicienne entre ce qui est premier pour nous, humains, et ce qui est premier dans l'ordre de la nature – ou, quoi qu'il en soit, dans l'ordre de la logique.

1. Pour les langages infiniment profonds, voir la bibliographie de l'introduction de Tuuri 1990. Pour les *game quantifier languages*, voir Ph. G. Kolaitis, « Game Quantification », chapitre 10 de Barwise et Feferman (1985).

2. Cela reste vrai du nouvel appendice rédigé pour la présente édition par G. Sandu. [NdT].

En même temps, nous pouvons voir qu'il y a une raison solide et systématique de développer pratiquement la théorie de la vérité au niveau du second ordre. Car c'est à ce niveau que nous avons l'accès le plus immédiat aux stratégies pour les joueurs dans les jeux sémantiques.

Pour revenir au point de départ de ce chapitre, l'approche de Tarski des définitions de la vérité, nous avons vu que les définitions à la Tarski peuvent et doivent être remplacées par des définitions plus flexibles qui ne présupposent pas la compositionnalité[1].

Selon (ii), le détour usuel via la notion de satisfaction dans la formulation du prédicat de vérité n'est nécessaire que parce que dans la plupart des langages non arithmétiques, il n'y a pas de nom pour chaque membre du domaine des individus du modèle où la vérité est définie.

Quant à l'affirmation cruciale (iii), on a vu que les hypothèses du théorème d'impossibilité de Tarski ne sont pas satisfaites par les langages IF et qu'il est en fait possible de définir un prédicat de vérité pour un langage IF adéquat dans ce langage même.

Au chapitre VII, on verra que le schéma-T n'est pas approprié comme critère d'adéquation pour les définitions de la vérité en général.

Cela laisse ouverte la seule question (iv), c'est-à-dire la définissabilité de la vérité dans le langage ordinaire (« familier »). À première vue, je semble devoir être soumis à la même objection qui a été continuellement adressée à Tarski. Du fait que la vérité est définissable pour certains langages formalisés (mais interprétés) dans ces langages mêmes, il ne s'ensuit pas que la vérité soit définissable de la même manière pour notre langage quotidien. Pourtant, il est intéressant de constater que la situation révélatrice concernant la définissabilité de la vérité pour les langues naturelles est radicalement différente vis-à-vis de mes définitions de la vérité, par rapport à ce qu'elle était pour les définitions à la Tarski. Comme on l'a signalé, les doutes de Tarski concernant la définissabilité de la vérité pour notre « langage familier (*colloquial*) » étaient probablement renforcés par l'échec de la compositionnalité dans les langues naturelles. Dans mon traitement, un tel échec devient une raison pour, au lieu d'être une raison
contre | la définissabilité de la vérité pour les langues naturelles. Car se 124
dispenser de la compositionnalité a été précisément ce qui nous a permis d'étendre la portée de nos définitions de la vérité au-delà des limites des définitions tarskiennes.

Encore une fois, j'ai défendu il y a des années[2] l'idée que les quantificateurs informationnellement indépendants sont présents dans les langues

1. *Cf.* le point (i) dans la liste initiale.
2. Hintikka, 1974.

naturelles. Certains de mes exemples ont fait hausser les sourcils au début, mais la portée générale de mes arguments est aujourd'hui généralement acceptée. Ce qui n'a pas été aussi bien reconnu, c'est que les variations d'indépendance informationnelle sont omniprésentes dans la sémantique des langues naturelles. Elles se sont avéré être à la base de phénomènes sémantiques aussi divers que la *Sprachlogik* de notre vocabulaire épistémique, de la distinction *de dicto* versus *de re*, et des quantificateurs prétendument non standards. Dans le prochain chapitre, j'argumenterai que la négation se comporte dans les langues naturelles presque de la même manière qu'en logique IF.

Donc la raison première pour ou contre l'applicabilité de mon type de définition de la vérité aux langues naturelles est l'inverse de celle concernant les définitions de la vérité à la Tarski. Elle suggère fortement une réponse positive pour ma définition, et une réponse négative pour celle de Tarski.

On peut cependant en dire plus. En un sens, ma définition de la vérité pour les langages IF offre un exemple paradigmatique de définition de la vérité pour un langage avec une syntaxe relativement pauvre, qui par sa forme même indique comment on peut l'étendre à des langages ou à des fragments de langages syntaxiquement plus riches. Pour voir cela, jetons un œil au prédicat de vérité dans sa forme du second ordre. Ses clauses initiales disent principalement que pour les énoncés atomiques, nous adoptons un traitement redondant (décitationnel) de la vérité. Les autres clauses spécifient les conditions d'existence d'une stratégie gagnante pour le vérificateur initial pour les énoncés contenant des quantificateurs et des connecteurs propositionnels. Donc le résultat du prédicat de vérité semble être simplement d'expliciter la dépendance de la vérité d'un énoncé IF vis-à-vis des quantificateurs et des connecteurs propositionnels qu'il contient. Mon prédicat de vérité pourrait donc apparemment n'être défini que pour les langages quantifiés, IF ou non, et il serait assez peu pertinent pour d'autres sortes de langages. On peut en principe étendre le traitement des quantificateurs aux langues naturelles sans problème, même si le comportement logique des quantificateurs du langage ordinaire est assez différent de celui des quantificateurs formalisés des langages du premier ordre. Mais à première vue, il est difficile de voir comment mon traitement pourrait être étendu à des langages plus riches.

125 | Cette objection n'est cependant pas concluante. Supposons, à titre d'exemple, que nous enrichissions un langage du premier ordre par l'introduction de nouvelles constantes logiques. Supposons encore, toujours à titre d'exemple, que ces nouvelles constantes admettent un traitement *game-theoretical* de la même manière que les quantificateurs et connec-

teurs propositionnels; c'est-à-dire au moyen d'une règle effective qui syntaxiquement parlant simplifie les énoncés considérés par les joueurs. En supposant que l'application d'une règle du jeu par le vérificateur peut être comprise comme une étape vers la vérification, la définition énonce simplement la contribution des différentes constantes logiques et non logiques aux conditions de vérité du langage en question. Il ne devrait donc pas être surprenant et encore moins discutable que pour les langages qui ont été développés avec l'objectif explicite d'étudier la sémantique des quantificateurs et des connecteurs, c'est-à-dire les langages du premier ordre, seule la contribution des quantificateurs et des connecteurs propositionnels est épelée avec autant de mots. Ce que ma définition de la vérité apporte, c'est par conséquent un cas paradigmatique de définition de la vérité, un exemple dont les limites sont automatiquement repoussées quand de nouvelles constantes logiques et non logiques sont prises en charge par l'analyse sémantique. La conception fondamentale de la vérité comme existence d'une stratégie gagnante reste totalement inchangée. Ce que de telles extensions exigent, c'est la possibilité d'étendre le traitement *game-theoretical* aux constantes logiques et non logiques autres que les quantificateurs et connecteurs propositionnels. Il y a suffisamment d'exemples fournis par les analyses en sémantique des jeux de différentes expressions des langues naturelles pour suggérer fortement qu'un tel traitement est possible sur un large front de phénomènes sémantiques. De telles analyses, que l'on peut déjà trouver dans la littérature, incluent l'anaphore, le génitif, les expressions prépositionnelles, les questions et les réponses, les verbes épistémiques, et ainsi de suite[1].

Il y a une autre argumentation indépendante en faveur de la signification générale des définitions de la vérité expliquées dans ce chapitre. On peut formuler une réponse partielle en termes de la puissance et du rôle central des langages IF. Dans la philosophie et la logique du vingtième siècle, on a souvent considéré la logique du premier ordre ordinaire comme étant *la* logique de base. Il a même parfois été affirmé que c'était la logique du langage ordinaire. Frege pensait que sa *Begriffsschrift* était une « notation conceptuelle » ou une *mathesis universalis* au sens de Leibniz. Frege et la plupart de ses successeurs ont présenté les langages du premier ordre comme résultant d'un embrigadement mineur du langage ordinaire,
| impliquant surtout une élimination des ambiguïtés malheureuses et autres 126
imperfections qui assaillent le langage non purifié de notre tribu. Certes, la logique de Frege n'est pas une logique pure du premier ordre, elle contient des ingrédients d'ordre supérieur. Mais comme on peut montrer qu'il a

1. *Cf.* ici Hintikka et Kulas, 1983 et 1985.

supposé une interprétation non standard de la partie d'ordre supérieur de sa logique, il aurait aussi bien pu analyser sa *mathesis universalis* comme un langage multi-sortal du premier ordre [1]. De plus, on verra au chapitre IX que l'on peut effectivement faire en logique du premier ordre IF tout ce qui peut être fait dans une logique d'ordre supérieur.

Entre autres choses, il est en un sens aujourd'hui largement admis que toutes les mathématiques peuvent être faites au moyen de la logique du premier ordre ordinaire, car on croit en général que toutes les mathématiques peuvent être faites dans les termes d'une théorie axiomatique des ensembles. En outre, on considère typiquement que cette axiomatisation est du premier ordre. Cela signifie que la seule logique qu'elle comporte est la logique usuelle du premier ordre. D'après cette conception les autres éléments, y compris les axiomes, sont spécifiquement mathématiques plutôt que logiques, laissant donc la logique du premier ordre comme étant la seule logique des mathématiques.

De plus, l'affirmation de Frege (et de ses successeurs) que la logique du premier ordre ordinaire est notre véritable *Sprachlogik* semble être soutenue par la linguistique chomskyenne. La version récente de Chomsky de la vieille idée de forme logique, appelée simplement LF (pour *logical form*), est essentiellement semblable à une formule de logique du premier ordre [2]. Les quelques pas franchis par Chomsky ou ses successeurs au-delà de la logique du premier ordre ordinaire ont emprunté, sans surprise, la voie de la logique IF.

Même si ces arguments ont une aura *ad hominem* autour d'eux, d'autres sont facilement disponibles. Au chapitre IX, on verra que de façon parfaitement compréhensible la plupart des mathématiques peuvent être faites dans des langages du premier ordre IF. J'ai montré plus haut que les quantificateurs informationnellement indépendants sont présents dans les langues naturelles. Dans le prochain chapitre, on verra que la négation se comporte dans les langues naturelles presque comme la négation (ou les négations) dans les langages IF.

Même si de tels arguments sont plus suggestifs que contraignants, ils montrent au minimum l'intérêt très général de mon prédicat de vérité.

Philosophiquement, la conséquence la plus importante des résultats de ce chapitre réside indiscutablement dans la réfutation définitive du mythe suivant lequel la notion de vérité pour un langage suffisamment fort serait
127 inexprimable | dans ce langage même. Appliqué à notre langue quotidienne, ce mythe entraîne le mythe corrélé de l'ineffabilité de la vérité

1. Voir Hintikka et Sandu, 1991.

2. Voir ici, par exemple, Chomsky, 1986 et *cf.* Hintikka, 1989.

au sens ordinaire du terme. Ces mythes sont près d'être éliminés. Dans ce travail, il n'a pas seulement été montré que cette notion d'une vérité auto-applicable était possible pour certains langages formels abscons – la construction présentée plus haut peut servir de cas paradigmatique pour la définition d'un prédicat de vérité pour n'importe quel langage dont la logique contient la logique IF. Et cette logique n'est, comme je l'ai défendu, rien d'autre que notre logique élémentaire la plus fondamentale. Donc ce qui est fortement suggéré par ce que l'on a vu ici est virtuellement le contraire du mythe de l'ineffabilité. Dès que vous comprenez votre propre langage et sa logique, vous disposez de tout ce qu'il faut pour comprendre et même pour définir le concept de vérité.

On peut illustrer ce point général par un problème philosophique plus spécifique. On pourrait l'appeler le problème des deux casquettes. Ces deux casquettes sont apparemment portées simultanément par les jeux sémantiques pour la logique du premier ordre. Les jeux de langage de recherche et de découverte sont en premier lieu des jeux pour les quantificateurs et les connecteurs propositionnels. Les coups des joueurs y sont gouvernés par les règles qui caractérisent la signification des quantificateurs et des connecteurs. Les jeux sémantiques de l'espèce que j'ai décrite sont le lieu logique (*logical home*) des quantificateurs et des connecteurs.

Mais s'il en est ainsi, comment les mêmes jeux peuvent-ils aussi servir à donner la signification d'un concept d'une espèce différente, à savoir le concept de vérité – du moins la notion de vérité telle qu'elle est appliquée aux langages du premier ordre ? Comment un seul et unique jeu de langage peut-il conférer une signification à deux espèces différentes de concepts, dont l'un (le concept de vérité) semble relever de la métalogique ? Ce problème des deux casquettes pourrait aussi être baptisé le problème de Wittgenstein[1]. Car Wittgenstein insistait sur le fait que vous ne pouvez pas parler de façon sensée et non triviale de la vérité des énoncés d'un langage dans ce langage même. Ou encore, comme pour Wittgenstein il n'y a finalement qu'un seul langage (« le seul langage que je comprenne »), nous ne pouvons pas parler de la vérité de façon non triviale, point. Pour Wittgenstein, ce qui ressemble à un discours métalogique se rapportant à la vérité et à la fausseté d'un fragment de langage est simplement un autre « calcul », un langage distinct fondé sur un jeu de langage distinct. Comment alors la signification des constantes logiques du premier ordre et la notion de vérité appliquée aux langages du premier ordre peuvent-elles être constituées par les | mêmes jeux de langage ? Parler de la vérité ne nous 128
conduit-il pas *ipso facto* à un niveau métathéorique ?

1. *Cf.* ici Hintikka et Hintikka, 1986, chap. 1.

Une indication est donnée par la forte connexion existant entre les notions de vérité et de signification. Ce qu'un énoncé dit, c'est que ses conditions de vérité sont satisfaites. Il est donc impossible d'essayer de détacher la notion de vérité telle qu'elle est appliquée aux énoncés quantifiés, des jeux de langage qui donnent leur signification aux quantificateurs.

Cette réponse peut être encore affinée. Pour cela, il est pratique de se remémorer la distinction entre les règles *définitoires* d'un jeu et les règles *stratégiques*, ou les principes qui gouvernent le jeu. Les premières spécifient quels coups sont autorisés et quels coups ne le sont pas. Les dernières, les règles stratégiques, spécifient quelles stratégies (et *a fortiori* quelles règles) sont meilleures ou pires que d'autres. Les multiples règles définitoires des jeux sémantiques caractérisent la signification des différents quantificateurs et connecteurs propositionnels. À l'opposé, nous avons vu que la notion de vérité pour les énoncés quantifiés doit être caractérisée en termes d'ensembles de stratégies disponibles pour le vérificateur initial. Donc l'étape qui va de la signification des quantificateurs à la vérité d'un énoncé quantifié n'est pas une étape vers un niveau métalogique. C'est plutôt une étape qui part de considérations concernant les coups particuliers d'un jeu sémantique, vers les concepts se rapportant aux stratégies du vérificateur initial dans ces jeux.

Ce qui rend impossible de détacher la signification des quantificateurs de la notion de vérité, c'est que la compréhension du jeu implique un certain degré de maîtrise des stratégies du jeu. Si vous savez seulement comment les pièces du jeu d'échecs se déplacent sur l'échiquier, vous ne pouvez pas aller jusqu'à dire que vous savez jouer aux échecs si vous n'avez aucune idée de ce que sont les coups et les suites de coups les meilleurs et les moins bons. Personne ne daignerait jouer aux échecs avec vous. Cela illustre le fait qu'un certain degré de compréhension des stratégies d'un jeu fait partie intégrante de la maîtrise conceptuelle de ce jeu.

Mais s'il en va ainsi, nous avons alors ici un exemple de la perspective générale mentionnée plus haut. Comprendre un langage quantifié signifie maîtriser les jeux de langage qui donnent leur signification aux quantificateurs. Et nous venons de voir qu'une telle maîtrise suppose de saisir les stratégies accessibles aux joueurs d'un jeu sémantique. Mais ces stratégies sont précisément ce dont on a besoin pour comprendre le concept de vérité tel qu'il est appliqué aux langages quantifiés.

Une des principales caractéristiques du prédicat de vérité présenté ici, c'est qu'il est formulé en termes du *premier ordre*. Comme on l'a déjà
129 signalé, | les définitions de la vérité à la Tarski sont de forme Σ^1_1 du *second ordre*. Au chapitre premier, on a expliqué en quoi cela constitue une diffé-

rence cruciale pour les fondements de la logique et des mathématiques. On a alors expliqué en quel sens toute la théorie des modèles dépend des définitions de la vérité. Tant que l'on ne peut donner ces définitions qu'au second ordre, la théorie des modèles dépend de la logique du second ordre. Et même si la logique du second ordre n'est pas simplement « la théorie des ensembles déguisée en agneau », on doit convenir qu'elle implique encore beaucoup de ces problèmes liés à l'existence des ensembles qui font de la théorie des ensembles un exercice non seulement difficile, mais en outre positivement frustrant.

Sur cette toile de fond, on peut voir la signification de mon prédicat de vérité. Il n'est rien de plus et rien de moins que la déclaration d'indépendance de la théorie des modèles. Il montre que l'*on peut développer une théorie des modèles pour les puissants langages IF au niveau du premier ordre*, donc indépendamment de toutes les questions sur les ensembles et sur leur existence. Tous les quantificateurs de la version IF de mon prédicat de vérité prennent leurs valeurs parmi les individus. Si Quine a raison (comme je le pense, si on le comprend bien) et qu'être, c'est être une valeur d'une variable quantifiée, alors notre définition de la vérité (et d'ailleurs la totalité de la logique du premier ordre IF) ne soulève pas du tout la question de l'existence d'entités d'ordre supérieur comme les ensembles. Par conséquent, toutes les appréhensions concernant le statut logiquement pur de la théorie des modèles sont infondées. La théorie des modèles de la logique du premier ordre est une partie de la logique, et pas une partie propre des mathématiques. Les problèmes causés par la dépendance apparente de la théorie des modèles de la logique du premier ordre vis-à-vis de la théorie des ensembles (ou vis-à-vis de la logique d'ordre supérieur) peuvent ainsi être résolus, et la malédiction de Tarski exorcisée. Cela entraîne une différence substantielle pour les fondements des mathématiques. Si vous retournez au chapitre V et que vous revoyez ce qu'on y a trouvé, vous pourrez constater de combien de manières différentes l'autosuffisance de la logique du premier ordre, contrairement à la théorie des ensembles, est accrue par la libération de la malédiction de Tarski.

Bien sûr, en affirmant cela je ne veux pas défendre l'idée que la pratique quotidienne de la théorie des modèles doit être conduite dans des langages du premier ordre IF. Cela serait impraticable. Ce qui est en question, c'est la nature conceptuelle de la théorie des modèles et pas le cadre heuristique le mieux adapté à la dure réalité du travail concret en théorie des modèles.

L'indépendance conceptuelle de la théorie des modèles vis-à-vis de la théorie des ensembles n'est qu'un aspect de la réévaluation, nécessaire et plus étendue, de nos idées sur les fondements des mathématiques et de la logique. Cette réévaluation sera poursuivie au chapitre VIII.

Les conséquences et suggestions philosophiques de la définissabilité
130 d'un prédicat de vérité dans un langage IF adéquat sont trop | considérables pour être épuisées ici. Laissez-moi seulement mentionner quelques perspectives tacites. Supposez qu'il puisse être montré que notre langage ordinaire (ou l'un de ses fragments significatifs) est inévitablement comme les langages IF dès lors qu'il est question de la notion de vérité. Cela est suggéré par ce que l'on a trouvé dans ce chapitre, et sera renforcé par ce que l'on trouvera au chapitre VII. Alors la définissabilité de la vérité serait également inévitable, et on pourrait donc défendre l'idée qu'en employant simplement notre propre langage, nous sommes inextricablement engagés envers un concept réaliste de vérité, à savoir celui qui peut être défini d'après la ligne que j'ai suivie. Cela serait une conclusion importante. Même s'il est en dehors de l'objectif principal de ce livre d'examiner de telles questions plus longuement, je peux signaler que ce raisonnement soutient très fermement ce qui a été dit, à la fin du chapitre II, de l'indépendance de notre notion normale de vérité vis-à-vis des institutions épistémiques de vérification et de falsification des propositions. La vérité est, en un sens profond, une notion logique plutôt qu'épistémologique.

Pour l'exprimer autrement, quiconque utilise un langage avec un pouvoir expressif minimal (logiquement parlant) est engagé envers un concept de vérité qui, dans la classification grossière habituelle, serait qualifié de conception correspondantiste de la vérité. Cela serait également le cas même si ce langage était seulement employé dans les dialogues pour les dialogues à la Rorty. N'importe quel langage suffisamment puissant serait un miroir du monde, malgré Rorty.

LE MENTEUR DÉMENTI : LA NÉGATION EN LOGIQUE IF

(A) TERTIUM DATUR

Jusqu'ici ça va. Un prédicat de vérité peut après tout être défini dans un langage du premier ordre IF pour les nombres de Gödel des énoncés de ce langage même. Mais que faire des arguments que Tarski et d'autres ont avancés contre la définissabilité de la vérité pour un langage formel dans ce même langage ? Les plus connus de ces arguments sont étroitement liés au vénérable, ou plutôt au malmené paradoxe du menteur[1]. Ils sont illustrés par l'ébauche d'un argument qui établit l'indéfinissabilité de la vérité pour un langage arithmétique du premier ordre dans ce langage. Un tel argument peut employer la technique de numération de Gödel. Grossièrement, l'argument est le suivant :

Soit **n** le numéral représentant le nombre n. D'après le lemme diagonal, pour toute expression S[x] du langage de l'arithmétique élémentaire contenant x comme seule variable, il y a un nombre n représenté par le numéral **n** qui satisfait la condition suivante :

$$g(\mathrm{S}[\mathbf{n}]) = n \tag{7.1}$$

où $g(\mathrm{S}[\mathbf{n}])$ est le nombre de Gödel de l'expression obtenue à partir de S[x] en remplaçant x par **n**. Supposons maintenant qu'il y a un prédicat de vérité T[x] dans le langage arithmétique en question, c'est-à-dire un prédicat numérique T[x] tel que T[**n**] est une assertion arithmétique vraie si et seulement si n est le nombre de Gödel d'une assertion arithmétique vraie.

1. Pour ce paradoxe, voir Martin, 1978 et 1985.

Alors nous pourrions appliquer le lemme diagonal à ~T[x] et obtenir un nombre d tel que le nombre de Gödel de :

$$\sim \mathrm{T}[\mathbf{d}] \tag{7.2}$$

132 | est d. Ce que dit (7.2) est donc que l'énoncé de nombre de Gödel d est faux. Mais cet énoncé est (7.2), ce qui conduit à une contradiction.

Ce raisonnement est analogue aux preuves habituelles du théorème d'incomplétude de Gödel, sauf que c'est alors le prédicat de prouvabilité qui est considéré, et pas l'hypothétique prédicat de vérité.

Qu'arrive-t-il à ce raisonnement très important quand on passe de l'arithmétique du premier ordre ordinaire à l'arithmétique du premier ordre IF? À première vue, cet argument pourrait sembler impossible à contrecarrer. Après tout, la logique IF est plus forte que la logique ordinaire, et donc le paradoxe pourrait sembler impossible à éviter également dans les langages IF.

Afin de voir pourquoi le paradoxe du menteur n'apparaît pas dans les langages IF, nous devons retourner aux idées de base de la théorie sémantique des jeux. Là, la vérité d'un énoncé S est définie comme l'existence d'une stratégie gagnante pour le vérificateur initial dans le jeu sémantique correspondant G(S). La fausseté de S est définie comme l'existence d'une stratégie gagnante pour le falsificateur initial dans G(S). On traite la négation en stipulant que G(~S) est comme G(S) sauf que les deux joueurs échangent leurs rôles.

Ces stipulations sont simples et naturelles, mais elles ont une conséquence frappante. Cette conséquence concerne la loi du tiers exclu, ou la loi de bivalence comme certains préfèrent la poser. Ce principe du *tertium non datur* devient une supposition de détermination au sens de la théorie des jeux. Autrement dit, il affirme qu'il existe toujours une stratégie gagnante pour l'un ou l'autre des deux joueurs d'un jeu sémantique. Comme nous le savons de la théorie des jeux (et de la théorie des ensembles), les suppositions de détermination sont normalement loin d'être évidentes. Elles échouent souvent. Elles représentent des hypothèses fortes qui autorisent une inversion des quantificateurs, en ce qu'une supposition de détermination permet d'inférer de la non existence d'une stratégie gagnante pour l'un des joueurs, l'existence d'une stratégie gagnante pour l'autre joueur. Point de vue inédit, il n'y a par conséquent aucune raison de penser que la loi du tiers exclu doive valoir dans mes jeux sémantiques. C'est seulement par une coïncidence heureuse, pour ainsi dire, qu'elle est valable en logique du premier ordre ordinaire. En logique IF, on voit aisément qu'elle échoue, et qu'elle échoue de façon radicale.

Pour voir cela, nous pouvons rappeler que beaucoup des métathéorèmes « sympathiques » de la logique du premier ordre ordinaire valent encore pour IF, et parfois dans une forme renforcée. L'un d'eux est le | théorème de séparation, qui dit que deux ensembles de formules d'un 133
langage IF, conjointement inconsistants mais séparément consistants, disons σ et τ, peuvent toujours être « séparés » par une *unique formule du premier ordre ordinaire F*, au sens où $\sigma \vDash F$ et $\tau \vDash \sim F$.

Supposons maintenant que la négation contradictoire d'un énoncé du premier ordre IF S_1 soit d'une manière ou d'une autre exprimable dans le même langage, disons par l'énoncé S_2. Alors, en appliquant le théorème de séparation à $\{S_1\}$ et $\{S_2\}$, on voit que tous deux doivent être des énoncés de la logique du premier ordre ordinaire. Car il y a alors une formule de séparation S_0 qui appartient à un langage du premier ordre ordinaire, telle que :

$$S_1 \vDash S_0$$
$$S_2 \vDash \sim S_0$$

Mais comme $\vDash (S_2 \leftrightarrow \sim S_1)$, il s'ensuit que S_1 est équivalent à S_0 et S_2 à $\sim S_0$. Ceci montre que les seules formules IF dont la négation contradictoire peut être exprimée dans le langage IF sont précisément les formules du premier ordre ordinaire. En ce sens, la loi du tiers exclu vaut seulement dans le fragment d'un langage IF qui consiste en un langage du premier ordre ordinaire.

L'effet en est que dans les langages IF, la loi du tiers exclu échoue inévitablement. Ce résultat requiert un certain nombre de commentaires et d'explications.

(i) Ce résultat n'est pas dû à notre choix arbitraire de définir la fausseté d'une certaine manière pour les langages IF, à savoir de la manière expliquée plus haut. Il est indépendant de notre terminologie. La vraie question est comment la négation se comporte dans les langages IF. En effet, si mes observations présentent un intérêt, c'est dû au fait que nous n'avons présupposé aucun échec de la loi du tiers exclu, ni aucune lacune dans les valeurs de vérité, ni une troisième valeur de vérité. Ce que nous avons est une conséquence inévitable de la sémantique la plus naturelle pour les langages IF, à savoir la théorie sémantique des jeux. En effet, puisque ni les définitions de la vérité à la Tarski, ni les définitions substitutionnelles ne conviennent pour les langages IF, nous avons ici à peine le choix sauf utiliser une version de théorie sémantique des jeux.

(ii) Cette observation peut être affinée. Supposons simplement que les liens habituels entre la négation et les autres constantes logiques sont maintenus. Ces liens sont codifiés par la loi de la double négation, les lois de De Morgan, et par l'interdéfinissabilité des deux quantificateurs. Ces lois valent assurément pour la négation classique. | Supposons également que 134 les règles *game-theoretical* habituelles s'appliquent aux autres notions (&, ∨, ∃, ∀). Elles aussi incorporent simplement des présuppositions parfaitement classiques. Nous avons alors besoin d'une règle pour la négation, uniquement pour le cas trivial de la négation d'un énoncé atomique. Pourtant le résultat est le même traitement de la négation que ce qui a été esquissé plus haut. Entre autres, la loi du tiers exclu échoue. D'une certaine manière, une logique apparemment non classique résulte de suppositions entièrement classiques.

Nous pouvons donc constater que le comportement à première vue surprenant de la négation en logique IF n'est pas dû à notre règle du jeu pour la négation, qui inverse le rôle des deux joueurs. On peut remplacer cette règle par celles, parfaitement classiques, qui poussent simplement les symboles de négation plus profondément à l'intérieur d'une formule. Étant données les autres règles du jeu, les deux sortes de règles pour la négation sont simplement équivalentes.

Dans un certain sens illustré par ce raisonnement, nous ne pouvons pas nous empêcher de traiter la négation de la manière indiquée plus haut, qui conduit au résultat inévitable que ~*S* n'est pas la négation contradictoire de *S* mais une négation (duale) plus forte.

(iii) Le type d'échec du principe du tiers exclu dont nous nous occupons ici est une conséquence combinatoire inévitable de la manière dont les quantificateurs et les autres concepts interagissent. Cela n'a rien à voir avec les limitations de la connaissance humaine. Les échecs épistémiques du *tertium non datur* doivent être étudiés en logique épistémique, mais pas ici. L'échec que j'ai décrit n'a rien à voir avec un quelconque sujet particulier, comme par exemple avec la distinction entre futur et passé. Il n'a rien à voir non plus avec l'infini. Plus loin (voir (v)), on donne le mini-exemple fini d'un énoncé se rapportant à un univers à six individus, où on peut littéralement voir (au moins après un temps de réflexion) qu'un énoncé particulier n'est ni vrai ni faux. Vous pouvez être amené à voir virtuellement directement que toute tentative de vérifier un énoncé simple peut être mise en défaut, de même que toute tentative de le falsifier. Qu'est-ce qui pourrait être raisonnablement dit d'autre par un homme (ou, comme ajouterait Samuel Johnson, par une femme ou un enfant), sinon qu'un tel énoncé n'est ni vrai ni faux ? Donc une petite réflexion peut facilement vous rendre familier le caractère naturel, ou plutôt l'inévitabilité de notre traitement de la négation.

(iv) À la différence d'autres approches comme l'intuitionnisme, notre traitement d'une logique où la loi du tiers exclu échoue n'inclut aucune modification des lois qui définissent la logique du premier ordre ordinaire. Les règles pour les jeux sémantiques associés aux énoncés IF sont exactement les mêmes que celles pour les jeux associés aux langages du premier

ordre ordinaire, | sauf qu'elles autorisent le vérificateur à réaliser des coups 135
en ignorant certains des coups antérieurs. En outre, les vérités logiques et les règles d'inférence valides de la logique du premier ordre ordinaire restent valides de façon non problématique.

(v) Il pourrait être instructif d'illustrer ces remarques par un exemple simple. Pour cela, considérons un mini-univers composé de six entités, trois gentlemen (Alan, Brian et Cecil) qui partagent trois hobbies à savoir le rafting, le surf et le tennis. En indiquant les hobbies par une flèche, nous pouvons résumer les relations par le diagramme suivant :

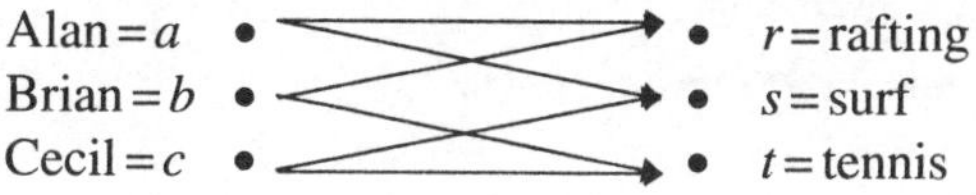

Alan = a • • r = rafting (D)
Brian = b • • s = surf
Cecil = c • • t = tennis

Pour simplifier, je vais tacitement restreindre les variables x et z aux *gentlemen*, et les variables y et u aux *hobbies*. Considérez alors les énoncés suivants :

$$(\forall x)(\forall z)(\exists y)(\exists u)(\mathrm{H}(x, y) \,\&\, \mathrm{H}(z, u) \,\&\, (y \neq u)) \quad (7.3)$$

$$(\forall x)(\forall z)(\exists y/\forall z)(\exists u/\forall x)(\mathrm{H}(x, y) \,\&\, \mathrm{H}(z, u) \,\&\, (y \neq u)) \quad (7.4)$$

$$(\exists x)(\exists z)(\forall y)(\forall u)((\mathrm{H}(x, y) \,\&\, \mathrm{H}(z, u)) \supset (y = u)) \quad (7.5)$$

Ici, l'énoncé (7.3) affirme que deux gentlemen distincts ont des hobbies respectifs distincts, c'est-à-dire qu'il n'y a pas deux gentlemen distincts qui ont tous leurs hobbies en commun. De plus, en considérant $x = z$ nous voyons que (7.3) implique que chaque gentleman a au moins deux hobbies. On voit immédiatement que (7.3) est vrai dans le modèle (D). On voit aussi que l'énoncé (7.5) est la négation contradictoire de (7.3) et qu'il est donc faux dans (D).

Il est clair que l'énoncé (7.4) est vrai si et seulement si il y a deux fonctions f et g telles que :

$$(\forall x)(\forall z)(\mathrm{H}(x, f(x)) \,\&\, \mathrm{H}(z, g(z)) \,\&\, (f(x) \neq g(z))) \quad (7.6)$$

Peut-on définir de telles fonctions sur le modèle (D) ? Regardons. Par symétrie, il suffit de considérer le cas :

$$f(a) = r \quad (7.7)$$

Alors, en substituant a à x et à z dans (7.6) on obtient :

$$\mathrm{H}(a, f(a)) \,\&\, \mathrm{H}(a, g(a)) \,\&\, (f(a) \neq g(a)) \quad (7.8)$$

| Cela est possible uniquement si : 136

$$g(a) = s \quad (7.9)$$

En posant $x = a$ et $z = b$, nous obtenons :

$$\mathrm{H}(a, f(a)) \,\&\, \mathrm{H}(b, g(b)) \,\&\, (f(a) \neq g(b)) \quad (7.10)$$

Cela est possible seulement si :

$$g(b)=t \tag{7.11}$$

De la même manière que dans (7.9), on peut montrer que :

$$f(b)=r \tag{7.12}$$

De la même manière que dans (7.11), nous pouvons montrer que :

$$f(c)=s \tag{7.13}$$

Mais nous pouvons alors substituer c à x et a à z, et obtenir :

$$\mathrm{H}(c,f(c))\ \&\ \mathrm{H}(a,g(a))\ \&\ (f(c)\neq g(a)) \tag{7.14}$$

ce qui d'après (7.7) est possible uniquement si :

$$f(c)\neq s \tag{7.15}$$

Mais cela contredit (7.13), et montre que (7.4) n'est pas vrai dans (D).

En examinant plusieurs fois ce raisonnement, vous pouvez atteindre un point où vous pourrez voir que (7.4) n'est pas vrai en inspectant directement le modèle. En d'autres termes, vous pouvez littéralement vous entraîner à voir à partir du modèle (D) que n'importe quelle stratégie qui tenterait de vérifier (7.4) pourrait être défaite par une contre-stratégie adéquate.

Maintenant, on peut facilement voir que (7.4) ne peut pas non plus être faux, en d'autres termes que mon opposant ne peut pas avoir de stratégie gagnante. Il n'y a pas de moyen pour mon opposant de choisir x et z de telle sorte que je ne puisse pas, par un choix adéquat de y et de u (c'est-à-dire par une stratégie ou une autre) établir que :

$$\mathrm{H}(x,y)\ \&\ \mathrm{H}(z,u)\ \&\ (y\neq u)$$

Par conséquent, ni (7.4) ni sa négation n'est vraie, ce qui veut dire que la loi du tiers exclu échoue pour (7.4).

Ce simple exemple illustre plusieurs faits importants, dont certains ont été expliqués plus haut. Il montre que l'échec de la loi du tiers exclu n'est d'aucune manière présupposé par notre traitement. C'est la conséquence d'un aspect combinatoire du comportement de la négation en logique IF.
137 On peut interpréter intuitivement ce fait combinatoire | en disant que toute tentative sérieuse de vérifier l'énoncé (7.2) dans (D) peut être défaite et que toute tentative sérieuse de le falsifier dans (D) peut être également défaite. Par tentative sérieuse, j'entends ici une tentative suivant une stratégie explicite. Dans le cas qui nous concerne, le fait combinatoire pertinent est fini. Cela montre que l'on ne peut d'aucune manière tenir l'infini pour responsable de l'échec du *tertium non datur*, même si dans d'autres cas la combinatoire (*combinatorics*) impliquée est infinitaire.

Pour le formuler autrement, l'applicabilité ou non du *tertium non datur* à un énoncé donné dans un modèle (« monde ») donné est un fait objectif concernant ce modèle ou monde. Cela ne dépend pas de limitations de notre connaissance du monde, ni n'implique qu'il y ait de telles limitations.

Plus généralement, l'exemple illustre le fait que les questions concernant la vérité logique et la satisfiabilité des formules IF sont, en un sens raisonnable, des questions *combinatoires*. Ce sont des questions concernant la possibilité de certains types de structures d'individus. Ces « types » sont caractérisés de manière similaire à, disons, la manière dont on caractérise les structures contenues dans les théorèmes à la Ramsey. Ces structures peuvent être finies, mais elles peuvent aussi bien sûr être infinies. En aucun cas ne sont impliquées des totalités d'ensembles ou de fonctions ou tout autre sorte d'entités d'ordre supérieur.

Ce qui distingue notre exemple d'autres exemples, c'est sa simplicité. En regardant (D) et en passant en revue l'argument présenté plus haut, vous pouvez presque littéralement voir l'échec du principe du tiers exclu. Même si on ne peut pas dire la même chose de cas plus complexes, la différence réside simplement dans une limitation contingente des capacités humaines, et pas dans le sujet.

Il est même en principe possible de formuler des exemples de structures infinies suffisamment simples où l'échec du *tertium non datur* pourrait être vu aussi directement.

Tout ceci illustre le fait que notre définition de la vérité concerne les stratégies des jeux sémantiques, et pas les règles qui les définissent. Plus loin, au chapitre X, on verra une possibilité importante de changer notre définition de la vérité sans changer les règles qui définissent les jeux sémantiques au coup par coup.

Ici le lecteur se demande peut-être déjà pourquoi il n'y a aucun espoir d'implémenter des idées constructivistes par une manipulation quelconque des règles qui définissent les jeux de preuve formelle. Même quand nous passons de tels jeux formels à leur base réelle sous la forme | de jeux séman- 138
tiques, il ne sert toujours à rien de faire varier les règles qui définissent ces jeux. Inversement, nos résultats illustrent en même temps les avantages d'un point de vue stratégique dans la théorie logique et linguistique.

(vi) Afin d'éviter les incompréhensions, c'est le moment de signaler que l'échec de la loi du tiers exclu pour un énoncé donné S ne garantit pas que sa négation contradictoire ne sera pas exprimable dans un langage du premier ordre IF. Par exemple, on peut aisément voir que dans de nombreux modèles, un énoncé de la forme suivante ne sera ni vrai ni faux :

$$(\forall x)(\exists y/\forall x)\, A[x, y] \qquad (7.16)$$

où $A[x, y]$ est un énoncé atomique. Pourtant, on peut facilement voir que (7.16) est logiquement équivalent à :

$(\exists y)(\forall x)\, A[x, y]$ (7.17)

et qu'il a donc comme négation contradictoire :

$(\forall y)(\exists x) \sim A[x, y]$ (7.18)

Ce qui se produit dans l'exemple plus compliqué présenté plus haut, c'est non seulement que le *tertium non datur* échoue, mais que la négation contradictoire d'un énoncé n'est pas exprimable dans le langage IF en question.

Le comportement de la négation dans les langages IF a plusieurs conséquences, parmi lesquelles on trouve les suivantes :

(a) À moins que les conditionnels ne soient traités séparément, l'implication matérielle (ou le conditionnel vérifonctionnel) n'est en général pas exprimable dans les langages du premier ordre IF. Par exemple, $(F \supset G)$ et $(\sim F \vee G)$ expriment quelque chose de plus fort que l'habituelle implication matérielle de la théorie des fonctions de vérité.
Il serait intéressant d'examiner si ce fait peut avoir tacitement été responsable de la difficulté que beaucoup de philosophes ont ressentie à propos des conditionnels vérifonctionnels.

(b) La même chose s'applique aux équivalences. Si $(S_1 \leftrightarrow S_2)$ est analysé comme :

$(S_1 \,\&\, S_2) \vee (\sim S_1 \,\&\, \sim S_2)$ (7.19)

alors sa vérité logique entraîne que S_1 et S_2 satisfont tous deux la loi du tiers exclu et donc appartiennent à la logique du premier ordre ordinaire.

(c) Comme application de ces observations, considérons les énoncés-T de Tarski. Ce sont des instances de substitution du schéma :

(T) Π est vrai $\leftrightarrow p$

139 | où « Π » est remplacé par une citation ou une description structurale de l'énoncé qui vient remplacer « p ». (T) est équivalent à :

(T)* (Π est vrai & p) $\vee$ (Π n'est pas vrai & $\sim p$)

(T)* implique clairement :

$p \vee \sim p$ (7.20)

En d'autres termes, tout énoncé dont la vérité peut être caractérisée au moyen d'une instance explicite du schéma-T satisfait la loi du tiers exclu ; il a une négation contradictoire dans le même langage. Mais s'il en va ainsi, le schéma-T de Tarski dans sa forme habituelle est inutile pour la logique IF. Ce qu'il essaie d'exprimer est vrai est important, à savoir qu'un énoncé S et ses conditions de vérité c(S) doivent être simultanément vrais. Mais l'expression formelle habituelle du schéma-T exige plus. Elle exige que S et c(S) soient aussi simultanément faux. Cette exigence ne peut pas être tenue en logique du premier ordre IF. Donc toute la question des schémas-T doit être manipulée avec précaution. Elle n'est non problématique que dans le cas des langages du premier ordre ordinaire.

Comme je l'ai signalé plus tôt[1], le schéma-T échoue aussi pour une autre raison. Comme d'autres aspects de l'approche de Tarski, il présuppose la compositionnalité. Quand la compositionnalité échoue, le schéma-T échoue aussi. On en trouve des cas quand le schéma-T est formulé dans les langues naturelles, par exemple comme suit :

(T)** Π est vrai si et seulement si *p*

où « Π » et « *p* » fonctionnent comme avant, mais où cette fois « *p* » est remplacée par des énoncés (sans indexicaux) en anglais. En substituant « anyone can become a millionaire » (*quiconque peut devenir millionnaire*) à « *p* », en substituant sa citation à « Π », et en prenant seulement une moitié de l'équivalence, nous pouvons constater que (T)** entraîne :

« anyone can become a millionaire » is true if anyone can become a millionaire. (7.21)
(*« anyone can become a millionaire » est vrai si quiconque peut devenir millionnaire.*)

Mais (7.21) n'est pas vrai : si une personne se fait un million, cela n'implique pas que tout le monde peut le faire.

L'explication est que la règle du jeu pour *any* est prioritaire sur la règle pour les conditionnels. Il s'ensuit que la force de *any* dépend de sa localisation dans un énoncé, par exemple dans un énoncé conditionnel. En d'autres termes, *any* viole le principe de compositionnalité.

| Du fait de cette particularité, *any* a une portée plus large que *if* dans 140
(7.21), rendant par là l'énoncé faux.

Ce contre-exemple au schéma-T de Tarski pourrait sembler tourner autour d'une particularité du *any* anglais qui ne présente aucun intérêt théorique général. Ce serait pourtant une mauvaise perception. Ce que (7.21) illustre réellement, c'est l'échec de la compositionnalité dans les langues naturelles, c'est-à-dire un phénomène général extrêmement intéressant.

En somme, le schéma-T est potentiellement inutile pour une discussion sur la vérité et les définitions de la vérité en général. Il se fonde sur des présuppositions dont on ne peut pas attendre qu'elles vaillent en-dehors des langages du premier ordre ordinaire.

L'échec du schéma-T à servir de critère satisfaisant pour caractériser la vérité signifie également que les explications décitationnelles de la vérité sont gravement incomplètes. Elles présupposent la compositionnalité et le *tertium non datur*, alors que l'on ne peut espérer d'aucun des deux qu'il ou elle soit valable dans des langages minimalement expressifs, et certaine-

1. Hintikka, 1976b.

ment pas dans le langage ordinaire. Par conséquent, le schéma-T de Tarski ne peut pas servir de condition pour notre conception générale de la vérité.

Le fait que les conditions vérifonctionnelles ne sont pas exprimables dans les langages IF est plus significatif qu'on ne pourrait l'imaginer au premier abord. On peut voir cette signification en demandant : pourquoi avons-nous besoin de conditionnels vérifonctionnels ? Une part importante de la réponse est : nous en avons besoin pour la preuve logique. Par exemple, sans négation contradictoire à disposition, nous ne pouvons pas utiliser le *modus ponens*, sauf dans une forme affaiblie.

On peut présenter le même point d'une autre façon. Les formules qui peuvent servir à justifier les pas inférentiels d'un énoncé à un autre, comme le conditionnel vérifonctionnel « si S_1, alors S_2 » peut servir à faciliter une inférence de S_1 à S_2, s'avèrent être des énoncés à très fort contenu sémantique. On ne peut pas les exprimer dans un langage du premier ordre ordinaire, ni dans un langage IF. Plus loin dans ce chapitre nous verrons un exemple de langage encore plus fort dans lequel on peut les exprimer.

Cette force et cette subtilité des relations inférentielles, reflétées par l'impossibilité à les exprimer sauf dans des langages très forts, rend hautement improbable que nous, humains, puissions sans aide avoir un aperçu sur leur statut de « tickets pour l'inférence ». Et s'il en va ainsi, une autre idée commune sur la logique mord la poussière. C'est l'idée que la logique serait une systématisation de nos intuitions sur les relations de conséquence logique entre propositions. Il y a très peu de raisons de penser que nous
141 puissions | avoir des « intuitions » viables sur des questions si complexes qu'on ne peut même pas les exprimer dans un langage du premier ordre IF.

Cette observation valorise encore le statut des concepts et des théories modèles-théorétiques comparativement au rôle des approches (inférentielles) de preuve en logique.

On peut ici ajouter une nouvelle observation. Au chapitre III on a vu que la logique IF nous permet de capturer, comme modèles d'une formule, les classes de structures qui ne peuvent pas être capturées autrement par des formules du premier ordre ordinaire. Soit Σ une classe de structures de ce type, capturée par la formule $F(X)$. Il suit alors de ce que nous avons vu que le complémentaire de Σ ne peut pas être capturé par une formule IF. Car ce complémentaire devrait être capturé par la négation contradictoire de $F(X)$, qui n'est pas accessible à moins qu'il ne s'agisse d'une formule du premier ordre ordinaire. Mais alors cela n'accroît pas les capacités représentationnelles de la logique du premier ordre ordinaire.

Le comportement de la négation en logique IF montre aussi comment cette logique échappe aux griffes du troisième résultat (à côté de ceux de Gödel et Tarski) qui apparemment restreint sévèrement ce que l'on peut faire au moyen de la logique. Ce résultat est connu sous le nom de théorème de Lindström[1]. Il s'agit d'un résultat de la théorie des logiques abstraites (modèle-théorétiques) qui dit, grossièrement, que la logique du premier ordre ordinaire est en un sens naturel la plus forte des logiques satisfaisant certaines conditions. Ce sens est simplement une explication de l'idée qu'une logique plus forte nous permet de faire des distinctions plus fines entre modèles que ne le permet une logique plus faible.

Parmi les conditions du théorème de Lindström, l'attention a surtout été portée sur la supposition que la logique en question est compacte et qu'elle valide le théorème de Löwenheim-Skolem. Comme la logique IF satisfait ces conditions et qu'elle est pourtant plus forte que la logique ordinaire au sens qu'on a donné à ce terme, ces deux suppositions ne peuvent pas être les plus importantes. En fait, le joker dans le paquet s'avère être la supposition de Lindström que la négation se comporte comme la négation contradictoire. Cette supposition n'est pas satisfaite par la logique du premier ordre IF, et pour cette raison elle peut être plus forte que la logique du premier ordre ordinaire, malgré le théorème de Lindström. La négation joue donc une nouvelle fois un rôle crucial dans les fondements de la logique. Et, une fois encore, les restrictions apparentes sur la puissance de la logique s'avèrent ne pas être des restrictions réelles. | 142

(B) LE MENTEUR EST SIMPLEMENT UN DISEUR DE NON-VÉRITÉS

À la lumière de nos résultats, nous pouvons maintenant voir pourquoi le paradoxe du menteur n'émerge pas au sein des langages IF. Il faut à strictement parler réviser le statut du lemme diagonal. Mais puisque ce lemme exprime fondamentalement un fait combinatoire de théorie élémentaire des nombres, il n'y a aucune raison d'attendre qu'il ne vaille pas en logique IF. Alors quelle échappatoire nous laisse sa validité?

Regardons. Appliquons le lemme diagonal à notre prédicat de vérité T. Nous obtenons alors le résultat qu'il existe un nombre h tel que h est le nombre de Gödel de :

$$g(\sim T[\mathbf{h}]) \qquad (7.22)$$

On peut alors facilement voir de la manière habituelle que si l'énoncé :

$$\sim T[\mathbf{h}] \qquad (7.23)$$

est faux, il est vrai, et vice versa. Mais l'énoncé (7.23) n'a pas besoin d'être vrai ou faux. Donc aucune contradiction n'en résulte. La définition de la

1. Voir Lindström, 1969 ; *cf.* Ebbinghaus, Flum et Thomas, 1984, chap. 12.

vérité que nous avons donnée pour les langages IF adéquats n'est pas viciée par le paradoxe du menteur. L'énoncé du menteur s'avère n'être ni vrai, ni faux.

Cette résolution du paradoxe du menteur est si simple qu'elle peut paraître surprenante voire provoquer l'incrédulité. Il faut ici ajouter quelques commentaires :

(a) Il n'y a rien de mystérieux dans le fait que (7.23) ne soit ni vrai ni faux. C'est simplement un aspect combinatoire de la structure dont parle l'énoncé. En principe, ce fait est aussi direct que notre exemple plus haut à propos de (D). Cela signifie que l'on peut défaire toute stratégie de vérification de (7.23), et que l'on peut contrarier de la même manière toute stratégie de falsification. Que nous ne puissions pas voir directement ce fait, comme dans le cas correspondant de (7.4) évalué par rapport à (D), est simplement dû à la plus grande complexité de l'énoncé (7.23). Autrement, les deux exemples sont du même ordre. On pourrait même suggérer que la dramatisation des propriétés de (7.23) par une comparaison avec le paradoxe du menteur est une manière partiale d'éclairer cet aspect intuitif de (7.23). Mon point est ici étroitement lié au fait que le théorème d'impossibilité de Gödel, que lui-même comparait au paradoxe du menteur, peut être prouvé de manière constructive.

(b) De plus, ces traits combinatoires de (7.23) sont indépendants de notre terminologie. On ne peut pas les changer, par exemple, en définissant
143 la fausseté d'une manière différente de la nôtre. Le point crucial est | qu'il y a fondamentalement seulement une manière de caractériser la négation en logique du premier ordre IF.

Il a parfois été suggéré[1] comme solution aux paradoxes du type du menteur qu'il n'y a pas à exprimer, en dernière analyse sémantique, de concept générateur de paradoxe. Ce que l'on a vu montre que cela n'est pas le cas dans l'approche développée ici. Car l'existence d'une stratégie gagnante pour le vérificateur initial est une propriété combinatoire définie des modèles, que le jeu en question soit déterminé ou non. Donc, dans un sens très concret, on peut définir un tel concept de vérité pour les langages IF.

(c) On a supposé plus haut, dans l'argument concernant (7.22)-(7.23), que le lemme diagonal s'applique quand on développe l'arithmétique élémentaire dans le cadre de la logique IF plutôt que dans un cadre ordinaire. Même si cette supposition est évidemment correcte, il est utile de la relever ici. La raison pour laquelle le lemme diagonal s'applique est que la syntaxe du langage arithmétique IF peut être manipulée (via une numéra-

1. *Cf.* par exemple Simmons, 1990, p. 290.

tion de Gödel adéquate) dans son propre fragment du premier ordre ordinaire. On peut donc représenter les fonctions diagonales[1] dans le langage comme avant, car il s'occupe simplement de la syntaxe du langage arithmétique en question. En outre, la représentabilité des fonctions diagonales constitue la seule supposition substantielle exigée pour le lemme diagonal, qui est donc applicable aux langages IF.

Les mêmes remarques s'appliquent *mutatis mutandis* aux fragments Σ^1_1 des langages arithmétiques du second ordre, de façon non surprenante, parce qu'ils sont équivalents aux langages du premier ordre IF correspondants.

(d) Si vous adoptez un point de vue plus large sur la situation, vous trouverez non seulement que vous auriez dû vous attendre à ce que le paradoxe du menteur ne touche pas notre définition de la vérité, mais aussi que vous auriez dû considérer celle-ci comme immunisée contre tous les paradoxes. Pour voir ceci, vous pouvez regarder la définition de la vérité du second ordre comme elle est présentée au chapitre VI. Ce qu'elle dit, c'est qu'il existe un prédicat (des nombres des Gödel des énoncés) satisfaisant certaines conditions telles que *x* a ce prédicat. Quelles sont les conditions pertinentes ? Elles énoncent précisément les traits possédés par notre concept intuitif de vérité, appliqués au langage IF considéré *sans** prédicat spécial de vérité. Il n'y a ici aucune auto-référence qui puisse générer des paradoxes ou des contradictions. À moins que notre conception intuitive de la vérité ne soit sérieusement défectueuse, cette définition du second ordre ne peut pas s'égarer car elle | capture tout simplement ce que nous voulons 144
dire quand nous parlons de la vérité d'un énoncé IF. On ne peut donc générer aucun paradoxe par une telle définition. Et la possibilité de retraduire la définition de la vérité du second ordre dans le langage du premier ordre IF concerné est simplement l'affaire d'un résultat logique bien connu.

(e) La facilité avec laquelle le paradoxe du menteur est évité dans les langages IF incite à penser que ce paradoxe ne doit pas constituer une menace sérieuse sur les définitions de la vérité ou sur la possibilité d'un concept consistant de vérité dans les langues naturelles. Cela suggère plutôt un point général important. En un sens, le paradoxe du menteur a plus à voir avec notre concept de négation qu'avec notre concept de vérité. Cela est aussi suggéré par la manière dont des arguments du type du menteur sont utilisés par Gödel et par Tarski. Au fond, ces utilisations sont basées sur le lemme diagonal qui est un fait combinatoire concernant les langages arithmétiques du premier ordre. Il n'y a pas de latitude avec un tel métathéo-

1. *Cf.* Mendelson, 1987, p. 155.

rème. *A fortiori*, tout prédicat de vérité sera vulnérable au lemme diagonal. Il n'y a pas de moyen d'en éviter l'application. Donc la seule issue possible est de contester la dichotomie vrai-faux.

Dans une veine constructive, l'échec du paradoxe du menteur dans les langages IF malgré leur capacité à définir leur propre vérité apporte un nouvel éclairage sur la perspective de définitions de la vérité pour les langues naturelles. En effet, les paradoxes du type du menteur et les arguments diagonaux sur lesquels ils reposent sont souvent invoqués comme une raison de l'impossibilité de définir la vérité pour les langues naturelles.

Ce qui a été présenté est plus que le simple exemple d'un langage riche dans lequel on peut définir sa propre vérité. Indépendamment de tous les problèmes concernant les relations des langages IF avec la question de la possibilité de définitions de la vérité (semblables à celles présentées ici) dans les langues naturelles, la définissabilité de la vérité pour les langages IF a des conséquences énormes. Elle démolit une fois pour toutes le mythe selon lequel les concepts sémantiques comme la vérité ne peuvent pas s'exprimer dans le langage (suffisamment riche) auquel ils s'appliquent, tout autant que le mythe selon lequel une hiérarchie de métalangages à la Tarski est inévitable si nous voulons échapper aux paradoxes sémantiques, comme on l'a prétendu[1].

Nos résultats montrent incidemment que les principales approches concurrentes de la vérité ne font pas aussi bien l'affaire que celle présentée ici. Cela vaut tout autant des « théories » de la vérité-redondance, y compris les conceptions décitationnelles, que des définitions inductives de la vérité.
145 Si on les formule dans le | même langage que celui auquel le prédicat de vérité proposé se rapporte, elles seront alors sujettes aux contre-exemples du type du menteur discutés ici.

(f) Un lecteur prudent pourrait cependant ne pas encore se sentir en sécurité par rapport au risque de possibles paradoxes. Une source d'inquiétude provient de ce que même si la logique IF est (sémantiquement) incomplète, il existe toujours une procédure complète de réfutation. Cette complétude ne rend-elle pas la logique IF trop forte pour être sûre ?

La réponse est que la méthode complète de réfutation ne donne lieu à aucun paradoxe, mais qu'elle produit en revanche des résultats intéressants. Pour cela, considérez une théorie non logique finiment axiomatisable T qui contienne l'arithmétique élémentaire et qui soit formulée dans un langage du premier ordre IF. La procédure générale de réfutation pour la logique IF fournit une procédure de réfutation pour la théorie T, au sens

1. *Cf.* Simmons, 1990, spécialement p. 296-299.

d'une procédure complète de preuve pour établir l'inconsistance avec les axiomes de *T*. En employant la technique de numération de Gödel, nous pouvons discuter la métathéorie de *T* à l'intérieur de *T* elle-même. La procédure complète de réfutation que l'on vient de mentionner donne lieu à un prédicat Disp(x) qui est vrai du nombre de Gödel $g(S)$ d'un énoncé *S* si et seulement si *S* est réfutable (*disprovable*) à partir de *T*, en supposant que *T* est consistante. À cause de la complétude de la procédure, Disp(x) s'applique au nombre de Gödel $g(S)$ de *S* si et seulement si *S* est inconsistant avec *T*. Si nous appliquons le lemme diagonal à la formule Disp(x), nous obtenons une formule :

$$\mathrm{Disp}(\mathbf{n}) \tag{7.24}$$

dont le nombre de Gödel est n, et où **n** est le numéral représentant n. Que pouvons-nous dire de l'énoncé (7.24) ? S'il est vrai, alors il est réfutable. Mais comme la procédure de réfutation en question ne produit que des énoncés faux dans les modèles de *T*, l'énoncé (7.24) doit être faux dans ces modèles. Donc il ne peut pas y être vrai.

Mais très clairement, de même que le prédicat comparable dans les langages du premier ordre ordinaire, (7.24) est exprimable sous une forme du premier ordre ordinaire. Par conséquent, ses négations forte et contradictoire coïncident. Il existe donc un énoncé,

$$\sim\mathrm{Disp}(\mathbf{n}) \tag{7.25}$$

qui est vrai mais dont la négation n'est pas réfutable. La théorie *T* est par conséquent consistante mais incomplète au sens où on ne peut pas montrer par notre procédure de réfutation que la négation (7.24) de (7.25) est inconsistante avec *T*.

| Ainsi, l'existence d'une procédure complète de réfutation ne **146**
débouche pas sur des paradoxes, mais sur un résultat positif remarquable. Elle montre que si une assertion (par exemple, une théorie finiment axiomatisable) *T*, exprimable dans un langage du premier ordre IF, est consistante (au sens faible où elle n'est pas logiquement fausse), alors on peut prouver sa consistance (dans ce sens) en établissant la vérité d'un énoncé particulier dans le même langage. En ce sens, les problèmes de consistance, comme les problèmes de la vérité, peuvent toujours être formulés dans le même langage IF que la théorie d'origine *T*. En même temps, nous pouvons voir que *T* est inévitablement déductivement incomplète : il y aura des énoncés faux (dans le domaine des nombres naturels) mais non réfutables sur la base de *T*.

Le comportement de la négation dans les langages IF est aussi l'une des sources des limitations de ces langages mentionnées plus haut, au chapitre IV. Un aspect de ces limitations nous confronte à la théorie des définitions.

En effet, la logique IF est susceptible d'apporter un nouvel éclairage sur le rôle des définitions en logique et en mathématiques. La conception courante des définitions explicites, c'est qu'elles sont non créatives. Tout ce qui peut être prouvé (ou défini) en utilisant une définition doit être prouvable (ou définissable) sans l'utiliser. Aucune de ces exigences n'est satisfaite en logique IF. Pour le voir, considérez une formule du premier ordre irréductiblement IF, S[x], avec x pour seule variable libre. Supposez que nous voulons abréger S[x] en introduisant une nouvelle constante de prédicat à une place, P(x). Cela ne fait bien sûr aucun mal de procéder de la sorte, tant que nous réalisons que la constante ainsi introduite n'est pas logiquement comparable aux constantes non logiques primitives du langage sous-jacent. Pour cette nouvelle constante, la loi du tiers exclu ne vaut pas, contrairement aux constantes non logiques d'origine du langage. De cela, il suit que la définition explicite de P(x) ne peut pas s'exprimer par un énoncé comme :

$$(\forall x)(P(x) \leftrightarrow S[x]) \qquad (7.26)$$

car (7.26) implique que la loi du tiers exclu s'applique à S[x].

De plus, nous ne pouvons pas utiliser le *definiens* P(x) dans d'autres formules abrégées par des définitions. Des définitions abréviatives qui dépendraient de P(x) pourraient introduire de fausses présuppositions dans un argument.

Ces remarques suggèrent une voie d'extension de la logique IF au-delà de la forme où elle a été définie ici. Cette voie consiste à autoriser les constantes non logiques (prédicats et fonctions) à être seulement partiellement définies, pour qu'elles n'aient pas besoin de satisfaire la loi du tiers
147 exclu. Cela ouvrirait des possibilités intéressantes de développement de | la logique du premier ordre IF au-delà de ce qui est présenté dans ce livre. L'exploitation de ces possibilités conduirait la théorie de la logique IF à coopérer avec les théories de la partialité et des logiques partielles[1]. Malgré le grand intérêt potentiel de tels développements, je ne vais pas me permettre de les introduire ici. À la place, je vais expliquer un autre type d'extension de la logique IF d'origine millésimée au chapitre III.

(C) CONTRADICTIO EX MACHINA

À ce point de mon histoire mystérieuse de la négation manquante, je m'attends à voir l'Inspecteur Colombo se gratter la tête et me dire : « Ah !

1. Elles sont présentées avec maîtrise par Fenstad, 1996.

j'allais oublier, juste une dernière question… Pourquoi ne pourrions-nous pas simplement introduire une négation contradictoire par décret ? Tout ce dont nous avons besoin pour donner une signification sémantique à cette négation, disons $\neg S$, c'est de stipuler que $\neg S$ est vrai exactement dans le cas où S n'est pas vrai. Qu'est-ce qui ne va pas dans cette procédure ? ».

Comme toujours, Colombo a raison. Il n'y a rien d'erroné dans l'introduction d'une négation contradictoire (ou faible) après-coup. On appellera le résultat un *langage du premier ordre IF étendu* (*an extended IF first-order language*). Son vocabulaire logique est le même que celui de notre langage du premier ordre IF de base, c'est-à-dire, ~, &, $\vee$, $\exists$, $\forall$ et =, plus la négation contradictoire $\neg$. Ces langages ont plusieurs propriétés intéressantes, dont plusieurs seront discutées plus loin. Leur sémantique est déterminée par les règles antérieures des jeux sémantiques pour la logique IF, plus une règle sémantique pour la négation contradictoire. Cette règle doit cependant satisfaire certaines conditions.

(a) La seule règle sémantique que l'on puisse donner à la négation contradictoire est la règle négative :

$\neg S$ est vrai si et seulement si S n'est pas vrai, sinon il est faux (R.$\neg$)

En particulier, aucune règle de jeu ne peut être employée pour définir la négation contradictoire. On peut le voir en observant que la négation contradictoire devrait certainement obéir aux lois de De Morgan, à la loi de la double négation, et aux lois habituelles de négation des quantificateurs (i.e. l'équivalence entre $\neg(\exists x)$ et $(\forall x)\neg$, et entre $\neg(\forall x)$ et $(\exists x)\neg$). Mais on peut facilement voir que si on suppose que ces lois font partie intégrante du système des règles du jeu, on aboutit alors à la négation forte (ou duale) et pas à la négation contradictoire. Étant données ces observations, si la négation contradictoire pouvait être définie par des règles de jeux sémantiques, elles devraient alors coïncider avec notre négation forte (ou duale), ce qui n'est en fait pas le cas. | 148

(b) Au sens considéré en (a), dans un traitement *game-theoretical* de la sémantique des langages IF la négation contradictoire sera inévitablement parasitaire vis-à-vis de la négation duale.

(c) Une autre conséquence de (a) est que la *négation contradictoire ne peut*, syntaxiquement parlant, *apparaître que devant un énoncé entier* (une formule close). On ne peut pas la préfixer à une formule ouverte, car il y aurait alors besoin d'une règle du jeu pour traiter les instances substitutionnelles de cette formule ouverte quand elle serait atteinte dans un jeu sémantique.

Il y a quelques exceptions à cette restriction, mais elles ne modifient pas le point principal. On peut évidemment autoriser des occurrences de la négation contradictoire dans la portée de &, $\vee$ et $\neg$. Même dans les contextes quantifiés, la différence entre ~ et $\neg$ est parfois négligeable. Considérez par exemple un jeu de la forme $G((\exists x)S[x])$. Ici c'est le vérificateur initial qui joue en premier. Il (ou elle) doit choisir un membre $b \in do(\mathbf{M})$ (du domaine du modèle en question) tel qu'il (ou elle) ait une stratégie gagnante dans $G(S[b])$. Mais cela signifie que le vérificateur initial manque de disposer d'une stratégie gagnante dans $G((\exists x)S[x])$ si et seulement si il n'y a pas de stratégie gagnante pour lui (ou elle) dans chacun des jeux $G(S[d])$, quel que soit $d \in do(\mathbf{M})$.

Mais cela signifie que :

$$\neg(\exists x)S[x] \qquad (7.27)$$

est vrai si et seulement si :

$$(\forall x)\neg S[x] \qquad (7.28)$$

est également vrai, le quantificateur initial $(\forall x)$ étant gouverné par sa règle de jeu habituelle. En d'autres termes, la combinaison de symboles $(\forall x)\neg$ a toujours parfaitement du sens quand elle apparaît en début d'énoncé, à la différence de la combinaison $(\exists x)\neg$ comme vous pouvez le voir.

Il y a une autre exception à l'interdiction de la négation contradictoire à l'intérieur des formules : $\neg$ peut apparaître devant une formule atomique car dans ce cas, aucune autre application de règle ne sera requise. Quand un signe de négation est préfixé à une formule atomique, le fait qu'il soit conçu comme exprimant une négation duale ou une négation contradictoire n'est d'aucune importance. Cette observation n'a pas de grand impact pour la théorie des langages formels IF, mais elle nous aide à comprendre certains aspects de la négation dans les langues naturelles.

L'ajout de la négation contradictoire $\neg$ à la logique IF crée un type de logique qui peut paraître relativement étrange au premier abord, tant du point de vue syntaxique que du point de vue sémantique. D'un point de vue syntaxique, parce que les possibilités d'occurrences de $\neg$ sont restreintes de
149 façon inhabituelle. D'un point de vue sémantique, parce que la | règle sémantique pour $\neg$ est d'un type différent des règles pour les autres constantes logiques. Méthodologiquement, il est particulièrement intéressant de voir ici l'interaction entre règles syntaxiques et règles sémantiques. Par exemple si nous avions essayé d'introduire $\neg$ de telle sorte qu'elle puisse apparaître en tête de n'importe quelle formule ou sous-formule interne à un énoncé, nous n'aurions pas pu donner de règles sémantiques pour ce type de négation. Un corollaire est donc que nous ne pouvons pas supposer que chaque constante logique, ou même que chaque connecteur propositionnel, puisse être introduit(e) par des règles de formation récursives du type habituel, malgré la supposition désinvolte de certains philo-

sophes que nous devrions pouvoir le faire. On pourrait défendre l'idée que ce dogme syntaxique a été déterminant pour faire passer en fraude le présupposé sémantique sans espoir de la compositionnalité au sein des théories des philosophes et des linguistes.

(d) À strictement parler, nous avons donc deux extensions distinctes de la logique du premier ordre IF. Si nous ajoutons simplement toutes les négations contradictoires des énoncés (ou formules closes) IF, nous obtenons ce que nous appellerons la logique IF étendue (*extended IF logic*). Si nous ajoutons aussi les combinaisons vérifonctionnelles (les formules obtenues au moyen de &, $\vee$ et $\neg$ à partir) de formules du premier ordre IF, nous obtenons ce que nous appellerons la logique du premier ordre IF vérifonctionnellement (TF) étendue (*truth-functionally (TF) extended IF first-order logic*).

(e) En passant à la logique IF étendue, on peut éviter l'un des aspects insatisfaisants de sa variante non étendue. Dans la logique IF non étendue, aucun théorème de déduction n'est valable. Étant donnés deux énoncés S_1 et S_2, il n'y a en général aucun énoncé S_0 qui soit valide si et seulement si S_2 est vrai dans tout modèle où S_1 est vrai. Par exemple, $(S_1 \supset S_2)$ est valide si et seulement si S_2 est vrai dans chaque modèle où S_1 n'est pas faux, ce qui est en général une tout autre affaire.

En revanche, en logique IF étendue, $\neg S_1 \vee S_2$ fait l'affaire, étant vrai si et seulement si S_1 n'est pas vrai ou S_2 est vrai.

Cela montre les raisons de l'extension de la logique du premier ordre IF. En regardant à nouveau les deux fonctions principales de la logique que nous avions distinguées au chapitre premier, nous pouvons constater que la notion de négation contradictoire et donc l'extension de la logique IF sont vitales pour la fonction déductive de la logique. Sans cette extension, le théorème de déduction ne tient pas. Et le fait qu'il ne tienne pas signifie que l'inférence de la vérité d'une formule S_2 à partir de celle d'une formule S_1 n'est garantie par la vérité d'aucune formule du langage. L'un des buts de l'extension est donc de faciliter la fonction déductive de la logique.

| (f) L'introduction de la négation faible (ou contradictoire) nécessite **150**
cependant de passer en revue les concepts de base de la logique IF. La raison en est que j'ai jusqu'ici considéré que deux énoncés *vrais* dans les mêmes modèles étaient logiquement équivalents, même s'ils pouvaient être *faux* dans des ensembles distincts de modèles. Deux énoncés qui sont logiquement équivalents ont des négations contradictoires équivalentes, mais pas toujours des négations fortes (ou duales) équivalentes. De plus, les traductions au second ordre des énoncés du premier ordre préservent seulement la vérité, la négation contradictoire et l'équivalence logique telle qu'elle était définie jusqu'ici, mais pas nécessairement la fausseté. Ainsi

deux énoncés du premier ordre IF peuvent avoir la même traduction au second ordre, mais différer par leurs négations fortes. Par conséquent, deux énoncés du premier ordre IF peuvent être logiquement équivalents mais l'un d'eux peut être impossible à représenter comme énoncé du premier ordre ordinaire, au sens où sa négation forte différera de sa négation contradictoire.

Tout ceci peut sembler déroutant, mais il n'y a rien de paradoxal. Nous devons simplement être attentifs quand nous utilisons la notion d'équivalence en logique IF. En fait, il pourrait être approprié de distinguer l'*équivalence forte* de S_1 et S_2, qui préserve la vérité et la fausseté, de leur *équivalence faible*, qui est le sens de l'équivalence logique employé jusqu'ici est qui signifie seulement que S_1 et S_2 sont *vrais* dans les mêmes modèles.

Une conséquence de cela, c'est que l'équivalence logique des traductions au second ordre de S_1 et S_2 garantit uniquement leur équivalence faible, mais pas leur équivalence forte. Donc dans un certain sens, la logique du premier ordre IF paraît plus riche que la logique du second ordre en ce qu'elle facilite des distinctions plus fines que cette dernière. Pourtant, c'est seulement une richesse apparente, car les mêmes distinctions pourrait être faites au niveau du second ordre, quoique en utilisant des notions non standards de négation.

Après avoir expliqué l'idée de la logique IF étendue, le moment est venu pour moi de retourner à la question cruciale des définitions de la vérité. Nous devons demander : pourquoi la négation contradictoire ne recrée-t-elle pas le paradoxe du menteur ? En effet, certaines versions du paradoxe sont formulées précisément dans les termes d'énoncés à la Gödel qui disent, d'une certaine manière, « Je ne suis pas vrai » plutôt que « Je suis faux ».

Mais comment pourrions-nous construire un tel énoncé ? Vraisemblablement au moyen du lemme diagonal. Mais pour employer ce lemme ici, il nous faudrait l'appliquer à une formule ouverte, $\neg T[x]$, où $T[x]$ serait le
151 prédicat de vérité. Mais une telle formule est éliminée par | les restrictions sur les possibilités d'occurrences de $\neg$ dans les formules bien formées. Le symbole $\neg$ ne peut pas préfixer une formule ouverte.

(g) Ce que cela signifie, c'est qu'il y a aussi du sens à appliquer les notions de vérité et de fausseté à un langage IF étendu. Il faut cependant noter que les langages IF étendus n'autorisent pas une définition de la vérité qui puisse être formulée dans le même langage. Car, si nous pouvions le faire, nous devrions dire dans ce langage que, pour le nombre de Gödel $g(\neg S)$ de la négation contradictoire d'une formule quelconque S,

$$T[g(\neg S)] \text{ si et seulement si non } T[g(S)] \qquad (7.29)$$

où $g(S)$ est le nombre de Gödel de S. Mais nous ne pouvons pas remplacer le « non » dans (7.29) par $\neg$, parce qu'il serait alors préfixé à une formule ouverte, et en particulier à une formule ouverte dans la portée d'un quantificateur universel initial.

Je ne vois pas que cela constitue une objection aux langages IF étendus. Simplement parce que la notion de négation contradictoire est si naturelle, je ne vois pas qu'elle doive être capturée par une définition de la vérité. En plus, un nombre fini d'énoncés de la forme :

$$T[g(\neg S)] \leftrightarrow \neg T[g(S)] \tag{7.30}$$

peut être ajouté à un langage IF étendu sans aucun problème. En outre, dans les langages IF étendus nous pouvons avoir une définition partielle de la vérité qui s'applique à tous les énoncés (ou formules closes) S qui ne contiennent pas la négation contradictoire $\neg$. Puisque chaque $\neg$ apparaît comme préfixant un tel énoncé, cette définition de la vérité détermine indirectement la vérité et la fausseté de tous les énoncés des langages IF étendus, et donc remplit la fonction d'une définition de la vérité aussi complètement que l'on puisse l'attendre. Avec cette nuance, une définition de la vérité est donc également possible dans les langages IF étendus.

Au sens qui ressort de ces remarques, une définition de la vérité pour un langage IF non étendu définit indirectement la notion de vérité également pour le langage IF étendu correspondant.

C'est en fait le mieux qui puisse être fait ici, au sens où les limitations qui éliminent la traduction d'une généralisation universelle de (7.29) dans le langage objet sont inévitables. Car si ces restrictions étaient levées, nous pourrions formuler un prédicat de vérité pour un langage IF étendu. Tout ce que nous avons à faire est d'ajouter à la conjonction de clauses dans le prédicat quelque chose comme ce qui suit :

$$(\forall x)(\forall y)((\mathrm{Neg}(x, y) \supset (\neg X(x) \leftrightarrow X(y))) \tag{7.31}$$

| où $\mathrm{Neg}(x, y)$ est la relation qui tient entre x et y si et seulement si y est le 152
nombre de Gödel de la négation contradictoire de la formule de nombre de Gödel x. Cette relation est évidemment représentable tant que notre langage contient un minimum de théorie élémentaire des nombres.

Mais le prédicat de vérité étendu autorise le paradoxe du menteur. On l'obtient en appliquant le lemme diagonal à la formule $\neg\mathrm{Tr}^*[x]$, où $\mathrm{Tr}^*[x]$ est le prédicat de vérité étendu. Le lemme diagonal produit un nombre n tel que :

$$g(\neg\mathrm{Tr}^*[\mathbf{n}]) = n \tag{7.32}$$

Mais (7.32) est paradoxal. Donc les restrictions mentionnées ne peuvent pas être évitées.

(h) Considérons maintenant le fragment de la logique du premier ordre IF étendue qui contient uniquement des énoncés de la forme $\neg S$, où S est un énoncé de logique IF non étendue. Ce fragment a plusieurs propriétés remarquables. Par exemple nous pouvons tester si $\neg S$ est logiquement vrai en essayant de construire un modèle pour S. Comme on l'a signalé au chapitre premier, il y a un ensemble de règles complet pour faire cela. Par conséquent, $\neg S$ est logiquement vrai (*i.e.* vrai dans tous les modèles du langage sous-jacent) si et seulement si ce processus de construction conduit à une impasse. Mais cela signifie que la logique des énoncés de la forme $\neg S$ (où S est un énoncé IF) est sémantiquement complète.

(i) Les résultats des deux dernières sections peuvent être mis en perspective par de nouvelles observations. Il a été dit plus haut que la logique IF était beaucoup plus forte que la logique du premier ordre ordinaire. La logique IF étendue est même encore plus forte. Quelle est sa force ? Cela dépend de comment on la mesure. Au chapitre IX on verra qu'il y a un sens dans lequel on peut faire toutes les mathématiques ordinaires au moyen de la logique IF étendue, pas seulement pour les notations mais aussi du point de vue modèle-théorétique. Entre autres choses, pour chaque théorie mathématique normale, il y a une théorie dans un langage IF étendu qui a *mutatis mutandis* les mêmes modèles.

Ce que de tels résultats impliquent, c'est que la logique IF étendue est une candidate infiniment meilleure pour le rôle de *mathesis universalis* en mathématiques que, par exemple, les langages ensemblistes. La raison en est qu'en donnant une caractérisation de la vérité pour les langages IF étendus (quoique seulement via une définition de la vérité pour les langages IF non étendus correspondants), nous pouvons en effet réaliser le rêve de
153 Carnap et donner une caractérisation de la vérité mathématique | (ou de la validité mathématique, si vous préférez), et la donner dans le même langage que celui dans lequel nous pouvons en principe faire nos mathématiques. On peut donc caractériser le concept de vérité pour une théorie mathématique suffisamment riche dans son propre langage. C'est quelque chose que vous ne pouvez simplement pas faire en théorie des ensembles, comme on le montrera au chapitre VIII.

On peut mesurer l'importance de ce fait en rappelant l'incomplétude déductive de la plupart des théories mathématiques. Cela signifie qu'une grande partie du travail du mathématicien consiste à chercher de nouveaux principes déductifs adéquats pour la théorie qu'il étudie. Mes résultats montrent que si cette théorie est formulée dans un langage IF étendu, cette recherche peut être conduite au moyen du même langage. Les langages comme celui de la théorie des ensembles, qui ne permettent pas la formulation de théories descriptivement complètes, ne jouissent pas d'un tel privilège. Mes résultats ont donc des conséquences importantes pour la formulation des mathématiques en général.

Comme exemple de ces conséquences, on peut souligner qu'en logique IF étendue il est possible de formuler un système axiomatique descriptivement complet pour la théorie élémentaire des nombres. Pour ce faire, on a fondamentalement besoin, en plus des habituels axiomes du premier ordre de Peano, d'un axiome d'induction aussi puissant que sa version du second ordre :

$$(\forall X)((X(0)\ \&\ (\forall y)(X(y) \supset X(y+1))) \supset (\forall y)X(y)) \qquad (7.33)$$

Mais (7.33) est un énoncé Π^1_1, donc la négation contradictoire d'un énoncé Σ^1_1. Comme cet énoncé Σ^1_1 a une traduction équivalente en premier ordre IF, (7.33) a une traduction équivalente dans le langage IF étendu correspondant. Et cela implique que la théorie élémentaire des nombres admet une axiomatisation descriptivement complète au moyen de la logique du premier ordre IF étendue.

(D) La négation est un concept siamois

Nos résultats apportent un éclairage étonnamment neuf sur le concept de négation. Les logiciens et philosophes conçoivent parfois la négation comme une idée simple et non problématique. Tout ce qu'elle implique, semble-t-il, c'est une inversion des valeurs de vérité. Par exemple dans le *Tractatus* Wittgenstein soutenait que la négation d'un énoncé interprété de façon pictoriale n'est pas seulement une image, mais la même image avec simplement une polarité inversée. Les logiciens et les philosophes auraient peut-être dû emboîter le pas aux linguistes, qui ont trouvé que la négation du langage ordinaire était un phénomène complexe et énigmatique.

| Nos résultats conduisent à une conclusion frappante. Ce qu'ils 154
montrent, c'est que *dans tout langage suffisamment riche, il y aura deux notions distinctes de négation en présence*. Ou si vous préférez une autre formulation, notre concept ordinaire de négation est intrinsèquement ambigu. La raison en est que l'une des choses centrales que nous voulons certainement exprimer est la négation contradictoire. Mais on a trouvé plus haut dans ce chapitre[1] que la négation contradictoire n'est pas autosuffisante. Pour avoir des règles explicites pour traiter la négation, il faut aussi avoir la négation duale, bien qu'implicitement.

1. *Cf.* (a)-(b) plus haut.

Ce qui est véritablement remarquable ici, ce n'est pas seulement la possibilité d'avoir deux notions de négation présentes dans le même langage, mais la quasi nécessité de les avoir dans des langages suffisamment puissants. Le fait crucial ici n'est pas que nous puissions introduire une négation contradictoire de la manière dont nous l'avons fait. C'est plutôt le fait qu'*il faut* l'introduire de cette manière. La négation contradictoire ne peut pas être introduite au moyen d'une règle du jeu. Elle doit donc être différente de la négation logiquement première (la négation duale), que l'on peut définir par des règles du jeu.

Un autre fait important est que la négation forte (ou duale) ne peut être introduite que d'une seule manière. Ses propriétés sont complètement fixées dans un langage du premier ordre IF.

Les implications pour la sémantique des langues naturelles sont claires. Par expérience de pensée nous pouvons concevoir la communauté linguistique comme si elle était confrontée à la tâche de créer un langage artificiel suffisamment fort pour remplir en gros les mêmes objectifs qu'une langue naturelle. Un tel linguiste législateur imaginaire serait confronté à un problème intéressant. D'un côté, la chose la plus importante à exprimer dans un tel langage serait clairement la négation contradictoire. Mais cela ne peut pas être la seule notion de négation présente. Quelque chose d'autre doit être inclus dans le langage, même tacitement. Car nous ne pouvons tout simplement pas formuler les règles syntaxiques et sémantiques adéquates pour le langage en question dans les termes de la seule négation contradictoire. Sans négation duale, le langage n'est tout simplement pas adéquat pour les buts du processus logique et sémantique. (Par exemple, les règles des jeux sémantiques doivent être formulées en termes de négation duale.) Si notre inventeur d'une linguistique imaginaire emploie seulement un symbole pour la négation, il ou elle aura alors à associer cet unique symbole à deux usages essentiellement distincts. Cela conduit inévitablement à des complications d'une sorte ou d'une autre.

Maintenant, la communauté linguistique est dans une position essentiellement similaire à celle du créateur imaginaire d'un langage, car dans
155 les langues naturelles nous ne paraissons | nous occuper que d'une seule
négation, à savoir de la négation contradictoire. Par conséquent, le comportement de la négation dans les langues naturelles est susceptible de révéler des propriétés curieuses causées par le besoin d'utiliser aussi, quoique implicitement, l'autre négation (la négation duale). Cela suggère une perspective intéressante pour observer le phénomène de la négation dans les langues naturelles.

Je ne vais pas tenter ici une discussion complète de la négation dans les langues naturelles. Quoi qu'il en soit, je suis pleinement convaincu que les résultats obtenus dans ce chapitre constitueront aussi une part essentielle de n'importe quelle théorie à peu près satisfaisante de la négation quand on la confrontera aux langues naturelles. Tout d'abord, malgré la complexité déroutante des langues naturelles, plusieurs traits du comportement de la négation en anglais sont plus facilement compréhensibles quand on les compare à ce que nous trouvons dans les langages IF étendus.

Entre autres choses, nous obtenons une perspective intéressante sur la bifurcation de la négation en langue naturelle entre négation verbale et négation phrastique. Ce serait une simplification excessive que d'assimiler cette dichotomie à la distinction entre négations forte et faible dans les langages IF étendus ; mais les deux distinctions ne sont pas non plus sans rapport. Quand un signe de négation précède immédiatement un énoncé atomique d'un langage formel, la différence entre négation forte (ou falsificatrice) et négation faible (ou contradictoire) disparaît. On peut donc analyser la négation verbale qui, très grossièrement, nie la partie non quantifiée d'un énoncé, comme étant la négation contradictoire que l'élément négatif des langues naturelles exprime en premier lieu.

En même temps, les caprices de la négation contradictoire dans des langues naturelles comme l'anglais deviennent compréhensibles. Le point de départ est que la négation explicite du langage ordinaire est la négation contradictoire. Des complications émergent en partie parce que cette négation n'est pas autosuffisante, et en partie parce qu'elle ne peut pas apparaître de façon signifiante dans tous les contextes où elle devrait être admissible, syntaxiquement parlant. Donc on peut s'attendre à ce qu'il y ait des régularités sémantiques qui la déplacent, sémantiquement parlant, soit en position initiale d'un énoncé, soit dans une position qui corresponde au préfixe d'une formule atomique. Par exemple, nous pouvons facilement former la contradictoire d'un énoncé en anglais en le préfixant de « It is not the case that » (*Ce n'est pas le cas que*), de même que nous introduisons une négation contradictoire en tête d'énoncé en logique IF sans pouvoir l'introduire dans une autre position. La difficulté, ou | peut-être même l'impossibilité de 156
donner des règles effectivement applicables pour former les négations contradictoires en anglais correspond à l'absence inévitable de négation contradictoire dans les langages IF, sauf quand on les étend par un nouveau type de règles de formation et par un nouveau type de conditions de vérité.

Il semble même y avoir des régularités linguistiques en anglais qui sont étroitement liées à l'embarras de situer la négation dans un énoncé, entre la position initiale et la position de portée minimale, en dehors d'une composition vérifonctionnelle. On constate une régularité en posant la question suivante : quand *not* peut-il être préfixé à un énoncé quantifié en anglais ? Les exemples suivants illustrent quelques-unes des constructions acceptables :

Not every Scotsman is stingy. (7.34)
[*Tous les Ecossais ne sont pas radins.*]
Not a single student failed.
[*Pas un seul étudiant n'a échoué.*]
Not many runners managed to finish.
[*Pas beaucoup de coureurs ont réussi à finir.*]

En revanche, les constructions suivantes sont inacceptables :

not any [*pas un quelconque*] (7.35)
not each [*pas chaque*]
not some [*pas quelque*]
not few [*pas peu*]
not several [*pas plusieurs*]

Qu'est-ce qui fait la différence ? Il apparaît que tous les quantificateurs contenus dans (7.35) ont une portée plus large que la négation, à l'inverse des quantificateurs de (7.34). Donc les constructions (7.35), si elles étaient admissibles, pourraient pousser la négation dans un *no man's land* interne à l'énoncé. En revanche, les quantificateurs qui apparaissent dans (7.34) n'ont pas de droit de passage en rapport avec la négation. Par conséquent ils laissent la négation en position initiale, et donc ils la laissent être certainement une négation contradictoire.

Cette explication est renforcée par l'observation que les constructions instanciées en (7.34) sont admissibles *ceteris paribus* uniquement en position de sujet, mais pas en position d'objet. Par exemple, on peut dire :

Not every hunter shot a lion. (7.36)
[*Tous les chasseurs n'ont pas tué un lion.*]

mais pas :

A hunter shot not every lion. (7.37)
[*Un chasseur n'a tué pas tous les lions.*]

La raison en est que si *not* a une occurrence dans un syntagme en position d'objet, elle peut se trouver dans la portée d'autres quantificateurs, et
157 typiquement | dans la portée de quantificateurs du syntagme en position de sujet. Cela mettrait encore une fois la négation dans une position où la négation contradictoire ne peut pas se trouver, si nous supposons que l'anglais est semblable à un langage IF non étendu.

Cette régularité n'a rien à voir avec la signification « visée » d'expressions comme (7.37), car il est acceptable de dire :

Not every lion was shot by a hunter. (7.38)
[*Tous les lions n'ont pas été tués par un chasseur.*]

D'autres régularités linguistiques deviennent compréhensibles à la lumière du comportement de la négation dans les langages IF. L'une d'elles est le fait qu'une franche négation peut faire obstacle à l'anaphore. Ce fait a été relevé dans la littérature, et Irene Heim[1] a même utilisé l'impossibilité présumée de l'expliquer en théorie sémantique des jeux comme point de départ d'une tentative de critique de GTS. Maintenant, on peut voir que de telles tentatives d'objections peuvent être tournées en arguments en faveur de la théorie sémantique des jeux, et pas contre elle.

Ce phénomène est exemplifié par le fait que l'anaphore est possible dans le premier des deux énoncés suivants, mais pas dans le second :

Some student passed the examination. (7.39)
She must have studied very hard.
[*Une étudiante au moins a été reçue à l'examen. Elle doit avoir travaillé très dur.*]

Not every student failed to pass the examination. (7.40)
She must have studied very hard.
[*Toutes les étudiantes n'ont pas échoué à l'examen. Elle doit avoir travaillé très dur.*]

Comme (7.39) et (7.40) sont logiquement équivalents, il pourrait paraître étonnant à première vue que l'anaphore soit acceptable dans un cas mais pas dans l'autre. Ce fait est cependant facilement explicable. Dans Hintikka et Kulas (1985), une théorie de l'anaphore est développée dans le cadre de GTS. En laissant de côté les détails, l'idée de base est claire, et c'est la seule chose dont j'aie besoin ici. L'idée est que dans chaque partie d'un jeu sémantique les pronoms anaphoriques réfèrent à des individus qui ont été préalablement introduits au cours de la même partie. Par exemple dans (7.39), la première règle du jeu à appliquer est la règle pour *some* (*une*). Elle implique le choix d'un individu, disons Susan, du domaine pertinent, après quoi le jeu se poursuit relativement à :

Susan passed the examination. Susan is a student. (7.41)
She must have studied very hard.
[*Susan a été reçue à l'examen. Susan est étudiante. Elle doit avoir travaillé très dur.*]

Quand plus tard dans le jeu on s'occupe du pronom *She* (*Elle*), il y aura une valeur admissible pour ce pronom, à savoir Susan. L'anaphore est donc possible dans (7.39).

1. 1982, p. 115-117.

158 | En revanche, on ne peut pas interpréter directement (7.40) par un jeu. Comme son premier énoncé comporte visiblement une négation contradictoire (en position initiale), il sera interprété seulement indirectement comme étant la négation contradictoire de :

Every student failed to pass the examination. (7.42)
[*Toutes les étudiantes ont échoué à l'examen.*]

Même si un jeu associé à (7.42) est contenu dans l'interprétation de (7.40), cela ne restaurera pas automatiquement la possibilité d'anaphore pour (7.40). Il y a deux raisons concurrentes à cela. D'une part, ce que dit le premier énoncé de (7.40) est qu'il n'y a pas de stratégie gagnante pour un jeu avec (7.42). Donc cela ne donne aucune indication sur la sorte de partie associée à (7.42), et par conséquent sur les individus qui pourraient être choisis par les joueurs dans un tel jeu. Il n'y a donc pas d'individus bien définis en perspective pour servir de valeurs à *every* (*toutes*) dans (7.40), et pas plus pour servir de valeur au pronom anaphorique *She* (*Elle*).

D'autre part, les individus introduits par l'application des règles pour les quantificateurs universels (comme le *every* dans (7.42)) ne sont pas automatiquement disponibles comme valeurs de pronoms anaphoriques. (Je ne vais pas discuter ici des raisons ni des limites de cette régularité.)

En tout cas, cette régularité n'a rien à voir avec le quantificateur *every* en tant que tel. Car nous avons une situation similaire avec des paires d'énoncés comme les suivantes :

Few students passed the examination. (7.43)
They must have studied very hard to be able to do so.
[*Peu d'étudiantes ont été reçues à l'examen. Elles doivent avoir travaillé très dur pour en être capables.*]

Not many students passed the examination. (7.44)
They must have studied very hard to be able to do so.
[*Pas beaucoup d'étudiantes ont été reçues à l'examen. Elles doivent avoir travaillé très dur pour en être capables.*]

À première vue, il y a des exceptions à la règle suivant laquelle la négation est un obstacle pour l'anaphore. Ce sont cependant des exceptions qui prouvent littéralement la règle. En fait, ce sont des exemples pour lesquels les jeux sémantiques avec l'énoncé non nié sont introduits et considérés explicitement ou implicitement, habituellement pour fournir une raison qui rende faux l'énoncé non nié. Par exemple le cas suivant :

Nobody stole your diamonds, for he would have had to scale a ten-foot wall to do it. (7.45)
[*Aucun individu n'a volé tes diamants, car il aurait eu à escalader un mur haut de dix pieds pour le faire.*]

Une régularité plus simple encore qui devient compréhensible depuis notre point de vue est le principe d'ordonnancement sémantique qui donne | priorité à la négation sur *every* (*tout-e-s*), même quand l'élément négatif 159
est dans sa portée syntaxique. Par exemple :

Everything that glitters is not gold. (7.46)
[*Tout ce qui brille n'est pas de l'or.*]

n'a pas la forme logique de :

$(\forall x)(x \text{ glitters} \supset \neg(x \text{ is gold}))$ (7.47)
$[(\forall x)(x \text{ brille} \supset \neg(x \text{ est de l'or}))]$

mais plutôt :

$\neg(\forall x)(x \text{ glitters} \supset x \text{ is gold})$ (7.48)
$[\neg(\forall x)(x \text{ brille} \supset x \text{ est de l'or})]$

Pourquoi ? Parce que la première lecture placerait une négation contradictoire dans la portée d'un quantificateur universel alors qu'on ne peut pas l'interpréter de cette façon dans tous les énoncés similaires. Ce qui est intéressant dans ce phénomène, c'est qu'il apparaît dans une grande variété de langues, très éloignées les unes des autres. Cela exige donc une explication théorique. Les résultats obtenus dans ce chapitre en fournissent une.

On pourrait prolonger cette liste d'explications de phénomènes des langues naturelles. Des problèmes similaires ont en fait été notés par les linguistes, par exemple la connexion avec le phénomène de *neg-raising*[1]. Beaucoup d'entre eux admettent des solutions suivant le même raisonnement que les phénomènes présentés ici. Ce qui a été dit suffit à montrer que la logique du premier ordre IF jouera un rôle crucial dans cette étude.

Il faut également noter que tout ce dont nous avons besoin pour résoudre les paradoxes informels du type du menteur, c'est de reconnaître que la négation dans les langues naturelles se comporte essentiellement de la même manière que dans les langages IF étendus. On a besoin d'une analyse du mécanisme auto-référentiel qui conduit à ces paradoxes apparents uniquement pour défendre le caractère naturel de cette solution, mais pas pour défendre la solution elle-même. Par exemple, considérez l'énoncé archétypique du menteur :

L'énoncé (7.49) est faux. (7.49)

Quelle sorte de procédure est requise quand on essaie de vérifier (7.49) ? Le jeu de langage devrait comporter une règle comme celle-ci :

1. *Cf.* par exemple Horn, 1989, p. 308-330.

Quand le jeu a atteint un énoncé de la forme (7.50)
« L'énoncé (**n**) est faux », le vérificateur doit chercher l'énoncé #**n**. Le jeu se poursuit alors avec sa négation.

160 | Une règle inversée serait :

Quand le jeu a atteint un énoncé de la forme (7.51)
« L'énoncé (**n**) est vrai », le falsificateur doit chercher l'énoncé #**n**. Le jeu se poursuit alors avec cet énoncé.

Appliqué à (7.49), un jeu avec la règle (7.50) conduit à une boucle, et donc à une partie infinie. En tant que tel, cela ne nous interdit pas de parler de victoire et de défaite. Nous savons de la théorie des jeux qu'il y a des manières parfaitement raisonnables de définir qui gagne et qui perd non seulement dans les jeux finis, mais aussi dans les jeux infinis. Pourtant dans ce cas particulier le jeu est symétriquement infini pour les deux joueurs. Il n'y a donc pas de règle raisonnable pour la victoire ou la défaite qui pourrait déclarer l'un des deux joueurs comme vainqueur. On ne peut donc pas vérifier (7.49), et par symétrie on ne peut pas non plus la falsifier. Par conséquent (7.49) ne peut naturellement être considérée ni comme vraie, ni comme fausse.

Un raisonnement similaire s'applique à :

L'énoncé (7.52) est vrai. (7.52)

Dans ce cas cependant, la partie infinie n'est pas symétrique. L'un des joueurs, à savoir Nature (ou le falsificateur initial) peut être tenu pour « responsable » de l'infinité de la partie. Cela peut naturellement constituer une base pour stipuler qu'un énoncé comme (7.52) est vrai. L'idée est que si un joueur porte toute la responsabilité de l'infinité d'une partie, alors le joueur non coupable gagne [1].

Par conséquent, la tentative d'innocenter le paradoxe du menteur renforcé en considérant un énoncé comme :

L'énoncé (7.53) n'est pas vrai. (7.53)

où « pas vrai » exprime la négation contradictoire, cette tentative échoue également puisque (7.53) est simplement faux.

Vous n'êtes pas tenu d'aimer les détails de mon traitement des paradoxes informels du type du menteur. Mais même si cette solution peut passer pour une procédure ad hoc, elle sert en tout cas à illustrer la facilité avec laquelle les paradoxes du type du menteur peuvent être gérés dans les

1. *Cf.* ici Hintikka et Rantala, 1976.

langues naturelles dès qu'on admet que la négation s'y comporte fondamentalement de la même manière que dans les langages IF étendus.

Les types de définitions de la victoire et de la défaite, et *a fortiori* de la vérité et de la fausseté, sont en principe intéressants (entre autres choses)
| parce qu'ils montrent qu'il y a des manières raisonnables de définir la 161
vérité et la fausseté même pour ce que Kripke appelait les énoncés non fondés (*ungrounded sentences*) contenant le prédicat de vérité [1].

(j) Parmi d'autres aspects du concept de négation qu'il faut déconstruire, on trouve la prétendue loi du tiers exclu. Comme il doit y avoir deux concepts différents de négation dans un langage suffisamment fort, la question de la validité de la loi du tiers exclu est intrinsèquement et inévitablement ambiguë.

En outre, pour chacune des deux négations, la question correspondante au sujet du *tertium non datur* admet une réponse simple. Pour la négation contradictoire, la loi du tiers exclu tient virtuellement *per definitionem*. Pour la négation forte (ou duale), elle échoue presque aussi trivialement. Ce qui est particulièrement remarquable, c'est que chacune des réponses représente des faits logico-combinatoires transparents, qui ne sont pas liés à des présuppositions épistémologiques ou philosophiques particulières.

Un aspect remarquable de l'échec du *tertium non datur* en logique du premier ordre IF est que, dans un certain sens, cette logique est parfaitement classique. Cet échec est la conséquence de changements dans la logique du premier ordre ordinaire qui sont motivés totalement indépendamment de toutes les idées « non classiques » comme le constructivisme ou l'intuitionnisme. Par conséquent, mes résultats placent tout le contraste entre logique classique et logique non classique dans une nouvelle perspective. Ou plutôt, ils les confondent totalement en montrant que la logique usuelle (usuelle en fin de compte depuis Frege et Russell) ne mérite pas l'épithète de « classique » sauf au sens où elle est la logique qui est enseignée dans les salles de classes de nos jours.

Ce point sera mieux exploré en lien avec les idées constructivistes discutées aux chapitres X et XI.

(k) Dans un langage du premier ordre IF vérifonctionnellement étendu, nous pouvons finalement exprimer les conditionnels vérifonctionnels normaux, par exemple :

$$(\neg S_1 \vee S_2) \qquad (7.54)$$

1. Voir Kripke, dans Martin, 1984, p. 57.

que l'on peut abréger en :

$$(S_1 \supset_T S_2) \qquad (7.55)$$

Un langage IF vérifonctionnellement étendu est donc un médium meilleur que la logique IF non étendue pour prouver des propositions. Ce gain de
162 maniabilité syntaxique | est cependant inversement proportionnel à la clarté de la situation sémantique dans les deux types de langages. Dans la variante modèle-théorétique d'origine des langages IF nous n'avions pas de conditionnel vérifonctionnel, ce qui rendait la vie dure à un théoricien de la preuve, mais nous avions toutes sortes de résultats modèle-théorétiques sympathiques. En revanche, dans les langages IF vérifonctionnellement étendus nous avons les connecteurs vérifonctionnels, le *modus ponens* ordinaire et ainsi de suite, ce qui facilite grandement les chaînes d'inférences logiques. Mais cela signifie le bannissement de l'Eden modèle-théorétique de la logique IF d'origine. Il y a un prix à payer ici, quelle que soit la voie choisie. Une restriction primordiale à observer, c'est que le conditionnel vérifonctionnel $\supset_T$ ne peut être utilisé qu'en dehors de la portée de quantificateurs, comme la négation vérifonctionnelle. Heureusement, cela n'ajoute pas de nouveaux obstacles à l'emploi de conditionnels dans les inférences logiques.

(l) Mes résultats admettent une formulation frappante dans le style de Wittgenstein. Wittgenstein parlait des limites du langage. Ordinairement, les limites de ce qu'un langage formel peut exprimer sont conçues en termes de limitations du pouvoir expressif du langage, ou peut-être en termes de limitations de la totalité des entités qu'il peut prendre en charge. Ce que nous avons trouvé montre que l'une des véritables limites du langage réside dans l'impossibilité d'exprimer la négation contradictoire ou bien, si cette négation est introduite par décret, dans les conséquences de cette expressivité forcée. Par exemple, la restriction cruciale mais inévitable de la logique IF réside dans l'impossibilité d'exprimer la négation contradictoire à l'extérieur du fragment du premier ordre ordinaire. Et l'introduction de la négation contradictoire détruit la plupart des propriétés métalogiques plaisantes de la logique IF, y compris la définissabilité de la vérité à l'intérieur même du langage.

| CHAPITRE VIII

LA THÉORIE AXIOMATIQUE DES ENSEMBLES LE MONSTRE DE FRAENKELSTEIN ?

La charpente de l'approche des fondements des mathématiques développée dans ce livre repose sur la théorie sémantique des jeux et sur la nouvelle logique qu'elle a inspirée, la logique faite pour l'indépendance (*independence-friendly*). Dans les chapitres précédents, GTS a ouvert de nouvelles perspectives dans plusieurs directions. On a vu que la logique IF apportait un nouvel éclairage à toute la série des questions portant sur la complétude et l'incomplétude en logique aussi bien qu'en mathématiques. La logique IF libère la théorie des modèles des chaînes de la théorie des ensembles en facilitant la formulation d'un prédicat de vérité pour un langage du premier ordre IF adéquat à l'intérieur même de ce langage. De plus, dans les langages IF il s'avère que l'idée importante de négation se comporte de façon inattendue, suggérant par là que la même chose pourrait s'avérer vrai dans les langues naturelles. Mais même après tous ces résultats, beaucoup de questions restent sans réponses, y compris des questions comparatives. La logique IF peut présenter des avantages comme cadre de théorisation mathématique, mais ce que l'on a vu semble difficilement pouvoir affecter le monopole virtuellement exercé par la théorie des ensembles sur ce domaine. Il est vrai qu'il n'est absolument plus besoin de recourir à la théorie des ensembles ou même à des logiques d'ordre supérieur pour faire la théorie des modèles de la logique du premier ordre. Mais cette auto-suffisance relative des langages IF ne prouve pas leur supériorité sur les langages ensemblistes. Au contraire, la théorie des ensembles reste le mode d'expression de choix pour nombre de mathématiciens, de philosophes et de logiciens, pour la théorisation en théorie des modèles. Dans ce chapitre, on défendra l'idée que ce rôle privilégié de la théorie axiomatique des ensembles du premier ordre devient extrêmement douteux à la lumière des perspectives ouvertes, et qui restent à ouvrir, par l'approche *game-theoretical*.

164 | Il me semble que l'histoire se range de mon côté. Le rôle de mathématique universelle de la théorie des ensembles remonte à ses pères fondateurs. Cantor pensait que toute structure pouvait en principe être traitée par la théorie des ensembles[1]. Cela n'était d'ailleurs pas sa théorie privée. La théorie des ensembles était conçue comme fournissant des modèles pour toutes les théories mathématiques possibles. On a besoin de différentes sortes de modèles quand on dispose de plusieurs preuves de consistance. Beltrami et Felix Klein ont impressionné le monde mathématique en présentant une preuve de consistance pour une géométrie axiomatique plane non euclidienne, relative à la géométrie euclidienne. Ils avaient construit un modèle pour une géométrie non euclidienne à l'intérieur du modèle d'une géométrie euclidienne[2]. Mais d'autres variantes de géométries non euclidiennes n'admettaient pas de tels modèles. Où trouver alors des modèles qui puissent servir à montrer leur consistance ? Dans la théorie des ensembles, pensait-on. C'est la raison pour laquelle la théorie cantorienne des ensembles passait pour un véritable paradis aux yeux de David Hilbert[3], qui cherchait des preuves de consistance pour toutes les théories mathématiques. Pour Aristote, la main était l'outil de tous les outils et l'âme était la forme de toutes les formes. D'une manière similaire, pour les créateurs de la théorie des ensembles, celle-ci était programmée pour nous donner le modèle de tous les modèles. D'ailleurs dans l'esprit de Hilbert, à côté de l'univers de discours de la théorie mathématique étudiée, nous devions garder un œil sur un domaine plus large, à savoir l'univers de toutes les structures possibles. Quand Hilbert paraissait parfois inférer l'existence de la consistance, ce qui incidemment bouleversait sans fin ce pauvre Frege, il voulait parler de l'existence dans le super-univers de toutes les structures[4].

1. Voir Dauben, 1979, p. 229-230.

2. *Cf.* Torretti, 1978, p. 115-142.

3. Hilbert, 1925, p. 170.

4. Cette conception de l'existence comme se rapportant à une sorte de super-univers de toutes les structures possibles a joué un rôle important dans les fondements des mathématiques au tournant du vingtième siècle. Elle a été rarement, pour ne pas dire jamais, discutée explicitement, et plus tard les philosophes et les historiens l'ont négligée presque complètement. Elle s'est pourtant dressée dans les écrits des mathématiciens et des logiciens les plus éminents de cette période qui discutaient des fondements des mathématiques. Ce qui suit est une liste rapide de quelques-unes des apparitions les plus manifestes de cette idée : Dauben (1979, p. 145-146, sur Cantor); Frege et Hilbert (Frege, 1980, p. 43-44); Poincaré (1905-1906, p. 819; 1952, p. 151-152); Tarski (1935, p.318; 1956, p. 199).

Au cours du développement ultérieur de la théorie axiomatique des ensembles, on a cependant perdu cette idée de l'universalité de l'univers de la théorie des ensembles. La genèse de la théorie des ensembles était en effet une tentative de s'assurer, non pas que l'univers de la théorie des ensembles contenait toutes les structures possibles, mais qu'il contenait toutes les structures représentables dans le langage de la théorie des ensembles. Dans le cas le plus simple, cela signifie essayer de capturer dans l'univers d'une théorie tous les ensembles (c'est-à-dire tous les sous-ensembles du domaine des individus) définissables dans la théorie en question, plutôt que tous les ensembles, point. C'est illustré par le rôle de l'axiome ou schéma de compréhension dans la version axiomatique de la théorie des ensembles. Ce schéma d'axiome peut s'exprimer sous sa forme non restreinte de la manière suivante :

$$(\exists y)(\forall x)(x \in y \leftrightarrow \mathrm{S}[x]) \tag{8.1}$$

| où S[x] est une formule bien formée quelconque du langage de la théorie 165
des ensembles, qui a x pour seule variable libre. Les paradoxes ont obligé les théoriciens des ensembles à abandonner la forme non restreinte (8.1). On peut néanmoins affirmer que les théoriciens des ensembles ont tenté de capturer autant d'ensembles que possible à l'aide (de formes adéquatement restreintes) du schéma de compréhension (8.1). Ils ont essayé de lui imposer le minimum de restrictions que l'on jugeait indispensables pour la sécurité. Le schéma (8.1) a donc été leur principal instrument d'investigation pour aborder les problèmes difficiles de l'existence des ensembles. Dans les systèmes axiomatiques typiques de la théorie des ensembles, tous les axiomes de l'existence d'ensembles sont des cas spéciaux de (8.1), avec une exception. Cette exception est l'axiome du choix, dont on a défendu (et dont on défendra) dans ce livre qu'il n'est pas problématique. Pourtant, même si nous pouvions détourner le regard des restrictions exigées pour (8.1), nous ne pourrions pas capturer avec son aide tous les ensembles que nous considérons – c'est-à-dire tous les sous-ensembles des domaines d'individus des modèles visés par la théorie axiomatique des ensembles. Par conséquent, les paradoxes ensemblistes qui ont imposé des restrictions à l'axiome de compréhension ne sont qu'une partie – et la partie la plus facile – du problème de la construction d'une théorie des ensembles adéquate. La partie la plus difficile est de capturer les ensembles qui ne sont pas représentables par des formules explicites du langage de la théorie.

Il y a un sens dans lequel l'usage de l'axiome de compréhension (8.1) est fondé sur une erreur, ou au moins sur des suppositions dépassées. La richesse originellement prêtée à la théorie des ensembles était de nature modèle-théorétique, comme on l'a vu. En revanche, l'axiome de compréhension (8.1) est un moyen axiomatique et syntaxique d'imposer autant de richesse que possible dans l'univers d'une théorie des ensembles. Il est peut-être compréhensible que Zermelo ait dû penser, en 1908, qu'il pourrait imposer la plénitude de la théorie des modèles par des moyens axiomatiques. Mais quiconque a intégré les résultats d'incomplétude de Gödel ne peut pas raisonnablement partager le même espoir.

On peut envisager cette question d'un autre point de vue. Le contraste que nous avons trouvé entre la théorie « naïve » des ensembles de Cantor et la théorie axiomatique des ensembles est clairement lié à la distinction entre interprétations standard et non standard de la logique d'ordre supérieur. Cette distinction a reçu pour la première fois cette appellation par Henkin (1950) bien que quelques penseurs, en particulier Frank Ramsey (1925) en aient été conscients avant et qu'elle ait joué un rôle important dans les premières discussions sur les fondements[1]. Elle affecte tous les quantificateurs d'ordre supérieur, mais on peut l'expliquer au moyen d'une seule variable de prédicat à une place du second ordre (ou variable
166 d'ensemble), | disons *X*. Quelles sont les (extensions des) valeurs d'une telle variable? L'interprétation standard dit que ce sont tous les sous-ensembles du domaine d'individus do(**M**) du modèle **M** considéré – c'est-à-dire que *X* prend ses valeurs dans l'ensemble des parties de do(**M**). Si, au lieu de cette interprétation, nous restreignons les valeurs de *X* à un sous-ensemble donné de l'ensemble des parties de do(**M**), nous obtenons une interprétation non standard de la variable *X*. La restriction la plus commune est celle aux ensembles définissables par la théorie en question.

On peut appliquer une distinction similaire à n'importe quelle variable d'ordre supérieur. On exige habituellement que l'ensemble des ensembles choisi (de n'importe quel type logique) soit clos pour les opérations booléennes et projectives (ou quantificationnelles). Quand je parle de complétude descriptive de la théorie axiomatique des ensembles, c'est bien entendu relativement à une sorte d'interprétation standard. Cependant, l'analogie entre les différentes interprétations de la théorie des ensembles et les interprétations (standard et non standard) de la logique d'ordre supérieur n'est pas parfaite. La distinction standard versus non standard peut seulement être appliquée localement aux modèles de la théorie axiomatique des ensembles. Nous pouvons parler du caractère standard localement, en lien avec un ensemble donné, par exemple quand nous cherchons à savoir si tous ses sous-ensembles (extensionnellement possibles) sont représentés dans un modèle donné d'un système axiomatique de théorie des ensembles,

1. Voir Hintikka 1995a.

ou encore si l'ensemble des nombres naturels reconstruit en théorie axiomatique des ensembles ne contient bien que les nombres naturels « standards ». En revanche, l'univers entier de la théorie des ensembles est obligatoirement non standard. Soit l'ensemble de tous les ensembles ou l'ensemble de ses parties n'existe pas, soit tous deux sont extensionnellement possibles et donc doivent exister dans un modèle standard.

Ce qui a été souligné, c'est qu'une théorie axiomatique des ensembles du premier ordre ordinaire ne peut pas garantir le caractère pleinement standard des modèles. En ce sens, la théorie axiomatique des ensembles échoue à reconquérir le paradis de Cantor. Les différentes versions de l'axiome de compréhension échouent inévitablement à remplir la fonction qu'on attend d'elles, à savoir capturer tous les ensembles que nous aimerions inclure dans l'univers de la théorie des ensembles, non pas parce qu'elles ne sont pas des formulations justes de l'axiome, mais parce que ce sont des axiomes du premier ordre. Par conséquent, la théorie axiomatique des ensembles est inévitablement descriptivement incomplète. Et comme elle utilise la logique du premier ordre qui est sémantiquement complète, la théorie des ensembles est aussi déductivement incomplète. (Si vous n'avez pas pensé à cette incomplétude avant, rappelez-vous que vous pouvez faire la théorie élémentaire des nombres au moyen de la théorie axiomatique des ensembles, et ensuite appliquer le théorème d'incomplétude de Gödel.) La
question cruciale | est la suivante : quelle est la gravité de cet échec? 167
Apparaît alors une question liée : pourquoi s'ennuyer avec une théorie inévitablement incomplète? La raison à première vue la plus respectable que je puisse trouver à entretenir une théorie axiomatique des ensembles incomplète, c'est de la penser comme une approximation de la chose réelle, une approximation qui peut être rendue toujours plus proche par l'ajout de nouveaux axiomes. Ce raisonnement comporte cependant une grave erreur. Parler d'approximations suppose qu'il y ait quelque chose à approcher. Et l'absence de modèle standard en théorie axiomatique des ensembles signifie qu'il n'y a apparemment rien à approcher. Nous n'avons aucune idée claire et non problématique de ce que peuvent être les modèles visés de la théorie des ensembles. Il n'y a donc aucun sens à parler d'axiomes additionnels qui puissent s'approcher au plus près de la structure du modèle visé de la théorie des ensembles.

Ce point mérite d'être énoncé plus complètement. Une comparaison entre la théorie des ensembles et les théories mathématiques normales peut ici être instructive. Quand on en vient à de nombreuses autres théories, nous avons souvent une bonne idée de ce que sont les modèles pertinents – par exemple ce que sont les structures exhibées par les nombres naturels, par les nombres réels, par la seconde classe des ordinaux et ainsi de suite. Nous savons ce que sont les différentes structures que nous voulons étudier avec la théorie des groupes, la théorie des treillis ou la topologie. En revanche, nous n'avons pas d'idée précise des modèles de la théorie des ensembles que visaient Cantor et ses contemporains. Cette incertitude est en partie une conséquence des paradoxes qui ont émergé dans les premières théories des ensembles. Pourtant ce diagnostic s'attache aux symptômes du problème plus qu'à ses causes. Il ne peut pas exister de système axiomatique complet du premier ordre pour la théorie des ensembles, de toute façon. Donc plutôt que de s'attarder sur la justification de tel ou tel candidat, l'attention devrait se porter sur les principes mêmes de la recherche de nouveaux axiomes. Par exemple, l'idée que les axiomes ensemblistes devraient être comparés les uns aux autres suivant le caractère plus ou moins « naturel » de leurs conséquences est théoriquement très superficielle. Comment les gens qui défendent cette idée savent-ils si ledit caractère naturel n'est pas dans l'œil du théoricien des ensembles, et par là indépendant des réalités modèle-théorétiques de la situation ? Au lieu de nous appuyer sur de telles intuitions, nous devons réaliser qu'avoir une idée de ce que les axiomes sont supposés tenir dans la théorie des ensembles, c'est savoir quelque chose à propos de ce à quoi ressemblent les modèles visés de la théorie des ensembles. Et ce savoir est précisément ce que les philosophes n'ont pas, du moins pas avec suffisamment de clarté.

168 | Une réponse que l'on va inévitablement me faire est que la hiérarchie cumulative des ensembles fournit ce modèle visé dont j'affirme qu'il manque aux fondements de la théorie des ensembles[1]. D'après cette idée, l'univers de la théorie des ensembles est fabriqué par un procédé pas à pas (mais infini). À chaque étape, les nouveaux ensembles introduits sont toutes les collections possibles d'ensembles déjà atteints.

La réplique à cette objection est que même en faisant un gros effort d'imagination, on ne peut pas dire que la hiérarchie cumulative ressemble à ce que les architectes de la théorie des ensembles ont à l'esprit. Leur idée de l'univers ensembliste est qu'il soit aussi riche que possible. Tel le dieu nourri de Lovejoy qui fait don de l'existence à tout ce qui peut possiblement exister, un théoricien des ensembles cantorien est supposé admettre que tous les ensembles possibles soient présent dans son univers de tous les ensembles[2].

1. Pour des exposés compétents de cette conception des ensembles, voir Boolos, 1971 et Parsons, 1977.

2. *Cf.* Dauben, 1979, p. 225-236 ; Lovejoy, 1936.

Pourtant, la hiérarchie cumulative est ontologiquement très pauvre. On peut la comparer au modèle constructif de théorie des ensembles de Gödel[1], même si elle ne lui est pas identique. Et la plus grande vertu du modèle de Gödel, c'est son économie ontologique. Tous les ensembles qui y existent sont obtenus par un procédé de construction étroitement défini, qui peut être décrit dans la théorie des ensembles elle-même. Le célèbre axiome de constructibilité dit que ce procédé recouvre la totalité de l'univers des ensembles. Le mode de fabrication de la hiérarchie constructive est plus généreux, mais lui aussi élimine une variété formidable d'ensembles potentiels (et leurs structures). Comme Hallett le souligne très clairement[2], même si les défenseurs de la hiérarchie cumulative emploient des expressions comme « tous les ensembles possibles », ils n'ont pas la même force que les approches plus généreuses et plus réalistes de l'existence des ensembles.

> Boolos utilise le même terme [que Wang et Schoenfield], « toutes les collections possibles », dans son explication de la hiérarchie intuitive. Si réellement nous *formons* des ensembles par étape, alors il se pourrait qu'à l'étape *s* nous formions tous les ensembles *possibles* d'objets formés aux étapes antérieures. Mais ici « tous les ensembles possibles » ne seront pas vraiment nombreux, certainement pas nombreux comparés à « tous les ensembles possibles » de l'étape « formelle » ultérieure (imprédicative) de la théorie[3].

En général, il est difficile de réconcilier un accent mis sur la prédicativité, ou même sur une génération étape par étape des ensembles, avec l'idée cantorienne de la théorie des ensembles comme étude de toutes
les structures possibles. Parmi ces | structures possibles on trouve des **169**
ensembles très grands. La conception itérative (cumulative) des ensembles ne les capture pas automatiquement. Pour les reproduire, il faut recourir aux axiomes spéciaux des grands cardinaux[4]. Comme Gödel y insiste[5], au-delà d'un certain point une nouvelle itération de l'opération « ensemble de » dépend de présupposés sur les grands cardinaux. Le besoin de tels axiomes indique que la théorie itérative des ensembles n'est pas autosuffisante et qu'elle ne permet certainement pas de capturer, seule, la notion d'ensemble que Cantor essayait d'implémenter. Même si vous n'avez dans

1. Gödel, 1940.
2. Hallett, 1984, chap. 6, en particulier p. 223.
3. Hallett, 1984.
4. *Cf.* Kanamori et Magidor, 1978.
5. Gödel, 1947, rééd. p. 476.

les faits pas besoin d'ensembles imprédicatifs pour des objectifs spécifiques en théorie des ensembles ou ailleurs en mathématiques, il est toujours difficile de nier qu'il y ait des structures possibles que l'on puisse caractériser uniquement de manière imprédicative.

Même sans argument très détaillé, il est donc clair que le modèle itératif n'est pas ce que les pères fondateurs de la théorie des ensembles avaient en tête, et que ce modèle de la théorie des ensembles n'est pas particulièrement bien adapté pour servir de cadre aux mathématiques, notamment pour la recherche de nouveaux axiomes. Cette recherche est bien mieux guidée par une caractérisation suffisamment explicite du modèle visé, c'est-à-dire justement par ce qui n'a pas été fourni par les théoriciens des ensembles.

D'autres candidats au rôle de modèle visé de la théorie des ensembles seront examinés plus tard, qui ne feront pas non plus l'affaire.

En discutant des fondements de la théorie des ensembles, les philosophes et les mathématiciens parlent souvent de la recherche de nouveaux axiomes. Mais parler ainsi est erroné, car personne ne sait ce que l'on est censé rechercher. Pour illustrer l'approche axiomatique et hypothétique de la théorisation mathématique, Bertrand Russell a une fois décrit un mathématicien comme un type qui ne sait jamais de quoi il parle. Dans le même esprit de taquinerie amicale, on pourrait parler d'un théoricien des ensembles comme d'un type (ou d'une fille) qui ne sait jamais ce qu'il ou elle cherche.

En bref, la théorie axiomatique des ensembles n'a pas de théorie des modèles qui nous permettrait de caractériser ses modèles visés. On voit, à partir des conclusions du chapitre V, la raison profonde de ce besoin de solides fondements modèle-théorétiques pour toute logique ou théorie envisagée comme cadre ultime des théories mathématiques. On y a vu que le but de la théorisation mathématique est d'abord et avant tout une théorie descriptivement complète, et pas une théorie déductivement complète comme de nombreux philosophes aimeraient que cela soit le cas. Ensuite, la notion de complétude descriptive est une notion modèle-théorétique, qui présuppose à la fois une définition de la vérité et une notion de modèle visé.

170 | Mais les difficultés avec la théorie axiomatique des ensembles vont plus loin que notre ignorance (ou notre indécision) au sujet des modèles visés. Nous savons que quels que soient les détails des modèles standards de la théorie des ensembles, ces modèles ne peuvent pas être pleinement capturés par une théorie des ensembles axiomatique formulée au niveau du premier ordre. Les théories axiomatiques ensemblistes du premier ordre ne sont pas seulement déductivement incomplètes; elles sont aussi descriptivement incomplètes, quels que soient les nouveaux axiomes ajoutés. Une manière de le voir est de retourner à la question fondamentale : pourquoi

devrions-nous cultiver la théorie des ensembles? La raison pour laquelle nous avons tout d'abord considéré la théorie des ensembles dans l'esprit présenté dans ce livre était que cette théorie (ou son équivalent) paraissait nécessaire pour la théorie des modèles de notre logique de base, c'est-à-dire pour la logique du premier ordre ordinaire. Cette motivation pour adopter la théorie des ensembles était très répandue parmi les logiciens d'orientation philosophique, et elle l'est probablement toujours. Elle prend souvent une forme plus générale. L'une des principales fonctions que la théorie des ensembles est censée remplir est de nous permettre de traiter des questions de théorie des modèles dans différents fragments de la logique. Et cette conception de la fonction de la théorie des ensembles ne se restreint pas à la logique. La philosophie des sciences dite structuraliste est à peine plus qu'une simple application de cette idée (ou de cette présomption) à l'épistémologie de la connaissance scientifique.

Ces raisons alléguées en faveur de la théorie des ensembles ne sont pas authentiques. Il y a dans la littérature une tendance répandue à conférer à la théorie des ensembles le crédit des théories dont le développement a recouru à la théorie des ensemble comme métathéorie. Nous pouvons par exemple lire dans Moore (1994) :

> La théorie des ensembles a influencé la logique, tant par sa sémantique, en étendant les modèles possibles de différentes théories et par la définition formelle d'un modèle, que par sa syntaxe, en autorisant des langages logiques où les formules peuvent être de longueur infinie ou dans lesquels le nombre de symboles est non dénombrable.

Le syllogisme implicite sur lequel de telles affirmations reposent ressemble à ceci : les langages logiques qu'on ne peut pas maîtriser syntaxiquement doivent être traités avec la théorie des modèles. Ensuite la théorie des ensembles est le médium naturel des conceptualisations modèle-théorétiques. Donc c'est au moyen de la théorie des ensembles que des théories comme les logiques infinitaires se sont développées et sont cultivées. L'erreur ici est que rien n'est dit ni n'est fait pour exclure d'autres métalangages ou métathéories possibles. Et ce que l'on a vu dans ce livre rend cette question des plus pertinentes. En montrant au chapitre VI comment un prédicat de vérité peut être défini pour un langage IF adéquat, j'ai écarté le principal | obstacle à une théorie des modèles de la logique IF faite dans la 171
logique IF elle-même.

On peut en fait ici renverser les rôles aux dépens de la théorie des ensembles. On peut dire beaucoup plus que simplement écarter l'une des nombreuses raisons qui engagent à cultiver la théorie des ensembles par la méthode axiomatique, ou de quelque autre manière rigoureuse exigée par la théorie des modèles authentique. La logique du premier ordre était à l'origine suspecte parce qu'elle ne pouvait apparemment pas contenir sa propre théorie des modèles. Si cette plainte était à première vue légitime, on a alors beau jeu de demander si la théorie axiomatique des ensembles peut contenir sa propre théorie des modèles. Cette question nous conduit à examiner la possibilité de définir un prédicat de vérité pour la théorie axiomatique des ensembles dans cette même théorie. Car sans prédicat de vérité, il y a peu d'espoir de voir se développer quelque chose qui ressemble à une théorie des modèles viable. En outre, cette question est rendue particulièrement pertinente par la réputation qu'a la théorie des ensembles de constituer le médium (ou au moins le substitut) de la théorie des modèles.

Il est en fait possible de rapporter les résultats du chapitre VI à cette tâche de faire la théorie des modèles de la théorie axiomatique des ensembles à l'intérieur de cette dernière. En effet, la théorie axiomatique des ensembles est une théorie du premier ordre ordinaire avec un unique prédicat non logique et contenant l'arithmétique élémentaire. On peut donc formuler un prédicat de vérité pour cette théorie dans le fragment Σ^1_1 du langage du second ordre correspondant, c'est-à-dire sous la forme :

$$(\exists v)\, \mathrm{Sat}[x, v] \qquad (8.2)$$

Mais ce qui est exprimé par (8.2) devrait en un sens pouvoir s'exprimer dans la théorie des ensembles du premier ordre elle-même. Or (8.2) est équivalent à une proposition de la forme :

$$(\exists X)\, S[X] \qquad (8.3)$$

où X est une variable de prédicat du second ordre à une place. À partir de (8.3) nous pouvons obtenir une proposition ensembliste (du premier ordre), reliée mais pas toujours logiquement équivalente, en remplaçant chaque sous-formule de (8.3) de la forme $X(y)$ (ou $X(a)$) par $y \in x$ (ou par $a \in x$), et en remplaçant $(\exists X)$ simplement par $(\exists x)$. En ce sens, nous pouvons en fait formuler un prédicat de vérité pour la théorie axiomatique des ensembles du premier ordre, à l'intérieur de cette même théorie.

Mais il faut mettre cette observation en perspective. À première vue, cela semble violer le résultat d'impossibilité de Tarski suivant lequel le concept de vérité d'une théorie du premier ordre ne peut pas être défini dans cette théorie même.

172 | Un commencement de solution à cette énigme réside dans le fait qu'aucune définition de la vérité pour la théorie axiomatique des ensembles n'a été donnée dans cette théorie même – mais seulement un prédicat de vérité. Et de la seule formulation d'un prédicat complexe, il ne peut suivre aucune contradiction.

Mais en quel sens, s'il y en a un, le résultat de Tarski écarte-t-il la possibilité de prédicats de vérité auto-applicables ? Pour le voir, le lecteur est invité à retourner à l'argument du début du chapitre VII qui a servi à montrer que le prédicat de vérité (8.1) conduit à une contradiction. Nous avons alors implicitement utilisé la supposition que l'énoncé $\sim T[\mathbf{n}]$, construit au moyen du lemme diagonal, est logiquement équivalent à (ou au moins : a la même valeur de vérité dans le modèle visé que) l'énoncé arithmétique qui dit que l'énoncé avec son propre nombre de Gödel $g(\sim T[\mathbf{n}]) = n$ est vrai. Mais $\sim T[\mathbf{n}]$ dit que le même énoncé est faux ; d'où une contradiction qui peut avoir la forme :

$$\sim T[\mathbf{n}] \leftrightarrow T[g(\sim T[\mathbf{n}])] \tag{8.4}$$

où la partie droite est bien entendu équivalente à $T[\mathbf{n}]$.

L'équation des valeurs de vérité des deux énoncés, $\sim T[\mathbf{n}]$ et $T[g(\sim T[\mathbf{n}])]$, est une conséquence des conditions d'adéquation de tout candidat au rôle de prédicat de vérité. La condition d'adéquation opératoire est, pour tous les objectifs pratiques, l'habituel schéma-T de Tarski[1] appliqué au prédicat de vérité *game-theoretical*.

Les deux sont incomplets, mais aucun ne conduit à une contradiction.

Ce point peut être généralisé. Un prédicat de vérité a des effets uniquement en conjonction avec la condition d'adéquation qui est essentiellement équivalente au schéma-T de Tarski. Cette condition exige que n'importe quel énoncé S soit vrai si et seulement si l'énoncé $T(g(S))$ est vrai. Le dernier énoncé dit bien sûr que le prédicat de vérité s'applique au nombre de Gödel $g(S)$ de S.

Le prédicat de vérité défini au chapitre VI pour les langages IF adéquats a ainsi accompli quelque chose que le résultat d'impossibilité de Tarski nous empêchait à première vue d'espérer. Ce quelque chose est un prédicat de vérité $T[x]$ qui s'applique à $g(S)$ si et seulement si S est vrai d'après la conception *game-theoretical* de la vérité – dont j'ai argumenté qu'elle était notre conception naturelle de la vérité. La raison pour laquelle nous ne pouvons pas exprimer ceci par une équivalence formelle :

$$S \leftrightarrow T[g(S)] \tag{8.5}$$

| est que (8.5) en dit trop. Elle affirme aussi que S et $T[g(S)]$ sont simulta- 173
nément faux. On ne peut pas éviter cette implication indésirable dans les langages du premier ordre IF (non étendus). Dans de tels langages, le mordant d'un prédicat de vérité réside donc dans le fait qu'il satisfait l'exigence d'adéquation qui motive le schéma-T de Tarski. Pourtant, on ne

1. Voir chapitre VI.

peut pas exprimer cette exigence dans les langages IF non étendus comme un schéma d'équivalence formelle. De cette manière, on apporte un nouvel éclairage aux intentions de Tarski comme à leur implémentation.

Qu'est-ce qui suit de tout cela quand on l'applique à la théorie axiomatique des ensembles ? D'abord et avant tout, le point est ici qu'en dépit des vues contraires[1], il n'y a rien d'erroné en tant que tel dans le prédicat de vérité pour la théorie axiomatique des ensembles qui a été expliqué plus haut, et qui est formulé dans la théorie axiomatique des ensembles elle-même. En fait, au moyen de ce prédicat de vérité on peut faire une bonne partie de la théorie des modèles de la théorie des ensembles à l'intérieur de la théorie des ensembles. Nous pouvons par exemple définir ce que signifie, pour un élément de l'univers ensembliste, la satisfaction d'une formule donnée avec une variable libre. Nous pouvons alors considérer la totalité des éléments satisfaisant la formule, et ainsi de suite. C'est la base objective du casting très populaire de la théorie des ensembles dans le rôle de fais-toi-même ta théorie des modèles. L'idée implicite est indiscutablement une idée d'économie. Qui a besoin d'une théorie des modèles coûteuse quand il existe déjà une théorie des ensembles servant de cadre universel à la théorisation mathématique et même à la théorisation scientifique, et nous autorisant à faire sa propre théorie des modèles ? Dans cet esprit, on peut en fait concevoir que beaucoup des travaux actuels en théorie des modèles de base de la théorie des ensembles sont réalisés au moyen de la théorie des ensembles elle-même. Même si cette théorie des modèles est habituellement pratiquée sur un mode informel, il n'est pas difficile de croire que l'essentiel pourrait aussi être fait dans le cadre d'une théorie axiomatique des ensembles adéquate.

Ce que l'on ne peut pas supposer concernant cette théorie axiomatique des ensembles appliquée à elle-même, ce sont toutes les instances du schéma-T de Tarski appliquées au prédicat de vérité *game-theoretical*. Cela découle précisément du résultat d'impossibilité de Tarski. De manière alternative et plus directe, nous pouvons utiliser le type d'argument constructif qui est habituellement utilisé en prouvant le premier théorème d'incomplétude de Gödel au moyen du lemme diagonal. Ce que nous devons faire, c'est appliquer ce lemme à la négation du quasi prédicat de vérité dont j'ai montré plus haut comment on pouvait le formuler à l'intérieur même de la théorie des ensembles. Soit $T[x]$ ce prédicat, et soit $g(S)$ le nombre de Gödel de S.
174 Alors par le | lemme diagonal il y a un nombre n tel que :

$$g(\sim T[\mathbf{n}]) = n \qquad (8.6)$$

1. *Cf.* McGee, 1991, p. 75-76.

où **n** est le numéral représentant *n*. En suivant le raisonnement indiqué plus haut on peut voir que $\sim T[\mathbf{n}]$ est vrai mais que l'énoncé :

$$T[g(\sim T[\mathbf{n}])] = T[\mathbf{n}] \tag{8.7}$$

qui attribue le prédicat de vérité à son nombre de Gödel, est faux.

Ainsi le prédicat de vérité *game-theoretical* que je considère ne peut pas remplir sa fonction pour tous les énoncés de la théorie des ensembles. Il ne parviendra pas à fournir les bonnes conditions de vérité pour l'énoncé du type du menteur S_n dont le nombre de Gödel est le nombre *n* produit par le lemme diagonal. En ce sens, la théorie des modèles en question est inévitablement incomplète. Cela détruit la motivation principale en faveur de la théorie des ensembles, à savoir son rôle présumé de cadre canonique pour la théorie des modèles. L'échec de tout prédicat de vérité ensembliste auto-appliqué signifie que la théorie des ensembles ne peut pas constituer sa propre théorie des modèles plus adéquatement que ne le peut la logique du premier ordre ordinaire.

Mais l'incomplétude est le moindre des malheurs de la théorie axiomatique des ensembles. L'échec du schéma-T de Tarski pour l'énoncé *S* (construit au moyen du lemme diagonal) signifie qu'il existe inévitablement dans tout modèle de la théorie des ensembles un énoncé ensembliste qui est vrai au sens ordinaire du mot, mais dont les conditions de vérité, quand elle sont exprimées en termes ensemblistes, sont fausses. Or les conditions de vérité d'un énoncé du premier ordre affirment l'existence des fonctions de Skolem qui codifient une stratégie gagnante pour le vérificateur initial dans le jeu sémantique associé. Considérée comme une proposition ensembliste, *S* peut échouer à être vraie seulement si les fonctions de stratégie (ou fonctions de Skolem) assurant la vérité n'existent pas dans le modèle considéré de la théorie des ensembles, même si ce sont des « fonctions en extension » extensionnellement possibles comme l'aurait dit Russell. Et un tel échec signifie qu'en théorie axiomatique des ensembles, un énoncé n'est pas toujours équivalent à la contrepartie ensembliste de sa traduction au second ordre.

Cette observation a plusieurs conséquences différentes illustrant le caractère inadéquat de la théorie axiomatique des ensembles. Ce que l'on vient de voir signifie qu'intuitivement mon énoncé néo-gödelien S_n devrait être vrai, puisque les fonctions de Skolem dont il affirme l'existence en théorie des ensembles existent effectivement dans un sens purement extensionnel. Et la théorie axiomatique des ensembles était à l'origine calibrée pour capturer précisément | tous les ensembles extensionnellement **175**
possibles – ou au moins autant que possible.

Ces fonctions de Skolem, dont on affirme l'existence dans S_n, ne semblent pas encore être mises à l'écart des fonctions et des ensembles non-existants rejetés par les paradoxes bien connus. Mais l'échec présent est beaucoup plus poignant que les échecs traditionnels. Qu'y a-t-il de si spécial dans l'échec de l'équivalence entre S_n et ses conditions de vérité T[**n**] ? Un premier élément est que l'on a vu plus haut, au chapitre II, que l'équivalence entre un énoncé du premier ordre et ses conditions de vérité du second ordre n'est rien d'autre qu'une instance de l'axiome du choix ou de l'une de ses généralisations. On peut justifier ces généralisations dans les termes de mon approche *game-theoretical* de la même manière que l'axiome du choix lui-même. En d'autres termes, dans les équivalences d'énoncés comme mon S_n avec leurs conditions de vérité, nous nous occupons simplement d'instances de traductions de généralisations de l'axiome du choix dans un langage ensembliste. Et pourtant on a vu que quelques-unes d'entre elles échouent inévitablement. Par conséquent l'échec de ces généralisations dans la théorie axiomatique des ensembles montre que l'axiome du choix devrait être réellement rejeté par les théoriciens des ensembles, puisqu'en effet ils en rejettent la motivation. Pour l'exprimer autrement, le fait que l'axiome du choix soit compatible avec les axiomes habituels de la théorie des ensembles [1] est simplement un heureux accident qui n'a rien à voir avec ce qui motive théoriquement l'axiome du choix. On peut dire en fait que l'esprit de la théorie axiomatique des ensembles est profondément antithétique de l'axiome du choix. Comme on a vu que cet axiome avait une motivation théorique impeccable, nous avons ici une raison puissante de nous méfier de la théorie des ensembles en général.

Comme effet de ce raisonnement, nous sommes parvenus à un argument qui montre que ma généralisation de l'axiome du choix est effectivement plus forte que l'axiome lui-même. Cela corrobore la conjecture mentionnée au chapitre II. Car l'axiome du choix, même dans la forme globale, vaut pour au moins quelques modèles de la théorie axiomatique des ensembles tandis qu'on a vu que telle ou telle instance de sa généralisation échouait dans tous les modèles.

On peut présenter ce point autrement. Gödel défendait la formation de notre « intuition mathématique » de telle manière qu'elle nous indique la validité de nouveaux axiomes en théorie des ensembles. L'un des ensembles d'intuitions les plus fermement enracinées que nous paraissions avoir est l'ensemble des intuitions qui conduisent à l'axiome du choix. J'ai

1. Voir Gödel, 1940.

montré plus haut dans un esprit gödelien que ces mêmes intuitions justifiaient | aussi bien des suppositions ensemblistes plus fortes, à savoir les 176
contreparties ensemblistes des équivalences entre un énoncé ensembliste du premier ordre et ses conditions de vérité au second ordre. Pourtant, ces hypothèses ensemblistes fortes s'avèrent contredire les axiomes admis de la théorie des ensembles. Cela signifie qu'une implémentation des plus naturelles de l'idée de Gödel ne conduit pas à une théorie des ensembles améliorée, mais au rejet de la théorie axiomatique des ensembles du premier ordre.

Le lecteur peut ici sans doute commencer à voir les raisons générales de ma méfiance vis-à-vis de la théorie axiomatique des ensembles. Cette théorie fut à l'origine spécialement construite pour incarner un mode de pensée représenté notamment par l'axiomc du choix. Quand elle fait étalage de sa force déductive, elle commence clairement à paraître menaçante pour les intentions de ses initiateurs. Elle devient un véritable monstre de Frankenstein (ou de Fraenkelstein) qui menace de détruire ce qu'il était censé servir et protéger.

Nous sommes donc parvenus à un grave acte d'accusation contre la théorie axiomatique des ensembles. Pour chacun de ses modèles, on peut trouver un énoncé *S* dans le langage de la théorie des ensembles qui est vrai du point de vue de l'interprétation, mais qui est faux dans ce modèle. En résumé, la théorie axiomatique des ensembles ne peut pas être vraie dans sa propre interprétation visée. Quand nous essayons de construire le paradoxe du menteur pour la théorie axiomatique des ensembles, le menteur s'avère être la théorie axiomatique des ensembles elle-même.

Une réplique possiblc à cette accusation consiste à dire : qu'y a-t-il de nouveau ? Les anciens paradoxes montraient déjà qu'il y a des propositions ensemblistes intuitivement acceptables mais que l'on ne peut pas supposer vraies dans les modèles de la théorie des ensembles. Cette réplique n'est pourtant guère impressionnante. Dans les anciens paradoxes, nous avons typiquement affaire à l'échec d'une instance de l'axiome de compréhension non restreint. En d'autres termes, nous avons affaire à un concept apparemment bien formé, mais dont l'extension n'est pas bien définie. Par exemple il n'y a pas de classe bien définie qui soit une extension de $\sim(x \in x)$. À l'opposé, les extensions des fonctions dont l'existence est affirmée par l'énoncé *S* avancé plus haut sont non problématiques. Le seul problème est que l'on ne peut pas réifier ces classes en ensembles qui pourraient exister dans les modèles de la théorie des ensembles en question.

Plus généralement, les paradoxes antérieurs de la théorie des ensembles sont tous causés par la présence pour ainsi dire de trop d'ensembles censés exister d'après telle ou telle hypothèse ensembliste. L'accusation que

je porte contre les formulations usuelles de la théorie des ensembles
177 est qu'elles | n'autorisent pas l'existence de fonctions (ou d'ensembles)
qui devraient exister, et en ce sens qu'elles présupposent de trop peu d'ensembles qu'ils existent.

En effet, ce qui conduit à dire que les fonctions de Skolem dont l'existence est affirmée dans *S* qu'elles existent effectivement, ce ne sont pas les intuitions mystérieuses d'un théoricien des ensembles gödelien. Elles existent par les mêmes critères qui sont appliqués chaque jour par les mathématiciens quand ils parlent de l'existence d'ensembles et de fonctions. (Du moins tous les mathématiciens classiques usent-ils de tels critères ; et je m'intéresserai aux constructivistes et aux intuitionnistes dans les deux derniers chapitres de ce livre). Et les critères qu'ils emploient explicitement ou (plus probablement) implicitement, ne dépendent pas, dans le cas présent, de suppositions concernant l'existence d'ensembles ou d'entités d'ordre supérieur. On peut le voir en observant que l'énoncé du second ordre $S^{(2)}$ qui affirme l'existence des fonctions de Skolem pertinentes pour ~T[**n**] est naturellement de forme Σ^1_1 . Il est donc logiquement équivalent à un énoncé *F* du premier ordre IF. Comme *F* est du premier ordre, sa vérité est une question purement combinatoire, indépendante de ce que l'on pense de l'existence ou de la non existence des ensembles et des fonctions.

Ainsi, les nouvelles difficultés que j'ai soulevées dans la théorie axiomatique des ensembles ne sont pas simplement une extension des difficultés traditionnelles bien connues. La seule raison pour laquelle elles ne rendent pas d'un seul coup la théorie axiomatique des ensembles totalement inutile pour les objectifs mathématiques, c'est qu'elles concernent la totalité de l'univers de la théorie des ensembles. C'est parce qu'une définition auto-suffisante de la vérité doit impliquer un modèle entier. Mais que se passe-t-il si vous essayez de formuler un prédicat de vérité pour ces parties de l'univers ensembliste qui sont supposées être utilisées directement en mathématiques, comme par les théories des nombres naturels, des nombres réels, des fonctions réelles, et ainsi de suite ? La réponse est qu'un tel prédicat devra se référer aux autres parties du modèle donné de la théorie des ensembles. Par exemple pour la théorie élémentaire des nombres, les fonctions de Skolem sur lesquelles vous quantifiez pour votre prédicat de vérité sont des entités du second ordre, et pas des nombres naturels. La théorie axiomatique des ensembles échappe donc à l'ignominie ultime qui consisterait à impliquer des propositions fausses au sujet d'entités mathématiques ordinaires, du fait d'une stratification tacite de l'univers mathématique en ce qui correspond aux types d'un logicien. Mais une telle stratification milite par elle-même contre l'esprit dénué de types de la théorie des ensembles, qui était supposée être sans types.

La réaction d'un théoricien des ensembles confirmé à de telles critiques de son *métier** sera peut-être une instance de la vieille règle : si tu ne peux pas les battre, rejoins-les. Dans le prochain chapitre, on montrera que la
logique IF | accroît considérablement la sphère de ce que la logique peut **178**
apporter aux fondements des mathématiques. Pourquoi ne pas unir nos forces et simplement mettre la logique IF au service de la théorie axiomatique des ensembles ? Hélas cette stratégie échouera à moins que les fondements de la théorie axiomatique des ensembles ne soient eux-mêmes radicalement révisés. Le reste de ce chapitre est consacré à l'exposé des difficultés de toute tentative de fusion directe de la logique IF avec la théorie des ensembles.

Il y a en fait une raison importante pour laquelle la théorie axiomatique des ensembles dans sa forme présente est incapable d'utiliser l'aide offerte par la logique IF. Ce handicap est dû à certains traits fondamentaux de la théorie axiomatique des ensembles. Comme on l'a souligné plus haut dans ce chapitre, la principale stratégie des théoriciens des ensembles consiste à capturer les ensembles aussi complètement que peuvent le faire les extensions des formules du langage de la théorie des ensembles. L'usage de l'axiome de compréhension noté plus haut n'est qu'une manifestation de cette stratégie. Le fait fondamental est néanmoins que cette technique devient largement inapplicable quand on emploie la logique du premier ordre IF. En bref, les techniques habituelles de la théorie axiomatique des ensembles sont en un sens incompatible avec la logique IF.

Ce quc je veux dire par là peut être exprimé ainsi : quand un ensemble α est capturé au moyen d'une formule du premier ordre ordinaire $F[x]$, cela peut s'exprimer par l'équivalence générale :

$$(\forall x)(x \in \alpha \leftrightarrow F[x]) \qquad (8.8)$$

Cette équivalence peut être utilisée comme une prémisse dans le raisonnement ensembliste. Mais si $F[x]$ est une formule IF irréductible, alors (8.8) échoue à être vraie. La raison est qu'elle implique que $F[x]$ obéisse à la loi du tiers exclu pour toutes les valeurs de x, ce qu'une formule irréductiblement IF ne fait pas, comme on l'a expliqué au chapitre VII.

La raison sous-jacente à cette situation est que dans les théories axiomatiques des ensembles habituelles, la relation d'appartenance $\in$ est analysée comme un prédicat primitif. Toute assertion d'appartenance ensembliste est par conséquent une formule atomique. Et la loi du tiers exclu s'applique aux formules atomiques. Donc nous ne pouvons jamais dire véridiquement dans un langage de la théorie des ensembles qu'un ensemble capture l'extension d'une formule irréductiblement IF. Donc la stratégie entière qui consiste à essayer de capturer les ensembles comme des extensions de formules échoue, quand la logique sur laquelle elle se base comporte des quantificateurs indépendants.

Ce fait n'est qu'une manifestation particulière d'un phénomène plus général. Une des questions les plus cruciales dans les fondements de la théorie axiomatique des ensembles est : comment les ensembles doivent-ils être capturés ? Comme cela a été indiqué au début de ce chapitre, la réponse
179 la plus communément | rencontrée dans la littérature est la suivante : comme extensions de prédicats bien définis dans le langage de la théorie des ensembles, ou au moins comme extensions de prédicats bien définis et adéquatement restreints. Peut-être que l'expression la plus claire est l'explication par Skolem et Weyl de la notion de Zermelo (1908) d'un prédicat *bien défini* (*definit predicate*). Zermelo a introduit cette notion pour capturer les ensembles dont l'existence est affirmée par son *Aussonderungsaxiom*. Skolem (1922) et Weyl (1917) ont en effet identifié les prédicats *bien définis* avec ceux qui sont représentables dans le langage de leur théorie des ensembles du premier ordre.

Plus généralement, il y a une tradition influente qui assimile l'existence d'entités d'ordre supérieur à leur représentabilité dans un langage adapté. Cette tradition a influencé de diverses manières le développement de la théorie axiomatique des ensembles. Il est cependant difficile de trouver des raisons théoriquement motivées en faveur des thèses rattachées à cette tradition.

Maintenant nous commençons à voir pourquoi. Quand nous passons de la logique du premier ordre ordinaire à la logique IF, on perd toute raison de penser que la bonne formation des prédicats complexes constitue le test de leur capacité à capturer un ensemble. Supposez que S[x] est un prédicat complexe d'un langage du premier ordre IF, avec x comme unique variable individuelle libre. On devrait assurément pouvoir caractériser l'ensemble correspondant s par l'énoncé :

$$(\forall x)(x \in s \leftrightarrow \mathrm{S}[x]) \tag{8.9}$$

Mais cet énoncé ne peut être vrai que si S[x] satisfait la loi du tiers exclu, ce qui souvent n'est pas le cas dans les langages IF. Donc l'extension de S[x] n'est un ensemble que si S[x] obéit au *tertium non datur*. Même si S[x] est parfaitement bien formé, il ne capturera aucun ensemble à moins d'être une formule d'un langage du premier ordre ordinaire. Ainsi, dans un langage IF de la théorie des ensembles, la bonne formation d'une formule ne garantit pas l'existence de l'ensemble correspondant.

Cet échec du lien prétendu entre bonne formation et existence n'a rien à voir avec la réification contenue dans l'idée d'ensembles conçus comme des individus sur lesquels on peut quantifier. Supposez que nous modifiions l'énoncé (8.9) de telle sorte que, au lieu de caractériser l'ensemble *s*, il définisse maintenant un nouveau prédicat unaire P, par exemple comme suit :

$$(\forall x)(\mathrm{P}(x) \leftrightarrow \mathrm{S}[x]) \tag{8.10}$$

Alors nous ne faisons rien de mieux qu'avec (8.9). Car comme avec (8.9), la définition explicite (8.10) présuppose que S[x] se conforme à la loi du tiers exclu.

| Ici on ne peut pas non plus rejeter la responsabilité sur l'absence d'une équivalence purement vérifonctionnelle. Pour le voir, nous pouvons introduire un nouveau connecteur, $\Leftrightarrow$, et le définir sémantiquement comme suit : **180**

$S_1 \Leftrightarrow S_2$ est vrai si et seulement si (8.11)

(a) S_1 et S_2 sont tous les deux vrais

ou

(b) S_1 et S_2 sont tous les deux non vrais (c'est-à-dire : soit faux, soit ni vrais ni faux).

Qu'arrivera-t-il si maintenant nous utilisions $\Leftrightarrow$ au lieu de $\leftrightarrow$ dans la définition explicite d'un nouveau prédicat? Considérez le résultat de ce changement dans (8.10), c'est-à-dire :

$$(\forall x)(\mathrm{P}(x) \Leftrightarrow \mathrm{S}[x]) \tag{8.12}$$

Intuitivement, pour chaque valeur *b*, P(*b*) est vrai si et seulement si S[*b*] est vrai; sinon P(*b*) est faux. Appliquons maintenant le schéma de définition (8.12) au prédicat de vérité Tr[x]. Alors il y a dans le langage étendu une constante de prédicat P(x) telle que :

$$(\forall x)(\mathrm{P}(x) \Leftrightarrow \mathrm{Tr}[x]) \tag{8.13}$$

Par le lemme diagonal, il y a un nombre *n* qui est le nombre de Gödel de ~P(**n**), où **n** est le numéral représentant *n*. Si ~P(**n**) était vrai, il découlerait de (8.13) qu'il serait faux. Mais si ~P(**n**) n'était pas vrai, on dériverait de même de (8.13) que ~P(**n**) serait vrai. Les définitions de la forme (8.12) ne sont donc pas toujours admissibles.

L'existence (ou l'admissibilité) de définitions comme (8.12) est ce que l'axiome de réductibilité de Russell est supposé garantir[1]. Ce que l'on a trouvé, c'est qu'en logique IF aucun principe vaguement semblable à l'axiome de réductibilité de Russell ne tient.

1. Russell et Whitehead, 1910-1913, vol. 1, p. 55-59.

Avec une terminologie différente, nous pouvons dire que l'échec de la bonne formation à garantir l'existence d'ensembles ou de prédicats est tel que même le véhicule le plus sûr de la bonne formation, une définition explicite, n'est pas à même de garantir l'existence d'ensembles ni même l'existence d'un prédicat sans quantificateur.

Ces observations sont très suggestives. Elles montrent que certaines des méthodes favorites des logiciens et des mathématiciens ne peuvent pas être étendues au-delà des théories du premier ordre ordinaire. On ne peut pas
181 utiliser les définitions explicites sans précautions strictes en dehors de | la logique du premier ordre ordinaire. Et la tactique des théoriciens des ensembles qui consiste à essayer d'accéder aux ensembles via les prédicats dont ils sont censés être les extensions, ne fonctionne pas toujours une fois reconnue la possibilité de l'indépendance informationnelle. Cela montre que l'approche complète de Frege des fondements des mathématiques et de la logique est sujette à de sévères limitations, car le seul rôle que les ensembles jouent dans son approche est celui de domaines de valeurs des prédicats (ou « fonctions »).

Une autre manière de présenter essentiellement le même point consiste à dire que la théorie habituelle de la définition est l'un des nombreux traits de la logique du premier ordre ordinaire qui ne peut pas être étendu au-delà de ses frontières idiosyncrasiques.

Mais il y a une manière plus enlevée de regarder ces résultats. Ce qui a été montré, c'est que le pouvoir de la logique IF de s'occuper des prédicats complexes s'étend au-delà des prédicats bien définis pour les objectifs des théoriciens des ensembles. On a donc une nouvelle fois trouvé que la logique IF constituait un meilleur outil conceptuel pour les fondements des mathématiques que la théorie des ensembles bien établie.

Ceci suggère une voie nouvelle et importante pour améliorer les techniques existantes de conceptualisation et d'argumentation en théorie des ensembles. Cela consiste à s'écarter radicalement de l'exigence de Cantor que l'appartenance ensembliste soit bien définie, et à autoriser des ensembles qui soient seulement partiellement définis au sens où la loi du tiers exclu ne s'applique pas à l'appartenance : à côté des membres et des non-membres définis, il y a aussi des éléments potentiels qui ne sont ni l'un ni l'autre. Une telle théorie des ensembles serait dans l'esprit de l'intérêt récemment manifesté chez les logiciens, les mathématiciens et les linguistes formels pour la partialité, et présenté par Fenstad (1996). En effet, cette théorie IF des ensembles fournirait un exemple convaincant de la manière dont l'autorisation de la partialité peut effectivement accroître significativement nos ressources conceptuelles.

Il reste peu de commentaires à ajouter. On accuse parfois la théorie des ensembles de réifier les ensembles en objets. Ce que de telles accusations peuvent signifier n'est pas très clair. Le traitement de la relation d'appartenance comme une relation primitive allant de pair avec d'autres offre une explication possible de ces accusations. Car cela revient à traiter la relation d'un ensemble à chacun de ses membres comme la relation entre deux individus (objets). Et si c'est ce que signifie la réification des ensembles, c'est alors une erreur ou au moins une procédure mal avisée, car elle sépare la théorie axiomatique des ensembles de l'une de ses ressources potentielles les plus importantes.

| La théorie axiomatique des ensembles est donc sujette à des problèmes **182**
théoriques variés en tant que cadre pour les mathématiques, et elle peut mêmc s'avérer totalement inacceptable dans sa forme actuelle. En outre, je n'ai presque pas touché aux difficultés concernant le choix des axiomes de la théorie des ensembles. Quelles suppositions devrions-nous faire au sujet de l'existence des ensembles? Comment pouvons-nous décider? Quoi qu'il en soit, on en a dit assez pour justifier la recherche d'un meilleur cadre pour la théorisation mathématique.

LA LOGIQUE IF COMME CADRE DE THÉORISATION MATHÉMATIQUE

Dans les chapitres précédents, particulièrement dans les chapitres III, IV et VII, on a introduit la logique IF et brièvement étudié ses propriétés mathématiques. La question cruciale ici est néanmoins, non pas ce que les mathématiques peuvent faire pour notre logique, mais ce que notre logique peut faire pour les mathématiques. Que peut faire la logique – n'importe quelle logique – en principe dans et pour les mathématiques ?

Ici nous sommes tout près de l'une des plus importantes des questions traditionnelles, pour ne pas dire nostalgiques, en fondements des mathématiques. Pour une part, les philosophes logicistes avaient une réponse simple à la question que nous venons de poser. Leur réponse était : tout. Ou bien, comme on avait aussi l'habitude de le dire : les mathématiques peuvent être réduites à la logique. Malheureusement, la nostalgie de cette réponse n'est pas telle que cela était au bon vieux temps. On pensait alors que « la logique » pouvait être formulée comme un système axiomatique au même niveau que différents systèmes d'axiomes mathématiques, si bien que la prétendue réduction pouvait être discutée comme la réduction d'un système axiomatique à un autre.

Ce que l'on a trouvé dans ce livre montre l'absence d'espoir pour ce genre d'idée. Une axiomatisation complète n'est pas seulement impossible pour la partie fondamentale de la logique, la logique du premier ordre IF, mais même quand il existe une axiomatisation d'une partie de logique, c'est une axiomatisation dans un sens radicalement différent des systèmes d'axiomes pour les théories non logiques. Cette disparité vide de sens le discours sur la réduction d'un système d'axiomes non logiques à un système d'axiomes logiques.

Cependant, les questions soulevées par les logicistes sont pertinentes et importantes. Pourtant, au lieu d'essayer de les formuler comme des questions sur la réductibilité d'un système d'axiomes à un autre, nous
184 devrions les formuler | comme des questions sur le statut des concepts mathématiques et des modes de raisonnement mathématiques vis-à-vis de la logique. Ainsi nous pouvons – et nous devons – poser deux questions différentes :

(a) Peut-on définir les concepts mathématiques cruciaux en termes logiques ?

(b) Peut-on exprimer les modes d'inférence utilisés en mathématiques en termes logiques ?

Il est important de réaliser que ce qui a été trouvé dans ce livre modifie la force admise des questions (a) et (b). En particulier :

(i) En réalité, (a) comporte deux questions distinctes. Ce sont : (a1) Peut-on définir en termes purement logiques des concepts tels que nombre naturel et nombre réel ? (a2) Peut-on formuler un système axiomatique descriptivement complet pour différentes théories mathématiques ?

(ii) Comme la logique elle-même est incomplète, la force de (b) n'est pas de demander si les modes d'inférence mathématiques peuvent être capturés par les règles déductives de la logique, mais plutôt si on peut les capturer comme des inférences logiques sémantiquement valides.

Ici nous nous heurtons à une situation problématique qui a prévalu dans la pensée philosophique du vingtième siècle depuis la mort du vieux programme logiciste. L'idée typique de la logique pour un philosophe, c'est la logique du premier ordre ordinaire. Il y a en fait beaucoup à en dire comme cadre de théorisation mathématique. Parce que cette logique est sémantiquement complète, une axiomatisation descriptivement complète de n'importe quelle théorie mathématique au moyen de la logique du premier ordre ordinaire conduit automatiquement à une axiomatisation déductivement complète. La plupart des philosophes tomberaient en fait d'accord sur le fait qu'il serait splendide de pouvoir faire toutes les mathématiques dans le cadre de la logique du premier ordre ordinaire – *wenn das Wenn im Wege nicht wäre*. Mais la triste vérité est qu'on ne peut pas faire toutes les mathématiques en termes de logique du premier ordre ordinaire, ni apparemment au niveau du premier ordre en général. Il y a des concepts et des modes d'inférence cruciaux en mathématiques qui ne peuvent pas être capturés au moyen de la logique du premier ordre ordinaire. Cela inclut le principe d'induction mathématique et les notions de finitude, d'infinité, de bon ordre, de cardinalité, d'ensemble des parties, et ainsi de suite. Et la raison pour laquelle ces notions ne sont pas capturées par la logique du premier ordre ordinaire est beaucoup plus profonde que la simple

incapacité à établir un système d'axiomes complet incorporant ces notions. L'impossibilité est modèle-théorétique. Avec des énoncés du premier ordre ordinaire | on ne peut simplement pas capturer la bonne classe de 185
structures comme étant leurs modèles. Pour donner un exemple simple de façon non caractéristique, il n'y a pas de formule de logique du premier ordre ordinaire avec l'identité = comme seul prédicat qui soit vraie si et seulement si l'univers de discours est infini.

John Barwise a exprimé ce défaut de la logique du premier ordre ordinaire comme suit :

> En feuilletant n'importe quel livre mathématique moderne, on rencontre des concepts qui ne peuvent pas s'exprimer en logique du premier ordre [ordinaire], des concepts issus de la théorie des ensembles (comme *ensemble infini*, *ensemble dénombrable*), de l'analyse (comme *ensemble de mesure 0* ou *ayant la propriété de Baire*) et de la théorie des probabilités (comme *variable aléatoire* et *avoir une probabilité plus grande qu'un nombre réel r*) sont des notions centrales en mathématiques qui, du point de vue du mathématicien de la rue, ont leur propre logique [1].

Je retournerai à la proposition de Barwise plus tard.

Le besoin de faire face à toutes ces différentes sortes de concepts et de modes de raisonnement mathématiques impose des exigences à la logique que la logique du premier ordre ordinaire ne peut pas satisfaire. Mais le type de logique, s'il y en a un, ou l'usage de la logique qui pourrait les satisfaire n'apparaissent pas clairement. C'est ce que je veux dire quand je parle de tension courante entre mathématiques et logique dans les fondements des mathématiques.

À cause de cet échec de la logique du premier ordre ordinaire à satisfaire les besoins des mathématiques, on pense habituellement que le raisonnement mathématique est irréductiblement ensembliste, ou qu'il implique des notions d'ordre supérieur comme les concepts, les fonctions ou les prédicats. À première vue, cela conduit à prêter une importance formidable au troisième usage de la logique en mathématiques, mentionné à la fin du chapitre premier, à savoir à l'usage de la logique (habituellement de la logique du premier ordre ordinaire) comme d'un cadre pour faire la théorie axiomatique des ensembles. En effet, nous avons ici une explication du rôle prétendument central joué par la théorie des ensembles en fondements des mathématiques. Même s'il y a peu d'accord entre théories philosophiques, il y a en pratique une grande uniformité dans l'appréhension de la manière dont on devrait en principe faire des mathématiques. Et c'est précisément la

1. Barwise, dans Barwise et Feferman, 1985, p. 5-6.

théorie axiomatique des ensembles qui est généralement (mais pas universellement) conçue comme le cadre où une théorisation mathématique sérieuse devrait – ou au moins pourrait – être mise en œuvre. Malheureusement, on a trouvé dans le précédent chapitre que la théorie axiomatique des ensembles dans sa forme actuelle n'est pas capable de réaliser ce
186 qu'elle devrait pour être qualifiée comme | cadre pour la théorisation mathématique. Il nous faut donc chercher d'autres sources, d'une puissance logique supérieure à celle fournie par la logique du premier ordre ordinaire.

On peut voir la rapidité avec laquelle émerge le besoin d'une logique standard d'ordre supérieur en considérant une définition à la Frege du nombre comme classe de tous les ensembles équipotents. On ne peut pas définir l'équipotence dans les termes du premier ordre ordinaire. Nous n'utilisons pas seulement la logique d'ordre supérieur dans la définition courante de l'équipotence, qui dit que deux classes sont équipotentes si et seulement si il existe une relation biunivoque reliant l'une à l'autre. Il faut prendre la notion d'existence d'ordre supérieur dans le sens standard. Car sinon il pourrait très bien exister deux classes équipotentes au sens visé préthéorique, mais telles qu'il n'existe, en un sens non standard, aucune relation biunivoque entre elles. (Dans la variante la plus commune de logique d'ordre supérieur non standard, les variables d'ordre supérieur prennent leurs valeurs parmi les entités d'ordre supérieur définissables dans la théorie en question.) En résumé, l'équipotence est apparemment une notion essentiellement d'ordre supérieur (c'est-à-dire de façon standard), ou peut-être une notion ensembliste. Et si c'est le cas, la célèbre réduction de Frege et Russell ne pourrait pas réduire les mathématiques à la logique (même si elle réussissait par ailleurs), mais seulement jusqu'à cette branche des mathématiques appelée théorie des ensembles – ou baptisée par erreur « logique d'ordre supérieur ». Donc aucune réduction des mathématiques à autre chose n'est accomplie – du moins semble-t-il.

Ici, la logique du premier ordre IF apporte un éclairage radicalement nouveau. Pour ne prendre qu'un seul exemple, même si cela ne constitue qu'un petit pas pour une logique, c'est potentiellement un grand pas pour le genre mathématique que de découvrir que l'équipotence peut être définie en logique du *premier ordre* IF, pour l'extension de deux prédicats du premier ordre ordinaire, simples ou complexes, disons $F_1[x]$ et $F_2[x]$. La formule suivante suffit :

$$(\forall x)(\forall z)(\exists y/\forall z)(\exists u/\forall x)((F_1[x] \supset F_2[y]) \; \& \; (F_2[z] \supset F_1[u]) \; \& \; ((y=z) \leftrightarrow (u=x))) \qquad (9.1)$$

Un instant de réflexion vous convaincra que (9.1) accomplit ce qu'elle est censée faire. On peut la faciliter en considérant la traduction au second ordre de (9.1) :

$$(\exists f)(\exists g)(\forall x)(\forall z)((F_1[x] \supset F_2[f(x)]) \;\& \quad (F_2[z] \supset F_1[g(z)]) \;\& \;((f(x)=z) \leftrightarrow (g(z)=x))) \tag{9.2}$$

| Comme cas particulier, nous obtenons une expression pour l'équipotence 187
de deux ensembles α et β :

$$(\forall x)(\forall z)(\exists y/\forall z)(\exists u/\forall x)((x \in \alpha \supset y \in \beta) \;\& \quad (z \in \beta \supset u \in \alpha) \;\& \;((y=z) \leftrightarrow (u=x))) \tag{9.3}$$

Si nous essayons d'abandonner l'obligation imposée à $F_1[x]$ et $F_2[x]$ d'être des prédicats du premier ordre ordinaire, alors nous découvririons que notre définition ne fonctionne que si $F_1[x]$ et $F_2[x]$ sont des formules du premier ordre ordinaire.

Un fait intéressant ici, c'est que l'équipotence de deux ensembles α et β ne peut pas s'exprimer au premier ordre ordinaire même dans les cas où α et β sont finis. Nous avons donc ici un exemple de la manière dont la logique IF nous donne un pouvoir additionnel même pour l'étude de structures finies.

Des choses similaires peuvent être dites de la notion d'infinité. En mathématiques, nous avons affaire à un univers infini. Mais même avant d'aborder la question de savoir si l'infinité de l'univers des mathématiques doit être présupposée, ou celle de savoir s'il s'agit d'une conjecture logique ou mathématique, nous devons regarder si elle peut s'exprimer en termes purement logiques ou si la simple formulation du concept d'infinité exige de recourir à la théorie des ensembles. En logique du premier ordre ordinaire, on ne peut pas exprimer l'infinité de l'univers sans l'aide de constantes non logiques. Pourtant en logique IF on peut exprimer l'infinité de l'univers de discours en utilisant = comme unique prédicat. La formule qui suit en est un bon exemple :

$$(\exists w)(\forall x)(\forall z)(\exists y/\forall z)(\exists u/\forall x)(y \neq w \;\& \;((x=z) \leftrightarrow (y=u))) \tag{9.4}$$

On peut facilement voir que c'est équivalent à :

$$(\exists w)(\exists f)(\forall x)(\forall z)(f(x) \neq w \;\& \;((x=z) \leftrightarrow (f(x)=f(z)))) \tag{9.5}$$

Si (9.4) ou (9.5) est vraie, alors l'univers doit être soit vide, soit infini.

En relativisant les quantificateurs dans (9.4) à l'extension d'un prédicat du premier ordre ordinaire $F[x]$ (simple ou complexe), nous pouvons de la même manière définir l'infinité de cette extension en termes du premier ordre. Si la restriction aux formules du premier ordre ordinaire est levée, nous obtenons une caractérisation de l'infinité de la classe des individus qui ne rendent pas $F[x]$ faux.

188 | Il est philosophiquement intéressant de regarder plus attentivement des énoncés comme (9.4). L'énoncé ne contient pas de prédicat autre que la relation d'identité. Sa signification est pourtant loin d'être triviale. D'où vient-elle ? Elle ne peut venir que de la notion d'identité ou des quantificateurs (ou encore des connecteurs propositionnels). Il faut donc comprendre cette signification indépendamment de tout prédicat constant. Ceci suggère une conclusion intéressante au sujet de la notion d'identité codifiée en logique du premier ordre. Cette notion n'est pas basée sur, ni dérivée d'un prédicat constant particulier, comme les prédicats dits sortaux. On peut saisir la notion d'identité dans un domaine indépendamment de la compréhension de prédicats particuliers des membres de ce domaine – et en fait, indépendamment de la compréhension de n'importe quel prédicat non logique en général.

En outre, on peut définir une profusion d'autres concepts mathématiques en logique du premier ordre IF ou dans sa version étendue. Cela inclut les concepts suivants :

(i) La notion de bon ordre. Considérez un ordre discret, linéaire et non réflexif, défini par une relation (possiblement complexe) $R[x, y]$, exprimable en langage du premier ordre ordinaire. Nous pouvons alors exprimer dans un langage IF le fait que $R[x, y]$ *n'est pas* un bon ordre. Pour cela, il nous faut exprimer qu'il existe une suite décroissante infinie d'individus. On peut l'exprimer comme suit :

$$(\exists v_0)(\exists v_1)(\exists w)(\forall x)(\forall z)(\exists y/\forall z)(\exists u/\forall x)([B(x, v_0, v_1) \& B(z, v_0, v_1)] \supset ([B(y, v_0, v_1) \& B(u, v_0, v_1)] \& y \neq w \& [(x = z) \leftrightarrow (y = u)])) \& (\forall x)(\exists y)([B(x, v_0, v_1) \vee x = v_1] \supset ([B(y, v_0, v_1) \vee y = v_0] \& R_0(y, x))) \qquad (9.6)$$

où $B(v, x_0, x_1)$ abrège $R[x_0, v] \& R[v, x_1]$ (« v est entre x_0 et x_1 »), et où $R_0(y, x)$ signifie : « y est un R-prédécesseur immédiat de x ». La réflexion d'un instant montre facilement que (9.6) peut être employée pour exprimer l'échec de R à être un bon ordre, en ce qu'elle affirme qu'il y a une suite décroissante infinie suivant l'ordre R. Le concept de bon ordre peut donc être exprimé en logique IF étendue.

(ii) De même, on peut formuler le principe d'induction mathématique en logique IF étendue, tandis que sa négation contradictoire est exprimable en langage du premier ordre IF (non étendu).

(iii) La notion d'ensemble des parties peut être en un sens caractérisée en logique IF étendue (voir ici Krynicki et Väänänen, 1989). Le sens en question est que pour deux prédicats simples, $A(x)$ et $B(x)$, nous pouvons
189 exprimer au moyen de la logique IF étendue | que la cardinalité de $B(x)$ est 2^α, où α est le cardinal de $A(x)$.
Ce résultat montre incidemment que le théorème de Löwenheim-Skolem ne tient pas en logique IF étendue.

(iv) Le théorème de Bolzano-Weierstrass est exprimable en logique IF étendue. Ce théorème dit que tout ensemble infini borné de nombres réels a un point d'accumulation. Il a donc la forme :

$$(\forall X)((\text{Inf}(X)\ \&\ \text{Borné}(X))) \supset (\exists y)(y \text{ est un point d'accumulation pour } X)) \qquad (9.7)$$

Ici, la notion de borne (Borné) et celle de point d'accumulation peuvent être définies en logique du premier ordre ordinaire. Au point (i) ci-dessus, on a vu que l'infinité peut être définie en logique IF (non étendue), donc par une formule Σ^1_1. Le théorème de Bolzano-Weierstrass peut donc être exprimé par une formule Π^1_1. Cela suffit à montrer que le théorème peut être formulé en logique IF étendue.

(v) En topologie, on peut caractériser la notion d'ensemble ouvert au moyen de la logique du premier ordre IF. Par exemple nous pouvons dire que *X* est ouvert s'il y a une fonction qui envoie chaque élément de *X* sur un voisinage qui est un sous-ensemble de *X*. Cela peut s'exprimer par une formule du second ordre Σ^1_1, et donc par une formule du premier ordre IF.

(vi) Dans la même direction, la notion topologique de continuité peut être caractérisée en logique IF étendue. Pour voir comment cela peut être fait, il suffit de rappeler qu'une fonction *f* est continue au sens topologique si et seulement si l'ensemble-antécédent de chaque ensemble ouvert est ouvert. D'après ce que l'on a vu au point (v), cela peut s'exprimer en logique IF vérifonctionnellement étendue.

(vii) Un certain nombre de vérités apparemment mathématiques (ensemblistes) s'avèrent également être des vérités de la logique IF. Un bon exemple en est fourni par le principe d'induction transfinie. On peut le prendre comme une inférence partant de :

$$(\forall x)(\forall z)(\exists y/\forall z)(\exists u/\forall x)[(x=z \leftrightarrow y=u)\ \&\ (A(x)\supset A(y))\ \&\ (A(z)\supset A(u))\ \&\ y<x\ \&\ u<z] \qquad (9.8)$$

pour obtenir :

$$(\forall x)(\forall z)(\exists y/\forall z)(\exists u/\forall x)[(x=z \leftrightarrow y=u)\ \&\ y<x\ \&\ u<z] \qquad (9.9)$$

| Dans (9.8) et (9.9), la relation d'ordre est notée <. On pourrait expliquer 190
les choses comme suit : la négation contradictoire de (9.9) dit qu'il n'y a pas de chaîne décroissante infinie de A – en d'autres termes, qu'il y a un plus petit A.

Ces exemples montrent que l'on peut formuler beaucoup plus de mathématiques au moyen de la logique IF étendue (et même dans certain cas non étendue) qu'avec la logique du premier ordre ordinaire. Il est amusant de comparer l'échantillon d'exemples (i) à (vii) ci-dessus avec la liste de John Barwise (citée plus haut dans ce chapitre) des notions qui transcendent les pouvoirs de la logique au sens habituel. On a montré que plusieurs de ses spécimens parfaits de concepts mathématiques sont exprimables en logique IF, étendue ou non. Aux chapitres III et IV, on a montré que ces logiques méritaient autant sinon mieux encore que la logique du premier ordre ordinaire l'appellation de logique du premier ordre.

En termes philosophiques conventionnels, on pourrait peut-être dire que l'accroissement formidable du pouvoir de conceptualisation offert par la logique IF est complice d'une philosophie logiciste des mathématiques. Il ne faudrait pas prendre cette assertion à la lettre, puisque le mouvement historique connu sous le nom de logicisme recourait à la logique d'ordre supérieur (et l'appelait « logique », au lieu de restreindre le terme aux conceptualisations du premier ordre), et était aussi profondément engagé par une interprétation non standard de cette logique d'ordre supérieur. Cependant, au sens reconstruit du logicisme expliqué plus haut dans ce chapitre, le pouvoir accru de la logique IF comparée à la logique du premier ordre ordinaire montre que la nouvelle logique aide grandement la cause logiciste. Tant les conceptualisations que les modes d'inférence qu'il était auparavant impossible de capturer au niveau du premier ordre sont maintenant manipulables au moyen de la logique IF.

Quoi qu'il en soit ce que l'on a trouvé nous oblige à réviser radicalement nos idées sur la frontière entre logique et mathématiques. Plusieurs des concepts et modes d'inférence cruciaux des mathématiques, que l'on croyait inatteignables par les pouvoirs de la logique, se sont avérés être exprimables en logique du premier ordre IF.

Par exemple, le principal obstacle à une définition purement logique du nombre était l'impossibilité de caractériser l'équipotence dans les termes de la logique du premier ordre ordinaire. On pensait généralement qu'une
191 telle | caractérisation devait inévitablement comporter des quantifications sur des entités d'ordre supérieur. La logique du premier ordre IF fournit le moyen de définir l'équipotence en termes entièrement logiques, et donc lève cet obstacle particulier à une définition purement logique du nombre.

De façon similaire, on a parfois prétendu que le principe d'induction mathématique était un principe de raisonnement spécifiquement mathématique. Maintenant on peut voir que ce principe peut être formulé au niveau du premier ordre, donc à un niveau incontestablement logique.

De même, la notion d'ensemble des parties est l'une des plus décisives en théorie des ensembles. On peut donc voir la possibilité de caractériser cette notion et d'autres, présentées plus haut, comme une justification partielle et nuancée de la croyance des premiers théoriciens des ensembles qu'ils avaient affaire à des conceptualisations purement logiques.

Par conséquent, des exemples comme (ii) à (vi) ne sont pas juste des instances isolées de ce que l'on peut faire au moyen de la logique IF. Ils révèlent que les défauts inévitables de la théorie axiomatique des ensembles du premier ordre peuvent être surmontés au moyen de la logique

IF. Par exemple l'existence d'ensembles indénombrables peut être garantie par des axiomes que l'on peut formuler en logique IF étendue. Cela suit de ce qui a été dit plus tôt à propos de l'ensemble des parties (voir (vi)). Mon point n'est pas gâché par le fait que l'existence d'ensembles indénombrables n'est pas exprimable en logique IF non étendue, puisque cette logique admet le théorème de Löwenheim-Skolem. En dépit de cette restriction, on a vu que la logique IF étendue permettait de capturer des notions comme le bon ordre.

La logique IF paraît ainsi pouvoir aider la théorie des ensembles précisément là où elle en a le plus grand besoin, à savoir en fournissant des formulations standards pour les concepts mathématiques centraux. Ceci suggère que la prochaine étape pour les fondements des mathématiques pourrait très bien être de simplement combiner la théorie axiomatique des ensembles et la logique IF ou bien, plutôt, d'utiliser la logique IF comme logique de base pour notre théorie axiomatique des ensembles familière. Cette étape serait attractive mais elle n'est pas réalisable, comme on l'a montré au précédent chapitre.

À d'autres égards aussi, il pourrait très bien sembler que l'euphorie provoquée par les premières victoires de la logique IF se dissipera bientôt. Il n'est pas seulement impossible de combiner la théorie axiomatique des ensembles ordinaire avec cette nouvelle logique. Ce qu'il y a en plus, c'est que la logique du premier ordre IF est équivalente à seulement un petit fragment de la logique du second ordre, à savoir | le fragment Σ^1_1. Même 192
avec la logique IF étendue, notre logique ne peut capturer que le fragment $\Sigma^1_1 \cup \Pi^1_1$ de la logique du second ordre.

En fait, la logique du second ordre (et plus généralement, la logique d'ordre supérieur) semble émerger comme la plus grande rivale de la logique IF. Au chapitre précédent, on a vu que la théorie axiomatique des ensembles dans sa forme actuelle était sérieusement insuffisante comme cadre de l'activité mathématique. Mais les critiques qu'on lui a adressées ne s'appliquent pas à la logique du second ordre ou d'ordre supérieur. Au contraire, ce que l'on a trouvé dans ce livre pourrait à première vue améliorer le statut de la logique du second ordre pour les fondements des mathématiques. Par exemple au chapitre V, j'ai souligné l'importance d'avancer des théories descriptivement complètes (bien que déductivement incomplètes) pour nous pousser à étendre la portée des mathématiques actuelles, développées déductivement. Dans le chapitre précédent, on a montré que la théorie axiomatique des ensembles ne peut pas rendre ce service dans sa forme actuelle. Un candidat bien plus prometteur pour ce travail est la logique du second ordre, bien sûr avec ce que Henkin (1950) appelait l'interprétation standard[1]. Stewart Shapiro a récemment (1991) soutenu avec compétence l'idée que la logique du second ordre fournirait « les fondements sans fondationnalisme » appropriés pour les mathématiques. En fait, une grande partie des mathématiques peut être formulée en termes du second ordre dans un sens bien plus fort que ne le permet la théorie des ensembles. La logique du second ordre ne fournit pas seulement des langages dans lesquels pratiquement toutes les théories mathématiques peuvent être formulées – bien plus, cette formulation du second ordre, à la différence de la formulation ensembliste, est modèle-théorétiquement fidèle à l'original. En d'autres termes, quand un énoncé mathématique S peut être formulé en logique du second ordre, il a normalement précisément les modèles que l'on pense qu'il a. Par conséquent, pour qu'un énoncé mathématique S soit un théorème d'une théorie caractérisable par une conjonction T d'axiomes tous exprimables en langage du second ordre, il est nécessaire et suffisant que le conditionnel $(T \supset S)$ soit logiquement vrai. On peut donc en principe réduire toutes les questions concernant une telle théorie mathématique à des questions concernant les vérités logiques de la logique du second ordre.

Comme cela a été mentionné plus haut, cette remarque semble s'appliquer à pratiquement toutes les théories mathématiques et donc aux propositions mathématiques qui peuvent y être formulées. Cela concerne par exemple beaucoup de célèbres propositions mathématiques non réso-
193 lues, de la | conjecture de Goldbach à l'hypothèse spéciale du continu. En principe, quoique pas nécessairement en pratique, la formulation en logique du second ordre fournit un objectif précis pour la recherche d'une preuve pour de telles conjectures. Inutile de préciser que les lignes directrices que nous pouvons espérer obtenir sont indirectes. Ce sont des critères d'acceptabilité (et donc de validité) de nouvelles règles d'inférence qui peuvent faciliter les preuves déductives actuelles, plutôt que des principes tactiques pour produire des preuves au moyen de règles déjà connues et acceptées.

Estimer précisément combien de mathématiques peuvent ainsi être traitées au second ordre exige un examen attentif. Il n'est pas difficile de défendre, comme cela est par exemple montré dans Shapiro[2], que toutes les conceptualisations ensemblistes les plus communes, incluant la clôture minimale, la cardinalité, l'hypothèse du continu, le bon ordre, l'axiome du

1. Cette interprétation a été brièvement expliquée au chapitre précédent.
2. 1991, chap. 5 ; *cf.* aussi Shapiro, 1985.

choix et la bonne fondation, peuvent être capturées au moyen de la logique du second ordre. Avec ces notions, on peut évidemment formuler une bonne part des mathématiques actuelles. Il semble pratiquement que l'analyse classique tout entière peut être formulée en termes du second ordre. On peut aussi facilement voir que la topologie générale peut être faite dans ce cadre. Je reviendrai sur les limitations de ces formulations à la fin de ce chapitre.

Mais beaucoup de logiciens puristes ne seront pas satisfaits avec la proposition d'employer un langage du second ordre comme médium pour leur théorisation mathématique, et pour une bonne raison. Pour qu'un tel langage remplisse son objectif, ses variables du second ordre doivent être prises dans leur sens standard. Il faut considérer qu'elles prennent leurs valeurs parmi *toutes* les entités extensionnellement possibles du type approprié (ensembles, fonctions, etc.). Il faut par exemple considérer que les variables de fonction prennent leurs valeurs parmi toutes les fonctions arbitraires, même non calculables[1]. Mais si tel est le cas, nous sommes confrontés à tous les problèmes liés aux idées d'ensemble et de fonction arbitraires (à strictement parler, à tous les sous-ensembles arbitraires d'un ensemble infini donné et à toutes les fonctions arbitraires d'un ensemble infini donné dans un autre ensemble donné). Je peux indiquer ce type d'engagement vis-à-vis d'entités arbitraires d'ordre supérieur en disant qu'il comporte l'idée de « tous les ensembles ». Une autre manière de le dire consisterait à parler de l'interprétation standard au sens de Henkin. Mais quel que soit le nom sous lequel on fait passer cette idée, elle paraîtra toujours aussi suspecte pour beaucoup de logiciens. Et il y a beaucoup à dire de leurs perceptions. L'idée de la totalité de tous les (sous-)ensembles est en effet difficile à maîtriser. Ainsi, même si la formulation au second ordre
de propositions et conjectures mathématiques peut être supérieure à | leur 194
traitement dans une théorie axiomatique des ensembles, elle implique des problèmes nouveaux et graves.

La logique d'ordre supérieur comme la théorie axiomatique des ensembles peut bien entendu recevoir une interprétation non standard. En effet, l'incarnation la plus connue de la logique d'ordre supérieur, la théorie des types de Russell et Whitehead (1920-1913) était censée recevoir une interprétation non standard[2]. Mais comme Frank Ramsey l'a rapidement

1. *Cf.* ici Hintikka, 1995a.

2. *Cf.* Ramsey, 1925. Warren Goldfarb (1989) peut avoir raison de défendre Russell contre Ramsey, si nous supposons en premier lieu l'interprétation non standard de Russell. Mais plus profondément, c'est précisément cette interprétation non standard que critiquait Ramsey.

signalé, cette interprétation n'est tout simplement pas conforme au mode de pensée usuel des mathématiciens. Pour cette raison, l'interprétation non standard de la logique d'ordre supérieur perd tous les avantages qu'elle présentait sur l'interprétation standard en guidant les mathématiciens dans leur recherche d'axiomes d'existence ensembliste plus forts, ou pour d'autres vérités mathématiques et logiques qui pouvaient apporter des principes déductifs plus forts.

Puisque les interprétations non standard ne nous aident pas à résoudre les problèmes de l'existence des ensembles, qu'est-ce qui peut nous aider? Ici, la logique IF semble pouvoir être utile. Tant que nous pouvons rester au niveau du premier ordre, IF ou non, le problème de l'existence des ensembles ne se pose pas. Nous n'avons pas à défaire le nœud gordien de l'existence des ensembles, puisqu'il n'était pas noué au départ.

Qu'est-ce qui peut être fait au moyen de la logique du premier ordre IF? Relativement peu, semblerait-il. On ne peut en aucun sens direct réduire la logique du second ordre à la logique IF. Comme on l'a souligné, seul le fragment Σ^1_1 de la logique du second ordre peut être traduit en logique IF. Le fait que les négations contradictoires de la logique IF soient traduisibles dans le fragment Π^1_1 de la logique du second ordre, et vice-versa, ne modifie pas fondamentalement la situation[1].

Il y a cependant un sens indirect auquel les théories et problèmes mathématiques peuvent être réduits au moyen de la logique IF. Ce que nous pouvons faire, c'est au moyen de la logique du premier ordre ordinaire essayer de reconstruire une théorie d'ordre supérieur donnée *T* comme une théorie du premier ordre multi-sortale. Dans cette reconstruction, chacun des types requis dans *T* deviendra une sorte par elle-même. On peut concevoir les différents types comme formant une sorte syncatégorématique spéciale (ou un ensemble) τ. On peut exprimer la structure de cet ensemble à l'aide d'axiomes explicites du premier ordre. De plus, nous pouvons introduire une fonction *t* qui envoie chaque entité (autre qu'un type) sur son type. Chaque sorte correspond à l'ensemble de toutes les entités envoyées par *t* sur le même type. Entre autres choses, il y aura alors une relation $\sigma(x, y)$
195 qui tient si et seulement si le type de *y* est le type des ensembles d'entités | du même type que *x*. Toutes les relations entre les entités appartenant aux différentes sortes peuvent être manipulées par un nouveau prédicat adéquat, $E(x, y)$ (également noté $x \in y$), représentant l'appartenance. Évidemment, nous pouvons alors réécrire *T* comme une théorie T^* de nos

1. Pour plus de données sur la portée des logiques Σ^1_1 et Π^1_1, voir Moschovakis (1974), en particulier le chapitre 7.

nouveaux modèles multi-sortaux du premier ordre. Le résultat sera alors quelque chose comme une théorie des ensembles stratifiée, les différents types d'ensembles étant séparés les uns des autres par différents prédicats sortaux, c'est-à-dire en étant envoyés par t sur différents types.

Cette manière de traiter la logique d'ordre supérieur comme une logique du premier ordre multi-sortale est à bien des égards des plus naturelles. La facilité avec laquelle nous pouvons le faire peut très bien avoir été l'une des raisons qui expliquent pourquoi la distinction entre logique du premier ordre et logique d'ordre supérieur s'est cristallisée si lentement dans la conscience de la plupart des logiciens et des philosophes, comme le souligne Moore (1988). Cela n'est pas présenté ici comme une grande nouveauté. On pourrait même avancer que ce n'est pas très différent de la manière dont les premiers logiciens contemporains comme Frege et Russell voyaient les logiques d'ordre supérieur.

En tout cas, la question déterminante est la suivante : pourquoi la théorie du premier ordre multi-sortale T^* ne capture-t-elle pas tout ce qui doit être capturé au moyen de la théorie du second ordre T? La réponse est que la formulation multi-sortale du premier ordre n'implémente pas l'interprétation standard requise pour faire de T une authentique théorie du second ordre. Car dans T^* il n'y a aucun moyen de garantir que pour chaque classe extensionnellement possible d'entités du premier ordre (individus ou n-uplets d'individus) il y ait une entité du second ordre les ayant (et n'ayant qu'elles) comme éléments, et de même pour toutes les entités d'ordre supérieur. Mais maintenant arrive une agréable surprise. Pour implémenter l'interprétation standard, il suffit d'introduire un nombre fini d'axiomes additionnels du second ordre qui ont tous la forme :

$$(\forall X)(\forall w)(\exists z)(\exists y)(\forall x)((X(z) \supset (t(z)=w)) \supset (\sigma(w,y) \;\&\; (x \in y \leftrightarrow X(x)))) \tag{9.10}$$

où $\sigma(x, y)$ est le prédicat expliqué plus haut. Si on le veut, on peut même les combiner en un seul axiome avec l'unique quantificateur initial du second ordre $(\forall X)$. Mais toute conjonction finie J d'énoncés de la forme (9.10) est de la forme Π^1_1, et est donc un type très spécial d'énoncé du second ordre.

Ici, il est clair que les axiomes de la forme (9.10) sont étroitement liés à l'axiome de compréhension de la théorie axiomatique des ensembles. Pourtant, l'axiome de compréhension de n'importe quelle axiomatisation du premier ordre de la théorie des ensembles (ou | n'importe laquelle de ses **196**
instances de substitution, si le principe de compréhension est formulé comme un schéma d'axiome) est un énoncé du premier ordre ordinaire. Il ne peut donc pas remplir la même fonction que (9.10), puisque toute

l'importance de (9.10) réside dans le fait que le quantificateur $(\forall X)$ est du second ordre, et qu'il doit être interprété au sens standard.

En unissant T^* et J, nous obtenons une théorie $(J \,\&\, T^*)$ qui accomplit la même chose que la théorie d'origine T. Elle n'est pas seulement exprimable dans un langage du second ordre ; on peut l'exprimer dans le fragment Π^1_1 de ce langage.

De la manière et au sens qui viennent d'être esquissés, la totalité de la logique d'ordre supérieur peut être réduite au fragment Π^1_1 de la logique du second ordre. La possibilité de cette « réduction transcendantale » (comme Husserl aurait dit) n'a pas attiré beaucoup d'attention. Elle promet néanmoins quelques avantages tout à fait réels.

L'apparition de la logique IF sur la scène apporte un nouvel éclairage sur la situation. Le caractère Π^1_1 des réductions signifie que la nouvelle théorie peut être traduite dans le langage de la logique IF étendue. On peut étendre ce résultat à toutes les théories exprimables en termes de types finis. Comme on l'a indiqué plus haut, cela couvre la plupart des théories mathématiques actuelles. À cette nuance près, toutes les mathématiques classiques peuvent en principe être faites en logique IF étendue.

Par ailleurs, la question de savoir si une proposition donnée C suit logiquement de T est équivalente à la question de savoir si l'énoncé suivant est logiquement vrai (ou valide) :

$$(J \,\&\, T^*) \supset C \tag{9.11}$$

où J est la conjonction de tous les énoncés de la forme (9.10) pour tous les différents types (ou sortes) exigés dans T^*. Puisque nous avons ici affaire à la logique normale du second ordre, on peut comprendre le conditionnel comme étant le conditionnel vérifonctionnel habituel, équivalent à :

$$\neg(J \,\&\, T^*) \vee C \tag{9.12}$$

où $\neg$ est la négation contradictoire. De plus, T^* et C sont des énoncés du premier ordre (multi-sortaux). Par conséquent, (9.12) est logiquement équivalent à un énoncé Σ^1_1. Mais cela signifie qu'il a une traduction dans un logique du *premier ordre* IF (non étendu).

197 | En lien avec nos remarques antérieures sur la manière dont les théories et problèmes mathématiques peuvent être représentés dans des langages du second ordre, nous obtenons donc un résultat remarquable. En un sens intéressant, un grand nombre de *théories* mathématiques peuvent être formulées dans un langage IF étendu. On peut représenter ces théories sous la forme $\neg T$, où T est un énoncé d'un langage du premier ordre IF (non étendu) et $\neg$ la négation contradictoire. Cela inclut toutes les mathéma-

tiques qui peuvent être faites dans les termes d'une théorie des types finis [1]. De même, une grande quantité de *problèmes* mathématiques peuvent être considérés comme reliés au statut logique d'un énoncé d'un langage du premier ordre IF *non* étendu. Par exemple, si le problème est de prouver qu'une conjecture C découle des axiomes du second ordre T, alors il y a un énoncé IF S tel que S est logiquement vrai (ou valide) si et seulement si C est une conséquence logique de T.

On peut facilement appliquer le même argument à la théorie entière des types finis plutôt qu'à la logique du second ordre.

Dans le cas particulier où la théorie mathématique d'origine T, exprimée dans la théorie des types finis, est catégorique, la proposition C est vraie dans le seul modèle de T (modulo un isomorphisme) si et seulement si $T \models C$. Mais on a vu que cela tenait si et seulement si un certain énoncé du premier ordre IF était logiquement vrai. Donc pour les théories catégoriques, la vérité mathématique peut en un sens être assimilée à la vérité logique en logique du premier ordre IF. En particulier, la vérité d'une proposition quelconque d'arithmétique élémentaire est équivalente à la vérité *logique* d'un énoncé IF. En général, c'est une question historique intéressante de savoir si cette subtile connexion modèle-théorétique entre vérité mathématique et vérité matérielle a joué un rôle-clé implicite dans la confusion concernant la relation entre vérité ordinaire et vérité logique, en particulier quand beaucoup des théories mathématiques les mieux connues, formulées en termes d'ordre supérieur, sont catégoriques. De bons exemples sont fournis par l'arithmétique élémentaire, la théorie des réels, la géométrie élémentaire, et ainsi de suite.

Par exemple, l'arithmétique de Peano devient catégorique quand elle est complétée avec un axiome d'induction du second ordre. On peut voir que ce système d'axiomes est équivalent à un énoncé Π^1_1, disons N_0. La vérité de n'importe quelle conjecture mathématique non prouvée F, disons la conjecture de Goldbach, est alors équivalente à la validité de $(N_0 \supset F)$. Mais ceci est équivalent à un énoncé Σ^1_1, et c'est *a fortiori* équivalent à un énoncé F_0 d'un langage du premier ordre IF. La vérité de la conjecture de Goldbach est donc équivalente à la validité d'une formule IF.

| Le résultat de cette ligne de pensée est donc une sorte de réduction de la **198**
totalité de la théorie des types finis, avec son interprétation standard, à la logique du premier ordre IF. Comme la plupart des mathématiques peuvent en principe s'exprimer dans une théorie des types finis interprétée de façon

1. Par théorie des types on entend théorie simple des types, par opposition à la théorie ramifiée des types de Russell.

standard, cette réduction apporte un éclairage intéressant sur les mathématiques en général. Car que pouvons-nous dire des énoncés produits par cette réduction ? Ce sont des énoncés du premier ordre IF. Toutes leurs variables liées prennent leurs valeurs parmi des individus. Cela devrait réchauffer le cœur de n'importe quel nominaliste philosophique. Plus important, leur interprétation est complètement dégagée des problèmes logiques qui affectent la notion de *tous les sous-ensembles* d'un ensemble infini donné. Un énoncé du premier ordre IF est valide si et seulement si une certaine structure relationnelle est obligatoirement instanciée dans tout modèle. Le problème de savoir si un énoncé IF est valide ou non est donc un problème combinatoire dans un sens suffisamment large du terme. Ce sens n'est en fait pas aussi lâche qu'on pourrait le croire à première vue. La réduction par Hao Wang[1] du problème de la décision pour la logique du premier ordre ordinaire à des problèmes de dominos montre à quel point il est naturel de concevoir ce qui se produit en logique du premier ordre ordinaire comme étant fondamentalement combinatoire. Et à cet égard, la logique du premier ordre IF ne diffère pas en principe du cas ordinaire. En effet, on peut montrer que le problème de la décision pour la logique IF peut être réduit aux problèmes de dominos qui incorporent l'échec caractéristique de l'information parfaite : certains dominos spécifiés doivent être introduit sans savoir ce qui s'est produit ailleurs dans la construction (le pavage).

Ainsi, il n'est pas difficile de se convaincre que le pouvoir d'expressivité accru de la logique IF, au-delà de celui de la logique ordinaire, est par nature combinatoire plutôt qu'ensembliste. La nouveauté manifeste de la logique IF est une plus grande liberté dans les relations variées de dépendance entre quantificateurs et connecteurs. C'est une question combinatoire, et pas une question d'existence d'ensembles infinis de différentes espèces. La logique IF est en fait l'une des rares extensions de la logique du premier ordre qui accroît sa puissance en s'occupant de structures (ou modèles) *finis*. Cette puissance additionnelle est entre autres exploitée par Blass et Gurevich (1986). On peut aussi ressentir un peu de cette force ajoutée de la logique IF à partir de cas comme le modèle (D) du chapitre II.

Inversement, la question de savoir si un énoncé de logique IF se réduit à un énoncé ordinaire est purement combinatoire. Pour voir ceci, supposez
199 qu'un énoncé IF est donné dans sa | forme normale de Skolem :

$$(\forall x_1)(\forall x_2)\ldots(\forall x_n)\ldots(\exists y_i / \forall x_{i_1}, \forall x_{i_2}, \ldots)\ldots \quad S[x_1, x_2, \ldots x_n, \ldots y_i, \ldots] \qquad (9.13)$$

1. 1990, essais 10-11.

Ici, chaque ensemble $X_i = \{x_{i_1}, x_{i_2}, \ldots\}$ est un sous-ensemble de $\{x_1, x_2, \ldots, x_n\}$. Une condition suffisante pour que (9.13) soit équivalent à un énoncé du premier ordre ordinaire est que les ensembles finis X_i puissent être linéairement ordonnés par l'inclusion. On peut montrer que cela n'est pas loin d'être la condition suffisante la plus générale. En fait, c'est la condition suffisante la plus large qui puisse être formulée par les seuls moyens de la suite de quantificateurs prénexes.

Notre réduction est alors en effet une réduction de pratiquement toutes les mathématiques habituelles à une théorie combinatoire dans un sens suffisamment large du terme. Ce résultat apporte un éclairage intéressant sur les mathématiques en général et sur leur relation à la logique. Entre autres choses, cela montre que pour l'essentiel des fondements des mathématiques, on peut totalement se dispenser des problèmes conceptuels liés à l'idée de *tous les sous-ensembles* d'un ensemble infini donné. Certainement, les problèmes mathématiques ne sont pas automatiquement résolus par leur réduction à des problèmes concernant la logique IF. Pourtant, une telle réduction ouvre des possibilités variées de conceptualisation. Par exemple la structure du réduit (c'est-à-dire de l'énoncé du premier ordre IF produit par le processus de réduction) reflétera la difficulté (combinatoire) du problème codifié dans l'énoncé d'origine.

Mon approche a des affinités avec l'approche de Hilbert des fondements des mathématiques, que j'ai discutée ailleurs[1]. Bien compris, l'accent de Hilbert ne portait pas sur le formalisme mais sur la pensée combinatoire (par contraste avec la pensée ensembliste) comme base véritable des mathématiques[2]. Cela s'accorde avec ma thèse que les mathématiques sont au fond de caractère combinatoire plutôt qu'ensembliste. Par exemple, notre définition de la vérité a été formulée en référence aux propriétés combinatoires d'un prédicat de vérité appliqué aux nombres de Gödel des énoncés. Cela rappelle l'idée de Hilbert d'utiliser les propriétés combinatoires d'un langage complètement formel comme base de son approche fondationnelle. Philosophiquement parlant, cette idée n'est pas du tout formaliste. Au contraire, nous avons vu qu'elle soutient une conception réaliste de la vérité. La principale différence entre nous et Hilbert, c'est que Hilbert pensait que | la combinatoire *finie* est tout ce dont **200**

1. Voir Hintikka, 1997.

2. Le terme « combinatoire » (*combinatorial*) doit être manipulé avec précaution. Ce que je veux souligner par l'usage de ce terme, c'est la combinatoire des objets des théories mathématiques, et non la combinatoire des formules qui traitent de ces objets. Mon insistance est donc radicalement distincte de la motivation pour l'usage du même terme par Benacerraf (1973).

nous avons besoin. Ce n'est pas le cas, et les aspects les plus intéressants de la logique du premier ordre IF incarnent des problèmes de combinatoire *infinie*. Tant que nous pouvons ignorer cette différence, notre approche peut toutefois être conçue comme une justification de celle de Hilbert.

On voit plus clairement les intentions de Hilbert à partir des critiques qu'il adresse à ses prédécesseurs qu'à partir de ses suggestions constructives. Il critique[1] Dedekind et Frege parce qu'ils ont opéré avec des concepts généraux.

> Frege a essayé de trouver un fondement pour la théorie des nombres dans la logique pure, Dedekind dans la théorie des ensembles comme branche de la logique pure, aucun n'a atteint son but.

La raison en est qu'ils ont opéré abstraitement avec les extensions et les intensions de concepts, ce qui d'après Hilbert est insuffisant et dangereux. Au lieu de tels concepts généraux, Hilbert veut mettre comme objets principaux de l'attention d'un mathématicien

> certains objets discrets extralogiques qui se présentent intuitivement comme des expériences immédiates avant toute pensée.

Ce sont évidemment des individus, par opposition aux concepts généraux. Hilbert défend ainsi l'idée de mettre à la base des mathématiques et de la logique une étude d'objets concrets que nous pouvons saisir directement et avec lesquels nous pouvons opérer. Il ne me semble pas qu'il faille chercher loin pour qualifier de combinatoire cette vision des fondements des mathématiques.

Assurément, le sens de « combinatoire » que j'emploie ici est un peu vague. Je crois cependant qu'il y a suffisamment de liens entre ce que j'ai à l'esprit et la combinatoire au sens généralement admis, pas seulement pour le rendre défendable, mais aussi pour le rendre intéressant. La théorie combinatoire, spécialement la théorie de Ramsey, s'est avérée avoir des usages dans des branches nombreuses et diverses des mathématiques, et de manière frappante en théorie logique des nombres[2]. Dans une autre direction, la combinatoire infinie, en particulier la théorie des partitions (*partition theory*) joue un rôle croissant en théorie des ensembles, comme en témoignent des titres comme *Théorie combinatoire des ensembles* (*Combinatorial Set Theory*)[3]. Il est sans doute symbolique que la théorie

1. Dans Hilbert 1922, p. 162.
2. Voir ici Graham, Rotschild et Spencer, 1990, chap. 6.
3. Erdös *et alii*, 1984 ; *cf.* Kleinberg, 1977 ; *cf.* Williams, 1977.

de Ramsey ait commencé avec son papier de 1930 consacré à l'*Entscheidungsproblem* de la logique.

| Le sens de « combinatoire » présupposé ici s'approche en signification 201
de « premier ordre », en ce que le raisonnement du premier ordre implique seulement des structures d'individus (ou de particuliers), indépendamment de l'existence ou de la non existence de propriétés, de relations, d'ensembles, de classes ou de n'importe quelles autres entités d'ordre supérieur. Malheureusement, l'expression « premier ordre » est trop étroitement associée aux tentatives reconnues de systématiser cette partie fondamentale de la logique. Comme on l'a montré dans ce livre, ces tentatives ne recouvrent pas tout le raisonnement du premier ordre authentique. En effet, la logique du premier ordre IF est négligée par le traitement habituel de la logique « du premier ordre ».

On peut illustrer le même point à l'aide d'un exemple historique. J'ai suggéré que l'une des idées phares de la pensée de David Hilbert était de fonder toutes les mathématiques sur des réalités combinatoires. Le lien entre ce que j'appelle ici raisonnement combinatoire et logique du premier ordre s'accorde avec le fait que l'une des étapes cruciales dans la cristallisation de la logique du premier ordre a été réalisé par Hilbert et Ackermann[1]. Mais Hilbert n'était pas satisfait par cette systématisation. Il a essayé de rendre plus explicite la nature des quantificateurs comme incarnations de certaines fonctions de choix à l'aide de son calcul-epsilon. Comme on l'a noté plus haut, Hilbert espérait de cette manière justifier l'axiome du choix apparemment ensembliste. On peut concevoir cette tentative comme une autre manière d'essayer d'implémenter les idées qui sont systématisées en théorie sémantique des jeux. En outre, Hilbert n'était pas complètement satisfait non plus par le traitement de la négation tel qu'il est codifié dans les systèmes habituels de logique du premier ordre. Pour ces raisons, il pourrait être trompeur de parler de ses préférences logiques comme étant du premier ordre. J'espère seulement que le terme « combinatoire » ne fera pas surgir d'autres incompréhensions.

Il faut souligner que ma réduction des mathématiques à la logique IF n'est pas une traduction. On peut décrire ce qui se passe en considérant un système donné d'axiomes d'ordre supérieur *T*. Le système spécifie une classe de structures (d'ordre supérieur) comme étant ses modèles. La réduction que j'ai décrite signifie que l'on peut capturer ces structures à l'aide de formules du premier ordre IF étendu. Pourtant, elles n'apparais-

1. Ackermann, 1928; *cf.* Moore, 1988.

sent pas comme des classes de modèles de formules données, mais comme des structures enchâssées dans de tels modèles.

En bref, pour chaque système d'axiomes mathématiques A_1 exprimable en termes de logique d'ordre supérieur interprétée de façon standard, j'ai montré comment spécifier un système d'axiomes A_2 formulé en termes de logique du premier ordre IF étendue, dans laquelle A_1 admet une interpré-
202 tation relative. Dans | ce sens, la réduction que j'ai tracée est une réduction par interprétation relative. On appelle parfois de telles réductions des réductions *conceptuelles* (voir, par exemple, Feferman, 1993, p. 148). Comme on l'a indiqué dans le précédent chapitre, les réductions de ce type ne sont pas très populaires de nos jours. La raison en est que trop souvent, il ne s'agit pas de ce que Feferman appelle des réductions *fondationnelles*. Parlant d'interprétations relatives, il écrit :

> [...] un exemple familier est cette [interprétation] de l'arithmétique de Peano PA [...] dans la théorie des ensembles de Zermelo-Fraenkel ZF [...], où les nombres naturels sont interprétés comme des ordinaux finis. C'est une *réduction conceptuelle* de la théorie des nombres à la théorie des ensembles, mais pas une *réduction fondationnelle*, parce que le dernier système est justifié seulement par un cadre infini indénombrable, tandis que le premier est justifié simplement par un cadre infini dénombrable [1].

Je suis ici concerné par la justification dans un sens quelque peu différent de celui de Feferman. Mon centre d'intérêt n'est pas le contraste entre infinités dénombrables et indénombrables, mais le problème de l'existence d'entités d'ordre supérieur. Si on s'intéresse à cela, alors la réduction que j'ai exposée est en fait une réduction fondationnelle pour de bon. À un égard important, la théorie réduite est plus fondamentale que la théorie à réduire. En effet, dans la réduction toutes les questions concernant l'existence d'entités d'ordre supérieur sont remplacées par des questions concernant la vérité d'énoncés du premier ordre IF étendu (dans le cas où nous voulons savoir si les axiomes sont vrais), et par des questions concernant la validité d'énoncés du premier ordre IF non étendu (si nous sommes intéressés par la connaissance de théorèmes). Si ce n'est pas une réduction fondationnelle, je vois mal ce que cela peut être.

On peut illustrer ces observations et les mettre en perspective en les reliant d'une part au soi-disant paradoxe de Skolem, et d'autre part à la distinction entre les deux fonctions de la logique en mathématique [2].

1. Feferman, 1993, p. 148.
2. *Cf.* chapitre premier.

Le paradoxe de Skolem est moins un paradoxe qu'un aperçu sur les limitations de la logique du premier ordre ordinaire. Il s'appuie sur le théorème de Löwenheim-Skolem qui dit que si un énoncé du premier ordre est satisfiable dans un modèle infini, alors il est satisfait (ou vrai) dans un modèle *dénombrable*. Il découle de ce métathéorème que les langages du premier ordre n'offrent pas un véhicule satisfaisant pour discuter des ensembles indénombrables, car aucune formule ni aucun système d'axiomes du premier ordre ne peuvent distinguer un ensemble indénombrable parmi des ensembles dénombrables. Dans le chapitre précédent, on | a indiqué comment ces limitations se manifestent apparemment en théorie **203** axiomatique des ensembles (du premier ordre). De telles applications ont probablement contribué à donner un air de paradoxe au théorème de Löwenheim-Skolem. En réalité, cette réputation est tout à fait imméritée.

Comme on l'a souligné au chapitre III, le théorème de Löwenheim-Skolem vaut en logique du premier ordre IF. Comment cette logique peut-elle alors servir de médium universel pour les problèmes mathématiques, comme on l'a suggéré? Ce que j'ai montré, c'est que n'importe quelle théorie mathématique finiment axiomatisable en logique d'ordre supérieur peut être formulée (au sens expliqué plus haut) comme la négation contradictoire d'un énoncé du premier ordre IF, de telle sorte que n'importe quel théorème putatif peut être considéré comme un énoncé du premier ordre ordinaire (ou comme un énoncé du premier ordre IF non étendu). Alors l'affirmation qu'il s'agit réellement d'un théorème est équivalente à celle de la validité (ou vérité logique) d'un énoncé du premier ordre IF non étendu.

Une théorie mathématique formulée de cette manière à l'aide de la logique IF étendue peut très bien n'avoir que des modèles indénombrables, puisque le théorème de Löwenheim-Skolem ne s'applique pas à la logique IF étendue. En même temps, comme on l'a vu, les questions de vérification qu'on a bien affaire à des théorèmes peuvent être reformulées et ramenées à des questions de validité de formules de logique IF seulement non étendue.

On peut concevoir cette analyse de la situation comme une résolution du « paradoxe » de Skolem. Cela montre que (et dans quel sens) les théories mathématiques peuvent s'occuper de structures indénombrables même si leur logique – au moins la logique de leurs dérivations de théorèmes – peut être saisie dans une logique qui admet le théorème de Löwenheim-Skolem. En d'autres termes, nous pouvons voir maintenant comment les théories mathématiques peuvent ne pas s'occuper seulement d'ensembles mais aussi d'ensembles indénombrables, tout en conservant un raisonnement mathématique essentiellement combinatoire.

Il y a ici aussi une sorte de corrélation avec les deux premières fonctions de la logique en mathématiques, présentées au chapitre premier. La fonction descriptive requiert la logique IF étendue, tandis que les relations de conséquence (la dérivation de théorèmes) reposent sur la validité de formules du premier ordre IF non étendu. Ces observations seront néanmoins placées sous un éclairage différent à la fin du prochain chapitre.

Un aspect important de la possibilité d'utiliser la logique IF comme cadre des mathématiques est que l'on peut alors développer la métathéorie des théories mathématiques avec les mêmes outils logiques que ceux qui
204 sont employés pour développer ces théories elles-mêmes. | En bref, la logique des théories mathématiques peut être auto-appliquée. Les mathématiques des métamathématiques[1] peuvent en principe être prises comme étant les mêmes mathématiques qui nous serviront à métathéoriser à leur sujet.

On peut l'illustrer en considérant les résultats spécifiques les plus importants de la logique et des mathématiques auto-appliquées. Par exemple, ma réduction nuancée d'une grande partie des mathématiques à la logique du premier ordre IF peut avoir plus de relief avec nos autres résultats, en particulier avec notre définition de la vérité pour les langages du premier ordre IF. La possibilité de cette définition de la vérité signifie que l'on peut étudier des aspects importants d'un langage IF à l'aide de ce même langage. Même si cette possibilité ne couvre pas tout de la métathéorie des théories mathématiques en question, elle est en principe très intéressante parce qu'on a souvent pensé qu'une telle auto-étude était impossible. Plus spécifiquement, on pensait que cette impossibilité découlait des résultats de Gödel. Par exemple, van der Waerden écrit :

> De ceci Hölder conclut qu'il est impossible de comprendre la totalité des mathématiques à l'aide d'un formalisme logique, parce que les considérations logiques concernant la portée et les limites du formalisme transcendent nécessairement le formalisme et appartiennent de ce fait aux mathématiques. Cette conclusion est pleinement confirmée par les recherches ultérieures de Kurt Gödel[2].

De telles affirmations sont au mieux gravement trompeuses. Gödel n'a pas prouvé l'incomplétude descriptive d'une seule théorie mathématique *an sich*, sans référence à une logique sous-jacente ou une autre. Au contraire, nous pouvons voir que certains des faits les plus importants à

1. *Cf.* Rasiowa et Sikorski, 1963.
2. Van der Waerden, 1985, p. 157.

propos d'un langage logique, à savoir les conditions de vérité de ses énoncés, peuvent après tout être formulés à l'intérieur même du langage.

Mais supposez que l'on me demande de répondre à la lettre de Tarski à Neurath du 7 septembre 1936, citée au chapitre premier, et de dire si le problème d'un langage universel a été définitivement réglé. Qu'est-ce qui découle de mes résultats concernant la possibilité d'un langage universel ? Un tel langage est-il possible ? Je suis tenté de répondre oui et non. Pourtant dans ce cas le oui est plus proche de la vérité que le non. Ce que nous ne pouvons pas avoir, c'est un langage unique qui n'aurait pas besoin d'être étendu. La première définition de la vérité que j'ai expliquée au chapitre VI présuppose qu'un langage actuel fini puisse être étendu par l'ajout de nouvelles constantes individuelles. De plus, et même de façon plus impor-
tante, il n'y a aucun espoir de | formuler un unique langage dans lequel on **205**
pourrait discuter toutes les théories mathématiques, un langage dans lequel on pourrait décrire une espèce de « modèle de tous les modèles » comme la théorie des ensembles pensait à l'origine pouvoir le faire.

Mais même si nous ne pouvons pas avoir un langage universel des mathématiques, nous pouvons avoir une logique universelle. On a vu que la logique IF étendue remplissait ce contrat. Comme on l'a montré, toute théorie mathématique normale peut en principe être formulée dans un langage dont la logique est la logique IF étendue. Si nous voulons formuler, étudier et appliquer une autre théorie mathématique, nous devons la formuler dans un langage similaire mais distinct. En outre, nous pouvons unir un nombre fini quelconque de tels langages par le seul moyen de la relativisation. (Il vaut la peine de noter que c'est parce que les théories en question sont du *premier ordre* qu'une telle unification est indolore). Après la fusion, nous pouvons étudier les relations entre les différentes théories concernées à l'intérieur du langage obtenu.

Pour autant que cette suite ouverte et potentiellement éternellement croissante de langages toujours plus grands et meilleurs ne compte que pour un seul langage, elle remplit les conditions pour être le langage mathématique universel. Assurément, ce n'est pas un langage suivant la lettre de la plupart des définitions courantes, et assurément, différentes théories mathématiques vont s'occuper de différentes de ses parties. Comme ce langage est ouvert on ne peut pas en discuter comme d'un tout achevé, même si à chaque étape de son évolution, on peut discuter la syntaxe et la sémantique du fragment de langage déjà atteint dans le fragment lui-même.

En d'autres termes, je ne défends pas un langage universel des mathématiques au sens strict du terme. Des branches différentes des mathématiques ont des notions primitives différentes. Même si certaines d'entre elles, par exemple la notion de cardinalité, pourraient être définies en termes purement logiques, je ne vois toujours aucun gain théorique ou pratique à le faire. Il ne semble pas y avoir un quelconque intérêt à essayer de combiner différentes théories mathématiques d'une façon ou d'une autre pour qu'elles deviennent les parties d'une immense super-théorie.

Ce que j'ai défendu c'est que la plupart (et peut-être la totalité) des mathématiques peuvent en principe être faites à l'aide d'une seule et même logique, la logique du premier ordre IF. De plus cette logique est un article authentique, et pas une version déguisée de théorie des ensembles parce qu'elle est du premier ordre et par conséquent, dégagée des problèmes philosophiques qui ont assailli la théorie des ensembles et la théorie des types. Elle a la même – voire une meilleure – prétention à recevoir le titre de logique que la logique du premier ordre ordinaire.

206 | Inutile de le préciser, je défends cette nature purement logique de la théorisation mathématique comme une reconstruction rationnelle calculée pour résoudre des problèmes philosophiques et d'autres problèmes théoriques. Du point de vue des détails pratiques, le mode de théorisation mathématique le plus intuitif serait certainement de travailler au niveau du second ordre, ou peut-être avec une théorie des types simple en guise de logique ; autrement dit, pas très différemment de ce qui se fait en topologie générale. C'est seulement quand surgissent les problèmes théoriques ayant trait au statut des entités d'ordre supérieur qu'il y a des raisons de recourir à la sorte de réduction à la logique IF décrite dans ce chapitre.

La conception d'ensemble de la théorisation mathématique qui ressort de ces observations n'est pas complètement différente de l'idée de Hilbert d'utiliser la méthode axiomatique pour des objectifs mathématiques. Cette comparaison devra pourtant être conduite *mutatis mutandis*, car ici on a laissé tomber ou modifié de nombreux aspects des vues de Hilbert. Cela concerne les changements très importants de la nature de la logique de base, l'abandon de la théorie des ensembles comme cadre de théorisation mathématique, et ainsi de suite.

Ma réduction de tous les problèmes mathématiques à des questions concernant la validité d'énoncés d'un langage IF a une signification à la fois mathématique et philosophique. Un type de signification mathématique est que cela montre que pratiquement tous les problèmes mathématiques sont au fond des problèmes combinatoires plutôt qu'ensemblistes. Cela implique que la notion de vérité s'applique aux théories mathématiques. Si vous regardez la théorie des ensembles, en particulier dans sa tenue axiomatique familière, vous avez une théorie dont les modèles visés ne sont pas clairement compris, si bien que le choix de suppositions plus fortes ne semble pas être guidé par des questions de vérité et de fausseté mais par quelques vagues « intuitions », ou encore par des considérations de goût et d'opportunisme mathématique. En revanche, les problèmes combinatoires sont nets. Soit il existe une structure d'une certaine sorte, soit il n'en existe pas. Soit on peut compléter votre puzzle ou votre carrelage, soit on ne peut pas. Vous avez dans de tels cas une caractérisation extrêmement fine des structures dont on affirme l'existence. Cela ne fournit absolument aucune raison pour se dispenser de la notion de vérité. La recherche de prémisses déductives plus fortes sera guidée par notre expérience combinatoire.

On peut l'illustrer par des exemples. Ainsi, le bastion des défenseurs de la notion de vérité en contexte mathématique a toujours été la structure des nombres naturels. Elle nous est | si merveilleusement familière que l'on **207**
pense spontanément que l'arithmétique élémentaire s'occupe de la vérité et de la fausseté dans cette structure (ou dans ce modèle visé). La pratique du calcul ne définit pas cette structure – elle aide simplement à fournir des aperçus dans la structure combinatoire de ce modèle.

Maintenant nous pouvons voir que pratiquement toutes les mathématiques peuvent être considérées comme traitant de problèmes similaires. Les structures impliquées sont probablement moins familières que celles des nombres naturels, mais les problèmes sont en principe de nature similaire. Dans un problème mathématique typique, nous avons affaire à un système d'axiomes et à un théorème putatif. La perspicacité combinatoire dont on a besoin pour décider du statut de ce prétendu théorème concerne les modèles du système axiomatique. Elle est semblable à notre clairvoyance vis-à-vis de la structure des nombres naturels. Elle est complétée de façon *ad hoc* par notre vision des affirmations combinatoires faites par le théorème putatif particulier concerné.

Dans une direction plus philosophique, la réduction que j'ai examinée signifie que les entités abstraites ne sont en dernière analyse (excusez le jeu de mot) pas indispensables en mathématiques. Frege avait tort ; les mathématiques ne sont pas l'étude de concepts généraux, mais l'étude de structures faites de particuliers (ou individus).

Les résultats obtenus jusqu'ici suggèrent une vision des mathématiques plus pluraliste que l'idée traditionnelle des mathématiques comme étant faites non seulement au moyen mais dans la portée de la logique, de la théorie des ensembles ou de la théorie des types. Cette image traditionnelle est inappropriée à plusieurs points de vue. Pour une part, il n'y a pas de raison de penser que tous les concepts mathématiques puissent être définis à l'intérieur d'un seul et unique langage, qu'il soit logique ou ensembliste. Des théories mathématiques différentes étudient des structures de différentes sortes. Il n'est pas raisonnable d'espérer pouvoir intégrer d'une manière ou d'une autre les modèles de toutes les différentes théories mathématiques dans un unique univers ensembliste comme les premiers théoriciens des ensembles pensaient pouvoir le faire.

Par ailleurs, les résultats obtenus au chapitre précédent et plus généralement dans ce livre ne montrent pas seulement que la théorie axiomatique des ensembles est mal conçue et que l'on peut s'en dispenser comme base des mathématiques. Ils montrent aussi que l'on peut se passer de la même manière de l'une des principales rivales de la théorie des ensembles, à savoir la logique d'ordre supérieur. Tant la théorie des ensembles que la théorie des types sont théoriquement insatisfaisantes, en ce qu'elles analysent le raisonnement et la formation des concepts mathématiques comme impliquant fondamentalement des entités d'ordre supérieur. En réalité, comme on l'a vu, on peut analyser pratiquement tous les problèmes
208 mathématiques comme des problèmes | de logique du premier ordre IF, et on peut en principe manipuler toutes les axiomatisations mathématiques à l'aide de la logique IF étendue. Cela rend la théorie des types aussi complètement inutile philosophiquement que la théorie des ensembles.

Toutes les théories et conceptualisations mathématiques tombent-elles sous la portée de nos résultats ? Peuvent-elles être capturées au sens indiqué par la logique IF étendue ? La réponse n'est pas claire, en partie parce que ce qui est supposé relever des mathématiques n'est pas clair. Le succès de la logique IF étendue à capturer les conceptualisations ensemblistes et du second ordre suggère une réponse positive. Mais il semble pourtant y avoir des idées, même à l'intérieur des théories mathématiques parfaitement familières, qui transcendent les limites des résultats discutés ici. Une question plus appropriée pourrait donc être : jusqu'où s'étendent les résultats obtenus dans ce chapitre ? La réalité des mathématiques est un Etat libre. Il n'y a pas de moyen d'anticiper quelles sortes de conceptualisations les mathématiciens vont décider d'utiliser. Dans le prochain chapitre, je vais en fait explorer une perspective différente et nouvelle sur les fondements de la logique et des mathématiques. Il est donc impossible de dire quoi que ce soit d'absolu ici. Généralement, il semble toutefois que les observations faites dans ce chapitre peuvent être étendues plus avant dans plusieurs directions importantes. Dans le prochain chapitre, il apparaîtra qu'il y a une approche constructiviste tout à fait naturelle de la logique qui facilite une ligne de pensée similaire à celle suivie ici.

De plus, on peut montrer que ce qui est probablement l'exception la plus frappante à première vue à ce que j'ai dit dans ce chapitre peut aussi être concilié avec un traitement dans mes termes. Même si un traitement explicite nous conduirait trop loin, ce cas est suffisamment important pour être mentionné ici.

Les types de présupposés mathématiques les mieux connus et les plus importants qui ne paraissent pas admettre de formulation en logique d'ordre supérieur sont probablement les hypothèses de maximalité et de minimalité. Et l'exemple le mieux connu à son tour de telles hypothèses est l'axiome dit de complétude qui était employé par Hilbert (1899)[1]. (À strictement parler, la référence devrait être entre la deuxième et la sixième éditions de ce classique de Hilbert, car l'axiome de complétude n'a fait son apparition qu'à la seconde édition (1902), pour sortir au profit d'une hypothèse apparemment plus austère à la septième édition en 1930.) Cette hypothèse dit en effet que les modèles visés du système axiomatique de Hilbert sont maximaux au sens où | on ne peut pas leur ajouter d'objets 209
mathématiques sans violer les autres présupposés.

Inutile de le dire, les hypothèses de maximalité ont joué ailleurs aussi un rôle important en mathématiques, souvent en combinaison avec des hypothèses de minimalité. En fait elles ouvrent une perspective intéressante sur les fondements des mathématiques. On en discute dans Hintikka (1993a).

La raison pour laquelle on ne peut pas formuler ces hypothèses de maximalité directement dans une logique d'ordre supérieur est évidente. Dire qu'un modèle **M** est maximal implique apparemment une quantification sur des individus et/ou des ensembles à l'extérieur du domaine do(**M**) de **M**, alors qu'une spécification axiomatique de **M** ne peut être faite qu'à l'aide de quantificateurs prenant leurs valeurs parmi des entités de **M**.

On peut toutefois montrer que de telles hypothèses de maximalité peuvent aussi être amenées sous la portée du traitement présenté dans ce chapitre, au moins dans les cas où elles semblent avoir été typiquement utilisées. Si les hypothèses de maximalité et de minimalité sont ajoutées aux théories du premier ordre ordinaire, on peut facilement les manipuler comme indiqué dans ce chapitre, en étendant donc significativement la portée du traitement proposé ici.

Avec ces précisions, je me risque à affirmer que la plupart des mathématiques habituelles peuvent être faites à l'intérieur du cadre de la logique IF. Plus spécifiquement, on peut réduire tous les problèmes mathématiques typiques à des questions concernant la vérité logique de différentes formules de logique du premier ordre IF (non étendue). En ce sens, on peut en principe faire les mathématiques au niveau du premier ordre, et en *ce* sens, on peut concevoir les mathématiques comme un exercice combinatoire plutôt qu'ensembliste.

1. Voir chapitre V.

Ma réduction de toute la théorisation mathématique à la logique IF doit être vue dans une perspective plus large. Cette perspective est offerte par la distinction que j'ai faite au chapitre premier entre les fonctions descriptive et déductive de la logique en mathématiques. Si vous réexaminez la réduction exécutée dans ce chapitre, vous verrez immédiatement qu'elle concerne uniquement la fonction descriptive de la logique en mathématiques. Cela concerne la question de savoir quelle sorte de logique est nécessaire pour capturer et pour avoir la maîtrise intellectuelle des structures (ou des classes de structures) qui pourraient intéresser les mathématiciens.

Par contraste, ma réduction ne signifie pas que nous pouvons restreindre au premier ordre les outils exigés pour les besoins d'un traitement déductif des théories mathématiques. En effet, je me suis apparem-
210 ment | éloigné de façon non réaliste de toutes les questions concernant les inférences logiques actuelles, et donc de la fonction déductive de la logique. Par exemple, en logique du premier ordre ordinaire, la vérité du conditionnel $(S_1 \supset S_2)$ est précisément ce dont on a besoin pour passer de la vérité de S_1 à celle de S_2. Par contraste, la vérité de $(S_1 \supset S_2)$ (*i.e.* de $\sim S_1 \vee S_2$) en logique du premier ordre IF est beaucoup plus que ce dont on a besoin pour faire cette inférence en logique IF.

Il faut par conséquent dire quelque chose de plus sur la fonction déductive de la logique du point de vue de l'approche *game-theoretical* de la logique et des mathématiques. On ne tentera pas d'effectuer cette tâche dans ce livre, même si mes deux derniers chapitres lui apporteront quelque éclairage. On va y examiner un nouvel aspect des fondements de la logique et des mathématiques, à savoir l'interprétation et l'implémentation des affirmations des constructivistes.

| CHAPITRE X 211

LE CONSTRUCTIVISME RECONSTRUIT

L'approche représentée dans ce livre a une forte affinité spirituelle avec les idées constructivistes. On peut illustrer cette affinité de différentes manières. Une des idées fondamentales de constructivistes comme Michael Dummett (1978, 1993), c'est que la signification doit être médiatisée par des activités humaines qui s'enseignent, s'apprennent et se pratiquent. C'est précisément la fonction remplie par les jeux sémantiques en théorie sémantique des jeux. On peut concevoir ces jeux comme une variété de jeux de langage wittgensteiniens. Mais ces idées mêmes de Wittgenstein ont été l'une des principales sources d'inspiration pour les constructivistes contemporains. Étant donnée cette relation étroite entre mes idées et celles des constructivistes, il faut se demander quelle pertinence les concepts et résultats obtenus ici pourraient avoir pour la perspective d'une théorie constructiviste des fondements des mathématiques.

La réponse à cette question n'est pas immédiate. Il pourrait sembler que les résultats obtenus dans les chapitres précédents de ce livre entraînent un *Aufhebung* potentiel de toutes les approches constructivistes des fondements des mathématiques. Ce terme hégélien lourd de sens est ici approprié parce que la situation est presque comme si j'avais justifié l'approche constructiviste des mathématiques et de la logique en la réfutant. Comme on l'a dit, les idées de base de mon approche sont bien dans l'esprit du mode de penser constructiviste. Pourtant j'ai apparemment fini par rejeter beaucoup des principes caractéristiques du constructivisme. Assurément, je n'ai pas cherché à réfuter une posture constructiviste *tout court**, et je ne prétends pas l'avoir fait. Pourtant, j'ai apparemment réalisé quelques-uns des objectifs principaux des constructivistes sans m'engager vis-à-vis des conséquences | embrassées par les constructivistes eux-mêmes. D'une part, 212
le lecteur perspicace aura sans doute noté que j'ai satisfait certains des

desiderata les plus caractéristiques des constructivistes comme Dummett. En particulier, dans mon approche de la signification, la vérité est fondée sur certains jeux de langage humainement jouables, exactement comme le Dr. Dummett l'a ordonné. D'autre part, j'ai fini par rejeter potentiellement toutes les conséquences que les constructivistes tiennent pour importantes. Je me suis conformé aux mathématiques classiques. Bien sûr, j'ai d'une certaine manière temporairement suspendu la loi du tiers exclu. Mais il a été montré que ce rejet du *tertium non datur* pour la négation forte est un trait inévitable de toute logique naturelle de base, et qu'il n'a donc absolument rien à voir avec le constructivisme. En fait dans le chapitre précédent, il a en effet été montré que vous pouvez faire toutes les mathématiques classiques dans un langage dans lequel le *tertium non datur* échoue. Et pour ajouter une blessure logique à l'insulte philosophique, j'ai montré comment réintroduire la négation contradictoire non reconstruite, avec sa loi du tiers exclu non diluée.

De plus, j'ai critiqué de façon répétée la pierre angulaire de la stratégie habituelle des constructivistes. Cette stratégie revient à caractériser une interprétation constructiviste de la logique et/ou des mathématiques en présentant un ensemble non classique de règles de preuve logique. Cette méthodologie a été employée par Heyting (1956) quand il a présenté un système formel de logique intuitionniste, aussi bien que par des constructivistes postérieurs comme Dummett et Prawitz. On a montré plus haut que de tels changements dans les règles de preuve logique ne peuvent pas être ce que les constructivistes essaient réellement de faire.

En outre, les règles des jeux sémantiques devraient être acceptables pour un constructiviste. Pour vérifier un énoncé existentiel $(\exists x)S[x]$, je dois trouver un individu *b* tel que je puisse vérifier (ou gagner le jeu joué avec) $S[b]$. Que pourrait être une exigence plus constructiviste que celle-ci ? De la même manière, dans le jeu de vérification $G(S_1 \vee S_2)$ associé à une disjonction $(S_1 \vee S_2)$, le vérificateur doit choisir S_1 ou S_2 de telle manière qu'il puisse gagner toutes les parties du jeu associé (*i.e.* $G(S_1)$ ou $G(S_2)$). À nouveau, il ne semble pas y avoir ici quoi que ce soit d'aliénant pour un constructiviste.

Les règles de mes jeux sémantiques peuvent également être enseignées et apprises. Deux êtres humains peuvent jouer ces jeux l'un contre l'autre. En fait, c'est la manière dont Peirce concevait que ses jeux sémantiques (associés aux quantificateurs) étaient joués[1]. Les jeux sémantiques sont
213 aussi finis en ce que chacun d'eux se termine après un | nombre fini et

1. Voir Hilpinen, 1983.

prédictible de coups. Il n'y a pas de place ici pour une critique constructiviste de la théorie sémantique des jeux.

À première vue, l'approche représentée ici pourrait sembler engagée d'autres manières vis-à-vis de présupposés non constructifs. Ainsi le principal véhicule de mes trajets fréquents entre logique du premier et du second ordre a été le principe du choix, qui est souvent considéré comme un exemple paradigmatique de présupposé non constructif. Car j'ai employé, comme traduction au second ordre de n'importe quel énoncé S d'un langage IF (ou ordinaire) du premier ordre, l'énoncé qui affirme l'existence des fonctions de Skolem pour S. (Plus, bien sûr, les fonctions qui sont exigées pour s'occuper des disjonctions dépendantes.) Maintenant, même dans le cas d'un énoncé simple de la forme :

$$(\forall x)(\exists y)\, \mathrm{S}[x, y] \qquad (10.1)$$

sa contrepartie au second ordre est :

$$(\exists f)(\forall x)\, \mathrm{S}[x, f(x)] \qquad (10.2)$$

Mais l'équivalence entre des énoncés comme (10.1) et (10.2) est une forme du principe du choix et semble par conséquent comporter une forte dose de théorie des ensembles. Au chapitre II, on a toutefois montré que cet usage apparent de l'axiome du choix est inoffensif, étant simplement une implémentation de l'idée générale de la théorie sémantique des jeux. En outre, je montrerai plus loin dans ce chapitre que de tels usages du principe du choix peuvent être justifiés même d'un point de vue constructiviste.

Tout ceci revient à une sérieuse charge contre les manières habituelles d'implémenter les idées constructivistes. Pourtant cela n'implique pas que le constructivisme en tant que tel est faux. En fait, mon approche *game-theoretical* nous aide à voir ce que sont la nature et les perspectives véritables du constructivisme. Cela comprend les changements en logique et en sémantique que j'ai exposés et utilisés dans les chapitres précédents. De plus, nous obtenons une nouvelle sorte d'argument hypothétique pour une approche constructiviste en logique et en fondements des mathématiques. Ces nouvelles opportunités pour un constructiviste sont totalement basées sur les idées fondamentales de la théorie sémantique des jeux. À la lumière de ces idées, on peut voir qu'une interprétation non standard de la logique et des mathématiques ne peut pas être implémentée en modifiant simplement les règles définitoires du jeu de preuve logique, et encore moins en modifiant les règles de mes jeux sémantiques de vérification et de falsification. Que peut faire d'autre un constructiviste? Ici la notion de stratégie, qui est au cœur de tous les usages non triviaux des idées *game-theoretical*, devient une nouvelle fois | capitale. Même si nous ne pouvons **214**
pas changer les règles pas à pas, nous pouvons modifier les ensembles de

stratégies accessibles aux joueurs. Maintenant dans GTS la vérité d'un énoncé *S* est définie par l'existence d'une stratégie gagnante pour le vérificateur initial dans le jeu sémantique correspondant G(*S*). On peut représenter cette stratégie gagnante par une fonction (ou par un nombre fini de fonctions). Dans le cas le plus simple – et cependant pleinement représentatif – ce sont des fonctions d'entiers positifs sur des entiers positifs. Mais quelles sortes de fonctions ? Ici, mon point de vue *game-theoretical* facilite une « déduction transcendantale » de la manière dont les idées constructivistes pour les fondements de la logique devraient être implémentées. Ou, de façon plus explicite, cela montre deux voies qui peuvent être empruntées par les constructivistes, l'une plus étroite et l'autre plus large.

De façon non surprenante, la clef de cette « déduction transcendantale » est la définition *game-theoretical* de la vérité comme étant l'existence d'une stratégie gagnante pour le vérificateur initial. Ici, il faut prendre le mot « existence » littéralement. Il pourrait être tentant de formuler la condition de vérité en disant qu'un énoncé *S* est vrai si et seulement si le vérificateur initial « possède » une stratégie gagnante dans le jeu G(*S*). Cette formulation serait au mieux gravement trompeuse. Car pour atteindre la conception classique de la vérité, nous devons coller à la lettre de la définition. Il peut exister une stratégie gagnante pour le vérificateur initial au sens abstrait de l'existence de la fonction de stratégie appropriée sans qu'aucun joueur actuel n'en ait connaissance, et peut-être même sans qu'aucun joueur ne soit capable de la connaître. Cela offre une ouverture pour le constructiviste. Il ou elle peut exiger que les fonctions de stratégie soient des fonctions connaissables au sens où un joueur humain actuel puisse jouer le jeu sémantique en question en suivant ces fonctions.

Cette idée peut être interprétée d'au moins deux manières. Chacune d'elles conduit à une implémentation intéressante des idées constructivistes. Dans ce chapitre, je vais considérer tout d'abord une interprétation particulière de l'exigence de jouabilité (*playability*), et je laisserai les autres pour le prochain chapitre. L'exigence de jouabilité pourrait paraître impliquer qu'il faille restreindre l'ensemble des stratégies du joueur initial. Car cela ne paraît faire aucun sens d'envisager un joueur actuel qui suivrait une stratégie non constructive (ou non récursive). Comment puis-je possiblement suivre en pratique une telle stratégie quand je ne dispose d'aucun moyen effectif pour trouver (ou peut-être même pour connaître) en général quel sera mon prochain coup ? Donc les idées de base de l'approche *game-*
215 *theoretical* entière | motivent apparemment un changement important dans la sémantique de nos langages du premier ordre (IF ou non), et dans leur logique. La sémantique qui en résulte est exactement comme ma théorie sémantique des jeux antérieure, sauf que les stratégies du vérificateur initial

(« moi-même ») sont restreintes aux stratégies récursives. C'est un changement parfaitement bien défini. Il laisse la notation employée ici complètement inchangée (indépendamment de la présence ou non du symbole *slash*). Il laisse également en place toutes les règles du jeu (les règles pour se déplacer dans un jeu sémantique). Cela représente donc un type de changement inhabituel et subtil de notre sémantique et de notre logique. On appellera son résultat une *théorie sémantique des jeux* (ou *GTS*) *constructiviste*.

Le changement impliqué dans le passage à la nouvelle version de GTS est motivé précisément par le même type d'arguments qui attirent les constructivistes, et qui selon eux devraient attirer tout le monde. Car la base de mon argument était l'exigence que les jeux sémantiques qui sont les fondements de notre sémantique et de notre logique puissent être joués par les joueurs humains actuels, au moins en principe. La jouabilité de nos « jeux de langage » est l'un des traits les plus caractéristiques de la pensée de Wittgenstein comme de celle de Dummett.

Je renvoie à une partie ultérieure de ce chapitre la discussion de savoir si la GTS constructiviste peut être adéquatement motivée par la ligne de pensée qui vient d'être présentée. En attendant, je prendrai la GTS constructiviste comme une implémentation de l'approche constructiviste de la logique et des fondements des mathématiques, et j'étudierai ses propriétés. Naturellement, je suis particulièrement intéressé par la question de savoir quels résultats concernant les fondements des mathématiques obtenus dans le précédent chapitre restent valides. Parmi les points les plus saillants qui puissent être signalés ici, on trouve les suivants :

(i) La motivation pour une GTS constructiviste esquissée plus haut peut au premier abord sembler très éloignée des intuitions des intuitionnistes et autres constructivistes. Il est cependant facile de voir que notre motivation est en réalité très proche de celle des constructivistes. On peut le voir en examinant à quoi s'élève la restriction aux stratégies récursives dans des cas particuliers. Par exemple, dans (10.1) cela signifie que (10.1) est vraie seulement si la valeur vérifactrice de y peut être calculée par une machine de Turing à partir d'une valeur donnée quelconque de x. Mais c'est très proche de ce que les constructivistes exigent en stipulant que toutes | les propositions existentielles doivent être effectives. De même, **216**
une disjonction dépendante comme :

$$(\forall x)(S_1[x] \vee S_2[x]) \qquad (10.3)$$

sera maintenant équivalente à :

$$(\exists f)(\forall x)((S_1[x] \,\&\, f(x) = 0) \vee (S_2[x] \,\&\, f(x) \neq 0)) \qquad (10.4)$$

où f est une fonction récursive. Mais cela signifie que le choix du terme vérifacteur de la disjonction peut être fait effectivement, en calculant la valeur de $f(x)$ pour un argument donné x. Et ce que cela signifie, c'est que le choix entre les termes de la disjonction dans (10.3) admet un principe de décision constructive.

S'il y a une différence apparente entre la GTS constructiviste et les idées des *soi-disant*[*] constructivistes, cela est dû à l'une de leurs erreurs concernant la manière dont les idées constructivistes doivent être implémentées. Ils pensent apparemment que cette implémentation doit prendre la forme d'un changement des règles définitoires classiques du « jeu » de la preuve logique et mathématique. Ce que de telles preuves établissent, c'est la vérité ou la conséquence logiques, et pas la vérité matérielle dont il est question ici. Il faut bien sûr changer les règles de preuve logique quand nous passons de la logique classique du premier ordre à la logique constructiviste de l'espèce présentée ici. Pourtant, les changements requis sont gouvernés par des principes tout à fait différents de ceux supposés par les constructivistes. Plus tard, on verra que les changements que les intuitionnistes apportent aux règles de la preuve logique ne sont de toute façon pas les bons. En fait, dans les preuves servant à établir la vérité logique, il ferait à peine sens d'exiger qu'un énoncé existentiel comme $(\exists x)S[x]$ soit constructif au sens où il me donnerait une recette systématique à rattacher au cas qui m'intéresse. Dans une telle preuve, nous ne cherchons pas à établir la vérité, disons, d'un énoncé existentiel $(\exists x)S[x]$, mais sa vérité possible. Avec cet objectif, qu'y a-t-il d'éventuellement erroné à dire que je choisis de discuter sur un spécimen arbitraire de valeur de x satisfaisant $S[x]$? À l'opposé, quand on en vient à la vérité matérielle ordinaire des formules existentiellement quantifiées, en particulier les formules dépendantes, les exigences constructivistes se mettent soudain à faire sens. Ainsi l'inquiétude des constructivistes au sujet de la règle d'instanciation existentielle dans les preuves de vérité logique est-t-elle déplacée.

217 (ii) | Le pas de la GTS ordinaire à sa version constructiviste fait une différence dès la logique du premier ordre ordinaire. Il a été montré il y a longtemps qu'il existe des énoncés arithmétiques satisfiables dans le domaine des nombres naturels, mais tels qu'aucune fonction de Skolem récursive ne les satisfait[1]. Cela signifie que quand nous passons à la GTS constructiviste il y a moins d'énoncés arithmétiques vrais dans le domaine des nombres naturels qu'auparavant.

La même restriction entraîne aussi une nouvelle interprétation de la logique du premier ordre IF, et pas seulement de la logique ordinaire. Dans les deux cas, les conséquences de la nouvelle interprétation devront être étudiées ailleurs.

(iii) Il est naturel de définir la fausseté d'un énoncé en GTS constructiviste comme étant l'existence d'une stratégie gagnante récursive pour le falsificateur initial, c'est-à-dire d'une stratégie récursive qui permette de

1. Voir Kreisel, 1953 ; Mostowski, 1955.

gagner contre toute stratégie (récursive ou non) du vérificateur initial. Si c'est le cas, il y aura des énoncés de logique du premier ordre ordinaire qui ne seront ni vrais ni faux dans certains modèles. Les constructivistes n'ont donc pas complètement tort en se concentrant sur l'échec du *tertium non datur* comme symptôme possible d'une approche constructiviste. Malheureusement pour eux, la loi du tiers exclu échoue en logique non constructiviste et parfaitement classique dès lors qu'on autorise l'indépendance informationnelle. L'échec de la loi du tiers exclu n'est donc pas une condition suffisante d'une logique constructiviste dans notre sens du terme. L'échec du *tertium non datur* n'est donc pas la pierre de touche, mais un fétiche du constructivisme.

(iv) Nous pouvons maintenant voir un autre aspect sur lequel les constructivistes traditionnels font fausse route. Ce ne sont pas les règles définitoires des jeux sémantiques qui doivent être changées même si nous adoptons une posture constructiviste. On a vu plus haut que les règles de preuve logique pour une logique constructiviste doivent être différentes de celles pour la logique classique. Par rapport aux règles définitoires (pas à pas) des jeux sémantiques, la situation est différente. Quand nous passons de la logique classique du premier ordre à la logique constructiviste nous n'avons besoin d'absolument aucun changement dans les règles qui gouvernent la manière dont les deux joueurs exécutent leurs coups. Ainsi le passage de la logique classique à la logique constructiviste ressemble à ce qui se produirait si nous pouvions transformer les échecs en un autre jeu sans modifier les règles usuelles pour les coups, l'échec et mat et ainsi de suite, mais simplement en plaçant des restrictions sur les stratégies | que les joueurs peuvent utiliser. Cette invariance **218**
des règles concrètes permettant de jouer un jeu sémantique montre que les logiques classique et constructiviste vont de pair quand il s'agit de les enseigner, de les apprendre et d'aborder ce qui concerne leur jouabilité effective, en dehors des questions de stratégie. S'il est possible pour des êtres humains d'apprendre les règles de la logique constructiviste, alors il est également possible pour eux d'apprendre les règles des jeux sémantiques classiques. Il est parfaitement possible pour des êtres humains réels d'apprendre et de maîtriser les règles définitoires (pas à pas) des jeux sémantiques qui produisent la logique classique. La même chose vaut pour ma logique constructiviste. C'est donc une erreur pour les constructivistes que de chercher à modifier les règles pas à pas des jeux sémantiques. Ce qui est en question ici, et qui est conceptuellement bien plus important, c'est de savoir quelles stratégies nous, êtres humains réels, pouvons employer dans les jeux sémantiques. S'il faut une justification au constructivisme, c'est ici qu'elle doit résider.

On peut généraliser ce point. Il est en principe possible de penser à un automate ou un autre qui suive *n'importe quel* ensemble consistant de règles définitoires d'un jeu, ou au moins des règles structurellement similaires pour autant que l'applicabilité de ces règles soit mécaniquement décidable comme dans les jeux sémantiques et les preuves logiques. Il est donc très difficile de trouver une raison pour laquelle *un quelconque* jeu avec des règles définitoires décidables ne pourrait pas être joué en principe. Pourtant, certains constructivistes essaient en effet de défendre l'idée que les jeux classiques de preuve de théorèmes et/ou de vérification, même s'ils ont des règles définitoires décidables parfaitement bien définies, ne peuvent pas être joués par des êtres humains. Ils essaient assurément de prouver l'impossible. À la place, il auraient mieux fait de se concentrer sur les règles stratégiques des jeux en question depuis le début.

(v) En tout cas, le constructivisme dans mon sens n'est d'aucune manière complice de l'antiréalisme. Beaucoup des *desiderata* des antiréalistes ont été intégrés à la théorie sémantique des jeux, mais finalement ils n'ont pas conduit aux conclusions antiréalistes que des philosophes comme Dummett attendaient d'eux. L'interprétation constructiviste présentée plus haut ne change pas beaucoup la situation. Par exemple les conditions de vérité constructivistes sont complètement analogues aux conditions de vérité (*game-theoretical*) classiques. On peut peut-être essayer d'argumenter que les conditions de vérité *game-theoretical* sont
219 systématiquement | antiréalistes en ce qu'elles impliquent des jeux jouables par des êtres humains. Mais ce qui importe ce sont les règles des jeux sémantiques et non pas la psyché, l'état épistémique ou la capacité cognitive des joueurs. La vérité d'un énoncé du premier ordre dans un modèle donné est un fait combinatoire à propos de ce modèle. Que ce fait tienne ou pas est indépendant du fait qu'un être humain (ou un robot) joue jamais les jeux sémantiques correspondants.

(vi) Les idées que j'ai codifiées dans ma logique et dans ma sémantique constructivistes sont tellement naturelles qu'elle ne sont, de façon non surprenante, pas complètement nouvelles pour les mathématiciens. Ce qui est nouveau, c'est la formulation générale des idées impliquées. Il vaut la peine de mentionner ici une illustration particulière. Les jeux sémantiques ont été utilisés sous la forme de ce qui est connu sous le nom de jeux diophantiens en théorie des nombres. Ils ont été introduits par James P. Jones (1974). On trouve une présentation accessible de leurs traits principaux dans Matiyasevich (1993). Ce sont des instances simples des jeux sémantiques sur lesquels on s'appuie et dont on discute dans ce livre, que l'on joue avec des formules de théorie des nombres sur le domaine des nombres naturels. La raison pour laquelle ils sont pertinents dans le présent chapitre est que les jeux diophantiens définis par des équations relativement simples de théorie des nombres exemplifient la différence entre jeux classiques et jeux constructivistes discutée ici, en ce que dans les jeux relativement simples il existe des stratégies gagnantes pour l'un des joueurs, mais il n'en existe pas qui soient récursives. En fait c'est une raison pour laquelle les jeux diophantiens sont employés pour étudier des questions se rapportant à la solubilité effective d'équations diophantiennes et autres. D'autres jeux où l'on rencontre des phénomènes similaires de non récursivité sont étudiés par Rabin (1957), entre autres auteurs.

Plus généralement, on peut recadrer l'essentiel de l'étude des problèmes mathématiques de solubilité effective, comme l'étude du dixième problème de Hilbert, sous la forme d'une étude de la vérité constructiviste d'énoncés mathématiques au sens impliqué ici.

Incidemment, ces illustrations servent aussi à ramener sur un terrain plus familier l'objectivité des notions de base de la GTS constructiviste. Généralement ces études montrent que la loi du tiers exclu échoue pour des énoncés arithmétiques étonnamment simples au sens où ces énoncés échouent à être vrais ou faux | suivant l'interprétation constructiviste. **220**
Même si ce fait ne prouve rien par lui-même, il suggère certainement que l'interprétation constructiviste est décalée par rapport à nos idées naturelles sur la vérité appliquée aux énoncés de la théorie des nombres. En effet, qu'une équation puisse être résolue *signifie* l'existence constructiviste d'une solution. La question même de la solubilité effective deviendrait une question vide.

(vii) Au plan philosophique, il pourrait sembler toutefois discutable que GTS et le constructivisme soient sans impact sur le problème du réalisme. Car nos conditions de vérité *game-theoretical* sont formulées en termes de stratégies de vérification. Les stratégies sont essentiellement des fonctions de l'espèce appropriée. Si un antiréaliste est aussi nominaliste, alors il ne peut pas accepter d'entités comme les fonctions ni quantifier dessus. Donc pour un tel penseur, on ne peut apparemment aucunement définir le réalisme suivant la manière que nous avons indiquée. Cette échappatoire est cependant bouchée par la définition de la vérité qui a été présentée plus haut pour les langages du premier ordre IF. Elle est du premier ordre, donc elle ne présuppose aucune entité d'ordre supérieur comme les fonctions. On peut par conséquent éviter tout recours à des entités d'ordre supérieur, et *a fortiori* le présupposé du nominalisme ne viendra-t-il pas renforcer la position de l'antiréaliste.

(viii) Assurément, j'ai utilisé la logique du second ordre avec libéralité pour motiver l'approche que je propose et les définitions et autres analyses auxquelles elle donne lieu. Cette ascension à la logique du second ordre ne peut pas être mise en cause pour son usage apparent d'entités d'ordre supérieur, puisqu'on a vu que ces entités sont éliminées de nos résultats les plus importants comme les définitions de la vérité. Mais cela pourrait toujours paraître suspect pour des raisons procédurales. Les traductions au second ordre d'énoncés du premier ordre seraient acceptables, pourrait-il sembler, seulement si nous présupposions l'axiome du choix, qui est souvent considéré comme archétypique des présupposés non constructifs.

Nous sommes dans cette difficulté, semble-t-il, même en traitant des énoncés les plus simples avec des quantificateurs dépendants. Considérez par exemple un énoncé de la forme :

$$(\forall x)(\exists y)\, S[x, y] \qquad (10.1)$$

où $S[x, y]$ est sans quantificateur. Sa traduction (en négligeant les disjonctions dépendantes) sera :

$$(\exists f)(\forall x)\, S[x, f(x)] \qquad (10.2)$$

221 | Mais la validité de la traduction présuppose que (10.1) et (10.2) sont logiquement équivalents. Et cette équivalence ne présuppose pas seulement l'axiome du choix ; elle *est* (une forme de) l'axiome du choix. Par conséquent ma procédure entière, impliquant comme elle le fait de faire constamment la navette entre les niveaux du premier et du second ordres comme entre (10.1) et (10.2), semble reposer sur un pont qui ne peut supporter aucun trafic constructiviste.

À ce point précis, l'approche *game-theoretical* apporte un éclairage intéressant à l'axiome du choix. Car quelle est la relation entre (10.1) et (10.2) dans ma GTS constructiviste ? Dans (10.2), il faut bien sûr maintenant restreindre la variable de fonction f aux valeurs récursives (c'est-à-dire aux fonctions de Skolem récursives). En outre, (10.1) est maintenant vraie si et seulement s'il y a une stratégie gagnante récursive pour le vérificateur initial. Une telle stratégie gagnante est partiellement codifiée par une fonction de Skolem f satisfaisant :

$$(\forall x)\, S[x, f(x)] \qquad (10.5)$$

Mais dire qu'il y a une fonction récursive de ce type, c'est précisément affirmer (10.2), interprétée de manière constructiviste. Donc (10.1) et (10.2), telles qu'elles se présentent, sont également équivalentes d'après la GTS constructiviste.

En bref, si le principe du choix est formulé comme un axiome explicite, il reste valide dans mon interprétation constructiviste. L'idée que ce principe échoue quand on l'interprète de façon constructiviste est due à une illusion d'optique ou peut-être plutôt, pour mélanger les métaphores, à un double standard vicieux. Quand on rejette (10.2) comme n'étant pas équivalent à (10.1), le quantificateur de fonction $(\exists f)$ est en effet interprété de manière constructiviste, mais le quantificateur du premier ordre $(\exists y)$ est interprété de façon classique. Cette procédure incohérente ne peut cependant créer que de la confusion. Quand tous les quantificateurs sont interprétés de façon constructiviste, quel que soit leur niveau, le principe du choix se transforme d'une hypothèse audacieuse en simple définition d'une interprétation constructiviste des quantificateurs du premier ordre. Ceci est la justification de l'axiome du choix que nous avions anticipée plus haut. Cela montre que je n'ai pas commis d'engagements non constructivistes quand j'ai employé des équivalences comme celle entre (10.1) et (10.2) dans mon argumentation.

Un examen de ma justification de l'axiome du choix montre que sa force réside simplement dans la définition *game-theorical* de la vérité comme

l'existence d'une stratégie gagnante pour le vérificateur initial. Cela
illustre ce qui a été dit au chapitre III sur ce qui fait que l'axiome du 222
choix est à peine plus qu'un aspect particulier de l'approche *game-theoretical* de la logique en général. Ironiquement, cette approche fut à l'origine inspirée par des idées constructivistes sous couvert de la notion de Wittgenstein de jeux de langage.

Ces observations réfutent ces philosophes et mathématiciens qui ont exprimé des doutes sur les versions explicitement formulées du principe (ou de l'axiome) du choix. Elles devraient encourager ces intuitionnistes qui dernièrement ont calmement cherché à rétablir le principe du choix. On trouve chez Dummett[1] un exemple de ce reniement de la critique initiale des intuitionnistes dirigée contre l'axiome du choix. Dummett motive son acceptation de l'axiome du choix en empruntant en effet une page de mon livre, disant que l'axiome du choix « est seulement douteux pour une interprétation timidement platoniste des quantificateurs ». L'idée centrale de mes remarques aurait aussi enchanté Hilbert, qui a exprimé une fois (comme nous l'avons vu) l'espoir que l'on puisse montrer que l'axiome du choix est aussi évident que 2 + 2 = 4. En GTS constructiviste c'est potentiellement le cas, exactement comme en GTS classique. Nous sommes donc prêts à enterrer pour de bon tous les doutes concernant l'axiome du choix dans les fondements des mathématiques, sauf pour une épitaphe qui sera présentée au chapitre XI.

(ix) Quasiment par le même argument, on peut maintenant voir que ma logique constructiviste n'offre aucune aide ni aucun confort à la théorie axiomatique des ensembles. Les espoirs soulevés au chapitre VIII se sont avérés vains. La suggestion était qu'en interprétant les quantificateurs de manière constructiviste, nous pourrions justifier le prédicat de vérité intuitivement adéquat pour la théorie axiomatique des ensembles qui s'est avéré être inacceptable d'un point de vue classique au chapitre VIII.

(x) Mon interprétation constructiviste de la logique pourrait à première vue paraître non seulement ultramoderne, mais quelque peu étrange. Il faut donc souligner qu'elle a un précédent respectable, quoique seulement partiel. C'est l'interprétation par Gödel (1958) de la logique et de l'arithmétique du premier ordre, connue comme son interprétation fonctionnelle ou encore comme son interprétation *Dialectica*, en l'honneur de la tribune de sa première apparition.

L'interprétation de Gödel démarre exactement comme la mienne. Chaque énoncé du premier ordre S est remplacé (ou interprété) par un
énoncé du second ordre S^* qui affirme l'existence des fonctions de 223
Skolem de S (plus, bien sûr, les « fonctions de Skolem » similaires des disjonctions de S). On restreint alors l'ensemble des valeurs du quanti-

1. Dummett, 1977, p. 52-54.

ficateur de fonction qui affirme cette existence aux fonctions récursives. C'est bien la même chose que ce que nous avons fait.

Cependant, dans l'interprétation *Dialectica* de Gödel on fait aussi quelque chose d'autre. En effet, les négations et les conditionnels sont traduits en formes du second ordre à l'aide de règles non standard. Ces règles sont choisies de telle sorte que ce processus de traduction puisse nous conduire au-delà du second ordre, à des formules d'un ordre supérieur. Fondamentalement, la règle pour la négation l'interprète comme négation contradictoire, et la règle pour le conditionnel est choisie de sorte que $\sim F$ et $(F \supset 1 = 0)$ soient équivalents.

On peut toutefois choisir ces deux règles d'une manière différente et certainement plus naturelle. Si l'interprétation fonctionnelle de Gödel est modifiée de cette façon, elle devient plus proche de la nôtre [1].

(xi) L'interprétation fonctionnelle de Gödel illustre comment notre interprétation constructiviste peut être étendue aux logiques d'ordre supérieur. Ce que nous devons faire, c'est traduire chaque énoncé d'ordre n en un énoncé d'ordre $n + 1$ dont tous les quantificateurs existentiels sont des quantificateurs initiaux d'ordre $n + 1$ (au plus). On peut effectuer cette traduction exactement de la manière dont on a transformé les énoncés du premier ordre en énoncés équivalents du second ordre Σ^1_1. Toutes les fonctions sont alors restreintes aux fonctions récursives, exactement comme dans l'interprétation de Gödel. Comme l'axiome du choix est disponible, beaucoup des mathématiques traditionnelles restent en vigueur avec cette interprétation.

(xii) La logique constructiviste envisagée ici présente quelques avantages majeurs sur la logique du premier ordre ordinaire. L'un deux est un corollaire du vieux résultat de Tennenbaum (1959) selon lequel le seul modèle récursif de l'arithmétique de Peano est le modèle standard (ou visé). Par modèle récursif, on veut ici parler d'un modèle dans lequel les relations de base de l'arithmétique élémentaire (somme de, produit de) sont récursives. Mais elles sont récursives si et seulement si les fonctions de Skolem correspondantes peuvent être récursives. Et exiger l'existence de fonctions de Skolem récursives, c'est précisément ce qui caractérise l'interprétation constructiviste de la logique examinée ici.

224 | En bref, avec ma logique constructiviste on peut formuler un système d'axiomes descriptivement complet (catégorique) pour l'arithmétique élémentaire.

De ce résultat il suit bien sûr que l'on ne peut pas trouver d'axiomatisation sémantiquement complète de la logique constructiviste provisoirement présentée ici. Car s'il était possible de trouver une telle axiomatisation, l'arithmétique élémentaire admettrait une axiomatisation déductivement complète et donc une procédure de décision.

1. Voir Hintikka, 1993c.

C'est en fait un exemple du type d'échange entre complétudes descriptive et sémantique que l'on a discuté au chapitre V. Cela remplit, au moins par un exemple, l'annonce émise dans ce même chapitre suivant laquelle il y a des théories descriptivement complètes d'arithmétique élémentaire (basée bien entendu sur une logique sémantiquement incomplète) dès *le premier ordre*.

(xiii) L'un des avantages de mon interprétation constructiviste de la logique du premier ordre IF est qu'elle renforce la corrélation exposée au chapitre IV entre formules du premier ordre (IF et ordinaire) et architectures computationnelles. On a signalé alors que cette corrélation laissait en plan certaines formules du premier ordre car leurs fonctions de Skolem n'étant pas calculables, aucune architecture computationnelle ne peut leur être associée. Ce qu'accomplit la logique constructiviste du premier ordre envisagée ici, c'est qu'elle exige la calculabilité des fonctions de Skolem d'un énoncé comme condition nécessaire de sa satisfiabilité. Cela écarte les formules non associées de la corrélation, et donc supprime une correspondance entre *toute* formule satisfiable du premier ordre et une architecture computationnelle particulière. Cela vaut pour les formules du premier ordre tant ordinaire que IF. Les choses sont expliquées avec plus de détail dans Hintikka et Sandu (1995).

Plus généralement, l'interprétation constructiviste de la logique considérée ici est tout à fait dans l'air du temps, au sens où elle fait primer la calculabilité des entités mathématiques dont nous nous occupons. Cela est sinon justifié par, du moins compatible avec l'importance pratique des ordinateurs et de la computation dans la vie contemporaine.

Après tous ces commentaires spécifiques sur la reconstruction de la logique et des mathématiques constructivistes considérées ici, le moment est venu de retourner à la morale générale de mon histoire. Une question à
grandc échcllc | qui surgit ici cst la suivantc : qu'est-ce qui change et qu'est- **225**
ce qui reste inchangé quand on adopte une interprétation constructiviste ? Il faut répondre à cette question au cas par cas.

Peut-être le fait le plus intriguant à propos de la logique du premier ordre IF est-il que la totalité du fragment Σ^1_1 de la logique du second ordre puisse y être traduite. En examinant le procédé de traduction on peut voir que la traductibilité reste valide même quand une interprétation constructiviste (au sens d'une GTS constructiviste) est présupposée.

Cette observation implique que ce qui a été dit dans le chapitre précédent au sujet de la réductibilité de la plupart des mathématiques classiques à la logique du premier ordre IF (et ce qui a été dit du sens dans lequel il faut entendre cette réduction) reste valide dans ma réinterprétation constructiviste de la logique et des mathématiques.

Par exemple le même raisonnement que précédemment montre qu'à chaque énoncé d'ordre supérieur S_0, on peut corréler un énoncé Π^1_1. La question de savoir si un autre énoncé d'ordre supérieur S_1 suit logiquement de S_0 est alors équivalente à une question concernant la vérité logique d'un énoncé Σ^1_1. Et comme on l'a vu dans la précédente section, cette question revient à celle de savoir si un certain énoncé du premier ordre IF est logiquement vrai. Tout cela reste valide même si toutes les variables d'ordre supérieur sont restreintes à des valeurs récursives.

Ainsi dans une interprétation constructiviste aussi, la plupart des mathématiques ordinaires peuvent être considérées comme étant combinatoires au sens expliqué au chapitre précédent.

Ce qui n'est pas préservé par le passage à l'interprétation constructiviste, c'est le prédicat de vérité discuté au chapitre VI. Quand on essaie de reconstruire ce prédicat, une grande partie de la construction se fait sans grand problème. Par exemple on peut donner une caractérisation de ce qui est requis d'un prédicat unaire *X* (de nombres de Gödel de formules) pour être un prédicat de vérité de la même manière qu'avant. Mais pour que cette définition de la vérité fonctionne, il faut que le prédicat de vérité soit récursif car sinon il ne serait pas une valeur du quantificateur existentiel $(\exists X)$. Même si la question exige une étude plus approfondie, il ne semble pas y avoir de raison d'attendre plus d'un prédicat de vérité constructiviste qu'il soit récursif que d'un prédicat de vérité classique.

Ainsi des suggestions intéressantes s'offrent à nous ici. Peut-être que l'idée de l'ineffabilité de la vérité a une autre origine en plus de la croyance dans l'universalité du langage, à savoir une croyance dans le constructivisme.
226 Cela | offrirait par exemple au dernier Wittgenstein une raison spécifique de croire en l'ineffabilité de la sémantique.

Ces remarques effleurent à peine la surface des questions complexes concernant la nature des mathématiques constructivistes nouvellement reconstruites – c'est-à-dire des mathématiques employant ma logique constructiviste comme base. On a besoin de plus de travail dans cette direction. D'ici là, nous devons affronter directement la question fondamentale suivante : le constructivisme est-il correct, au moins dans sa forme reconstruite ? Ce qui rend cette question poignante ici, c'est qu'au début du chapitre j'ai donné un argument en faveur du constructivisme. De plus, c'est de manière évidente un argument efficace. Il peut se résumer dans la question rhétorique suivante : cela peut-il faire sens de jouer un jeu avec une stratégie non récursive ? La seule réponse raisonnable qu'un homme (et comme le Dr. Johnson aurait ajouté ici, qu'une femme ou un enfant) puisse donner semble être que cela n'a aucun sens. Comment puis-je possiblement dire que je joue un jeu avec une stratégie fixée quand je n'ai pas (même en principe) de manière de calculer effectivement ce que sera mon prochain coup ?

Malgré la force apparente de ces questions convaincantes, elles ne résolvent pas le problème. Nous avons ici évidemment affaire à des problèmes qui concernent les concepts de base de la théorie des jeux. Et de ces concepts de base, le plus fondamental est celui de stratégie. Il ne serait pas très exagéré de dire que la théorie mathématique des jeux est née au moment où John von Neumann (1928) – ou était-ce Borel ? – conçut la notion abstraite usuelle de stratégie et lorsqu'il commença à l'employer pour réduire les jeux à leur forme normale.

Mais les germes de dissension résident dans cette notion même de stratégie. Par un examen plus attentif, on voit qu'elle comporte une abstraction considérable et peut-être irréaliste. Cette abstraction est codifiée dans la notion de stratégie employée couramment par les théoriciens des jeux. Ils utilisent ce concept pour réduire la partie entière d'un jeu au choix d'une stratégie par chacun des joueurs. Et cela ressemble certainement à une surabstraction (*overabstraction*) s'il en existe. Aux échecs, un grand maître peut éventuellement choisir sa stratégie (sa sélection de coups) pour les six, huit, dix ou douze premiers coups, comme en témoigne l'horloge. Dans un match de championnat du monde, les premiers coups d'un jeu sont parfois joués presque instantanément, révélant de ce fait le choix antérieur d'une stratégie partielle. Mais après cela, même les grand maîtres doivent commencer à créer leur stratégie de façon systématique[1]. En faisant cela, le joueur en question utilise sa connaissance partielle de la | stratégie de 227
l'opposant, telle qu'elle est révélée jusque-là dans le jeu. On peut (et on devrait) généraliser cela à tous les jeux à stratégie. Dans tous, sauf les plus simples, les joueurs ne choisissent pas leur stratégie une fois pour toutes mais ils la créent au cours de la partie. Cette stratégie est proprement appelée ainsi dans un sens très réel, car elle comporte typiquement des considérations concernant ce que mon opposant ferait si je jouais tel coup, ce que je pourrais faire en réponse, et ainsi de suite. (Bien sûr, la stratégie en question est d'après la définition *game-theoretical* au mieux une stratégie partielle). Mais si la stratégie d'un joueur est créée de cette manière, il n'y a aucune bonne raison de présumer que l'éventuelle stratégie résultante sera récursive. Il existe même des critères probabilistes qui vous disent, étant donné le segment initial de valeurs d'une fonction à valeurs entières, quelle chance elle a d'être non récursive. Appliqués à la fonction de stratégie du joueur d'un jeu sémantique, de tels critères pourraient même justifier une

1. *Across the board* : jeu de mot intraduisible, l'expression signifiant « systématiquement » et référant simultanément à l'échiquier (*chessboard*) au travers duquel se construit la stratégie. Ici, cela implique aussi que la construction de la stratégie est relative à une situation donnée. [NdT]

découverte empirique (quoique probabiliste) suivant laquelle un joueur emploie une stratégie non récursive dans la partie d'un jeu sémantique.

Ironiquement, le raisonnement proposé dans ce chapitre en faveur des constructivistes peut être retourné contre eux. On vient de voir qu'il n'y a rien d'incohérent à concevoir un être humain jouant un jeu sans stratégie préalablement décidée, qu'elle soit récursive ou non. C'est exactement comme un joueur d'échecs créant sa stratégie au cours du jeu. Ce que l'on ne peut pas faire, c'est programmer un automate qui joue le jeu sans stratégie récursive. Même si de nombreux constructivistes insistent sur le rôle de la pensée et des constructions humaines dans le «jeu» des mathématiques, le principal argument de leur part se réduit virtuellement à dire que puisque les robots doivent être constructivistes, nous aussi, humains, devons être constructivistes. Car les seules stratégies qu'un automate numérique peut être programmé à suivre dans un jeu sont les stratégies récursives. D'après l'argument pré-constructiviste esquissé plus haut c'est précisément ce qui passait pour être la situation humaine inévitable. Les constructivistes attribuent en effet aux êtres humains les limitations mêmes qui caractérisent les ordinateurs. Ce sont donc les mathématiciens classiques qui ont foi en la créativité humaine plus que les constructivistes, contrairement aux affirmations occasionnelles de ces derniers.

Il est donc difficile de décider si la limitation constructiviste des stratégies de vérification aux stratégies récursives est fondée ou non. Ce que l'on a vu montre cependant que l'on ne peut pas accepter la réponse
228 constructiviste sur la seule base de son plus grand réalisme, | pour autant que cela concerne le déroulement concret d'un jeu sémantique. Au contraire, la restriction aux stratégies récursives néglige la possibilité réaliste entière d'une construction des stratégies pour les jeux sémantiques dans le cours de la partie. Pourtant, quelques idées supplémentaires sont peut-être nécessaires ici.

Ma reconstruction du constructivisme soulève un autre problème subtil. L'exigence que les jeux de langage constructivistes soient en principe effectivement implémentables peut se retourner contre les constructivistes. Pour cela, j'ai seulement besoin d'observer les jeux sémantiques dans la position d'un rapporteur ou peut-être d'un linguiste quinien dans la jungle, plutôt que dans celle d'un joueur. Comment un rapporteur peut-il décider sur la seule base de ce dont il dispose, à savoir sur la base du comportement d'un joueur, si ce joueur transgresse les règles du jeu en employant une stratégie non récursive? Dans l'implémentation concrète d'un jeu sémantique, il faut faire cette détermination sur la base d'un nombre fini de coups. Mais chaque suite finie de coups est compatible avec une stratégie récursive. Ainsi une restriction à l'usage de stratégies récursives semble ne pas pouvoir être imposée.

Ce problème pourrait paraître au premier abord comme une simple chicane. Dans la pratique, comme on l'a noté plus haut, il n'est absolument pas impossible d'effectuer des inférences au moins probabilistes à partir des coups d'un joueur pour déterminer sa stratégie. Dans les casinos de Las Vegas, les croupiers peuvent découvrir un « compteur », c'est-à-dire un joueur qui utilise un système aux tables de black-jack. Une base théorique pour de telles inférences est fournie par les études par Martin-Löf (1966, 1970) et par d'autres auteurs des propriétés statistiques des suites récursives de nombres. Ces propriétés statistiques se manifestent elles-mêmes naturellement dans les suites finies d'événements[1].

Mais une implémentation comparable de la restriction récursive dans les jeux sémantiques peut seulement être probabiliste et pas stricte. Cela introduit une complication nouvelle et non habituelle en ce que l'issue d'une partie dépendra de la façon dont les règles du jeu ont été imposées. De tels jeux constituent peut-être un territoire que les théoriciens des jeux craignent de fouler, mais jusqu'ici en tout cas, ils ne l'ont pas parcouru d'une manière qui pourrait nous aider dans nos problèmes. Ainsi les problèmes conceptuels impliqués dans l'implémentation d'une restriction récursive jettent-ils une ombre sur les philosophies constructivistes de la logique et des mathématiques.

Il y a un autre type de raison qui s'oppose à la restriction des fonctions de Skolem aux fonctions récursives. Cette restriction rendrait extrêmement
| difficile de développer une mathématique qui puisse servir les buts de **229**
la physique. On a vu que certains systèmes parfaitement déterministes en mécanique classique exhibent un comportement non récursif[2]. Il serait impossible, ou pour le moins très peu commode de manier un tel comportement dans des mathématiques restreintes aux fonctions calculables.

Il est en tout cas important de réaliser ce qui est précisément impliqué dans la transition d'une logique classique du premier ordre (IF ou non), à la logique constructiviste correspondante. En un sens, on peut défendre que les deux logiques sont constructivistes. Les deux types de logique sont basés sur certains « jeux de langage ». De plus, ces jeux de langage sont les mêmes du côté classique et du côté constructiviste de la barrière, au sens où ce sont précisément les mêmes coups qui sont acceptés dans l'un et l'autre cas, et où les victoires et les défaites sont définies de la même manière.

1. Voir ici Fine, 1973, chap. 5 et Schnorr, 1971.
2. Voir Ekeland, 1988, p. 59-61.

Ainsi, n'en déplaise à de nombreux constructivistes, si l'on peut enseigner, apprendre, reconnaître la logique constructiviste à partir des comportements des gens, et si cette logique est effectivement praticable par les êtres humains, c'est alors aussi le cas pour la logique classique correspondante. Ce qui fait la différence, c'est l'usage que nous faisons des jeux de langage en question dans le but de définir une notion comme la vérité.

Même si la logique constructiviste développée ici est un moyen éminemment naturel et intéressant d'implémenter les idées constructivistes, elle ne s'accorde pas à tout ce que les intuitionnistes et autres constructivistes disent de leur logique. Il n'est cependant pas évident de voir ce que signifient de telles divergences. Dans certains cas au moins, elles servent à illustrer les confusions des constructivistes. Par exemple, le fait que la vérité constructiviste d'un théorème mathématique exige plus que sa vérité classique est clairement conforme aux intentions des constructivistes. Cette idée est implémentée par le constructivisme présenté ici. Pourtant, la notion de vérité constructive ainsi implémentée ne s'accorde pas avec les finesses des théories dites constructivistes de la logique et des mathématiques.

Par exemple, quand les objectifs des constructivistes sont réalisés de la manière présentée ici, nous ne pouvons pas éliminer l'indécidabilité des problèmes mathématiques comme certains constructivistes souhaitaient le faire. Pourtant dans mon esprit, ce résultat ne fait que montrer que les buts des constructivistes étaient incomplètement analysés. La décidabilité est étroitement liée à la complétude déductive, et ce que montrent les résultats de Gödel (et le rôle de la logique IF comme logique de base des mathématiques), c'est que cette complétude est une promesse en l'air. Ce qui reste de
230 la motivation des constructivistes, c'est donc l'accent mis | sur l'élément épistémique des théories mathématiques. Mais cette idée peut et devrait être implémentée d'une manière entièrement différente. D'abord on devrait traiter cet élément épistémique de façon systématique et pas seulement de manière tacite. Dans le prochain chapitre, je montrerai comment on peut le faire de façon simple et élégante.

En résumé, l'affirmation par les constructivistes de leur capacité à nous offrir une perspective générale satisfaisante sur la logique et sur les mathématiques me paraît sérieusement imparfaite. Pourtant, si nous baissons quelque peu nos ambitions, on peut voir la situation changer. Si nous restreignons notre attention à la fonction déductive de la logique en mathématiques, alors on verra soudainement que les idées constructivistes satisfont un authentique besoin.

On a vu à la fin du chapitre IX que l'approche *game-theoretical* a peu à apporter ou même à dire à propos de la fonction déductive de la logique.

Cet aveu a pu paraître prématuré au lecteur. En fait, la conception *game-theoretical* de la vérité peut à première vue sembler montrer précisément ce qui doit être fait pour faciliter le travail déductif de la logique. Ce dont on a besoin, c'est d'une analyse de ce qu'il faut pour inférer la vérité d'un énoncé, disons :

$$(\forall z)(\exists u)\, S_2[z, u] \tag{10.6}$$

à partir de la vérité d'un autre énoncé, disons :

$$(\forall x)(\exists y)\, S_1[x, y] \tag{10.7}$$

Pour simplifier, je vais négliger dans cet exemple le rôle des quantificateurs et des connecteurs dans S_1 et S_2.

La vérité de (10.7) signifie qu'il y a une stratégie gagnante pour le vérificateur initial dans le jeu corrélé. Si on fait l'hypothèse simplificatrice qui vient d'être indiquée, cela signifie l'existence d'une fonction f telle que :

$$(\forall x)\, S_1[x, f(x)] \tag{10.8}$$

De façon similaire, la vérité de (10.6) signifie qu'il existe une fonction g telle que :

$$(\forall z)\, S_2[z, g(z)] \tag{10.9}$$

Nous pouvons donc passer de la vérité de (10.7) à la vérité de (10.6) à l'aide d'une fonction qui nous conduise, à partir d'une stratégie gagnante dans le jeu corrélé à (10.7), c'est-à-dire à partir de la fonction f, à une stratégie gagnante dans le jeu corrélé à (10.6), c'est-à-dire à la fonction g. | Cela **231**
signifie de façon évidente l'existence d'une fonctionnelle Φ qui donne g en fonction de f. On peut l'exprimer par l'énoncé du troisième ordre :

$$(\exists \Phi)(\forall f)\, [(\forall x)\, \mathrm{S}_1[x, f(x)] \supset (\forall z)\, \mathrm{S}_2[z, \Phi(f)(z)]] \tag{10.10}$$

Plus généralement, nous pouvons dans notre notation métalogique associer à chaque formule deux variables métalogiques – une pour la fonction de stratégie de chacun des deux joueurs. Si les fonctions de stratégie du vérificateur initial et du falsificateur initial associées à la prémisse (disons A) sont ξ et η, et si celles associées à la conclusion (disons B) sont φ et ψ, alors nous pouvons dire en général que le conditionnel qui médiatise le passage de la prémisse à la conclusion est :

$$(\exists \varphi)(\forall \xi)\, [(\forall \eta)\, \mathrm{A}(\xi, \eta) \supset (\forall \psi)\, \mathrm{B}(\varphi(\xi), \psi)] \tag{10.11}$$

En logique d'ordre supérieur ordinaire, cela serait équivalent à :

$$(\exists \varphi)(\forall \xi)(\forall \psi)(\exists \eta)\, [\mathrm{A}(\xi, \eta) \supset \mathrm{B}(\varphi(\xi), \psi)] \tag{10.12}$$

et donc aussi à :

$$(\exists \varphi)(\exists \eta)(\forall \xi)(\forall \psi)\, [\mathrm{A}(\xi, \eta(\xi, \psi)) \supset \mathrm{B}(\varphi(\xi), \psi)] \tag{10.13}$$

Ceci pourrait ainsi sembler être le type de conditionnel qui pourrait servir de ticket pour l'inférence (*inference-ticket*) pour les besoins de la déduction logique. En effet, (10.13) est formellement identique à l'interprétation par Gödel des conditionnels.

Malheureusement, en logique d'ordre supérieur ordinaire, on peut voir (10.13) se réduire à un conditionnel vérifonctionnel ordinaire, et cela ne nous apporte donc rien de neuf.

Les raisons de cette incapacité de (10.13) à produire quoi que ce soit d'utile pour la fonction déductive de la logique renvoient à la définition même de la vérité comme existence d'une stratégie gagnante pour le vérificateur initial dans un jeu sémantique. Tant que l'existence est prise dans un sens standard, il n'en découle pas que le vérificateur « a » une stratégie gagnante au sens de connaître ce qu'est cette stratégie – ou même d'être en position de savoir ce qu'elle est. En déduction, nous passons de la vérité connue de la prémisse ou des prémisses à la vérité connue de la conclusion. Pour manier cela, il est au minimum obligatoire de restreindre les stratégies gagnantes du vérificateur initial à celles qu'il connaît. Et cela entraîne apparemment que ces stratégies peuvent être représentées par des fonctions récursives (ou calculables).

Cela signifie employer la logique constructiviste présentée dans ce
232 chapitre. Alors qu'il n'était pas possible de trouver | de raison convaincante d'adopter un point de vue constructiviste sur les fondements des mathématiques et de la logique en général, il semble y avoir beaucoup à dire en faveur de son adoption pour les besoins de la fonction déductive de la logique en mathématiques.

Pour le thème particulier qui vient d'être discuté, nous pouvons utiliser notre logique constructiviste pour obtenir une analyse non triviale des conditionnels qui peuvent opérer comme des passerelles entre la vérité connue d'un énoncé (au sens d'une stratégie gagnante connue dans le jeu correspondant) et la vérité connue d'un autre énoncé. Dans le cas d'un énoncé spécifique comme (10.13) qui exprime le conditionnel pouvant relier de telles inférences, cette logique constructiviste revient à se restreindre aux fonctions et aux fonctionnelles récursives.

Je ne vais pas explorer plus avant les possibilités techniques qui sont ouvertes ici. Il est cependant d'un grand intérêt d'examiner la perspective théorique générale révélée par mes observations.

Premièrement, on peut voir que de cette manière les idées constructivistes jouent un rôle légitime majeur dans le travail d'un mathématicien, quel qu'il soit. On en a besoin pour comprendre et maîtriser le travail déductif de la logique en mathématiques. En même temps, ce rôle est différent de ce que pensaient les philosophes constructivistes. D'abord, le rôle des notions constructivistes n'a rien à voir avec la signification des propositions mathématiques. La signification est une question qui relève de la fonction descriptive de la logique en mathématiques. C'est une question de relation entre énoncé et modèle, et en dernière analyse une question de définitions de la vérité. Ce n'est pas une question de relations déductives entre propositions.

Deuxièmement, l'analyse des conditionnels (10.10), combinée à la logique constructiviste présentée plus haut, peut être conçue comme débouchant sur l'interprétation dite fonctionnelle de la logique du premier ordre par Gödel. Le raisonnement qui vient d'être indiqué offre une nouvelle justification théorique à l'interprétation de Gödel et en même temps montre ses racines dans l'approche *game-theoretical* de la logique.

On peut noter que le conditionnel gödelien (10.10) est équivalent à l'énoncé métathéorique :

$$(\forall \xi)(\exists \varphi)(\forall \psi)(\exists \eta)\,[\mathrm{A}(\xi, \eta) \supset \mathrm{B}(\varphi, \psi)] \qquad (10.14)$$

qui à première vue ne comporte aucun passage à un type plus élevé dans la hiérarchie des types. Mais si (10.10) doit apparaître dans un conditionnel, il doit être mis sous une forme où les quantificateurs existentiels précèdent les quantificateurs universels. Cette forme est (10.13), ce qui montre que cette analyse des conditionnels itérés conduit à des types de plus en plus
élevés. Ces conditionnels itérés | sont assurément indispensables à tout 233
traitement raisonnable de la fonction déductive de la logique, et l'ascension dans la hiérarchie des types paraît être inévitable.

Ce résultat confirme les soupçons exprimés à la fin du chapitre IX. La réduction des théories mathématiques au niveau du premier ordre présentée au chapitre IX s'applique seulement à la fonction descriptive de la logique en mathématiques. Par contraste, la recherche d'améliorations pour la tâche déductive de la logique nous conduirait dans la direction opposée, c'est-à-dire vers des types de plus en plus élevés, exactement comme dans l'interprétation fonctionnelle de Gödel.

Nous pouvons maintenant voir que la distinction faite au premier chapitre entre les deux fonctions principales de la logique a en fait une importance. Les fonctions descriptive et déductive sont servies le plus naturellement par des conceptualisations différentes. En fait, il serait salutaire pour les philosophes des mathématiques qu'ils gardent à l'esprit cette distinction plus fermement qu'ils ne le font de nos jours.

La relation schizophrénique de la logique à la hiérarchie des types qui a été trouvée est hautement intéressante, philosophiquement et historiquement. Il n'est sans doute pas trop tiré par les cheveux de voir, dans la preuve par Gödel de l'incomplétude déductive de l'arithmétique élémentaire, une indication de la nécessité de grimper toujours plus haut dans la hiérarchie des types *pour des besoins déductifs*. On peut généraliser ce point de façon intéressante. Les mathématiques sont souvent conçues comme une science des objets et structures abstraits. On présume que cette abstraction est d'autant plus grande que l'on grimpe plus haut dans la hiérarchie des types (d'ordre). Gödel pour sa part a médité un concept d'abstraction auquel on peut attribuer cette relation à la hiérarchie des types. Par contraste, la logique tend à être conçue, au moins idéalement, comme une manipulation de symboles concrets. Cet idéal de la logique était représenté par l'idée du positivisme de Vienne d'une syntaxe logique, et par Hilbert.

Ce que nous avons trouvé retourne cette relation entre mathématiques et logique. Pour la fonction descriptive première de la logique en mathématiques, tout ce dont on a conceptuellement besoin ce sont les structures combinatoires consistant en particuliers issus du plus bas de la hiérarchie des types (d'ordre). Par contraste, le traitement déductif de ces structures mathématiques nous force à considérer des entités de plus en plus abstraites (ou de types de plus en plus élevés). On pourrait donc dire que l'ontologie des mathématiques peut être restreinte au monde de la combinatoire et des entités particu-
234 lières nominalistes, tandis que la | technologie déductive des mathématiques nous oblige à monter à des niveaux toujours plus élevés d'abstraction.

Même si ces résultats doivent être manipulés avec d'infinies précautions, ils suffisent à montrer à quel point nos idées reçues sur la logique, les mathématiques et leur interaction sont trompeuses, pour ne pas dire erronées.

On peut adresser plus personnellement quelques-uns de ces commentaires. Par exemple, Gödel n'a pas seulement maintenu une ontologie platoniste, il pensait que l'ascension vers une abstraction toujours plus grande était un moyen de résoudre les problèmes fondationnels. Si j'ai raison, on n'a besoin d'une plus grande abstraction que pour les inférences déductives concrètes ; la théorisation platoniste, que Gödel a défendue dans certaines de ses déclarations, n'exige pas une telle ascension.

Aussi est-il ironique de voir, dans une perspective historique, que l'intérêt premier de Hilbert portait sur la fonction descriptive de la logique. C'est une évidence non seulement dans son travail sur les fondements de la géométrie, mais peut-être encore plus clairement dans ses remarques générales sur la méthode axiomatique. La fonction d'une théorie mathématique est de capturer une structure ou une classe de structures par des moyens entièrement logiques. Le développement de la métamathématique et de la théorie de la démonstration impulsé par le projet fondationnel de Hilbert fut un simple produit dérivé de son entreprise d'ensemble. En un sens qui apparaît à partir de ce qui a été dit, la théorie de la démonstration est une entreprise dans une direction tout à fait différente des intérêts centraux de Hilbert.

L'ÉPISTÉMOLOGIE DES OBJETS MATHÉMATIQUES

À ce point du livre, il est de mon devoir de réfléchir sur ce que j'ai fait et de généraliser les questions que j'ai soulevées. On a indiqué plus haut que l'interprétation constructiviste de la logique et des mathématiques présentée dans le dernier chapitre n'est pas sans précédent. La motivation philosophique de l'interprétation constructiviste qui y est discutée est nouvelle, ou au moins beaucoup mieux articulée que les motivations auparavant exprimées de vues similaires. Mais l'implémentation technique de mon interprétation ne s'écarte pas beaucoup de l'interprétation *Dialectica* de l'arithmétique élémentaire du premier ordre par Gödel (1958) ou de l'interprétation de la réalisabilité de Kleene[1].

Il est cependant possible de généraliser l'interprétation constructiviste considérée ici d'une manière radicalement nouvelle et qui ouvre la voie à une motivation plus profonde du constructivisme. On peut voir cette motivation en critiquant la manière dont j'ai essayé expérimentalement de présenter une *raison d'être** pour cette version particulière du constructivisme au chapitre précédent. Cette raison reposait sur l'impossibilité prétendue de jouer un jeu sémantique suivant une stratégie non récursive. On a trouvé que cela n'était pas convaincant. Un mathématicien actif pourrait très bien ne pas apprécier les limitations implicites que mon ébauche d'argument impose à la capacité d'un mathématicien à jouer un jeu sémantique. Sans doute un mathématicien compétent n'est-il pas restreint dans sa maîtrise des stratégies à celles qui sont assez simples pour être codifiées par des fonctions récursives – c'est-à-dire à des fonctions que même une machine stupide peut manipuler. Même si un mathématicien ne

1. Voir Kleene, 1952, section 82.

peut pas programmer un ordinateur pour calculer toutes les valeurs d'une
236 fonction, | il peut faire avec cette fonction toutes sortes de choses. La valeur de sa fonction de stratégie peut éventuellement être calculée pour la plupart des (ou peut-être pour presque toutes les) valeurs d'arguments. Le comportement qualitatif de la fonction de stratégie peut être maîtrisé même si elle n'est pas calculable par un automate numérique. En principe elle peut même être calculé par un moteur de calcul analogique plutôt que digital. En bref, on peut maîtriser intellectuellement une fonction non récursive d'une manière qui nous autoriserait à dire qu'un jeu sémantique peut être joué en accord avec la stratégie codifiée par cette fonction.

Ce raisonnement est clairement relié à ce que l'on a dit au chapitre X sur la possibilité de créer une stratégie de façon systématique (« *accross the board* »). On peut l'utiliser pour échapper aux critiques qui y sont de manière répétée adressées à une GTS tellement « classique » qu'elle se dispense de l'exigence de récursivité.

Mais bien que cet argument aille contre une restriction des fonctions de stratégie aux fonctions récursives, il est à première vue compatible avec *certaines* restrictions sur ces fonctions. En fait, il se transforme facilement en une critique de l'interprétation classique de la logique et des mathématiques suivant la même ligne que celle qui a été développée plus haut, mais en imposant une restriction plus faible aux fonctions de stratégie (ou de Skolem) dont on dépend dans une approche *game-theoretical* des fondements des mathématiques. L'argument serait alors qu'il ferait sens de dire que le vérificateur joue un jeu sémantique suivant une stratégie uniquement si cette stratégie peut être codifiée par une fonction qui peut en principe être mathématiquement maîtrisée. Sûrement, l'idée même de stratégie utilisée par un être humain implique l'exercice d'un contrôle conceptuel sur les coups successifs exécutés suivant cette stratégie.

Mais cet argument, bien qu'éminemment plausible, paraît maintenant vague au point d'être devenu inutile. Ce n'est pas que l'on ne puisse pas penser à ce qui pourrait être impliqué quand on maîtrise mathématiquement une fonction. L'ennui est que l'on peut penser à un grand nombre de manières différentes de comprendre cette idée de maîtrise. Ce que je vais faire ici, c'est me concentrer sur ce qui paraît être le plus grand commun dénominateur de ces différentes voies et interpréter la maîtrise d'une fonction comme signifiant que cette fonction est *connue* – ou pour parler plus précisément, comme signifiant que l'*on sait de quelle fonction il s'agit*. À première vue, cela peut sembler être introduire une simple *façon de parler**; car où est le lien entre cette locution et notre notion actuelle de connaissance? Même si les philosophes ont intensivement (ou au moins extensivement) analysé la notion de connaissance, elle ne semble toujours pas assez tranchante pour être utile ici.

| Un aperçu de la situation historique peut ici fournir des indices. 237
Jusqu'ici je n'ai pas cherché à faire de distinction entre constructivisme et intuitionnisme. Cela peut paraître *comme il faut** étant donné l'usage courant suivant lequel toutes les tendances constructivistes sont appelées « intuitionnistes ». Cet usage manque toutefois de rendre justice aux vues spécifiques des vrais intuitionnistes qui suivent ou au moins sont inspirés par Brouwer. On ne rend pas nécessairement justice à ses vues en les appelant constructivistes. Les constructivistes typiques prêtent attention en premier lieu au comportement logique et mathématique – c'est-à-dire à ce que l'on peut faire en logique et en mathématiques. La question de la possibilité de jouer effectivement un jeu sémantique avec des stratégies arbitraires, et la question de savoir comment différentes stratégies sont devinées à partir du comportement d'un joueur sont des questions constructivistes typiques. À l'opposé, Brouwer explore la pensée d'un mathématicien plutôt que son comportement, et il pose des questions sur ce que nous savons et pouvons savoir plutôt que des questions sur ce que nous pouvons faire. C'est lié au fait que les vrais intuitionnistes n'ont pas été comblés par le développement de la notion de récursivité (la calculabilité par une machine de Turing, ou un équivalent) comme explication de la sorte de connaissabilité que nous aurions à l'esprit. Leur raisonnement est révélateur. Il ne suffit pas qu'un ensemble d'équations nous permette de conduire effectivement le calcul exigé pour déterminer la valeur d'une fonction pour chaque valeur d'argument. Nous devons être capables de savoir que c'est le cas.

Plus généralement, aucun lecteur des écrits de Brouwer (1975) ne peut manquer d'être impressionné par le rôle des idées épistémiques dans son argumentation. Un exemple particulièrement révélateur est fourni par sa technique caractéristique et cruciale des « contre-exemples faibles »[1]. Un tel contre-exemple à un principe logique ou mathématique ne montre pas que ce principe est faux dans un quelconque sens habituel. Il montre le caractère inacceptable de ce principe en montrant que son acceptation implique que « nous devrions avoir une certaine connaissance (...) qu'en fait nous ne possédons pas »[2]. Ceci paraît donc être la ligne de démarcation entre constructivistes et véritables intuitionnistes : les intuitionnistes

1. Voir Brouwer, 1908c, dans Brouwer, 1975 ; Troelstra et van Dalen, 1988, p. 8-16 ; van Stigt, 1990, p. 252-255.

2. Troelstra et van Dalen, 1988, p. 11.

mettent l'accent sur le rôle de la connaissance en mathématiques tandis que les constructivistes font primer l'effectivité des constructions et autres opérations. Les constructivistes sont des mathématiciens fais-le-toi-même, les intuitionnistes des connais-le-toi-même. Étant donné ce contraste, il
238 n'est pas surprenant qu'il ait | été possible d'interpréter la logique intuitionniste en logique épistémique. Ce résultat doit pourtant être considéré avec grand soin, car on montrera plus loin dans ce chapitre qu'aucune de ces deux logiques n'est adéquate sous sa forme (axiomatique) actuelle.

De mon point de vue, les intuitionnistes ont rendu un mauvais service monumental à la discussion des fondements en ne découvrant pas l'élément épistémique présent, d'après leurs propres vues, dans les théorèmes mathématiques. Je crois aussi qu'ils ont de ce même fait rendu un mauvais service à leurs propres idées. Ils pensaient apparemment qu'il y a inévitablement un élément épistémique, et en réalité l'implication d'une affirmation de connaissance, dans toutes les propositions mathématiques. Dans ce cas, leurs affirmations épistémiques tacites auraient été commensurables avec les propositions des mathématiciens classiques uniquement si ceux-ci avaient également produit des affirmations épistémiques tacites. Pourtant je n'arrive pas à trouver un seul argument fort en faveur de cette commensurabilité dans les écrits des intuitionnistes authentiques. Il est peut-être possible de voir certaines des déclarations de Brouwer comme des avancées dans cette direction. Si c'est le cas, elles sont trop peu explicites pour être discutées et évaluées ici.

Il n'est pas trop tiré par les cheveux de voir dans l'échec des intuitionnistes à reconnaître la dimension épistémique de leur pensée une confusion entre les différents jeux de langage distingués au chapitre II. Ce qui donne aux propositions mathématiques leur signification, ce sont les jeux sémantiques sur lesquels est basée la définition de la vérité utilisée ici. Pourtant il est évident que des intuitionnistes comme Brouwer ont pensé l'activité mathématique comme un procédé pour en venir effectivement à connaître des vérités et des objets mathématiques. Au chapitre II, on a vu que ces deux sortes d'activités (« jeux de langage ») devaient être finement distinguées dans l'intérêt de la clarté conceptuelle.

Cette critique me donne la responsabilité d'énoncer précisément ce qu'est cette dimension épistémique des mathématiques alléguée par les intuitionnistes, et comment elle peut être implémentée. À première vue, cela pourrait sembler une entreprise dénuée de sens. Par exemple, nous pourrions demander comment exprimer l'élément épistémique au moyen de la logique épistémique habituelle. Alors vous trouverez seulement un ingrédient épistémique. C'est l'opérateur « sait que » ou « on sait que », K.

Si le connaisseur doit être indiqué, un indice peut remplir cette fonction, de telle sorte que K_aS doit être lu approximativement :

a sait que *S*

| Mais cet ingrédient épistémique ne semble pas du tout nous aider. Car 239
dans les traitements habituels de la logique épistémique, K_aS est logiquement vrai (valide) si et seulement si l'énoncé non épistémique *S* est logiquement vrai. Donc l'introduction de l'élément épistémique ne paraît remplir aucune fonction.

Ce résultat d'apparence légèrement paradoxale n'est pas simplement une affaire de relations déductives ou inférentielles entre différentes propositions. Il est fermement enraciné dans la théorie des modèles de la logique épistémique. Cet ancrage conceptuel solide est l'idée que savoir quelque chose, disons savoir que *S*, signifie être capable d'éliminer légitimement tous les états de choses, cours d'événements et autres scénarios où *S* manque d'être vrai. Quelles que soient les questions qui peuvent être soulevées sur la légitimité de cette exclusion de scénarios (de ces mal nommés « mondes possibles » des philosophes), la logique épistémique résultante n'en est pas affectée.

À ce point, les aficionados de la logique épistémique vont certainement s'attendre à ce que j'évoque le célèbre paradoxe de l'omniscience logique. Ce prétendu paradoxe est un simple corollaire de la conception modèle-théorétique de la connaissance qui vient d'être présentée. Comme un instant de réflexion l'indique cette conception implique, semble-t-il, que quiconque connaît quelque chose connaît également toutes les conséquences logiques de ce qu'il connaît.

Le diagnostic du soi-disant paradoxe révèle immédiatement un remède. Celui-ci réside dans l'étude des processus au travers desquels on en vient effectivement à connaître les conséquences logiques de nos prémisses. Il n'est pas difficile de suivre cette prescription. Elle peut même être maniée de façon modèle-théorétique, comme cela a été montré par le travail présenté dans Rantala (1975) et Hintikka (1975).

Ce n'est cependant pas le moment de suivre ce raisonnement. La principale raison en est que ce n'est pas ce que les intuitionnistes ont à l'esprit. Dans le paradoxe de l'omniscience logique, au moins dans les cas les plus simples, nous sommes confrontés au fait que l'application des règles d'inférence logiques ne se fait pas d'un seul coup mais est une question d'applications pas à pas. Pourtant, ce que les intuitionnistes font ce n'est pas une étude de telles procédures point par point. Ils proposent plutôt de changer les règles mêmes de l'inférence logique. C'est une approche qui est entièrement différente des idées de Rantala et Hintikka, qui se concentrent sur la structure fine des applications des règles d'inférence. Cela doit être conceptualisé et manipulé d'une autre manière.

240 | Mais comment ? Si les intuitionnistes ne s'occupent pas du *savoir que*, quel peut être alors cet élément épistémique qu'ils importent implicitement en mathématiques ?

Ici les développements rendus possibles par la notion d'indépendance informationnelle et qui ont été présentés à la fin du chapitre IV jouent un rôle crucial. Ce que l'on a vu, c'est comment implémenter une idée que la logique épistémique habituelle ne capture pas. C'est l'idée de la *connaissance d'entités* (d'objets, de choses), en tant qu'elle se distingue de la *connaissance de faits* (de propositions, de la vérité d'énoncés). Cette dernière espèce de connaissance est relative à un espace de scénarios (ou « mondes possibles ») sur lequel une relation d'alternativité (ou « relation d'accessibilité ») est définie. Le premier type de connaissance est relatif à un ensemble de « lignes de monde » de trans-identification qui définissent quels habitants des différents mondes possibles comptent comme identiques (c'est-à-dire comme manifestations de la même entité). Comme on y a insisté au chapitre IV, la manière dont ces « lignes de monde » sont tracées est largement indépendante des conditions de vérité des énoncés en *savoir que*.

Ceci me permet d'avancer une interprétation – ou plutôt une reconstruction rationnelle – du principal dynamisme de la pensée des intuitionnistes. Ils ont bien introduit un élément épistémique dans les mathématiques. Mais cet élément n'est pas une connaissance de vérités, mais une connaissance d'entités. On ne devrait pas non plus le laisser implicite, comme les intuitionnistes l'ont fait. On peut – et on devrait – l'implémenter comme on l'a esquissé pour la logique épistémique au chapitre IV. Cette nouvelle logique est rendue possible par le principal nouvel outil conceptuel introduit dans ce livre, à savoir la notion d'indépendance informationnelle.

Avant de développer cette approche de façon systématique, il faut rappeler comment elle se rattache au raisonnement initié dans le précédent chapitre. Là, on a conçu l'idée de restreindre les fonctions de stratégie aux fonctions récursives. On a argumenté que c'était une limitation beaucoup trop restrictive. À la place, on a suggéré que les fonctions de stratégie soient restreintes aux fonctions *connues*. Dans l'intervalle, on a trouvé que c'était la restriction qui s'accordait aux intuitions des intuitionnistes. C'est cette idée que l'on est en train d'implémenter ici.

En employant la notation et les observations exposées au chapitre IV, nous pouvons exprimer ce que cela signifie pour une fonction f que d'être connue. Les formules qui suivent sont des formulations équivalentes de
241 cette idée : |

$$K(\forall x)(\exists y/K)\,(f(x)=y) \tag{11.1}$$
$$K(\exists g/K)(\forall x)\,(f(x)=g(x)) \tag{11.2}$$
$$(\exists g)K(\forall x)\,(f(x)=g(x)) \tag{11.3}$$
$$(\exists g)K\,(f=g) \tag{11.4}$$

Dans un contexte *game-theoretical*, K est interprété comme un quantificateur universel prenant ses valeurs parmi les alternes épistémiques du monde considéré par les joueurs à un moment donné : le falsificateur choisit l'une de ces alternatives, par rapport à laquelle la partie se poursuit.

Cette suggestion ne débouche pas sur une interprétation unique de ce que signifie maîtriser intellectuellement une fonction, c'est-à-dire « savoir de quelle fonction il s'agit ». Au contraire, les critères de connaissance d'une fonction demeurent presque totalement ouverts. En effet, c'est l'un des aperçus fondamentaux offerts par la sémantique de la logique épistémique que les critères de vérité des constructions en *savoir qui*, *quoi* ou *si* sont largement indépendants de ceux d'énoncés en *savoir que*[1]. Dans la notation IF, cela signifie que les conditions de vérité des énoncés-K (*K-statements*) contenant des quantificateurs existentiels *slashés*, $(\exists f/K)$, $(\exists x/K)$ sont sous-déterminées par les conditions de vérité des énoncés-K non *slashés*. La raison sémantique sous-jacente est qu'elles dépendent de critères d'identification à travers les modèles (ou les mondes). Par contraste, la disjonction *slashée* $(\vee/K)$ dépend des conditions d'identification des fonctions seulement indirectement, en étant sous la portée de quantificateurs universels.

Cette sous-détermination inévitable ouvre la porte à plusieurs idées intéressantes. Elle montre que les idées de base des intuitionnistes sont ouvertes à différentes interprétations spécifiques, dépendant de quels critères sont appliqués à notre connaissance des objets mathématiques. Il semble désespéré d'essayer de trouver un consensus sur la bonne interprétation. Pourtant cela ne gâche pas l'utilité du schéma d'interprétation épistémique dans un but de clarification conceptuelle. On a déjà vu que l'on peut utiliser ce schéma pour discuter un certain nombre d'idées intuitionnistes et constructivistes. En plus, on peut même établir des résultats logiques généraux indépendants de la question de savoir ce que c'est que d'être une fonction connue.

1. Il s'agit ici du contraste entre *knowing* + *wh-constructions* (*what*, *which*, *whether*…) et *knowing that*, appelé selon Hintikka à remplacer la distinction traditionnelle entre connaissance *de re* et connaissance *de dicto*. *Cf.* par exemple « La Connaissance reconnue. La connaissance de propositions par opposition à la connaissance d'objets », dans E. Rigal (éd.), *Jaakko Hintikka. Questions de logique et de phénoménologie*, *op. cit.*, p. 99-123. [NdT]

Pour obtenir de tels résultats, il faut que je sois un peu plus explicite que je ne l'ai été jusqu'ici. Je vais généraliser la manière dont les intuitionnistes considèrent les théories et théorèmes mathématiques en quelque chose que l'on pourrait appeler une interprétation épistémique (ou intuitionniste) des mathématiques et de la logique. Pour commencer avec le cas le plus
242 simple, qu'est-ce que | l'interprétation épistémique d'un énoncé mathématique du premier ordre S? Pour simplifier, je vais supposer que S est en forme normale négative. Puis nous réinterprétons S comme signifiant « réellement » :

$$\mathrm{K}S^* \tag{11.6}$$

où S^* est formé à partir de S en remplaçant chaque quantificateur existentiel $(\exists x)$ par $(\exists x/\mathrm{K})$ (et de même pour les quantificateurs d'ordre supérieur s'il y en a) et chaque disjonction $\vee$ par $(\vee/\mathrm{K})$. Cela revient à exiger que toutes les fonctions qui rendent opérationnels les énoncés existentiels (les fonctions de Skolem) soient des fonctions *connues*.

On peut naturellement étendre cette nouvelle interprétation à la logique du premier ordre IF et aux théories et énoncés mathématiques qui peuvent s'exprimer avec. Je l'appellerai *interprétation épistémique* des théories logiques et mathématiques. Il est important de comprendre ce qu'il y a de neuf dans cette interprétation. Dans la littérature antérieure sur le sujet, quand des considérations épistémiques portaient sur les fondements, la question explicitement ou implicitement posée était : que signifie connaître une *vérité* mathématique ? En outre, cette question était discutée comme si elle impliquait simplement *savoir qu*'une certaine *proposition mathématique* tient. Ce qui doit être soulevé ici, c'est une dimension toute différente de l'épistémologie des mathématiques. Nous avons maintenant affaire à la question de notre *connaissance d'objets mathématiques* comme les fonctions. Un fait remarquable mais largement négligé, c'est que ces deux dimensions épistémiques sont largement indépendantes l'une de l'autre. Il y a pourtant dans la littérature de nombreux témoignages d'une confusion entre les deux sortes de questions épistémiques. Un bon exemple en est offert par les critiques habituelles de l'axiome du choix discutées plus bas.

L'interprétation épistémique des mathématiques présentée ici est faite pour incorporer et les questions de notre connaissance de vérités mathématiques, et celles de notre connaissance d'objets mathématiques. Pourtant, les critères précis du dernier type de connaissance sont laissés ouverts par l'interprétation épistémique, qui est ainsi un schéma d'interprétation plutôt qu'une interprétation unique.

On peut donc faire une distinction rudimentaire entre les approches constructiviste et intuitionniste des fondements des mathématiques. Celle-

là met l'accent sur ce qu'un mathématicien peut faire, tandis que celle-ci insiste sur ce qu'il peut savoir. La relation entre les deux est une question délicate, à tel point qu'il n'est même pas clair de savoir laquelle est la
| conception la plus générale. D'une part, la théorie sémantique des jeux 243
constructiviste caractérisée dans le dernier chapitre peut être pensée comme un type spécial d'interprétation épistémique. On l'obtient en stipulant que toutes les fonctions *récursives*, et seulement elles, sont « réellement connues ». Une part de l'intérêt de l'interprétation constructiviste est donc due au fait qu'elle exemplifie l'interprétation épistémique des mathématiques.

Dans cette perspective, l'interprétation épistémique de la logique et des mathématiques est beaucoup plus large que l'interprétation constructiviste définie dans le dernier chapitre. Par exemple il est tout à fait clair que les intuitionnistes purs et durs rejetaient l'idée que la récursivité puisse servir d'explication pour la constructivité. Leurs vues tombaient donc dans le domaine de l'interprétation épistémique, mais pas dans celui de l'interprétation constructiviste. De façon plus générale, une différence importante entre mathématiciens classiques et intuitionnistes est que les classiques se satisfont de connaître des *vérités* mathématiques, tandis que les intuitionnistes veulent aussi connaître des *objets* mathématiques.

D'autre part on voit que l'accent mis par les intuitionnistes brouwériens sur l'élément épistémique des mathématiques conduit inévitablement à mettre l'accent sur notre connaissance des objets mathématiques. Cet accent est tout à fait différent de celui mis sur nos manières concrètes de venir à connaître des vérités mathématiques, et en un sens il est beaucoup plus spécifique.

L'interprétation épistémique des mathématiques offre un instrument nouveau et puissant pour les études futures d'épistémologie des mathématiques. Quelques exemples peuvent l'illustrer. À l'aide de la logique épistémique on peut éclairer l'interprétation épistémique de la même manière que la logique ordinaire, à savoir par des traductions au second ordre. Par exemple, suivant l'interprétation épistémique,

$$(\forall x)(\exists y)\, S[x,y] \tag{11.7}$$

devient (si on détourne les yeux des disjonctions dépendantes) une abréviation pour :

$$K(\forall x)(\exists y/K)\, S[x,y] \tag{11.8}$$

qui est équivalent à :

$$(\exists f)K(\forall x)\, S[x,f(x)] \tag{11.9}$$

et à :

$$K(\exists f/K)(\forall x)\, S[x, f(x)] \qquad (11.10)$$

244 | Mais (11.10) est la « traduction » (l'interprétation) de :

$$(\exists f)(\forall x)\, S[x, f(x)] \qquad (11.11)$$

Aussi simples soient-elles, ces observations ont des conséquences intéressantes. Ce que montre l'équivalence entre (11.8) et (11.10) c'est que l'interprétation épistémique valide l'axiome du choix, quelle que soit la manière dont on comprend qu'une fonction est connue, tant que l'interprétation épistémique est appliquée de façon consistante à tous les quantificateurs. En effet, ce que les critiques de l'axiome du choix ont fait, vu du point de vue de l'interprétation épistémique, c'est qu'ils ont confondu :

$$K(\forall x)(\exists y)\, S[x, y] \qquad (11.12)$$

et :

$$K(\forall x)(\exists y/K)\, S[x, y] \qquad (11.8)$$

qui est équivalent à :

$$K(\exists f/K)(\forall x)\, S[x, f(x)] \qquad (11.10)$$

En d'autres termes, les critiques de l'axiome du choix ont tacitement considéré que le problème de savoir si on connaissait la *proposition* mathématique $(\forall x)(\exists y)\, S[x, y]$ impliquait la question de savoir si on connaissait ou pas la fonction de choix f (c'est-à-dire un certain *objet* mathématique). Cela exemplifie la confusion générale mentionnée plus haut.

Ces observations offrent un bon éclairage sur la posture philosophique de différents mathématiciens et philosophes. Nous pouvons ainsi voir que ce n'est pas le constructivisme mais l'intuitionnisme, avec son accent mis sur notre connaissance des objets mathématiques, qui peut conduire à un rejet de l'axiome du choix. En outre, il est hautement instructif, de mon point de vue épistémique, de voir comment un défenseur important de l'axiome du choix fait reposer sa position sur l'idée que l'existence d'un objet mathématique « est *un fait comme un autre* »[1]. Toute l'affirmation des intuitionnistes, c'est qu'avec des présupposés comme l'axiome du choix nous n'avons pas affaire à une connaissance de faits mais à une connaissance d'objets mathématiques.

Comme autre cas et à la lumière de ce que nous avons trouvé, la position philosophique de Dummett peut paraître constructiviste plutôt qu'intuitionniste d'après la distinction ébauchée dans ce chapitre. Cela n'est pas

1. Hadamard, cité dans Moore, 1982, p. 317 ; italiques ajoutés.

seulement montré par son acceptation de l'axiome du choix (voir le chapitre précédent) mais aussi par son insistance | sur le fait qu'il n'y a rien 245
de spécial au sujet de la sémantique de quantificateurs dépendants comme $(\exists y)$ dans :

$$(\forall x)(\exists y)\,\mathrm{S}[x, y] \qquad (11.7)$$

au-delà de l'exigence générale de justifiabilité constructiviste ou, dans les termes de Dummett, d'assertabilité[1].

Ainsi l'interprétation épistémique des mathématiques nous permet-elle de dire précisément ce qui est valide et ce qui ne l'est pas dans l'axiome du choix. De même, nous pouvons voir à l'aide de l'interprétation épistémique ce qui est acceptable et ce qui ne l'est pas chez un autre épouvantail des intuitionnistes, à savoir la méthode de preuve indirecte. À première vue les critiques des preuves indirectes ont une nouvelle fois saisi un concept compliqué par le mauvais bout. Car supposez qu'un logicien ait pris la négation ~S d'un énoncé, et qu'il ait montré qu'elle conduit à une contradiction, autrement dit qu'il ait montré la chose suivante :

$$\sim S \supset (S \;\&\; \sim S) \qquad (11.13)$$

Mais la formule (11.13) est équivalente à S, si bien que l'auteur de la preuve indirecte a seulement besoin d'ajouter « c.q.f.d. ». Et peu importe que la formule (11.13) ait été ou pas préfixée par K.

Pourtant, si dans KS il y a des expressions *slashées*, $(\exists x/\mathrm{K})$ ou $(\vee/\mathrm{K})$, on ne peut pas prendre la négation de S figurant dans une preuve indirecte comme étant simplement $\sim S$ ou $\neg S$, car aucune n'a de sens par elle-même. La seule négation qui puisse être pertinente ici c'est $\sim(S/)$, où $(S/)$ est obtenue à partir de S en omettant toutes les indications d'indépendance (c'est-à-dire tous les *slashes*, avec ce qui les accompagne à droite). Une preuve indirecte implique alors une inférence de S à partir de $\sim\sim(S/)$. De telles inférences ne sont pas toujours valides.

Prenez par exemple l'énoncé épistémique :

$$\mathrm{K}(\forall x)(\exists y/\mathrm{K})\,\mathrm{S}[x, y] \qquad (11.8)$$

La seule négation qui puisse être recrutée au service d'une preuve indirecte, c'est ici :

$$(\exists x)(\forall y) \sim \mathrm{S}[x, y] \qquad (11.14)$$

Si on réduit cela à une impossibilité, alors on aura atteint :

$$\mathrm{K}\sim(\exists x)(\forall y) \sim \mathrm{S}[x, y] \qquad (11.15)$$

1. Dummett, 1977, p. 451 ; *cf.* Troelstra, 1977, p. 154-156.

qui est équivalent à :

$$K(\forall x)(\exists y)\, S[x, y] \qquad (11.12)$$

246 | Mais (11.12) est plus faible que (11.8). Ce que l'on sait d'après (11.12), c'est que toute chose, disons x, est reliée à quelque chose, disons y, telle que $S[x, y]$. Ce que l'on connaît d'après (11.8), c'est l'individu y auquel chaque x donné est lié selon cette relation.

On peut peut-être dire que les preuves indirectes, en les considérant de cette manière, peuvent produire la connaissance que certaines propositions mathématiques sont vraies mais sans connaissance de pourquoi elles le sont, au sens où la preuve ne montre pas ce que sont les fonctions de Skolem qui fournissent les valeurs de substitution conférant la vérité aux propositions quantifiées en question. Le caractère naturel de l'interprétation épistémique des mathématiques est illustré par le fait que les formulations du type de celles que nous venons d'employer ont d'illustres précédents dans la discussion des fondements. Voici par exemple une formulation classique de ce que font les preuves par l'absurde : « Même si elles ne nous donnent pas la cause pour laquelle une certaine affection doit être prédiquée d'un sujet, elles nous donnent cependant une raison par laquelle nous savons qu'un certain état de chose a cours »[1].

Encore une fois, les intuitionnistes ont vu quelque chose d'intéressant au sujet du raisonnement mathématique. Encore une fois, leurs vues se sont avérées être de nature épistémique. Et encore une fois, la manière dont ils ont essayé d'expliquer clairement leurs vues est malheureusement inadéquate.

Une autre application de l'interprétation épistémique de la logique nous permet d'interpréter certaines lectures non standard des quantificateurs d'ordre supérieur. Cette interprétation provient d'un énoncé du second ordre S, que l'on peut supposer en forme normale négative, quand on le préfixe par K et qu'on remplace tous les quantificateurs du second ordre $(\exists X)$ par $(\exists X/K)$. Cette idée s'étend volontiers à toute la logique d'ordre supérieur. Je crois que l'interprétation résultante est ce que certains adhérents apparents à une interprétation non standard des propositions logiques et mathématiques ont eu à l'esprit.

D'autres applications éclairent l'idée de logique intuitionniste. En fait, du point de vue de l'approche épistémique de l'intuitionnisme nous pouvons voir quelques graves défauts des tentatives qui ont été faites de formuler explicitement une logique intuitionniste, comme celle de Heyting (1956). Généralement, ce qui s'est produit est la même erreur que celle

1. Mancosu, 1991, p. 34.

diagnostiquée plus haut. Au mieux, c'est un sens non standard inarticulé de *savoir que* (*knowing that*) qui est capturé par la logique intuitionniste, mais pas un sens constructiviste de *savoir qui*, *quoi*, *si* (*knowing-wh*), comme par exemple savoir quelle fonction capture une régularité donnée. C'est pourtant cette dernière question qui est réellement intéressante pour l'épistémologie des mathématiques.

| Par exemple, si on suppose qu'une formule comme : 247

$$(\forall x)(\exists y)\, S[x, y] \tag{11.7}$$

capture la force de :

$$K(\forall x)(\exists y/K)\, S[x, y] \tag{11.8}$$

alors l'instanciation universelle ne sera pas une règle d'inférence logique valide. Car (11.8) n'implique pas logiquement :

$$K(\exists y/K)\, S[b, y] \tag{11.16}$$

pour un b donné, comme une analyse sémantique de la situation le montre. En effet, si nous posons que $S[x, y] = (x = y)$, alors (11.8) dira (grossièrement) que l'identité de tous les individus est connue d'une manière ou d'une autre. De cela, il ne suit pas que l'identité de la référence de n'importe quel vieux nom non vide soit connue, qui est ce que dit (11.16).

Mais si (11.8) n'implique pas (11.16), alors (11.7) ne devrait pas non plus impliquer :

$$(\exists y)\, S[b, y] \tag{11.17}$$

suivant l'interprétation intuitionniste. Pourtant cette implication tient en logique intuitionniste, puisque l'instanciation universelle est valide dans la logique de Heyting. La logique intuitionniste est donc gravement inadéquate comme logique épistémique pour les mathématiques. Elle ne capture pas le genre de raisonnement qui est par exemple présupposé dans la critique intuitionniste et constructiviste du principe du choix.

Ce résultat important appelle quelques commentaires. Premièrement, il est indépendant de l'usage d'opérateurs épistémiques explicites. On a besoin du même changement dans les règles d'instanciation des quantificateurs en logique du premier ordre IF, comme cela a été signalé au chapitre III. Ce changement est donc occasionné par l'usage de l'indépendance informationnelle plutôt que par celui de notions épistémiques. Bien sûr, nous n'avons pas un ensemble complet de règles pour établir la validité en logique du premier ordre IF, mais seulement pour établir l'inconsistance.

L'échec de la logique intuitionniste de Heyting admet sinon une excuse, du moins une explication. On peut rétablir l'inférence cruciale de (11.8) à (11.16) en ajoutant une prémisse additionnelle :

$$K(\exists x/K)\,(b = x) \tag{11.18}$$

qui dit que l'on sait ce que (quel individu) est *b*. Et bien sûr tout vieil intuitionniste admettrait que même s'il avait un moyen effectif de trouver
248 un nombre *y* étant donné un nombre *x*, tel que $\mid S[x, y]$ soit le cas, il ne s'ensuivrait pas qu'il puisse le faire pour *b* sans savoir quel nombre est *b*. Donc l'échec de la logique de Heyting est parfaitement compréhensible pour un intuitionniste.

Cette signification intuitionniste de ma critique permet à un intuitionniste de faire une réponse apparente à ma critique. Il peut répondre que la manière dont sa logique est supposée être appliquée est différente de ce que j'ai supposé. Il voudra substituer aux constantes individuelles comme *b* dans (11.17) uniquement des termes dont il connaît la référence. Cette réplique ne sauvera pourtant pas la logique intuitionniste. Pour une part, cela rendrait cette logique incommensurable avec la logique du premier ordre ordinaire. Les deux seraient alors appliquées de manière différente, puisque la logique classique admet aussi des termes singuliers dont la référence n'est pas connue du logicien. En effet, l'emploi de l'expression « individu arbitraire » est un stratagème vénérable en logique. La logique intuitionniste n'est donc plus, sur la base sur laquelle repose ses réponses, une rivale de la logique classique. C'est une logique spécialisée, reposant pour son applicabilité sur des hypothèses épistémiques non-dites.

D'autre part, on peut relever des échecs similaires en logique intuitionniste qui sont indépendants de l'emploi de constantes individuelles comme valeurs de substitution. Par conséquent, en résumé, *la logique intuitionniste de Heyting échoue dans la tâche qu'elle s'est elle-même imposée d'après les critères que les intuitionnistes eux-mêmes devraient accepter*.

Comme on l'a indiqué au chapitre III on corrige facilement ce défaut des règles d'instanciation habituelles en modifiant les règles d'instanciation que les classiques et les intuitionnistes ont eux-mêmes employées. Ce dont on a besoin, c'est d'une logique dans laquelle l'instanciation existentielle est effectuée au moyen de fonctions de Skolem et où l'instanciation universelle ne peut pas précéder l'instanciation existentielle. Les changements requis dans les règles d'instanciation sont indiqués aux chapitres III et IV. Ils suffiront ici. Par exemple (11.7) impliquera maintenant :

$$(\forall x)S[x,f(x)] \tag{11.19}$$

qui est une procuration pour :

$$K(\forall x)S[x,f(x)] \tag{11.20}$$

L'instanciation universelle permet d'atteindre :

$$S[b,f(b)] \tag{11.21}$$

qui représente :

$$KS[b, f(b)] \tag{11.22}$$

| Tant que l'on suppose que la fonction f est connue, on obtient les bonnes 249
relations d'inférence.

Le vrai défaut de la logique de Heyting ne réside pas tant dans son choix de règles d'inférence inappropriées que dans son échec à incorporer les règles d'instanciation correctes. On ne peut pas corriger ce manque en changeant son mode d'application.

Ces modifications dans les règles d'instanciation pour les quantificateurs suffisent à rétablir nos règles de réfutation dans un état de complétude sémantique. Pourtant, il n'est pas évident qu'il puisse exister une axiomatisation sémantiquement complète pour la logique épistémique quand on en vient à l'axiomatisation des vérités logiques. C'est un problème même si on n'autorise l'indépendance des quantificateurs existentiels et des disjonctions que vis-à-vis des opérateurs épistémiques initiaux K mais pas vis-à-vis d'autres quantificateurs. On peut donner une explication informelle de ce problème en soulignant le fait qu'un opérateur initial K est dans tous ses effets et d'un point de vue modèle-théorétique un quantificateur universel. Ainsi, un énoncé de la forme :

$$K(\exists x)(\forall y)(\exists z/K)S[x, y, z] \tag{11.23}$$

paraît avoir la même structure que le préfixe de Henkin :

$$\left.\begin{matrix} K(\exists x) \\ (\forall y)(\exists z) \end{matrix}\right\} S[x, y, z] \tag{11.24}$$

Et il est connu que la logique des énoncés à quantificateurs de Henkin n'est pas axiomatisable.

Donc l'idée de Heyting d'implémenter la logique intuitionniste de la manière habituelle, c'est-à-dire en en axiomatisant les vérités logiques, exige une justification bien meilleure que celle qui a été donnée par les intuitionnistes eux-mêmes. On saisit mieux la logique et les mathématiques intuitionnistes d'un point de vue modèle-théorétique que du point de vue axiomatique.

Ces observations fournissent des exemples de résultats intéressants qui valent indépendamment de la manière dont on pense que les fonctions sont identifiées.

L'une des vertus de l'interprétation épistémique, c'est sa généralité. L'interprétation épistémique nous permet de restreindre les fonctions (de Skolem) qui figurent dans les traductions au second ordre d'énoncés du premier ordre à n'importe quelle classe de fonctions qui peut être considérée comme « connue ». Cette classe pourrait être une classe plus large que

celle des fonctions récursives. Au lieu d'exiger la calculabilité, nous pourrions simplement exiger que les fonctions « connues » puissent être maîtrisées théoriquement en un sens donné. Toutes ces variantes de l'interprétation épistémique peuvent être traitées à l'aide d'une logique épisté-
250 mique appropriée. | Certaines restrictions pourraient cependant être plus sévères que la restriction aux fonctions récursives. Par exemple quelqu'un pourrait souhaiter imposer une sorte de calculabilité en temps réel.

Les observations faites au chapitre IV apportent un éclairage intéressant sur la situation théorique concernant ces différentes interprétations épistémiques. On a vu au chapitre IV que les critères du *savoir que* (la connaissance de propositions) ne déterminent pas les critères du *savoir qui* ou *ce qui* (la connaissance d'objets). Cela implique que les interprétations épistémiques sont en un sens inévitablement sous-déterminées. Un mathématicien peut imposer des exigences plus ou moins strictes que l'un ou l'une de ses collègues à ce qui comptera comme la connaissance de ce que sont des fonctions mathématiques données. Et les considérations qu'ils pourront utiliser pour résoudre leur désaccord devront être totalement différentes de celles employées pour décider si une proposition mathématique donnée est vraie ou non.

D'un point de vue plus général, l'interprétation épistémique des mathématiques offre aussi une perspective globale intéressante sur l'épistémologie des mathématiques. Une chose que nous pourrions souhaiter faire – ou du moins essayer de faire – est d'utiliser l'interprétation épistémique des mathématiques non pas comme caractérisation de ce que cela signifie pour les propositions mathématiques d'être vraies, mais de ce que cela signifie pour elles d'être connues. Cette possibilité est des plus naturelles, indépendamment de la position de chacun, pour les fondements des mathématiques. Même le plus platoniste des mathématiciens peut à ses heures perdues soulever la question de savoir dans quel sens on peut affirmer que nous *connaissons* les propositions mathématiques qui nous sont familières. Est-il réellement suffisant de savoir qu'il existe des stratégies qui vérifient ces propositions dans quelque ciel platonicien ? Devrions-nous aussi savoir ce que sont ces stratégies ? De manière tout à fait plausible, on peut suggérer que pour « réellement connaître », par exemple, l'énoncé :

$$(\forall x)(\exists y)\, S[x, y] \tag{11.7}$$

il n'est pas suffisant qu'existe ne fonction de choix f qui rende vraie la formule :

$$(\forall x) S[x, f(x)] \tag{11.19}$$

Nous devons également connaître l'instance actuelle d'une fonction f qui rend vraie (11.19).

Mon interprétation épistémique des mathématiques présente donc un très grand intérêt pour tout épistémologue des mathématiques, qu'il soit platoniste, | constructiviste ou autre. Et si c'est le cas, la logique épisté- 251
mique est déjà en position de fournir un point de vue majeur sur l'épistémologie des mathématiques. Sans essayer d'expliquer les détails ici, cela montre que toutes les questions de savoir si on connaît une certaine proposition mathématique *S* se réduisent à deux questions plus simples. Ce sont (i) la question de la vérité de *S* (et/ou de la vérité de certaines propositions qui lui sont reliées) et (ii) la question de savoir si on connaît les fonctions de Skolem impliquées dans *S*.

Cela fournit une perspective extrêmement intéressante sur la totalité de l'épistémologie des mathématiques. Cela montre que la question de savoir quelles fonctions sont « connues » (au sens expliqué plus haut) n'est pas seulement centrale pour quelque réinterprétation ésotérique de la logique et des mathématiques – c'est la question centrale de toute l'épistémologie des mathématiques.

En retour, cette observation apporte un éclairage sur les grandes lignes de l'histoire des mathématiques. Cela montre que l'expansion progressive de la notion de fonction a joué un rôle crucial dans le développement de la connaissance mathématique[1]. Et par expansion, je ne veux pas parler en premier lieu de l'élargissement de la définition explicite ou implicite d'une fonction arbitraire. Ce qui s'est plutôt produit, c'est un élargissement du rang des fonctions dont on peut dire qu'elles sont connues des mathématiciens. En d'autres termes, ce qui est crucial est le grossissement de la classe des fonctions qui peuvent être intellectuellement maîtrisées au moyen des concepts et théories mathématiques dont nous disposons. En choisissant la classe des fonctions connues de différentes manières, nous pouvons ainsi modéliser les différentes étapes du développement historique des mathématiques à l'aide de mon interprétation épistémique.

Du point de vue de mon interprétation épistémique, l'axiomatisation logique d'une théorie mathématique (ou même des mathématiques en général), dans son habillage épistémique, devient moins une codification de vérités éternelles dans un langage fixe et permanent que le compte-rendu de l'état courant de la connaissance mathématique. Car l'impact épistémique du système d'axiomes ne dépend pas seulement de la vérité des axiomes mais aussi de la classe des fonctions connues par les utilisateurs du système. Et cette classe n'est pas spécifiée par le système axiomatique lui-même, mais elle y est seulement présupposée. En outre, on a vu que de

1. Voir ici Youschkevitch, 1976 ; Hintikka, 1995a.

telles questions concernant notre connaissance d'objets mathématiques peuvent également se poser quand il n'y a pas de quantificateurs de fonction explicites dans le système considéré. Tout ce dont on a besoin pour cela, c'est de la présence de quantificateurs existentiels dépendants.

252 | En ce qui concerne l'ontologie des mathématiques une interprétation épistémique se situe dans tous les cas, sur un plan important, à un niveau différent de l'interprétation constructiviste. Dans celle-ci, le domaine des variables de fonction était restreint aux fonctions récursives. Si « être est être une valeur d'une variable liée », l'interprétation constructiviste dénie en effet l'existence aux fonctions non récursives, au moins tant qu'il s'agit de fonctions de stratégie.

À l'opposé, la question cruciale dans l'interprétation épistémique est de savoir quelles fonctions sont connues et lesquelles ne sont pas connues. À moins d'adopter une position positiviste stricte et irréaliste, cela ne présuppose pas de nier l'existence des fonctions d'autres types. Au contraire, on a délimité les fonctions connues en employant des quantificateurs de fonctions prenant leurs valeurs dans une classe plus large de fonctions arbitraires. Donc on peut même penser que la tâche de la recherche mathématique comporte une tentative de ramener le maximum de ces « fonctions arbitraires » dans l'enclos des objets mathématiques intellectuellement maîtrisés et, dans ce sens, connus. Cette tâche présuppose, ontologiquement parlant, l'existence plutôt que l'inexistence de ces diverses fonctions arbitraires. En général il n'y a de sens à parler d'objets mathématiques comme étant connus ou non, et du fait que nous venons à connaître de nouveaux objets mathématiques que si l'on suppose qu'ils existent actuellement, même quand on ne les connaît pas. Un défenseur de la catégorie des fonctions arbitraires pourrait donc accuser ses critiques constructivistes de confondre des idées épistémologiques et ontologiques. En dernière analyse, logique plutôt que freudienne, l'interprétation épistémique des mathématiques est complice de la conception classique de l'existence mathématique, tant que nous réalisons que cette vue doit être complémentée par des considérations épistémiques.

On peut exposer le même point différemment. Une fois que l'élément épistémique en mathématiques est rendu explicite, les critiques intuitionnistes adressées au sens classique de *savoir que* et donc aux mathématiques classiques perdent leur piquant. Cela s'adresse aussi à la question de savoir si certaines sortes d'objets mathématiques existent en fait ou non. D'ailleurs une approche de l'épistémologie des objets mathématiques (comme celle que l'intuitionnisme brouwérien authentique a entrepris d'être) fait à peine sens à moins que l'existence non qualifiée des objets mathématiques ne soit prise au sens classique. Ainsi la dynamique ultime

de la philosophie intuitionniste, bien comprise, soutient plus qu'elle ne sape le type de conception classique de l'ontologie des mathématiques qui va avec l'interprétation standard de | l'existence d'entités d'ordre supé- **253**
rieur. Les intuitionnistes sont en dernière analyse des réalistes honteux.

Ce point est obscurci dans la littérature sur les fondements des mathématiques par le manque de distinction entre la question de savoir quels objets mathématiques existent, et celle de savoir quels objets mathématiques sont connus. Cette confusion n'est pas un phénomène récent. Au contraire, tenir compte du fait qu'elle a réellement affecté les mathématiciens nous aide à comprendre ce qui autrement passerait pour des affirmations contradictoires de la part d'un seul et même mathématicien. Un exemple représentatif est offert par une figure non moindre que celle de Leonhard Euler. D'un côté il a été salué non seulement comme un précurseur, mais comme un croyant véritable en l'existence des fonctions arbitraires. Et nous trouvons en fait des énoncés comme celui-ci :

> Si des quantités dépendent d'autres quantités de telle sorte que lorsque les dernières changent, les premières subissent un changement, alors les premières sont appelées fonctions des dernières. Cette dénomination est de la nature la plus large, et elle comprend toute méthode par laquelle une quantité pourrait être déterminée par d'autres. Si, par conséquent, x dénote une quantité variable, alors toutes les quantités qui dépendent de x d'une manière ou qui sont déterminées par x sont appelées fonctions de x[1].

Cela paraît assez concluant (c'est-à-dire général). Mais dans Euler (1988), nous lisons :

> Une fonction d'une quantité variable est une expression analytique composée de quelque manière d'une quantité variable et de nombres ou de quantités constantes.

L'explication immédiate est que Euler concevait que seules fonctions représentées par des expressions analytiques étaient connues de lui. Alors pourquoi s'inquiétait-il de préserver une conception plus large des fonctions ? Encore une fois, les faits de l'histoire des mathématiques donnent une indication intéressante. Son travail sur le problème des cordes vibrantes l'a conduit à la conclusion qu'il pourrait en fait y avoir des modes de dépendance dans le monde physique qui sont discontinus, et que l'on ne peut donc pas capturer par des expressions analytiques[2]. En d'autres termes des problèmes de mathématiques appliquées l'ont rendu conscient du fait

1. *Institutiones calculi differentialis*, cité d'après Bottazzini 1986, p. 33.
2. Voir Bottazzini, 1986, p. 21-33.

qu'il pouvait très bien exister des fonctions qui ne sont pas encore connues, même si Euler ne s'est pas exprimé lui-même de cette manière.

Cet exemple illustre le fait que l'approche épistémique des fondements des mathématiques est très étroitement reliée aux réalités du développement historique concret des mathématiques.

APPENDICE

1. La sémantique des jeux

Nous allons interpréter chaque énoncé φ de la logique du premier ordre par un jeu sémantique joué par deux joueurs, le vérificateur *V* et le falsificateur *F*. L'énoncé φ ne contient pas de variables libres et ses constantes non-logiques sont interprétées dans un modèle *M*. Le jeu associé à φ et à un modèle *M* (que nous allons dénoter par G(*M*, φ)) est caractérisé par un certain nombre de règles. Comme chaque énoncé de la logique du premier ordre est équivalent à un énoncé où la négation préfixe les formules atomiques, nous allons définir les règles du jeu G(*M*, φ) seulement pour le cas où φ a cette forme-là. En vertu de considérations similaires, on va limiter les jeux sémantiques aux énoncés qui ont une forme normale prénexe. Avec ces restrictions, les règles du jeu G(*M*, φ) sont très simples : de gauche à droite, *V* choisit un élément de l'univers |*M*| pour chaque quantificateur existentiel de φ et l'un des deux énoncés pour chaque disjonction. De même, *F* choisit un élément de |*M*| pour chaque quantificateur universel et l'un des deux énoncés pour chaque conjonction. Après un nombre fini de choix, le jeu se termine avec une sous-formule atomique de φ ou sa négation. Si cette formule est rendue vraie par les individus choisis pendant le jeu, *V* gagne la partie. Sinon c'est *F* qui gagne.

Exemple. Dans le jeu associé à l'énoncé $\forall x_0 \exists x_1 \neg(x_0 = x_1)$ et au modèle *M* d'univers $|M| = \{a, b\}$, *F* choisit $a_0 \in |M|$ puis *V* choisit $a_1 \in |M|$. *V* gagne si $a_0 \neq a_1$, sinon *F* gagne.

Nous voulons faire une distinction entre *gagner une partie* et *avoir une stratégie gagnante* dans un jeu. Une stratégie pour un joueur est un ensemble de fonctions, une pour chacune des constantes logiques de l'énoncé associées aux choix du joueur selon les règles expliquées précédemment. Le joueur emploie la stratégie si ses choix dans le jeu sont les valeurs des fonctions de sa stratégie pour les arguments constitués par la suite des éléments choisis avant les choix en question. Une stratégie est gagnante si le joueur gagne contre tous les choix possibles de son opposant. Les jeux sémantiques associés aux énoncés d'un langage du premier ordre sont des jeux déterminés : il y a toujours une stratégie gagnante pour l'un des joueurs (mais jamais de stratégie gagnante pour les deux).

Dans l'exemple précédent, chaque fonction $f:\{a, b\} \rightarrow \{a, b\}$ constitue une stratégie pour *V*. Pour qu'elle soit gagnante, *f* doit satisfaire en outre la condition :

$$a_0 \neq f(a_0) \text{ pour tout } a_0 \in \{a, b\}.$$

De façon similaire, tout individu $c \in \{a, b\}$ constitue une stratégie pour *F* (nous identifions une fonction dont l'ensemble des arguments est la suite vide avec un individu de l'univers du discours). Si l'individu en question satisfait en outre la condition :

$$c = d \text{ pour tout } d \in \{a, b\}$$

il constitue une stratégie gagnante pour *F*.

Il est évident que dans notre exemple la fonction *f* définie par

$$f(a) = b \text{ et } f(b) = a$$

est une stratégie gagnante pour *V*.

Nous sommes maintenant en position de définir la vérité (et la fausseté) dans un modèle *M* d'un énoncé d'un langage du premier ordre :

– L'énoncé φ est vrai (au sens de la théorie des jeux) dans *M*, $M \models^{+}_{GTS} \varphi$, si et seulement si il y a une stratégie gagnante pour *V* dans le jeu sémantique G(*M*, φ).

– L'énoncé φ est faux dans *M*, $M \models^{-}_{GTS} \varphi$, si et seulement si il y a une stratégie gagnante pour *F* dans le jeu sémantique G(*M*, φ).

Comme une stratégie consiste en un ensemble de fonctions, il est clair que la vérité d'un énoncé du langage du premier ordre est équivalente à la vérité d'un énoncé du second ordre (Σ^1_1) ; et la même chose vaut pour la fausseté.

2. La négation comme échange des rôles

On peut autoriser la présence d'occurrences de la négation dans des positions arbitraires et les interpréter par une règle du jeu comme cela est illustré dans le texte du livre : chaque fois qu'on rencontre une négation, les joueurs échangent leurs rôles au sens où les choix faits par *V* seront faits par

F et vice versa; de plus, les règles qui permettent de gagner ou de perdre la partie changent aussi. Plus précisément :

– Si la formule sur laquelle la partie se termine est rendue vraie par les individus choisis pendant la partie, et si le nombre de fois où on a échangé les rôles est pair, alors V gagne le jeu et F le perd.

– Si la formule sur laquelle la partie se termine est rendue vraie par les individus choisis pendant la partie, et si le nombre de fois où on a échangé les rôles est impair, alors V perd le jeu et F le gagne.

– Si la formule sur laquelle la partie se termine est rendue fausse par les individus choisis pendant la partie, et si le nombre de fois où on a échangé les rôles est pair, alors V perd le jeu et F le gagne.

– Si la formule sur laquelle la partie se termine est rendue fausse par les individus choisis pendant la partie, et si le nombre de fois où on a échangé les rôles est impair, alors V gagne le jeu et F le perd.

Nous allons mentionner quelques faits très simples concernant la négation qui suivent directement des définitions précédentes.

Proposition 1. Pour tout énoncé φ et tout modèle M, on a :

(i) Il y a une stratégie gagnante pour V dans le jeu $G(M, \varphi)$ si et seulement si il y a une stratégie gagnante pour F dans le jeu $G(M, \neg\varphi)$;

(ii) Il y a une stratégie gagnante pour V dans le jeu $G(M, \neg\varphi)$ si et seulement si il y a une stratégie gagnante pour F dans le jeu $G(M, \varphi)$.

Preuve. Supposons d'abord qu'il y a une stratégie gagnante pour V dans $G(M, \varphi)$, et supposons ensuite que les joueurs échangent leurs rôles n fois, n étant pair. Dans ce cas, les individus choisis pendant le jeu rendent vraie la formule atomique avec laquelle le jeu termine. Dans le jeu $G(M, \neg\varphi)$ laissons F emprunter la stratégie de V dans $G(M, \varphi)$. Comme le nombre de fois où les joueurs échangent leurs rôles dans $G(M, \neg\varphi)$ est impair, F va gagner. Les autres cas sont démontrés de la même façon.

Nous sommes maintenant en situation de voir que la loi du tiers exclu est équivalente au principe de détermination des jeux sémantiques. Tout d'abord il est clair que :

$M \vDash^{+}_{GTS} \varphi \vee \neg\varphi$ si et seulement s'il y a une stratégie gagnante pour V dans le jeu $G(M, \varphi)$, ou une stratégie gagnante pour V dans $G(M, \neg\varphi)$.

En vertu de la Proposition précédente, cette assertion est équivalente à la suivante :

$M \vDash^{+}_{GTS} \varphi \vee \neg\varphi$ si et seulement s'il y a une stratégie gagnante pour V dans le jeu $G(M, \varphi)$, ou une stratégie gagnante pour F dans $G(M, \varphi)$.

Pour tout énoncé φ, soit φ^* l'énoncé obtenu à partir de φ par les opérations suivantes :

– Chaque quantificateur existentiel est remplacé par un quantificateur universel et vice versa ;
– Chaque disjonction est remplacée par une conjonction et vice versa ;
– On préfixe chaque formule atomique d'une négation, si elle n'en a pas déjà une ;
– On enlève la négation précédant chaque formule atomique qui en possède une.

Proposition 2. Pour tout énoncé φ et tout modèle M, on a :

(i) Il y a une stratégie gagnante pour V dans le jeu $G(M, \varphi)$ si et seulement si il y a une stratégie gagnante pour F dans le jeu $G(M, \varphi^*)$;

(ii) Il y a une stratégie gagnante pour V dans le jeu $G(M, \varphi^*)$ si et seulement si il y a une stratégie gagnante pour F dans le jeu $G(M, \varphi)$.

Preuve. Evidente, car φ^* ne fait qu'exprimer la règle du jeu associée à la négation (échange des rôles, y compris l'échange des conditions de gain et de perte du jeu).

Proposition 3. Pour tout énoncé φ et tout modèle M, on a :

Il y a une stratégie gagnante pour V dans le jeu $G(M, \neg\varphi)$ si et seulement si il y a une stratégie gagnante pour V dans le jeu $G(M, \varphi^*)$.

Preuve. Supposons qu'il y a une stratégie gagnante pour V dans le jeu $G(M, \neg\varphi)$. Il s'ensuit, en vertu de la Proposition précédente, qu'il y a une stratégie gagnante pour F dans le jeu $G(M, (\neg\varphi)^*)$. Mais $(\neg\varphi)^*$ est équivalent à $\neg(\varphi^*)$, et en appliquant la première Proposition on conclut qu'il y a une stratégie gagnante pour V dans le jeu $G(M, \varphi^*)$. L'autre sens est démontré de la même façon.

On a confirmé le résultat initial : la négation interprétée par l'échange des rôles est une négation duale.

3. Les langages IF

La principale nouveauté des langages IF réside dans la présence de quantificateurs, de disjonctions et de conjonctions indépendants :

$$(\forall x/W), (\exists x/W), (\vee/W) \text{ et } (\wedge/W)$$

où W est un ensemble de quantificateurs standards. Nous allons simplifier la notation introduite dans le texte du livre et limiter W au cas d'un ensemble de variables. Dans le cas où $W=\varnothing$, nous identifions $(\forall x/W)$ et $\forall x$, etc. Pour des raisons que nous n'allons pas discuter ici, on va traiter les disjonctions $(\vee/W)$ et les conjonctions $(\wedge/W)$ comme des quantificateurs limités, $(\vee_{i\in I}/W)$ et $(\wedge_{i\in I}/W)$ respectivement, où I est un ensemble d'indices. Un langage IF va contenir des énoncés comme :

$$\varphi : \forall x_0 \exists x_1 \forall x_2 (\exists x_3 / \{x_0, x_1\}) R(x_0, x_1, x_2, x_3)$$

ou :

$$\psi : \forall x_0 (\vee_{\iota \in I}) \exists x_3 (\wedge_{\iota \in I} / \{x_3\}) P_{ij}(x_0, x_3)$$

ainsi que les négations, disjonctions et conjonctions de ces énoncés. Dans l'énoncé φ, les variables x_0 et x_1 sont liées par les quantificateurs $\forall x_0$ et $\exists x_1$ respectivement.

Comme auparavant, les énoncés sont interprétés par des jeux sémantiques qui sont identiques aux jeux précédents, sauf que dans ce cas les deux joueurs possèdent une *information imparfaite*. Par exemple, dans le jeu associé à φ et à un modèle arbitraire M où est interprétée la relation R, il y a quatre choix : 1) F choisit $a_0 \in |M|$; 2) V choisit $a_1 \in |M|$; 3) F choisit $a_2 \in |M|$; et finalement 4) V choisit $a_3 \in |M|$ sans connaître le choix a_0 ni son propre choix a_1 (nous ignorons ici les subtilités interprétatives liées au fait que les joueurs « oublient » leurs propres choix). La notion de stratégie reste la même qu'auparavant sauf que maintenant les individus qui sont les valeurs des variables apparaissant dans l'ensemble W ne figurent pas parmi les arguments des fonctions composant la stratégie des joueurs. Cette façon de codifier l'information imparfaite correspond à la notion de *stratégie uniforme* dans la théorie classique des jeux. Dans le cas général, une fonction g dont les arguments sont des suites $(a_0, \ldots, a_{n\text{-}1})$ est W-uniforme, avec $W \subseteq \{0, \ldots, n\text{-}1\}$ si elle a une valeur constante pour toutes les suites qui coïncident sur les arguments $\{0, \ldots, n\text{-}1\} \backslash W$. Plus spécifiquement, quand deux suites $(a_0, \ldots, a_{n\text{-}1})$ et $(b_0, \ldots, b_{n\text{-}1})$ satisfont la condition :

$$a_i = b_i \text{ pour tout } i \in \{0, \ldots, n\text{-}1\} \backslash W$$

alors une fonction g qui est W-uniforme doit satisfaire la condition :

$$g(a_0, \ldots, a_{n\text{-}1}) = g(b_0, \ldots, b_{n\text{-}1}).$$

Il est clair que toute fonction cst $\varnothing$-uniforme. Revenons maintenant au jeu $G(M, \varphi)$. Une stratégie pour V est composée de deux fonctions :

$$F : |M| \rightarrow |M| \text{ et } g : |M|^3 \rightarrow |M|$$

avec la précision que g doit être une fonction $\{0, 1\}$-uniforme, ce qui veut dire que pour toutes les suites (a_0, a_1, a_2), (b_0, b_1, b_2) :

$$a_2 = b_2 \Rightarrow g(a_0, a_1, a_2) = g(b_0, b_1, b_2)$$

Il est clair qu'on peut maintenant définir une fonction $h : |M| \rightarrow |M|$

$$h(a_2) = f(a_0, a_1, a_2).$$

La définition des notions de vérité et de fausseté d'un énoncé IF dans un modèle M reste la même qu'auparavant, sauf que la notion de stratégie gagnante est maintenant remplacée par celle de stratégie gagnante uniforme. Il s'ensuit que :

$M \models^{+} \varphi$
$\Leftrightarrow M \models \exists f \exists g^{\{0,1\}\text{-unif}} \forall x \forall y R(x, f(x), y, g(x, f(x), y))$
$\Leftrightarrow M \models \exists f \exists h \forall x \forall y R(x, f(x), y, h(y))$

où $g^{\{0,1\}\text{-unif}}$ signifie que la fonction g est $\{0, 1\}$-uniforme (quand $W = \varnothing$, f coïncide avec $f^{W\text{-unif}}$).

La présence de l'information imparfaite a deux conséquences :

– Elle introduit de l'indétermination dans les jeux ;
– Elle introduit un phénomène qui dans la théorie des jeux porte le nom de *signalling*.

Un exemple d'indétermination est le jeu G(M, φ), où φ est $\forall x_0 (\exists x_1/\{x_0\}) x_0 = x_1$ et $|M| = \{a, b\}$. Dans ce cas, on a :

$M \models^{+} \forall x_0 (\exists x_1/\{x_0\}) x_0 = x_1 \Leftrightarrow M \models \exists x_1 \forall x_0 x_0 = x_1$
$M \models^{-} \forall x_0 (\exists x_1/\{x_0\}) x_0 = x_1 \Leftrightarrow M \models \exists x_0 \forall x_1 \neg x_0 = x_1$

Comme les deux assertions à droite de l'équivalence sont fausses, il s'ensuit que φ n'est ni vrai ni faux dans le modèle M.

Un exemple de *signalling* est obtenu en ajoutant une variable vide à l'exemple précédent : $\forall x_0 \exists x_2 (\exists x_1/\{x_0\}) x_0 = x_1$. Dans ce cas, V a une stratégie gagnante : même si au moment où il choisit a_1 il ne « voit » pas le choix de la valeur a_0 associé au quantificateur $\forall x_0$, il le voit au moment où il choisit a_2. On a :

$$M \models^{+} \forall x_0 \exists x_2 (\exists x_1/\{x_0\}) x_0 = x_1 \Leftrightarrow M \models \exists f \exists g \forall x\, x = g(f(x))$$

et les fonctions

$$f(x) = x \text{ et } g(x) = x$$

constituent une stratégie gagnante pour V.

4. Quelques propriétés de la logique IF

Nous allons mentionner quelques propriétés de la logique IF en nous concentrant sur la définissabilité du prédicat de vérité dans les langages IF eux-mêmes.

1. Séparation. Soient K_1 et K_2 deux classes de modèles définies par des énoncés IF (une classe K de modèles est définie par un énoncé φ si $M \models^{+} \varphi \Leftrightarrow M \in K$). Si $K_1 \cap K_2 = \varnothing$, alors il y a une classe K de modèles définie par un énoncé du premier ordre telle que :

$$K_1 \subseteq K \text{ et } K \cap K_2 = \varnothing.$$

En d'autres termes, si φ et ψ sont deux énoncés IF tels que $\varphi \models \neg\psi$, alors il y a un énoncé θ de la logique du premier ordre tel que $\varphi \models \theta$ et $\theta \models \neg\psi$. ($\varphi \models \psi$ est défini comme : $M \models^+ \varphi \Rightarrow M \models^+ \psi$, pour tout modèle M.)

2. Expressivité. La logique IF a un pouvoir d'expression plus grand que la logique du premier ordre. Les exemples dans le livre ont suffisamment illustré ce point. Un exemple souvent employé est l'énoncé : $\varphi_{\text{inf}} = \exists x_0 \forall x_1 \exists x_2 (\exists x_3 / \{x_0\})(x_1 = x_3 \wedge x_2 \neq x_0)$ qui définit l'infini, c'est-à-dire :

$M \models^+ \varphi_{\text{inf}}$ si et seulement si M est (Dedekind) infini.

3. Compacité. Un ensemble Γ d'énoncés IF a un modèle si et seulement si chaque sous-ensemble de Γ a un modèle.

Il y a ici une différence essentielle avec la logique du premier ordre. Cette dernière connaît deux formes de compacité qui sont équivalentes :

– Pour tout ensemble Γ d'énoncés : Γ a un modèle si et seulement si tout sous-ensemble fini de Γ a un modèle.

– Pour tout ensemble Γ d'énoncés et tout énoncé φ : $\Gamma \models \varphi$ si et seulement si il y a un sous-ensemble fini $\Delta \subseteq \Gamma$ tel que $\Delta \models \varphi$.

La logique IF possède seulement la première forme de compacité. L'exemple suivant (dû à Bozon) est une réfutation de la compacité dans sa seconde forme. Soit Σ l'ensemble d'énoncés du premier ordre $\{p_n : n \geq 2\}$, où

$$p_n = \exists x_1 \exists x_2 \ldots \exists x_n \bigwedge_{1 \leq i < j \leq n} x_i \neq x_j$$

Chaque p_n affirme qu'il y a au moins n éléments dans l'univers. Il est clair que

$$\Sigma \models \varphi_{\text{inf}}$$

mais il n'y a pas d'ensemble fini $\Delta \subseteq \Sigma$ tel que $\Delta \models \varphi_{\text{inf}}$.

4. La classe des énoncés contradictoires d'un langage IF est récursivement axiomatisable (*effective disproof procedure*). C'est la propriété miroir de la logique du premier ordre suivant laquelle la classe des vérités logiques est récursivement axiomatisable.

Les propriétés (1), (3) et (4) sont démontrées de la même façon en faisant usage de la définition de la vérité des énoncés IF. Comme on l'a déjà vu, la vérité d'un énoncé IF est équivalente à un énoncé Σ^1_1 (un énoncé de la forme $\exists f_1 \ldots \exists f_n \psi$, où ψ est un énoncé du langage du premier ordre). On fait ensuite appel aux instanciations des énoncés Σ^1_1 où les quantificateurs existentiels du second ordre sont instanciés par des fonctions de Skolem; ces instanciations sont des énoncés du premier ordre dans un vocabulaire élargi. On va illustrer ici cette technique dans la preuve de la propriété (4).

Il est évident qu'un énoncé φ d'un langage IF est une contradiction (φ n'a pas de modèle) si et seulement si $\varphi^*(\overline{f_i}) \vDash \bot$, où ⊥ est un énoncé contradictoire du langage du premier ordre, par exemple $\exists y(y \neq y)$, et $\varphi^*(\overline{f_i})$ est l'instanciation de l'énoncé Σ_1^1 qui exprime les conditions de vérité de φ avec les fonctions de la suite $\overline{f_i}$. Dans le cas plus général où Γ est un ensemble d'énoncés IF, $\Gamma = \{\varphi_{i:}\ i<\omega\}$, Γ est contradictoire si et seulement si $\Gamma^* \vDash \bot$, où $\Gamma^* = \{\varphi_i^*(\overline{f_i}) : i<\omega\}$. Maintenant on a :

$$\Gamma \vDash \bot \Leftrightarrow \{\varphi_i^*(\overline{f_i}) : i<\omega\} \vDash \bot \qquad (\#)$$

Comme tous les énoncés de l'ensemble $\{\varphi_i^*(\overline{f_i}) : i<\omega\}$ sont des énoncés du premier ordre, on peut remplacer la relation de conséquence logique dans (#) par la relation de prouvabilité :

$$\Gamma^* \vDash \bot \Leftrightarrow \{\varphi_i(P_i) : i<\omega\} \vdash \bot$$

Nous allons consacrer le reste de cette section à la définissabilité de la vérité.

5. La définissabilité de la vérité dans les modèles de *PA*. Nous dénotons par *PA* l'arithmétique de Peano. Il y a une formule $\Psi(x)$ d'un langage IF sur le vocabulaire de *PA* qui définit « *vrai-dans-M* » pour tout modèle *M* de *PA* ; en d'autres termes, pour tous les modèles *M* de *PA* et tous les énoncés φ du langage IF construit avec la signature de *PA*, on a :

$$M \vDash^+ \varphi \Leftrightarrow M \vDash^+ \Psi(\ulcorner\varphi\urcorner)$$

On va démontrer cette propriété pour un langage IF, appelons-le $\mathcal{L}$', qui est encore plus limité que celui introduit plus haut et qui est caractérisé par les clauses suivantes :

(1) Tout énoncé de la logique du premier ordre appartient à $\mathcal{L}$' ;

(2) Toute formule qui a la forme
$\forall x_0 \exists x_1 \forall x_2 (\exists x_3 / \{x_0, x_1\})\, \varphi(x_0, \ldots, x_3, \overline{y})$
où $\varphi(x_0, \ldots, x_3, \overline{y})$ est une formule de la logique du premier ordre, appartient à $\mathcal{L}$'.

Il faut remarquer deux choses quant au langage $\mathcal{L}$'. Les seules indépendances quantificationnelles permises sont celles du type de la clause (2). On verra plus loin que les autres indépendances entre quantificateurs sont réductibles (dans une classe donnée de modèles) aux indépendances de ce type. Comme on le voit, $\mathcal{L}$' n'est pas clos sous la négation. Il est facile de montrer que la Proposition 3 de la première section reste valide pour les énoncés IF, et donc que chaque énoncé IF est équivalent à un énoncé IF où la négation préfixe seulement les sous-formules atomiques.

Dans ce qui suit, nous nous intéressons uniquement à la vérité des énoncés IF donc à chaque fois que nous écrivons $M \vDash \varphi$, il faut le comprendre comme signifiant $M \vDash^+ \varphi$.

Avant de démontrer la propriété (5), nous allons faire un court détour par les quantificateurs de Henkin.

Les préfixes quantificationnels de Henkin ont la forme générale suivante :

$$\begin{pmatrix} \forall x_1^1 & \dots & \forall x_{n_1}^1 & \exists y_1 \\ \vdots & \ddots & \vdots & \\ \forall x_1^k & \dots & \forall x_{n_k}^k & \exists y_k \end{pmatrix} \qquad (+)$$

La vérité dans un modèle M d'une formule du premier ordre ψ avec un préfixe de Henkin est donnée par l'existence de fonctions de Skolem $f_1, \dots, f_k$, qui rendent vraie la formule ψ pour toutes les valeurs des quantificateurs universels :

$$M \vDash \begin{pmatrix} \forall x_1^1 & \dots & \forall x_{n_1}^1 & \exists y_1 \\ \vdots & \ddots & \vdots & \\ \forall x_1^k & \dots & \forall x_{n_k}^k & \exists y_k \end{pmatrix} \psi \Leftrightarrow$$

$$M \vDash \exists f_1 \dots \exists f_k \forall \overline{x}\ \psi(\overline{x}, f_1(\overline{x_1}), \dots, f_k(\overline{x_k})). \qquad (*)$$

(où $\overline{x}$ est la suite $x_1^1 \dots x_{n_k}^k$, et chaque $\overline{x_i}$ est la suite des variables de la ligne i). Il est évident que toute formule (*) peut être écrite comme une formule du langage IF :

$$\forall x_1^1 \dots x_{n_1}^1 \exists y_1 \forall x_1^2 \dots x_{n_2}^2 (\exists y_2 / \{x_1^1, \dots, x_{n_1}^1, y_1\})$$

$$\dots \forall x_1^k \dots x_{n_k}^k (\exists y_k / \{x_1^1, \dots x_{n_{k-1}}^{k-1}, y_1, \dots, y_{k-1}\}) \psi$$

Walkoe (1970) a démontré que chaque formule Σ_1^1 est équivalente à une formule (*). De plus, il a montré que chaque formule (*) est équivalente à une formule de forme canonique :

$$\begin{pmatrix} \forall x_1 \dots \forall x_n & \exists y_1 \dots \exists y_k \\ \forall z_1 \dots \forall z_n & \exists t_1 \dots \exists t_k \end{pmatrix} \psi \qquad (++)$$

où ψ est une formule du premier ordre qui ne contient pas de quantificateurs. Krynicki (1993) a amélioré ce résultat en montrant que chaque formule (++) est équivalente à une formule de la forme :

$$\begin{pmatrix} \forall x_1 \dots \forall x_n & \exists y_1 \\ \forall z_1 \dots \forall z_n & \exists t_1 \end{pmatrix} \theta$$

où θ est une formule du premier ordre qui ne contient pas de quantificateurs.

Enderton (1970) a observé que dans des modèles qui contiennent des fonctions d'appariement (*pairing functions*), c'est-à-dire des fonctions f qui satisfont la condition :

$$\forall x \forall y \forall x' \forall y' f(x,y)=f(x',y') \Leftrightarrow (x=x' \wedge y=y')$$

tous les préfixes de Henkin peuvent encore être réduits à des préfixes de la forme :

$$\begin{pmatrix} \forall x_1 & \exists y_1 \\ \forall z_1 & \exists t_1 \end{pmatrix}.$$

Par conséquent, dans tous les modèles qui contiennent des fonctions d'appariement, toute formule Σ_1^1 devient équivalente à une formule de la forme :

$$\begin{pmatrix} \forall x_1 & \exists y_1 \\ \forall z_1 & \exists t_1 \end{pmatrix} \zeta$$

où ζ est une formule du premier ordre qui ne contient pas de quantificateurs. Cette formule peut évidemment être écrite comme une formule du langage $\mathcal{L}'$. Il suffit donc de montrer que $\mathcal{L}'$ définit son propre prédicat de vérité $\Psi(x)$.

Nous allons construire la formule $\Psi(x)$ en deux phases. Dans la première phase, nous allons produire la formule $\Psi_1(x)$ du langage $\mathcal{L}'$ qui définira « *vrai-dans-M* » pour tous les énoncés du premier ordre dont le vocabulaire est pris dans *PA*. Dans la seconde phase, on va enrichir $\Psi_1(x)$ avec une clause qui traite de la vérité des énoncés dans la clause (2) de la syntaxe du langage $\mathcal{L}'$.

Lemme 5. Il y a une formule $\Psi_1(x)$ du langage $\mathcal{L}'$ construit avec la signature de *PA* qui définit « *vrai-dans-M* » pour le langage du premier ordre de *PA* et pour tous les modèles *M* de *PA*, c'est-à-dire que pour tout énoncé φ construit dans le langage de *PA* et tout modèle *M* de *PA*, on a :

$$M \models \Psi_1(\underline{\ulcorner \varphi \urcorner}) \Leftrightarrow M \models \varphi$$

où $\ulcorner \varphi \urcorner$ est le nombre de Gödel de φ, et $\underline{n}$ est le numéral correspondant au nombre naturel n.

Preuve. La preuve est bien connue. Comme on va avoir besoin plus tard de la formule $\Psi_1(x)$, on va l'écrire explicitement. Nous allons faire usage des abréviations suivantes :

« x est un énoncé de *PA* » : « $x \in Sent_{PA}$ »
« y est une variable » : « $y \in Var$ »
« x est une formule de *PA* » : « $x \in Form_{PA}$ »

Nous allons aussi faire usage de la fonction récursive de substitution :

$$sub(\ulcorner\varphi\urcorner, \ulcorner x\urcorner, n) = \ulcorner\varphi\ (\underline{n})\urcorner$$

On sait que *sub* est définissable dans le langage de *PA*. On va employer le symbole de fonction $sub(z, y, x)$ pour l'expression qui définit cette fonction. Nous allons reprendre la pratique commune qui consiste à abréger $sub(\ulcorner\psi\urcorner, \ulcorner y\urcorner, x)$ en $\ulcorner\psi(\dot{x})\urcorner$. Par un processus d'itération, on peut étendre la fonction *sub* à des formules à plusieurs variables. Dans ce qui suit, nous écrirons simplement $\ulcorner\varphi\urcorner$ à la place de $\ulcorner\underline{\varphi}\urcorner$.

Nous sommes maintenant prêts pour écrire la formule qui définit la vérité :

$$\exists X\,(L(X) \wedge Xx)$$

où $L(X)$ est la conjonction des cinq formules suivantes (X étant une variable du second ordre) :

– $Xx \rightarrow x \in Sent_{PA}$
– « x est un énoncé atomique vrai ou la négation d'un énoncé atomique vrai de *PA* »
– $\forall\psi \in Sent_{PA}\,(x = \ulcorner\neg\psi\urcorner \rightarrow (Xx \leftrightarrow \neg X\ulcorner\psi\urcorner))$
– $\forall\psi, \chi \in Sent_{PA}(x = \ulcorner\psi \wedge \chi\urcorner \rightarrow (Xx \leftrightarrow X\ulcorner\psi\urcorner \wedge X\ulcorner\chi\urcorner))$
– $\forall\psi \in Form_{PA}\,\forall y \in Var\,(x \in Sent_{PA} \wedge x = \ulcorner\exists y\,\psi\urcorner \rightarrow$
$(Xx \leftrightarrow \exists x X\ulcorner\psi(\dot{x})\urcorner))$

Une preuve par induction établit que :

$$M \vDash \exists X\,(L(X) \wedge X\ulcorner\varphi\urcorner) \Leftrightarrow M \vDash \varphi$$

pour tout modèle M de *PA* et tout énoncé φ du langage $\mathcal{L}$'.

En vertu des résultats mentionnés plus haut, la formule $\exists X\,(L(X) \wedge Xx)$ est équivalente (dans tous les modèles de M) à une formule $\Psi_1(x)$ du langage $\mathcal{L}$'.

Théorème 5. Il y a une formule $\Psi(x)$ dans le langage $\mathcal{L}$' et dans le vocabulaire de *PA* qui définit *vrai-dans-M* pour tout énoncé de $\mathcal{L}$' et tout modèle M de *PA* ; en d'autres termes, pour tout modèle M de *PA* et tout énoncé φ du langage $\mathcal{L}$' construit avec la signature de *PA*, on a :

$$M \vDash^{+} \varphi \Leftrightarrow M \vDash^{+} \Psi(\ulcorner\varphi\urcorner).$$

Preuve. Soit $\Psi_1(x)$ la formule de $\mathcal{L}$' donnée dans le lemme précédent et qui définit *vrai-dans-M* pour les énoncés du premier ordre de *PA*. Soit $\Phi(x)$ la formule suivante :

$$(x \in Sent_{PA} \rightarrow \Psi_1(x)) \wedge \forall\psi \in Form_{IF}\,\forall t_0, t_1, t_2, t_3 \in Var$$
$$[(x \in Sent_{IF} \wedge x = \ulcorner\,\forall t_0 \exists t_1 \forall t_2 (\exists t_3/\{t_0, t_1\})\psi\,\urcorner) \rightarrow$$
$$\exists f \exists g \forall x_0 \forall x_2 \Psi_1(\ulcorner\,\psi(\dot{x}_0, \dot{x}_2, f(\dot{x}_0), g(\dot{x}_2))\urcorner)].$$

Comme la classe des formules Σ_1^1 est close sous les conjonctions, disjonctions, la quantification universelle du premier ordre et la quantification existentielle du second ordre, il s'ensuit que $\Phi(x)$ est une formule Σ_1^1. Par les résultats mentionnés plus haut, il suit que $\Phi(x)$ est équivalente à une formule $\Psi(x)$ du langage $\mathcal{L}$'.

5. NÉGATION FORTE *VERSUS* NÉGATION CONTRADICTOIRE

Retournons maintenant au cas général des langages IF (clos par la négation) pour dire quelque chose de la négation contradictoire. Dans la logique IF la négation est interprétée par une règle du jeu qui correspond à l'inversion des rôles des deux joueurs ce qui fait, comme on l'a vu, qu'elle est une négation forte qui a les propriétés mentionnées plus haut, dans la Proposition 3.

La négation contradictoire $\neg_w\varphi$ n'est pas interprétable par une règle du jeu et pour cette raison ne peut pas apparaître à l'intérieur d'un énoncé mais seulement en position initiale. Même quand les deux négations apparaissent en position initiale d'un énoncé, leurs contributions sémantiques sont tout à fait différentes. Pour prendre un exemple trivial, quand la négation contradictoire préfixe un énoncé indéterminé dans un modèle M, $\neg_w\varphi$ est vrai dans M tandis que $\neg\varphi$ est indéterminé.

Étendons le langage IF en un langage IF_{Ext} :

$$IF_{Ext} = \{\varphi : \varphi \text{ est un énoncé IF}\} \cup \{\neg_w\varphi : \varphi \text{ est un énoncé IF}\}.$$

Les règles sémantiques pour $\neg_w$ sont :

$$M \models^+ \neg_w\varphi \Leftrightarrow M \not\models^+ \varphi$$

et

$$M \models^- \neg_w\varphi \Leftrightarrow M \not\models^- \varphi.$$

Étant donné que le jeu $G(M, \varphi)$ est cohérent (il n'y a pas une stratégie gagnante pour V et une autre pour F dans le jeu $G(M, \varphi)$), on a pour tout énoncé IF et pour tout modèle M :

$$M \models^+ \neg\varphi \Rightarrow M \models^+ \neg_w\varphi$$

et

$$M \models^- \neg\varphi \Rightarrow M \models^- \neg_w\varphi$$

Mais cette implication ne vaut pas dans l'autre sens. C'est un fait que pour tout énoncé φ d'un langage IF, sa négation contradictoire coïncide avec sa négation forte dans un modèle M précisément au cas où le jeu $G(M, \varphi)$ est déterminé. Cette équivalence est facile à établir.

On a discuté plus haut du cas des énoncés IF qui ne sont ni vrais, ni faux dans certains modèles. Un de nos exemples était l'énoncé χ :

$$\forall x_0(\exists x_1/\{x_0\})\, x_0 = x_1$$

pour lequel nous avons :

$$M \models^+ \neg\chi \Leftrightarrow M \models^+ \exists x_0 \forall x_1\, x_0 \neq x_1$$
$$M \models^+ \neg_w\chi \Leftrightarrow M \not\models^+ \chi \Leftrightarrow M \not\models^+ \exists x_1 \forall x_0\, x_0 = x_1 \Leftrightarrow M \not\models^+ \forall x_1 \exists x_0\, x_0 \neq x_1$$

Comme il y a des modèles M où les énoncés $\exists x_0 \forall x_1\, x_0 \neq x_1$, $\forall x_1 \exists x_0\, x_0 \neq x_1$ n'ont pas la même valeur de vérité (dans tout modèle M qui a au moins deux éléments, $\exists x_0 \forall x_1\ x_0 \neq x_1$ est faux tandis que $\forall x_1 \exists x_0\ x_0 \neq x_1$ est vrai), nous pouvons conclure sur la base de nos remarques précédentes que les jeux $G(M, \forall x_0(\exists x_1/\{x_0\})\ x_0 = x_1)$ ne sont pas déterminés. Nous avons ici une façon indirecte d'établir l'indétermination d'un énoncé φ dans un modèle.

Dans notre dernier exemple la négation contradictoire d'un énoncé IF est équivalente à un énoncé IF (qui est un énoncé du premier ordre). On peut poser la question plus générale : est-ce toujours le cas ? La réponse est négative et suit directement de la propriété (1) de séparation. Si la négation contradictoire d'un énoncé IF était toujours (équivalente à) un énoncé du premier ordre (donc un énoncé IF), alors l'énoncé en question serait logiquement équivalent à un énoncé du premier ordre, ce qui n'est pas toujours le cas.

Proposition 6. La négation contradictoire $\neg_w\varphi$ d'un énoncé IF φ est logiquement équivalente à un énoncé IF si et seulement si φ est logiquement équivalent à un énoncé du premier ordre.

Preuve. Soit φ un énoncé IF arbitraire. Supposons que $\neg_w\varphi$ est logiquement équivalente à un énoncé IF, ψ. Par la propriété de *séparation*, il y a un énoncé θ du premier ordre tel que $\varphi \models \theta$ et $\theta \models \neg_w\psi$. Soit M un modèle arbitraire tel que $M \models \theta$. Alors $M \models \neg_w\psi$, et on a aussi $M \models \varphi$. Nous avons donc montré que φ est logiquement équivalent à θ, ce qui constitue une contradiction (car on sait par exemple que φ_{inf} n'est pas équivalent à un énoncé du premier ordre).

Il s'ensuit que pour des énoncés comme φ_{inf}, $\neg_w\varphi_{inf}$ ne peut pas être équivalente à un énoncé IF.

6. Le résultat de Kripke

Nous allons comparer dans cette section le résultat sur la définissabilité d'un prédicat de vérité dans un langage IF avec un résultat similaire de Kripke (1975). Le résultat de Kripke et le résultat présenté dans la section précédente (qui remonte à Sandu 1998) vont, dans un certain sens, au-delà du résultat classique de Tarski qui est un résultat d'impossibilité : il n'y a pas de modèle M pour un langage L (qui parle de sa propre syntaxe) et de formule $Tr(x)$ dans L telle que l'extension de Tr dans M soit la classe des énoncés vrais dans M.

Kripke (1975) montre qu'un certain langage L contenant sa syntaxe possède un prédicat de vérité *Tr partiellement interprété* dont l'extension coïncide avec l'ensemble des énoncés du premier ordre vrais dans un modèle M, et dont la contre-extension coïncide avec les énoncés faux dans M. Plus spécifiquement, Kripke part d'un langage $\mathcal{L}$ du premier ordre avec le vocabulaire de PA. On forme le langage $\mathcal{L}^+ = \mathcal{L} \cup \{Tr\}$ en lui ajoutant le prédicat Tr. Du côté de l'interprétation, on élargit le modèle standard $\mathbb{N}$ de PA en un modèle classique $(\mathbb{N}, E)$ où E est l'extension du prédicat Tr. On obtient un modèle partiel $(\mathbb{N}, (E, D))$ de $\mathcal{L}^+$ en ajoutant un ensemble D qui est la contre-extension de Tr. La vérité et la fausseté d'une formule relativement à une assignation g dans un modèle partiel sont déterminées par le schéma de Kleene (nous l'illustrons avec le modèle $(\mathbb{N}, (E, D))$ mais ce schéma s'applique à tous les modèles partiels) :

1. $(\mathbb{N}, (E, D)), g \vDash^+ Tr(x) \Leftrightarrow g(x) \in E$
2. $(\mathbb{N}, (E, D)), g \vDash^- Tr(x) \Leftrightarrow g(x) \in D$
3. $(\mathbb{N}, (E, D)), g \vDash^+ \neg\varphi \Leftrightarrow (\mathbb{N}, (E, D)), g \vDash^- \varphi$
4. $(\mathbb{N}, (E, D)), g \vDash^- \neg\varphi \Leftrightarrow (\mathbb{N}, (E, D)), g \vDash^+ \varphi$
5. $(\mathbb{N}, (E, D)), g \vDash^+ \varphi \vee \psi \Leftrightarrow$
   $(\mathbb{N}, (E, D)), g \vDash^+ \varphi$ ou $(\mathbb{N}, (E, D)), g \vDash^+ \psi$
6. $(\mathbb{N}, (E, D)), g \vDash^- \varphi \vee \psi \Leftrightarrow$
   $(\mathbb{N}, (E, D)), g \vDash^- \varphi$ et $(\mathbb{N}, (E, D)), g \vDash^- \psi$
7. $(\mathbb{N}, (E, D)), g \vDash^+ \exists x_n \varphi \Leftrightarrow$ il y a un $a \in \mathbb{N}$ tel que
   $(\mathbb{N}, (E, D)), g(a / x_n) \vDash^+ \varphi$
8. $(\mathbb{N}, (E, D)), g \vDash^- \exists x_n \varphi \Leftrightarrow$ pour tout $a \in \mathbb{N}$:
   $(\mathbb{N}, (E, D)), g(a / x_n) \vDash^- \varphi$

Le résultat de Tarski est qu'il est impossible de trouver un modèle classique $(\mathbb{N}, E)$ de $\mathcal{L}^+$ tel que E soit l'ensemble des codes des énoncés de $\mathcal{L}^+$ qui sont vrais dans $(\mathbb{N}, E)$.

Le résultat de Kripke est que l'on peut trouver un modèle partiel qui a cette propriété, c'est-à-dire que l'on peut trouver E et D tels que pour tout énoncé φ de $\mathcal{L}^+$ on ait :

$$(\mathbb{N}, (E, D)) \vDash^+ Tr(\ulcorner\varphi\urcorner) \Leftrightarrow (\mathbb{N}, (E, D)) \vDash^+ \varphi$$
$$(\mathbb{N}, (E, D)) \vDash^- Tr(\ulcorner\varphi\urcorner) \Leftrightarrow (\mathbb{N}, (E, D)) \vDash^- \varphi.$$

La paire (E, D) est qualifiée de *point fixe* pour $\mathcal{L}^+$. L'existence d'un tel point fixe est démontrée par une construction transfinie. D'abord on fixe pour chaque ordinal α :

$$E_\alpha = \{\ulcorner\varphi\urcorner : (\mathbb{N}, (\bigcup_{\beta<\alpha} E_\beta, \bigcup_{\beta<\alpha} D_\beta)) \models^+ \varphi\}$$

$$D_\alpha = \{ n \in \mathbb{N} : n \text{ n'est pas un énoncé}\} \cup \{\ulcorner\varphi\urcorner : (\mathbb{N}, (\bigcup_{\beta<\alpha} E_\beta, \bigcup_{\beta<\alpha} D_\beta)) \models^- \varphi\}$$

Finalement, on définit $E_\infty = \bigcup_{\varphi\in Or} E_\alpha$ et $D_\infty = \bigcup_{\varphi\in Or} D_\alpha$.

Pour des raisons de cardinalité, il existe E_λ et D_λ tels que pour tout $\kappa > \lambda$, $E_\lambda = E_\kappa$. La paire (E_λ, D_λ) est le point fixe minimal recherché.

Revenons maintenant à la logique IF. Nous allons limiter nos considérations aux langages $\mathcal{L}$'. Les modèles des langages $\mathcal{L}$' sont des modèles classiques, mais on a toujours une interprétation à deux valeurs sémantiques, $M \models^+_{GTS} \varphi$ et $M \models^-_{GTS} \varphi$. Il est facile de montrer que pour tout énoncé φ du langage du premier ordre, $M \models^+_{GTS} \varphi$ et $M \models^-_{GTS} \varphi$ respectent exactement les clauses (1)-(8) du schéma de Kleene. En ajoutant deux clauses supplémentaires :

9. $M, g \models^+_{GTS} \forall x_0 \exists x_1 \forall x_2 (\exists x_3 / \{x_0, x_1\})\, \varphi(x_0, \ldots, x_3, \overline{y})$
$\Leftrightarrow M, g \models \exists f \exists g \forall x_0 \forall x_2\, \varphi(x_0, f(x_0), x_2, g(x_2), \overline{y})$

10. $M, g \models^-_{GTS} \forall x_0 \exists x_1 \forall x_2 (\exists x_3 / \{x_0, x_1\})\, \varphi(x_0, \ldots, x_3, \overline{y})$
$\Leftrightarrow M, g \models \exists x_0 \forall x_1 \exists x_2 \forall x_3 \neg\varphi(x_0, \ldots, x_3, \overline{y})$

on obtient un schéma d'évaluation de Kleene pour $\mathcal{L}$'.

Considérons maintenant la formule $\Psi(x)$ qui définit la vérité des énoncés de $\mathcal{L}$'. Nous avons vu dans la section précédente que $\Psi(x)$ a la forme $\forall x_0 \exists x_1 \forall x_2 (\exists x_3 / \{x_0, x_1\})\, \varphi(x_0, \ldots, x_3, x)$, où $\varphi(x_0, \ldots, x_3, x)$ est une formule du premier ordre. C'est un fait qu'il y a des énoncés ψ de $\mathcal{L}$' tels que :

$$\mathbb{N} \not\models^+_{GTS} \forall x_0 \exists x_1 \forall x_2 (\exists x_3 / \{x_0, x_1\})\, \varphi(x_0, \ldots, x_3, \ulcorner\psi\urcorner)$$

et

$$\mathbb{N} \not\models^-_{GTS} \forall x_0 \exists x_1 \forall x_2 (\exists x_3 / \{x_0, x_1\})\, \varphi(x_0, \ldots, x_3, \ulcorner\psi\urcorner).$$

L'analogie avec le système de Kripke est parfaite, sauf que la source de la partialité dans les deux systèmes est différente : dans le cas de Kripke, elle est au niveau des formules atomiques donc au niveau des modèles (qui sont partiels); dans notre cas, elle est dans les structures quantificationnelles, les modèles restant toujours classiques.

Ceci étant dit, il y a quand même une différence essentielle entre les deux systèmes logiques. Dans le cas de Kripke le prédicat *Tr* définit la vérité dans un modèle (bien que partiel) tandis que la formule $\Psi(x)$ définit la vérité des énoncés IF dans tous les modèles de *PA*. Cette différence est parfois explicitée en termes de la distinction entre un prédicat qui est extensionnellement adéquat et un prédicat intensionnellement adéquat. Le résultat que nous avons donné ici est donc supérieur à celui de Kripke, car il capture quelque chose de l'intension du prédicat de vérité [1].

Gabriel SANDU
IHPST, Paris

1. Pour une élaboration critique de ce point de vue, voir Ph. de Rouilhan & S. Bozon, « The Truth of IF: Has Hintikka Really Exorcised Tarski's Curse? », dans R. E. Auxier & L. E. Hahn (eds.), *The Philosophy of Jaakko Hintikka*, La Salle (Illinois), Open Court, The Library of Living Philosophers, 2006, p. 683-705.

BIBLIOGRAPHIE

BALDUS R., « Zur Axiomatik der Geometrie I : Über Hilberts Vollständigkeitsaxiom », *Mathematische Annalen* 100, 1928, p. 321-333.

BARWISE J., « On Branching Quantifiers in English », *Journal of Philosophical Logic* 8, 1979, p. 47-80.

– « Model-Theoretic Logics : Background and Aims », dans J. Barwise et S. Feferman (eds.), 1985, p. 3-23.

— et FEFERMAN S. (eds.), *Model-Theoretic Logics*, New York, Springer, 1985.

BENACERRAF P., « Mathematical Truth », *Journal of Philosophy* 70, 1973, p. 661-680 ; repris dans P. Benacerraf et H. Putnam (eds.), 1983, p. 403-420.

— et PUTNAM H. (eds.), *Philosophy of Mathematics*, Englewood Cliffs, NJ, Prentice-Hall, 1964 ; 2e éd., Cambridge, Cambridge University Press, 1983.

BENTHEM J. VAN et MEULEN A. TER (eds.), *Handbook of Logic and Language*, Amsterdam, Elsevier, 1996.

BLASS A. et GUREVICH Y., « Henkin Quantifiers and Complete Problems », *Annals of Pure and Applied Logic* 32, 1986, p. 1-16.

BLUMENTHAL O., « Lebensgeschichte [Hilberts] », dans D. Hilbert, 1935, p. 388-429.

BOLTZMANN L., *Populäre Schriften*, Leipzig, Verlag von Johann ambrosius Baerth, 1905.

BOOLOS G., « The Iterative Conception of Set », *Journal of Philosophy* 68, 1971, p. 215-232 ; repris dans P. Benacerraf et H. Putnam (eds.), 1983, p. 486-502.

BOTTAZZINI U., The « Higher Calculus », *A History of Real and Complex Analysis from Euler to Weierstrass*, Berlin, Springer, 1986.

BROUWER L. E. J., *Collected Works* I, A. Heyting (ed.), Amsterdam, North-Holland, 1975.

CARNAP R., *Logische Syntax der Sprache*, Wien, Springer, 1934.

CHOMSKY N., *Essays on Form and Interpretation*, Amsterdam, North-Holland, 1977.

– *Lectures on Government and Binding*, Dordrecht, Foris, 1981.

272 – *Knowledge of Language*, New York, Praeger, 1986. |

Cohen P., *Set Theory and the Continuum Hypothesis*, New York, Benjamin, 1966.

Cummins R., *Meaning and Mental Representation*, Cambridge, MA, MIT Press, 1989.

Dauben J. W., *Georg Cantor, His Mathematics and Philosophy of the Infinite*, Cambridge, MA, Harvard University Press, 1979.

Davidson D., « Theories of Meaning and Learnable Languages », dans Y. Bar-Hillel (ed.), *Logic, Methodology and Philosophy of Science, Proceedings of the 1964 International Congress*, Amsterdam, North-Holland, 1965, p. 383-394.

Dawar A. et Hella L., « The Expressive Power of Finitely Many Generalized Quantifiers », *Information and Computation* 123 (2), 1995, p. 172-184.

Devlin K., *Constructibility*, New York, Springer, 1984.

Dummett M., *Elements of Intuitionism*, Oxford, Clarendon Press, 1977.

– *Truth and Other Enigmas*, London, Duckworth, 1978.

– *The Logical Basis of Metaphysics*, Cambridge, MA, Harvard University Press, 1991.

– *The Seas of Language*, Oxford, Clarendon Press, 1993.

Easton W. B., *Powers of Regular Cardinals*, Ph. D. Dissertation, Princeton University, 1964.

Ebbinghaus H. D., Flum J. et Thomas W., *Mathematical Logic*, New York, Springer, 1984.

Ekeland I., *Mathematics and the Unexpected*, Chicago, University of Chicago Press, 1988.

Enderton H. B., « Finite Partially Ordered Quantifiers », *Zeitschrift für Mathematische Logik und Grundlagen der Mathematik* 16, 1970, p. 393-397.

Engdahl E., *Constituent Questions*, Dordrecht, D. Reidel, 1986.

Erdös P., Hajnal A., Máte A. et Rado R., *Combinatorial Set Theory, Partial Relations for Cardinals*, Amsterdam, North-Holland, 1984.

Euler L., *Introduction to Analysis of the Infinite* I, trad. angl. J. D. Blanton, Berlin, Springer, 1988 (original 1748).

Feferman S., « Towards Useful, Type-Free Theories, I », *Journal of Symbolic Logic* 49, 1984, p. 75-111.

– « What Rests on What? The Proof-Theoretic Analysis of Mathematics », dans G. Czermak (ed.), *Philosophy of Mathematics, Proceedings of the 15th International Wittgenstein Symposium*, Wien, Hölder-Pichler-Tempsky 1993, p. 147-171.

Felgner U., « Comparison of the Axioms of Logical and Universal Choice », *Fundamenta Mathematicae* 71, 1971, p. 43-62.

Fenstad J.-E., « The Axiom of Determinateness », dans J.-E. Fenstad (ed.), *Proceedings of the Second Scandinavian Logic Symposium*, Amsterdam, North-Holland, 1971.

– « Partiality », dans J. van Benthem et A. ter Meulen (eds.), 1996, p. 649-682.

Fernández Moreno L., *Wahrheit und Korrespondenz bei Tarski*, Würzburg, Königshausen et Neumann, 1992.

Fine T. L., *Theories of Probability*, New York, Academic Press, 1973.

Frege G., *Begriffsschrift, eine der aritmetischen nachgebildete Formelsprache des reinen Denkens*, Halle, Nebert, 1879. | 273

– *Philosophical and Mathematical Correspondence*, Oxford, Basil Blackwell, 1980.

Freudenthal H., « Zur Geschichte der *Grundlagen* der Geometrie », *Nieuw Archief voor Wiskunde* 5, 1957, p. 105-142.

Gaifman H., « Global and Local Choice Functions », *Israel Journal of Mathematics* 22, 1975, p. 257-265.

Gödel K., « Die Vollständigkeit der Axiome des logischen Funktionen-kalküls », *Monatshefte für Mathematik und Physik* 37, 1930, p. 340-360; trad. angl. dans K. Gödel, 1986, p. 102-123 (voir aussi p. 44-101).

– « Über formal unentscheidbare Sätze der *Principia Mathematica* und verwandter Systeme 1 », *Monatshefte für Mathematik und Physik* 38, 1931, p. 173-198; trad. angl. dans K. Gödel, 1986, p. 144-195.

– *The Consistency of the Axiom of Choice and of the Generalized Continuum Hypothesis, Annals of Mathematical Studies* 3, Princeton, Princeton University Press, 1940.

– « What Is Cantor's Continuum Problem? », *American Mathematical Monthly* 54, 1947, p. 515-525; repris en version étendue dans P. Benacerraf et H. Putnam, 1983, p. 470-485.

– « Über eine bisher noch nicht benützte Erweiterung des finiten Standpunktes », *Dialectica* 12, 1958, p. 280-287; trad. angl. dans K. Gödel, 1990, p. 241-251.

– *Collected Works*, vol. 1, New York, Orford University Press, 1986.

– *Collected Works*, vol. 2, New York, Orford University Press, 1990.

Goldfarb W., « Logic in the Twenties : The Nature of the Quantifier », *Journal of Symbolic Logic* 44, 1979, p. 351-168.

– « Russell's Reasons for Ramification », dans C. W. Savage et C. A. Anderson (eds.), *Rereading Russell (Minnesota Studies in Philosophy of Science 12)*, Minneapolis, University of Minnesota Press, 1989, p. 24-40.

Grabiner J., *The Origins of Cauchy's Rigorous Calculus*, Cambridge, MIT Press, 1981.

Graham R. L., Rotschild B. L. et Spencer J. H., *Ramsey Theory*, 2e éd., New York, John Wiley et Sons, 1990.

Graham R. L. et Spencer J. H., « Ramsey Theory », *Scientific American* 262, n° 1 (juillet 1990), 1990, p. 112-117.

Hallett M., *Cantorian Set Theory and Limitation of Size*, Oxford, Clarendon Press, 1984.

Heim I. R., « The Semantics of Definite and Indefinite Noun Phrases », *Dissertation at the University of Massachusetts*, Amherst, MA, 1982.

Henkin L., « Completeness in the Theory of Types », *Journal of Symbolic Logic* 15, 1950, p. 81-91.

– « Some Remarks on Infinitely Long Formulas », dans *Infinistic Methods*, Oxford, Pergamon Press, 1961, p. 167-183.

HEYTING A., « Die intuitionistische Grundlegung der Mathematik », *Erkenntnis* 2, 1931, p. 106-115; trad. angl. dans P. Benacerraf et H. Putnam (eds.), 1983, p. 52-61.

– *Intuitionism, An Introduction*, Amsterdam, North-Holland, 1956.

HILBERT D., « *Grundlagen* der Geometrie », dans *Festschrift zur Freier der Enthüllung des Gauss-Weber Denkmals in Göttingen*, Leipzig, Teubner, 1899,
274 p. 3-92. |

– « Über den Zahlbegriff », *Jahresbericht des Deutschen Mathematiker Vereiningung* 8, 1900, p. 180-184.

– « Axiomatisches Denken », *Mathematische Annalen* 78, 1918, p. 405-415.

– « Neubegründung der Mathematik. Erste Mitteilung », *Abhandlungen aus dem Mathematischen Seminar der Hamburg Universistät* 1, 1922, p. 157-177.

– « Über das Unendliche », *Mathematische Annalen* 95, 1925, p. 161-190.

– *Gesammelte Abhandlungen* 3, Berlin, Springer, 1935.

HILBERT D. et ACKERMANN W., *Grundzüge der theoretischen Logik*, Berlin, Springer, 1928.

HILPINEN R., « One C. S. Peirce's Theory of the Proposition : Peirce as a Precursor of Game-Theoretical Semantics », dans E. Freeman (ed.), *The Relevance of Charles Peirce*, La Salle, Illinois, The Hegeler Institute, 1983, p. 264-270.

HINTIKKA J., *Logic, Language-Games and Information, Kantian Themes in the Philosophy of Logic*, Oxford, Clarendon Press, , 1973.

– « Quantifiers vs. Quantification Theory », *Linguistic Inquiry* 5, 1974, p. 153-177.

– « Impossible Possible Worlds Vindicated », *Journal of Philosophical Logic* 4, 1975, p. 475-484.

– « Quantifiers in Logic and Quantifiers in Natural Languages », dans S. Körner (ed.), *Philosophy of Logic*, Oxford, Basic Blackwell, 1976a.

– « The Prospects of Convention T », *Dialectica* 30, 1976b, p. 61-63.

– « Quantifiers in Natural Languages », dans Saarinen, 1979, p. 81-117.

– « A Spectrum of Logics for Questioning », *Philosophica* 35, 1985, p. 135-150.

– « Game-Theoretical Semantics as a Synthesis of Truth-Conditional and Verificationist Theories of Meaning », dans E. LePore (ed.), *New Directions in Semantics*, London, Academic Press, 1987.

– « What is the Logic of Experimental Inquiry ? », *Synthese* 74, 1988a, p. 173-190.

– « On the Development of the Model-Theroretical Viewpoint in Logical Theory », *Synthese* 77, 1988b, p. 1-36.

– « Model Minimization – An Alternative to Circumscription », *Journal of Automated Reasoning* 4, 1988c, p. 1-13.

– « Logical Form and Linguistic Theory », dans A. George (ed.), *Reflections on Chomsky*, Oxford, Basic Blackwell, 1989, p. 41-57.

– « Paradigms for Language Theory », *Acta Philosophica Fennica* 49, 1990, p. 181-209.

– « Different Constructions in Terms of "Knows" », dans J. Dancy et E. Sosa (eds.), *A Companion to Epistemology*, Oxford, Basic Blackwell, 1992, p. 99-104.

– « New Foundations for Mathematical Theories », dans J. Oikkonen et J. Väänänen (eds.), *Logic Colloquium '90* (*Lecture Notes in Logic* 2), Berlin, Springer, 1993a, p. 122-144. | 275

– « The Original Sinn of Wittgenstein's Philosophy of Mathematics », dans K. Puhl (ed.), *Wittgenstein's Philosophy of Mathematics*, Wien, Hölder-Pichler-Tempsky, 1993b, p. 24-51.

– « Gödel's Functional Interpretation in a Wider Perspective », dans H.-D. Schwabl (ed.), *Yearbook 1991 of the Kurt Gödel Society*, Wien, 1993c, p. 5-39.

– « The Standard vs. Nonstandard Distinction : A Watershed in the Foundations of Mathematics », dans J. Hintikka (ed.), *From Dedekind to Gödel*, Dordrecht, Kluwer Academic, 1995a, p. 21-44.

– « What Is Elementary Logic ? Independence-Friendly Logic as the True Core Area of Logic », dans K. Gavroglu *et alii* (eds.), *Physics, Philosophy, and the Scientific Community*, Dordrecht, Kluwer Academic, 1995b, p. 301-326.

– « Hilbert Vindicated ? », *Synthese* 110, 1997, p. 15-36.

— et KULAS J., *The Game of Language*, Dordrecht, D. Reidel, 1983.

– *Anaphora and Definite Descriptions, Two Applications of Game-Theoretical Semantics*, Dordrecht, D. Reidel, 1985.

— et RANTALA V., « A New Approach to Infinitary Languages », *Annals of Mathematical Logic* 10, , 1976, p. 95-115.

— et REMES U., *The Method of Analysis*, Dordrecht, D. Reidel, 1974.

— et SANDU G., *On the Methodology of Linguistics, A Case Study*, Oxford, Basic Blackwell, 1991.

– « What Is a Quantifier ? », *Synthese* 98, 1994, p. 113-129.

– « What Is the Logic of Parallel Processing ? », *International Journal of Foundations of Computer Science* 6, 1995, p. 27-49.

– « Game-Theoretical Semantics », dans J. van Benthem et A. ter Meulen (eds.), *Handbook of Logic and Language*, Cambridge, Mass., MIT Press, 1996, p. 361-410.

— et HINTIKKA M. B., *Investigating Wittgenstein*, Oxford, Basic Blackwell, 1986.

HORN L. R., *A Natural History of Negation*, Chicago, University of Chicago Press, 1989.

HUGHES R. I. G., *The Structure and Interpretation of Quantum Mechanics*, Cambridge, MA, Harvard University Press, 1989.

HYTTINEN T. et SANDU G., « Henkin quantifiers and the definability of truth », *Journal of Philosophical Logic* 29, 2000, p. 507-527.

– « Truth and Definite Truth », *Annals of Pure and Applied Logic*, vol. 126, 2004, p. 49-55.

JACKENDOFF R. S., *Semantic Interpretation in Generative Grammar*, Cambridge, MA, MIT Press, 1972.

JEROSLOW R. G., « Redundancies in the Hilbert-Bernays Derivability Conditions for Gödel's Second Incompleteness Theorem », *The Journal of Symbolic Logic* 38, 1973, p. 359-367.

Jones J. P., « Recursive Undecidability – An Exposition », *The American Mathematical Monthly* 81, 1974, p. 724-738.

276 Kanamori A., *The Higher Infinite*, Berlin, Springer-Verlag, 1994. |

— et Magidor M., « The Evolution of Large Cardinal Axioms in Set Theory », dans G. H. Müller et D. Scott (eds.), *Higher Set Theory* (*Lecture Notes in Mathematics* 699), New York, Springer, 1978, p. 99-275.

Keenan E. et Westerstahl D., « Generalized Quantifiers in Linguistics and Logic », dans J. van Benthem et A. ter Meulen (eds.), *Handbook of Logic and Language*, Cambridge, Mass., MIT Press, 1996, p. 837-893.

Kleene S. C., *Introduction to Metamathematics*, New York, Van Nostrand, 1952.

Kleinberg E. M., *Infinitary Combinatorics and the Axiom of Determinateness* (*Lecture Notes in Mathematics* 612), Berlin, Springer, 1977.

Kreisel G., « A Note on Arithmetic Models for Consistent Formulae of the Predicate Calculus II », *Proceedings of the XI International Congress of Philosophy* 14, Amsterdam-Louvain, 1953, p. 37-47.

Kripke S., « Outline of a Theory of Truth », *Journal of Philosophy* 72, 1975, p. 690-716 ; repris dans R. L. Martin (ed.), 1984, p. 53-81.

Krynicki M., « Hierarchies of Partially Ordered Connectives and Quantifiers », *Mathematical Logic Quarterly* 39, 1993, p. 287-294.

— et Mostowski M., « Henkin Quantifiers », dans M. Krynicki *et alii* (eds.), *Quantifiers : Logics, Models and Computation*, t. I, Dordrecht, Kluwer Academic Publishers, 1995, p. 193-262.

— et Väänänen J., « Henkin and Function Quantifiers », *Annals of Pure and Applied Logic* 43, 1989, p. 273-292.

Kunen K., *Set Theory, An Introduction to Independence Proofs*, Amsterdam, North-Holland, 1980.

Kusch M., *Language as the Universal Medium vs. Logic as Calculus : A Study of Husserl, Heidegger and Gadamer*, Dordrecht, Kluwer, 1989.

Lindström P., « On Extensions of Elementary Logic », *Theoria* 35, 1969, p. 1-11.

Lovejoy A. O., *The Great Chain of Being*, Cambridge, MA, Harvard University Press, 1936.

Mancosu P., « On the Status of Proofs by Contradicdtion in the Seventeenth Century », *Synthese* 88, 1991, p. 15-41.

Martin R. L. (ed.), *The Paradox of the Liar*, Atascadero, CA, Ridgeview, 1978.

– *Recent Essays on Truth and the Liar Paradox*, Oxford, Clarendon Press, 1984.

Martin-Löf P., « The Definition of Random Sequences », *Information and Control* 6, 1966, p. 602-619.

Matiyasevich Y. V., *Hilbert's Tenth Problem*, Cambridge, MA, MIT Press, 1993.

McGee V., *Truth, Vagueness and Paradox*, Indianapolis, Hackett, 1991.

Mendelson E., *Introduction to Mathematical Logic*, 3e éd., Monterey, CA, Wadsworth et Brooks/Cole, 1987.

Moore G. H., *Zermelo's Axiom of Choice*, Berlin, Springer, 1982.

– « The Emergence of First-Order Logic », dans W. Aspray et P. Kitcher (eds.), *History and Philosophy of Modern Mathematics* (*Minnesota Studies in the*

Philosophy of Science XI), Minneapolis, University of Minnesota Press, 1988, p. 95-135.

– « Logic and Set Theory », dans I. Grattan-Guinness (ed.), *Companion Encyclopedia of the History and Philosophy of the Mathematical Sciences*, vol. 1, London, Routledge, 1994, p. 635-643. | 277

MORENO, voir FERNÁNDEZ MORENO.

MORRIS Ch., *Foundations of the Theory of Signs* (*International Encyclopedia of Unified Science* 1, 2), Chicago, University of Chicago Press, 1938.

MOSCHOVAKIS Y. N., *Elementary Induction on Abstract Structures*, Amsterdam, North-Holland, 1974.

MOSTOWSKI A., « A Formula with no Recursively Enumerable Model », *Fundamenta Mathematicae* 42, 1955, p. 125-140.

– *Thirty Years of Foundational Studies*, Helsinki, Acta Philosophica Fennica 17, 1965.

NEUMANN J. VON, « Zur Theorie der Gesellschaftsspiele », *Mathematische Annalen* 100, 1928, p. 295-320.

— et MORGENSTERN O., *Theory of Games and Economic Behavior*, Princeton, Princeton University Press, 1944.

PARSONS Ch., « What Is the Iterative Conception of Set? », dans R. Butts et J. Hintikka (eds.), *Logic, Foundations of Mathematics and Computability Theory* (*Proceedings of the 5th International Congress of Logic, Methodology and Philosophy of Science 1975* 1), Dordrecht, Reidel, 1977, p. 335-367 ; repris dans P. Benacerraf et H. Putnam (eds.), 1983, p. 503-529.

PARTEE B., « Compositionality », dans F. Landman et F. Veltman (eds.), *Varieties of Formal Semantics*, Dordrecht, Foris, 1984, p. 281-312.

PELLETIER F. J., « The Principle of Semantic Compositionality », *Topoi* 13, 1994, p. 11-24.

POINCARÉ H., « Les mathématiques et la logique », *Revue de métaphysique et de morale* 13, 1905-1906, p. 815-835.

PRAWITZ D., *Natural Deduction, A Proof-Theoretical Study*, Stockholm, Acta Universitatis Stockelmiensis, 1965.

PUTNAM H., *Philosophy of Logic*, New York, Harper et Row, 1971 ; trad. fr. P. Peccatte, *Philosophie de la logique*, Combas, Éditions de l'Éclat, 1996.

RABIN M., 1957, « Effective Computability of Winning Strategies », dans M. Dresher *et alii* (eds.), *Contributions to the Theory of Games III* (*Annals of Mathematics Studies* 39), Princeton, Princeton University Press, 1996, p. 147-157.

RAMSEY F. P., « The Foundations of Mathematics », *Proceedings of the London Mathematical Society*, Series II, vol. 25, 1925, p. 338-384.

– « On a Problem of Formal Logic », *Proceedings of the London Mathematical Society*, Series II, vol. 30, Part 4, 1930, p. 338-384.

RANTALA V., « Urn Models : A New Kind of Non-Standard Model for First-Order Logic », *Journal of Philosophical Logic* 4, 1975, p. 455-474.

RASIOWA H. et SIKORSKI R., *The Mathematics of Metamathematics*, Warszawa, Polska Akademia Nauk, 1963.

Russell B., *The Principles of Mathematics*, London, Allen et Unwin, 1903.

– « On Denoting », *Mind* 14, 1905, p. 479-493.

— et Whitehead A. N., *Principia* Mathematica I-III, Cambridge, Cambridge University Press, 1910-1913.

Saarinen E. (ed.), *Game-Theoretical Semantics*, Dordrecht, Reidel, 1979.

Sandu G., « On the Logic of Informational Independence and Its Applications »,
278 *Journal of Philosophical Logic* 22, 1993, p. 29-60. |

– « IF-Logic and Truth-Definition », *Journal of Philosophical Logic* 27, 1998, p. 143-164.

— et Hyttinen T., « IF-logic and the Foundations of Mathematics », *Synthese* 121, 2001, p. 37-47.

— et Väänänen J., « Partially Ordered Connectives », *Zeitschrift für Mathematische Logik und Grundlagen der Mathematik* 38, 1992, p. 361-372.

Schnorr C. P., *Zufälligkeit und Wahrscheinlichkeit* (*Lecture Notes in Mathematics* 218), Berlin, Springer, 1971.

Shapiro S., « Second-Order Languages and Mathematical Practice », *The Journal of Symbolic Logic* 50, 1985, p. 714-742.

– *Foundations Without Foundationalism*, Oxford, Clarendon Press, 1991.

Simmons K., « The Diagonal Argument and the Liar », *Journal of Philosophical Logic* 19, 1990, p. 277-303.

Simons P., *Philosophy and Logic in Central Europe from Bolzano to Tarski*, Dordrecht, Kluwer Academic, 1992.

Skolem Th., « Einige Bemerkungen zur axiomatischen Begründung der Mengenlehre », *Proceedings of the Fifth Scandinavian Mathematics Congress*, Helsinki, 1922, p. 217-232.

Smullyan R., *First-Order Logic*, Berlin, Springer, 1968.

Stewart I., *The Problems of Mathematics*, nouvelle édition, New York, Oxford University Press, 1992.

Stigt W. P. van, *Brouwer's Intuitionism*, Amsterdam, North-Holland, 1990.

Szabo M. E. (ed.), *The Collected Papers of Gerhard Gentzen*, Amsterdam, North-Holland, 1969.

Tarski A., « Projecie prawdy w jezykach nouk dedukcyjnych », [Le concept de vérité dans les langages des sciences déductives], *Prace Towaszystaw Naukowego Warszawsiego*, wydizial III, n° 34, 1933 ; trad. angl. dans Tarski, 1956a ; trad. all. dans Tarski, 1935.

– « Der Wahrheitsbegriff in den formalisierten Sprachen », *Studia Philosophica* 11935, p. 261-405.

– *A Decision Method for Elementary Algebra and Geometry*, 2e éd., Berkeley-Los Angeles, University of California Press, 1951.

– « The Concept of Truth in Formalized Languages », 1956a, dans Tarski 1956b, p. 152-278.

– *Logic, Semantics, Metamathematics : Papers from 1923 to 1938*, Oxford, Clarendon Press, 1956b.

– « What Is Elementary Geometry ? », dans L. Henkin, P. Suppes et A. Tarski (eds.), *The Axiomatic Method*, Amsterdam, North-Holland, 1959, p. 16-29.

– « Drei Briefe an Otto Neurath », *Grazer Philosophische Studien* 43, 1992, p. 1-32.

TENNENBAUM S., « Non-Archimedean Models for Arithmetics », *Notices of the American Mathematical Society* 6, 1959, p. 270.

TOEPELL M.-M., *Über die Entstehung von David Hilberts « Grundlagen der Geometrie »*, Göttingen, Vandenhoeck et Ruprecht, 1986.

TORRETTI R., *Philosophy of Geometry from Riemann to Poincaré*, Dordrecht, Reidel, 1978.

TROELSTRA A. S., *Choice Sequences, A Chapter of Intuitionistic Mathematics*, Oxford, Clarendon Press, 1977.

— et VAN DALEN D., *Constructivism in Mathematics, An Introduction*, Amsterdam, North-Holland, 1988. | 279

TUURI H., *Infinitary Languages and Ehrenfeucht-Fraïssé Games*, thèse, Université de Helsinki, 1990.

VÄÄNÄNEN J., « Second-Order Logic and Foundations of Mathematics », *Bulletin of Symbolic Logic* 7, 2001, p. 504-520.

VAN DER WAERDEN B. L., *A History of Algebra*, Berlin, Springer, 1985.

WALKOE W. Jr., « Finite Partially Ordered Quantification », *Journal of Symbolic Logic* 35, 1970, p. 535-555.

WANG H., *Computation, Logic, Philosophy : A Collection of Essays*, Dordrecht, Kluwer Academic, 1990.

WESTERSTAHL D., « Quantifiers in Formal and Natural Languages », dans D. Gabbay et F. Guenther (eds.), *Handbook of Philosophical Logic* IV, Dordrecht, Reidel, 1989, p. 1-131.

WEYL H., *Das Kontinuum*, Leipzig, Veit, 1917.

WILLIAMS N. H., *Combinatorial Set Theory*, Amsterdam, North-Holland, 1977.

WITTGENSTEIN L., *Tractatus Logico-Philosophicus*, London, Routledge et Kegan Paul, 1922 ; trad. fr. G.-G. Granger, Paris, Gallimard, 1993.

YOUSCHKEVITCH A. P., « The Concept of Function up to the Middle of the 19th Century », *Archive for the History of Exact Sciences* 16, 1976, p. 37-85.

ZERMELO E., « Untersuchungen über die Grundlagen der Mengenlehre I », *Mathematische Annalen* 65, 1908, p. 261-281 ; trad. fr. partielle F. Longy, 1992, dans F. Rivenc et Ph. de Rouilhan (éds.), *Logique et fondements des mathématiques, Anthologie (1850-1914)*, Paris, Payot, 1908, p. 367-378.

INDEX DES NOMS

INDEX DES NOTIONS ET DES TITRES

TABLE DES MATIÈRES

ACHEVÉ D'IMPRIMER
EN MARS 2007
PAR L'IMPRIMERIE
DE LA MANUTENTION
A MAYENNE
FRANCE
N° 29-07

Dépôt légal : 1er trimestre 2007